于核心素养的
中学物理实验技能训练

主　编　李春密
副主编　顾江鸿　侯丹　谢丽　刘通　万欣欣

中国教育出版传媒集团
高等教育出版社·北京

内容简介

本书依据《普通高中物理课程标准》（2017 年版 2020 年修订）和《义务教育物理课程标准》（2022 年版）的具体要求，系统介绍了中学物理实验操作的技能、技巧及基本仪器的使用。本书以物理学的理论、思想、方法为基础，以教育学、心理学的理论为指导，在培养未来教师必备知识和能力的基础上，进一步加强实验教学中对物理学科核心素养的挖掘与探讨。本书共八篇，内容主要涵盖：中学物理实验技能训练概论，运动学和动力学实验技能训练，热学、分子动理论实验技能训练，电磁学实验技能训练，光学实验技能训练，基于信息技术的物理实验教学研究，基于自制教具的实验研究，中学物理常用演示实验仪器。

本书可作为高等师范院校“中学物理实验技能训练”课程教材，也可供相关专业选用和广大一线物理教师及社会读者阅读。

图书在版编目(CIP)数据

基于核心素养的中学物理实验技能训练 / 李春密主编；顾江鸿等副主编．--北京：高等教育出版社，2024.3（2025.8 重印）

ISBN 978-7-04-060291-3

Ⅰ.①基… Ⅱ.①李… ②顾… Ⅲ.①中学物理课-教学研究 Ⅳ.①G633.72

中国国家版本馆 CIP 数据核字(2023)第 054920 号

JIYU HEXIN SUYANG DE ZHONGXUE WULI SHIYAN JINENG XUNLIAN

策划编辑 忻 蓓　责任编辑 忻 蓓　封面设计 张 志　版式设计 徐艳妮
责任绘图 邓 超　责任校对 刁丽丽　责任印制 高 峰

出版发行 高等教育出版社
社　　址 北京市西城区德外大街 4 号
邮政编码 100120
印　　刷 固安县铭成印刷有限公司
开　　本 787 mm×1092 mm 1/16
印　　张 21.25
字　　数 540 千字
购书热线 010-58581118
咨询电话 400-810-0598
网　　址 http://www.hep.edu.cn
　　　　 http://www.hep.com.cn
网上订购 http://www.hepmall.com.cn
　　　　 http://www.hepmall.com
　　　　 http://www.hepmall.cn
版　　次 2024 年 3 月第 1 版
印　　次 2025 年 8 月第 2 次印刷
定　　价 44.60 元

物 料 号 60291-00

前　言

物理学是以实验为基础的学科。在中学物理教学中，阐述物理现象、形成物理概念、建立物理规律，以及介绍它们在技术中的应用，大都是以实验为基础来进行的。《普通高中物理课程标准》（2017 年版 2020 年修订）凝炼了物理学科核心素养，而实验是培养学生物理学科核心素养的重要途径和方式之一。因此，我们必须下大功夫增强未来的教师——师范生，在实验方面的重视程度，使他们牢固树立以实验为基础的教学理念，掌握必需的实验技术、技巧和方法，具备较强的动手能力和研究能力，从而深入挖掘实验中所蕴含的物理学科核心素养，全面提升物理学科的育人价值。

“中学物理实验技能训练”是高等师范院校物理专业学生的必修课，认真研究中学物理实验的内容、方法、技术，切实掌握实验关键，是对将来从事中学物理教学的学生的必然要求。为进一步推动中学物理教师和师范院校学生开展实验教学研究工作，结合《普通高中物理课程标准》（2017 年版 2020 年修订）提出的 21 个学生必做实验，我们对《中学物理实验技能训练》（天津教育出版社，2006 年 7 月）一书进行了修订，力求以物理学的思想、理论、方法为基础，以教育学、心理学的理论为指导，结合《普通高中物理课程标准》（2017 年版 2020 年修订）的具体要求，在培养未来教师必备知识和能力的基础上，进一步加强实验教学中对物理学科核心素养的挖掘与探索。与原书相比，修订后本书加强了实验教学中研究方法和常见问题的探讨，增强了探究实验，更注重现代化教学手段——特别是数字实验和数字实验系统的研究和实验技能训练。

全书共八篇，主要包括以下几方面的内容：第一，第一篇为中学物理实验技能训练概论，主要论述了中学物理实验技能训练的目的、任务、类型和要求，探讨了中学物理演示实验、探究性实验、学生必做实验、拓展性实验的目的、要求等，介绍了误差理论在中学物理实验技能训练中的应用；第二，第二至五篇为运动学和动力学实验技能训练，热学、分子动理论实验技能训练，电磁学实验技能训练，光学实验技能训练，集中对有关实验的基本实验仪器和代表性实验内容、方法进行了系统地研究和有针对性地训练；第三，第六篇为基于信息技术的物理实验教学研究，重点探讨了数字化实验研究、利用传感器制作自动控制装置、增强现实实验等；第四，第七篇为基于自制教具的实验研究，全面梳理了国内外自制教具的研究现状，结合案例分析了自制教具的设计思路、制作方法和技能训练等；第五，第八篇介绍了中学物理常用演示实验仪器。

本书可作为高等师范院校物理专业中学物理教学法实验课程的学生用书。使用时，因课时等因素限制，可选用部分实验内容对学生进行实验技能训练，也可供课程与教学论和学科教学研究生、中学物理教师参考。

本书由北京师范大学物理学系李春密、阜阳师范大学物理与电子工程学院顾江鸿、天津师范大学物理与材料科学学院侯丹、刘通，华中师范大学物理科学与技术学院谢丽、内蒙古师范大学物理与电子信息学院万欣欣编写。

天津师范大学物理与材料科学学院实验中心主任孙佩雄教授审阅了全书，并提出了中肯的修改意见，北京师范大学物理学系李兰秀高级实验师、黄冈师范学院王小兰教授对本书提出了许多建设性意见，在此一并表示真诚的谢意。

全书在编写过程中，我们吸取了兄弟院校的经验和长处，因未一一注明，在此表示衷心的感谢。

本书的出版得到了高等教育出版社物理分社、北京师范大学物理学系、天津师范大学物理与材料科学学院、阜阳师范大学物理与电子工程学院、华中师范大学物理科学与技术学院、内蒙古师范大学物理与电子信息学院有关负责同志的关怀和支持，在此向他们表示感谢。

特别要感谢为本书出版付出辛勤劳动的高等教育出版社高建编审和忻蓓编辑，感谢为本书审稿、编辑、排版等付出辛勤劳动的各位同志！

由于编者水平所限，本书不当之处在所难免，希得到同行和读者的指正。

编者

2021 年秋

目 录

第一篇 中学物理实验技能训练概论

第一章 中学物理实验技能训练的目的、任务 …… 3
第二章 课程标准对实验的论述 …… 5
第一节 实验与物理学 …… 5
第二节 实验与物理教学 …… 6
第三节 实验在中学物理教学中的作用 …… 7
第四节 实验教学目标 …… 7
第五节 实验教学建议 …… 8
第六节 实验资源开发与利用 …… 9
第七节 实验室建设 …… 10
第八节 物理实践活动分类 …… 11
第三章 中学物理实验教学的重要作用 …… 12
第四章 中学物理实验教学的类型及其作用和要求 …… 15
第一节 演示实验训练 …… 15
第二节 探究性实验研究 …… 21
第三节 学生实验研究 …… 23
第四节 其他类型实验研究 …… 28
第五章 误差理论在中学物理实验技能训练中的应用 …… 31
第一节 物理量的测量和实验误差 …… 31
第二节 测量误差的表示方法 有效数字及其近似计算 …… 33
第三节 数据处理的基本方法 …… 36

第二篇 运动学和动力学实验技能训练

第一章 实验基本仪器 …… 47
第一节 长度的测量仪器 …… 47
第二节 时间的测量仪器 …… 53
第三节 质量的测量仪器 …… 55
第四节 力的测量仪器 …… 57
第五节 速度的测量仪器 …… 59

第二章 运动学和动力学实验 …… 64
实验一 研究匀变速直线运动的规律 …… 64
实验二 用气垫导轨演示的一组实验 …… 68
实验三 频闪摄影 …… 76
实验四 有关力的实验探究 …… 84
实验五 探究两个互成角度的力的合成规律 …… 96
实验六 探究单摆的振动规律并测定重力加速度 …… 99
实验七 验证动量守恒定律 …… 103
实验八 探究向心力大小与半径、角速度、质量的关系 …… 106

第三篇 热学、分子动理论实验技能训练

第一章 实验基本仪器 …… 117
第一节 温度计 …… 117
第二节 显微镜 …… 117
第三节 抽气机 …… 119
第二章 热学、分子动理论实验训练与研究 …… 121
实验一 物质的熔化与凝固 …… 121
实验二 探究水从加热至沸腾一段时间的过程中水温变化的特点 …… 123
实验三 使用抽气机的一组实验 …… 124
实验四 气体实验定律的验证 …… 127
实验五 分子动理论的一组实验 …… 131
实验六 用油膜法估测油酸分子的大小 …… 133

第四篇 电磁学实验技能训练

第一章 实验基本仪器 …… 139
第一节 感应起电机 …… 139
第二节 演示电表 …… 142
第三节 常用电源 …… 144
第四节 学生示波器 …… 147
第五节 教学信号源 …… 148
第六节 可调内阻电池 …… 150
第七节 电子开关 …… 151
第八节 多用电表 …… 153
第二章 电磁学实验训练与研究 …… 158
实验一 静电实验研究 …… 158
实验二 观察电容器的充、放电现象 …… 164
实验三 用多用电表测量电学中的物理量 …… 166

实验四 测量金属丝的电阻率 …… 169
实验五 演示电表的使用与改装 …… 171
实验六 电路综合实验 …… 175
实验七 电磁学实验研究 …… 180
实验八 示波器在中学物理实验中的应用 …… 186
实验九 初中电路部分探究实验 …… 188
实验十 初中电磁部分探究实验 …… 193

第五篇 光学实验技能训练

第一章 实验基本仪器 …… 201
第一节 激光器 …… 201
第二节 感应圈 …… 202
第三节 分光镜 …… 204
第二章 光学实验训练与研究 …… 208
实验一 几何光学实验研究 …… 208
实验二 测量玻璃的折射率 …… 224
实验三 光的双缝干涉实验研究 …… 227
实验四 使用激光器的一组实验 …… 231
实验五 稀薄气体的放电现象和气体光谱的观察 …… 233

第六篇 基于信息技术的物理实验教学研究

第一章 信息技术实验的基本手段 …… 243
第一节 传感器 …… 243
第二节 虚拟现实 AR/VR 教学系统 …… 250
第三节 电子设备仪器的保管和维护 …… 252
第二章 基于信息技术的物理实验教学研究 …… 254
实验一 探究影响滑动摩擦力大小的因素 …… 254
实验二 牛顿第三定律 …… 257
实验三 简谐振动过程中振子位移与弹簧受力关系研究 …… 259
实验四 研究等温条件下气体体积与压强的关系 …… 261
实验五 利用多量程电流传感器研究电容充、放电过程 …… 262
实验六 探究通电螺线管的磁场 …… 265
实验七 阻力对物体运动的影响 …… 269
实验八 探究平抛运动的特点 …… 272
实验九 凸透镜成像规律的探究 …… 274
实验十 虚拟实验辅助学生探究学习案例——探究“电路短路问题” …… 275
实验十一 通电线圈不能在磁场中连续转动 …… 278

第七篇 基于自制教具的实验研究

第一章 自制教具的概念及意义 …… 283
第二章 自制教具的发展历史 …… 284
第一节 我国自制教具的发展历史 …… 284
第二节 国外自制教具的研究现状 …… 285
第三章 自制教具的设计与制作 …… 288
第一节 自制教具的基本要求 …… 288
第二节 自制教具的程序与方法 …… 289
第三节 物理自制教具创新思路研究 …… 291
第四节 自制教具案例研究 …… 297
第五节 自制物理实验教具训练 …… 298

第八篇 中学物理常用演示实验仪器

第一章 力学常用演示实验仪器 …… 303
第一节 液压机模型 …… 303
第二节 离心式水泵 …… 304
第三节 作用力与反作用力演示器 …… 305
第四节 向心力演示器 …… 305
第五节 离心转台 …… 308
第六节 麦克斯韦滚摆 …… 309
第七节 弹性碰撞演示器 …… 310
第八节 马德堡半球演示器 …… 310
第九节 伽利略理想斜面演示器 …… 310
第十节 物体浮沉条件演示器 …… 311
第二章 波动学常用演示实验仪器 …… 313
第一节 弹簧振子 …… 313
第二节 简谐振动合成仪 …… 314
第三节 共振摆 …… 315
第三章 热学常用演示实验仪器 …… 316
第一节 固体导热性演示器 …… 316
第二节 固体缩力演示器 …… 316
第三节 量热器 …… 316
第四节 内聚力演示器 …… 318
第五节 空气压缩引火仪 …… 318
第六节 机械能与热能互变演示器 …… 319
第七节 汽油机模型 …… 320

第八节 柴油机的结构和工作原理 …… 321
第四章 电磁学常用演示实验仪器 …… 322
第一节 电阻定律演示器…… 322
第二节 洛伦兹力实验仪…… 323
第三节 指针验电器 …… 324
第四节 演示电磁继电器…… 325
第五章 光学与原子物理常用演示实验仪器 …… 326
第一节 光的反射演示器…… 326
第二节 光电效应演示器…… 327
第三节 光导纤维演示器…… 327
第四节 高温扩散云雾室…… 328

第一篇

中学物理实验技能训练概论

2016 年 9 月 13 日，《中国学生发展核心素养》在北京师范大学正式发布，这标志着我国基础教育从“三维目标”时代迈入“核心素养”时代．促进学生物理学科核心素养的养成和发展已成为中学物理的课程目标．《普通高中物理课程标准》（2017 年版 2020 年修订）指出，物理实验是培养学生物理学科核心素养的重要途径和方式，物理实验是物理学习的重要环节，物理实验室是学生探索物理规律、提高实验能力的重要场所．为了在教学中落实物理学科核心素养的培养，作为一名未来的中学物理教师，应该具有何种物理实验教学能力？应该如何提高自身的物理实验教学能力呢？在中学物理实验技能训练课程中就能找到答案，这一课程是实现这一目标的有效途径之一．

第一章
中学物理实验技能训练的目的、任务

我国知名物理教育专家、北京师范大学阎金铎教授曾说："中学物理教师对现代物理知识要明，对普通物理知识要精，对中学物理知识要熟．"[1]这是在知识领域对中学物理教师的要求．我国物理实验教育专家、南京师范大学刘炳升教授曾说："不做实验的物理教学是没有完成教学任务的教学，不做实验的教师是不负责任的教师，不具备实验条件的学校是不合格的学校．"[2]这是从教学、教师、学校三个层面对中学物理实验提出的要求．

中学物理实验技能训练是高等师范院校物理学专业的一门必修课，它将物理教育理论与实践紧密结合起来，研究中学物理实验中常用仪器的构造及使用；课程包含基本实验理论及相关训练，具体可分为演示实验、探究实验、学生实验、拓展实验等；此外课程还对一些重要的、较难的中学物理演示实验和学生实验进行探讨，为改进、创新做出努力，并最终为中学物理教学改革做出应有的贡献．

中学物理实验技能训练课程不仅要求学生理解中学实验基本仪器的原理、熟悉常用仪器的使用方法，并训练学生操作器材的能力，还培训了中学物理实验教学能力．研究表明中学物理实验教学能力包括中学物理实验能力、中学物理实验教学能力和中学物理实验教学研究能力．表 1-1 从实验能力、实验教学能力和实验教学研究能力三方面列出了中学物理实验技能训练课程的目的和任务．

表 1-1　中学物理实验技能训练课程的目的和任务

类　别	目　的	任　务
中学物理实验能力	1. 进一步认识、掌握基本仪器的构造、使用方法，形成一定的实验技能	阅读如学生电源、示波器等基本仪器的说明书；练习基本仪器的使用
	2. 掌握演示实验常用仪器的结构及使用方法	阅读如静电起电机、大型演示电表、手摇抽气机及两用气筒、感应圈等常用仪器的说明书；练习基本仪器的使用
	3. 了解物理实验与生活的紧密关系	阅读常用家电的说明书；练习基本仪器的使用
	4. 研究做好物理实验的条件，掌握做好实验的关键及一些基本技能	用物理知识分析实验
中学物理实验教学能力	5. 掌握常用实验教学辅助设备；了解现代化教学手段、信息技术在中学物理实验中的应用	阅读如投影仪、电子白板、融控一体机、视频展台等实验教学辅助设备的使用说明，练习使用方法；学习计算机在物理教学中的应用、数字化实验、虚拟仿真实验软件、线上实验教学等，并练习使用方法

续表

类 别	目 的	任 务
中学物理实验教学能力	6. 在进行操作训练的同时，研究中学物理实验的特点，探讨怎样配合教学讲解进行演示、怎样组织学生实验、怎样指导学生进行实验探究	研读初、高中物理课程标准；利用物理教育理论进行实验教学设计、实验教学试讲
	7. 具有实验观察能力、实验操作能力和实验思维能力	用教育理论分析实验
中学物理实验教学研究能力	8. 具有初步的设计实验、制作并改进仪器的能力以及初步的维修仪器的能力	查阅文献；设计、制作、改进、维修仪器
	9. 具有实验教学设计的评价能力	查阅文献；实验教学设计比较

中学物理实验技能训练中所用的仪器及操作方法有其自身的特点．高等师范院校的学生在本科基础课程中虽然学习过普通物理实验、近代物理实验、电子线路实验及电工实验等，甚至在中学做过这些实验，但这些实验都不能代替中学物理实验技能训练课程．在学习这些实验时，不能只局限于自己“会实验”，还要能“讲实验”，更重要的是应该以“研实验”的视角分析实验（以研究的视角分析实验）．最后还应指出，培养学生严肃认真、实事求是的科学态度和作风也是中学物理实验技能训练课程的教学目的之一．

第二章
课程标准对实验的论述

以色列实验教育研究专家 A. Hofstein 认为，自 19 世纪学校开始系统开设科学课程以来（这里的“科学课程”是物理、化学、生物、地理等自然科学课程的总称），实验就成为了科学教育的特色．[3] J. Solomon 认为实验和科学课堂的关系就像厨具和厨房、农具和农田的关系一样，是密不可分、理所当然的．[4] 本章从物理课程标准的视角来分析实验与物理教学的关系．

课程标准是国家针对课程制订的基本纲领性文件，是国家对课程的基本规范和质量要求，是教材编写、教学、评估和考试命题的依据，是国家管理和评价课程的基础．我国物理课程标准、物理教学设备配置标准以及国家有关实验教学的文件对实验的论述，反映了我国物理实验教学研究的最新成果，也是对物理实验教学的权威解释．通过学习这些权威材料不仅可以了解国家对实验教学的要求，而且能帮助我们加深对实验教学的理解．20 世纪以来，教育部陆续发布了 5 个版本的初、高中物理课程标准以及《初中物理教学装备配置标准》[5]，5 个课程标准分别是 2001 年发布的《全日制义务教育物理课程标准（实验稿）》[6]、2003 年发布的《普通高中物理课程标准（实验）》[7]、2011 年发布的《义务教育物理课程标准》（2011 年版）[8]、2017 年发布 2020 年修订的《普通高中物理课程标准》（2017 年版 2020 年修订）[9] 和 2022 年发布的《义务教育物理课程标准（2022 年版）》[10]（为方便起见，下文对各版本物理课程标准简称为《＊＊＊＊年版初（高）中物理课标》）．通过梳理标准和文件对实验及实验教学的论述可以帮助我们学习、理解中学物理教学中的实验和实验教学．本章从实验与物理学、实验与物理教学、实验在中学物理教学中的作用、实验教学目标、实验教学建议、实验资源开发与利用、实验室建设、物理实践活动分类这八部分来分类整理课标和文件对实验的论述．

第一节　实验与物理学

物理实验是人们根据研究目的，应用科学仪器和设备，人为地控制、创造或纯化某种自然过程，使之按照预期的进程发展，同时在尽可能减少干扰客观状态的前提下进行观测，以探索物理过程变化规律的一种科学活动．物理学是一门实验科学．在物理学的发展历史中，每个概念的建立、每个定律的发现，都有其坚实的实验基础．

课程标准从学科特点、研究内容、学科内容、研究方法等方面对实验与物理学之间的关系进行了阐释，具体见表 1-2.

表 1-2　课程标准对实验与物理学关系论述分类汇总表

论述的角度	内　容	课标版本
学科特点	物理学是一门以实验为基础的自然科学	《2003 年版高中物理课标》
	物理学基于观察与实验，建构物理模型，应用数学等工具，通过科学推理和论证，形成系统的研究方法和理论体系	《2020 年修订版高中物理课标》
研究内容	物理学是一门基础自然科学，它所研究的是物质的基本结构、最普遍的相互作用、最一般的运动规律以及所使用的实验手段和思维方法	《2003 年版高中物理课标》
学科内容	物理学由实验和理论两部分组成，物理学实验是人类认识世界的一种重要活动，是进行科学研究的基础；物理学理论则是人类对自然界最基本、最普遍规律的认识与概括	《2001 年版初中物理课标》
研究方法	观察实验、抽象思维与数学方法相结合，是物理科学探究的基本方法	《2003 年版高中物理课标》
	实验是了解、研究自然规律的重要方法	《2003 年版高中物理课标》

第二节　实验与物理教学

2019 年 11 月，教育部发布了《教育部关于加强和改进中小学实验教学的意见》[11]，文件指出实验教学是国家课程方案和课程标准规定的重要教学内容，是培养创新人才的重要途径．文件就加强和改进中小学实验教学工作提出了具体意见．文件要求师范院校按照国家课程标准要求，把实验教学能力列入师范类相应专业基本培养目标．各地要将实验教学能力纳入相关学科教师资格考试和教师招聘必备素质考查．这从制度上提高了师范生走出高校校园和走入中学校园的实验能力门槛．

实验是物理教学的重要基础，实验是物理教学的重要内容，实验是物理教学的重要方法，实验是物理教学的重要手段．中学物理教学以实验为基础契合物理学的特点、符合认识论的要求、切合学生的心理特点．

课程标准从不同角度对实验与物理教学的关系进行了阐释，具体见表 1-3.

表 1-3　课标对实验与物理教学关系论述汇总表

论述的角度	内　容	课标版本
课程改革	实验是物理课程改革的重要环节，是落实物理课程目标、全面提高学生科学素养的重要途径，也是物理课程改革的重要资源	《2003 年版高中物理课标》
课程特点	义务教育物理课程是一门注重实验的自然科学基础课程	《2011 年版初中物理课标》
课程内容	实验教学是物理教学的重要组成部分，是落实物理课程目标，全面提高学生科学素养的重要途径，要发挥实验在物理教学中的重要作用，需要正确认识物理实验的教学目标，注意把握实验教学的特点，合理开发实验教学的课程资源	《2011 年版初中物理课标》
	实验探究为一级主题，包含测量类学生必做实验 9 个，探究类学生实验 11 个	《2022 年版初中物理课标》
学习环节	实验是物理学习的重要环节，是培养学生物理学科素养的重要途径和方式，物理实验室是学生探索物理规律、提高实验能力的重要场所	《2020 年修订版高中物理课标》

续表

论述的角度	内　　容	课标版本
学习手段	物理实验是增加学生物理学习体验性的重要手段，学生实验是实践体验性最强的物理学习方式，它可通过实验设计与动手操作、观察现象与记录数据、分析归纳与得出结论等环节，全方位地培养学生的科学探究能力	《2020 年修订版高中物理课标》
学习方式	学生实验是其他任何方式都无法替代的物理学习方式，要根据课程标准，最大限度地安排学生实验，演示实验是师生共同探究物理问题的学习方式，也是体验性较强的学习方式，教师要积极利用各种器材，积极创新实验方式，尽可能多地开发出可视性强、证据性强、能引起学生浓厚兴趣的演示实验	《2020 年修订版高中物理课标》
探究方式	在物理课程中，实验和科学探究有着紧密的联系，从科学探究的角度看，实验是科学探究的重要方式之一	《2011 年版初中物理课标》

第三节　实验在中学物理教学中的作用

一般认为，实验在中学物理教学中具有如下作用：培养学生的兴趣和激发学生的求知欲，创设学生有效掌握知识的学习环境，帮助学生掌握科学方法，培养学生的各种能力，培养学生良好的科学素养．课程标准对实验在中学物理教学中的作用进行了拓宽和说明，有利于中学物理教师理解实验的作用．

《2001 年版初中物理课标》指出，观察现象、进行演示和学生实验，能够使学生对物理事实获得具体、明确的认识，这是理解概念和规律的必要基础．观察和实验对培养学生的观察和实验技能，培养学生实事求是的科学态度，提升学生学习兴趣，具有不可代替的重要作用．

《2011 年版初中物理课标》指出，从实验教学的角度看，物理实验通常包括演示实验和学生实验等．实验教学具有多维的课程目标，除学习知识、训练技能以外，物理实验还应在发展实验能力、提高科学素养方向发挥重要作用．教师应让学生通过设计实验、收集和分析实验数据等自主活动来提高实验能力，使学生在实验中认识到尊重客观数据的重要性，从而养成实事求是的科学态度，在实验的相互配合中发扬合作精神，在认真收集、处理实验信息过程中培养严谨的科学态度和科学精神，等等．

《2003 年版高中物理课标》指出，实验室是培养学生科学态度和科学作风的场所，教师应该培养学生对待实验严肃认真的态度．要求学生对实验结果实事求是，如实记录实验数据，并把实事求是的作风带到平时的学习和生活中去．

第四节　实验教学目标

课程标准为每门课程设定了课程目标．《2001 年版初中物理课标》《2011 年版初中物理课标》和《2003 年版高中物理课标》的课程目标都是以科学素养为总目标，并细化为知识与技能、过程与方法、情感态度价值观三维目标．2016 年中国学生核心素养研究成果发布，这标志着中国基础教育从“三维目标”时代迈入“核心素养”的新时代．核心素养是课程标准研制的“DNA”，是贯穿课程标准的一根红线，也是课程实施和教学改革的总纲和方向．《2017年版高中物理课程标准》从物理观念、科学思维、科学探究、科学态度与责任四个方面确定了高中物理学科核心素养目标．

课程标准对实验目标的论述分散在不同的课标中，下面从物理观念、科学思维、科学探究、科学态度与责任四个方面进行梳理，具体内容见表1-4.

表1-4 物理学科核心素养下的实验教学目标统计表

类别	内容	课标版本
物理观念	认识实验在物理学中的地位和作用，掌握物理实验的一些基本技能，会使用基本的实验仪器，能独立完成一些物理实验	《2003年版高中物理课标》
	通过物理概念和规律的学习过程，了解物理学的研究方法，认识物理实验、物理模型和数学工具在物理学发展过程中的作用	《2003年版高中物理课标》
科学思维	学习从物理现象和实验中归纳简单的科学规律，尝试应用已知的科学规律去解释某些具体问题；有初步的分析概括能力	《2001年版初中物理课标》
科学探究	物理实验能力的要求与科学探究的基本要求一致（详见课标）	《2003年版高中物理课标》
	义务教育阶段物理课程是一门注重实验的自然科学基础课程，此阶段的物理课程应注意让学生经历实验探究过程，学习科学知识和科学探究方法，提高分析问题和解决问题的能力	《2011年版初中物理课标》
	具有初步的实验操作技能，会使用简单的实验仪器和测量工具，能测量一些基本的物理量	《2001年版初中物理课标》
	通过参与科学探究活动，学习拟定简单的科学探究计划和实验方案，能利用不同渠道收集信息，有初步的信息收集能力	《2001年版初中物理课标》
	会记录实验数据，知道简单的数据处理办法，会写简单的实验报告，会用科学术语、简单图表等描述实验结果	《2001年版初中物理课标》
科学态度与责任	具有对科学的求知欲，乐于探索自然现象和日常生活中的物理学道理，勇于探究日常用品或新器材中的物理学原理，具备将科学技术应用于日常生活、社会实践的意识；乐于参与观察、实验、制作、调查等科学实践活动	《2001年版初中物理课标》

第五节 实验教学建议

实验是物理教学的基础，实验是物理教学的内容，实验是物理教学的手段，实验是物理教学的方法，实验在物理教学中发挥着重要的作用，那么在物理教学中如何对待实验？如何落实实验在物理教学中的地位和作用呢？课程标准从不同方面提出了具体的建议．下面，我们从动手与动脑的关系、演示实验、学生实验、随堂实验、课外实验等方面分类整理．

动手与动脑的关系．《2001年版初中物理课标》指出，学生大都具有强烈的操作兴趣，希望亲自动手做实验．教师要充分保护和利用此类积极性，让学生更多地参加实验活动．在教学中，出乎学生意料的演示、生动形象的类比、深入浅出的解释、学生生活中以及社会中的有趣事例、幽默风趣的教学语言、探究性的学习活动和小实验、不断出现的挑战性的问题和随之而来的学习讨论，这些都是激发和保持学习兴趣的主要手段．《2003 年版高中物理课标》指出，实验是了解、研究自然规律的重要方法，它的作用不只是为了获取信息，应该让学生认识到实验操作是在相关原理的指引下进行的，使学生学会把实验获得的信息演绎、归纳成结论，只动脑、不动手和只动手、不动脑都是不正确的．

演示实验的教学建议．《2011 年版初中物理课标》指出，无论是演示实验还是学生实验，都应尽量使学生明确实验目的，理解实验原理．做演示实验时，由于实验的操作者是教师，学生的主要任务是观察和思考．因此，教师应注意引导学生观察实验现象，敦促学生对实验现象所说明的问题进行积极的思考和交流．进行学生实验时，应让学生在理解实验方案的前提下，自己选择实验器材，组合实验装置，自主进行实验．发给学生的文字资料应有利于学生积极思考，避免将实验步骤一一罗列并代替学生绘制各种表格，让学生“按方抓药”不求甚解地填入数据，这种菜单式的操作模式固然容易得出预期的实验结果，但不利于学生探究能力的培养．

学生实验教学建议．《2001 年版初中物理课标》指出，部分学生可能对操作性实践或某方面知识表现出特别的兴趣，但对基础知识掌握得不一定很好，对他们不应该采取削长补短、遏制兴趣的方法来弥补基础知识的不足，而应保护他们的兴趣和好奇心，引导他们进一步动手、动脑学好物理．《2003 年版高中物理课标》指出，应重视学生实验技能的提高，使学生能正确使用高中物理实验项目中的仪器和工具，获得较准确的实验信息，但是要避免进行刻板的技能训练．因为随着技术的进步，对技能的要求也在不断地变化．

课外实验建议．《2020 年修订版高中物理课标》指出，学生实验是其他任何方式都无法替代的物理学习方式，要根据课程标准，最大限度地安排学生实验．演示实验是师生共同探究物理问题的学习方式，也是体验性较强的学习方式，教师要积极利用各种器材，积极创新实验方式，尽可能多地开发出可视性强、证据性强、能引起学生浓厚兴趣的演示实验；要积极创造条件，建立实验室开放制度．要鼓励学生利用课余时间，以独立或小组合作方式，设计问题探究的实验方案，开展课外实验研究．

随堂实验建议．《2001 年版初中物理课标》指出，教学中应该多做“试一试”“动动手”之类的随堂实验，通过观察和感受使学生受到启发并归纳出结论；还应该让学生多做一些家庭小实验．演示实验应该与学生随堂小实验相结合，不要用演示实验来代替学生的动手操作，也不要将学生实验仅仅作为验证规律的手段．

第六节　实验资源开发与利用

实验教学资源是物理教学资源的主要内容．物理教育界有重视实验资源开发的优良传统，正如我国物理教育家朱正元先生倡导的“坛坛罐罐当仪器，拼拼凑凑做实验”，长期以来这种自制实验、利用生活物品做实验的做法已成为我国中学物理教育界的灵魂．与此同时，随着信息技术和数字化实验的出现，课程标准提倡在教学中使用新技术．课程标准对实验教学资源的开发与利用分别在新实验器材、日常用品、信息技术和数字实验等方面进行了论述．

要善于开发新实验器材．《2011 年版初中物理课标》指出，应通过各种途径开发实验课程资源．教师可用已有的实验器材进行实验教学，也可用效果更明显、实验误差更小的新实验器材进行实验教学，还可让学生了解一些新的实验技术．同时，应大力提倡用身边的物品做实验，例如使用饮料瓶等日常用品进行物理实验，这样既可以拉近物理学与生活的距离，让学生深切地感受到科学的真实性，又补充了实验课程资源，有利于增强学生的创新意识．

要会利用日常用品做实验．《2001 年版初中物理课标》指出，使用身边随手可得的物品进行探究活动和各种物理实验，可以让学生深切地感受到科学和社会、科学和日常生活的关系．另一方面，因为这些物品本来的用途并不是进行物理实验，所以这种做法本身就是一种创新，不能把低成本实验仅仅看作解决设备不足问题的权宜之计．教师应该因地制宜地设计这个类型的简单实验．《2020 年修订版高中物理课标》提出，要利用日常用品改进实验或开发新实验．实验课程资源不仅限于实验室的现有仪器和设备，日常用品、废旧材料也是重要的实验室资源．教师可利用日常用品和材料来替代实验材料，使实验现象更明显、直观，或者利用这些材料创新物理实验，开发出低成本、高质量的物理实验，使学生有更多动手做实验的机会、更多亲历实验演示的机会，更好地培养和发展学生的实验技能、创新实践能力．

要让信息技术要进入物理实验室．《2003 年版高中物理课标》指出，应重视将信息技术应用到物理实验室，加快中学物理实验软件的开发和应用，诸如通过计算机实时测量、处理实验数据，分析实验结果等．

要重视数字实验．《2020 年修订版高中物理课标》指出，数字实验室系统是利用传感器、数据采集器等收集实验数据，用计算机软件分析实验数据、得出实验结果的现代化实验系统．数字实验系统是教育信息化发展的需要，更是学生创新能力培养的重要方法和手段、利用数字实验系统可使很多难以测量或难以控制的实验得以顺利进行，也使很多实验的测量精度大大提升．建议有条件的地区为学校专门创建数字化实验室，或引进教师演示用的数字实验系统．学校要重视引导教师研究数字实验系统对传统实验的改进，研究数字实验系统的教学方式，促进教学手段与方式的现代化．

第七节 实验室建设

实验室不仅是保存实验器材的地方，也是学生实验的场所，在物理教学中具有重要的地位，发挥着重要的作用．随着新技术的出现，数字化实验建设已成为新趋势．随着基础教育课程的改革，新的教育形式促进了实验室发展，物理专用教室已开始试点使用．课程标准对实验室的建设建议包括实验室硬件配置、生活用品实验保存、数字化实验室建设、实验室开放制度建设、物理专用教室建设等．

重视实验室的硬件配置与建设．《2020 年修订版高中物理课标》指出，实验是物理学习的重要环节，是培养学生物理学科素养的重要途径和方式．物理实验室是学生探索物理规律、提高实验能力的重要场所．学校要根据学生人数按国家标准开设足够的专用实验教室，配齐、配足实验器材．学校要根据国家有关规定，按标准配齐物理教学所需设施、设备，在条件允许的情况下，改进和提高物理实验器材的配备标准．《2011 年版初中物理课标》指出，物理课程的实践性很强，学生的观察实验、动手操作等活动在学习过程中要占很大比例，特别是本标准中的许多教学内容要求通过科学探究活动来教授．因此，学校要开设专门的实验室，并配备相应的仪器设备，为教学提供必需的保证．

生活用品实验保存．《2001 年版初中物理课标》指出，学校实验室应该为师生利用身边的物品、廉价的材料进行物理实验提供便利．有些成功的实验可以作为学校的常规实验保留下来．

数字化实验室建设．《2011 年版初中物理课标》指出，随着科学技术的不断发展和应用，数字化实验室在中学物理实验中的应用也越来越广泛，有条件的学校可以利用这类仪器做一些用传统仪器不易做或不能做的实验．

实验室开放制度建立．《2020 年修订版高中物理课标》指出，要积极创造条件，建立实验室开放制度．鼓励学生利用课余时间，以独立或小组合作方式，设计问题探究的实验方案，开展课外实验研究．

物理专用教室建设．《2020 年修订版高中物理课标》指出，课程结构的改变促使学校课程管理模式的转变，学校将从原来的行政班管理模式逐步向行政班与教学班并行管理模式转变，有的学校也会取消行政班制度，而代之以教学班形式的管理模式．管理模式的转变会改变学校的教学模式，同时也会改变学校教学设施和配置．要适应走班教学的需要，逐步加强学科专用教室建设．有条件的学校要结合实验室建设逐步建设学科专用教室．物理学科专用教室可创设良好的物理学习环境和氛围，具备必要的常用实验设备与仪器，使学生真正进入物理世界进行物理学习，也使教师在物理天地里实施更有“物理味”的课堂教学．

第八节　物理实践活动分类

实验一般分为演示实验、学生实验、课外实验，但随着物理教学改革的深入，出现了一些新型的实验类型，比如探究实验、随堂实验、研究性实验等．与此同时，近年来还出现像项目式学习、STEM、创客等实践性更强的教学改革，如何对这些实践活动进行分类？2019 年，教育部发布了《初中物理教学装备配置标准》．该标准提出物理实践活动概念，并把物理实践活动分为基本实验和物理拓展活动．基本实验为演示实验和学生实验．装备标准对物理实践活动和物理拓展活动的界定如下．

物理实践活动（practice activities of physics）是物理教学的重要组成部分，是落实物理课程目标、培养学生物理学科素养的重要途径．它以获取直接经验为目的，与听讲、阅读、做题等获取间接经验为目的的学习方式相对应．初中阶段的物理实践活动分为基本实验和拓展活动两大类，包括观察、实验、考察、探究、设计、制作、调查等．

物理拓展活动（expansion activities of physics）是指除了课标要求的基本实验外，为提升学生对物理情景的感性认识，加深学生对物理科学规律的正确理解，培养学生的动手能力和创新意识而开展的其他物理实践活动．物理拓展活动形式多样，可兼顾课堂内外、学校内外，包括模拟、体验、加工、制作、调查、研究、考察以及实验等．本标准中物理拓展活动包括利用身边的物品、器具、材料加工制作和开展实验；利用生产、生活中常见的测量工具开展调查研究；利用新技术、新设备、新工艺开展研究性学习；利用成套设备开展 STEAM、创客、项目学习等新理念下的教学活动，等等．

第三章

中学物理实验教学的重要作用

物理学是一门以实验为基础的科学，物理概念的建立、物理规律的发现、物理观念的形成，都必须以科学实验为基础；物理学家们提出理论的过程，也必然用到科学思维，也必定经历科学探究的过程；物理学家在对客观世界的探究过程中逐渐形成正确的科学态度与责任．物理学的发展历史可以证明这一观点的正确性．大家知道，自伽利略用实验探究自由落体运动以来，物理学的研究发展到了一个新的阶段，实验研究方法已成为物理学研究的基础．近代物理学的兴起和发展特别是一些交叉学科的建立，与物理实验的关系更加密切．可以说，没有实验工作，就没有物理学的发展．

实验不仅是物理学的重要研究方法，而且是物理教学的重要组成部分，也是物理学习的重要环节．在物理教学中，为使学生学好物理，物理课堂要有“物理味”要有“物理环境”，“物理味”“物理环境”指的就是物理实验．这里所说的物理实验包括演示实验、学生必做实验、探究实验、随堂实验、课外实验、实验作业及实验习题等．物理学科核心素养主要包括物理观念、科学思维、科学探究、科学态度与责任．下面，我们从这四个方面分析物理实验教学的重要作用．

一、物理观念的形成需要以实验为基础

物理观念是物理概念和规律等在头脑中的提炼与升华．学生学习的概念和规律虽然是前人经过实践总结出来，又经过实践证明了的，是正确的，但对学生来说，要想掌握这些概念和规律，形成物理观念，还必须按照认识论，由感性到理性形成认知，再回到实践中去检验、应用．首先，在物理教学中，教师应充分体现以学生为主体，指导学生充分地观察物理现象，要观察自然界中的物理现象，有条件的还可以安排参观生产，但自然界中的物理现象是千变万化的，生产实际又比较复杂．因此，在中学物理教学中，物理教学实验是十分必要的．在物理教学实验中可根据教学需要，把自然界中的物理现象，有控制地重现在课堂上，给学生以感性认识．特别是中学阶段所讲的物理概念和规律，大都直接来自实践．要使学生建立起物理概念、确切掌握物理规律、形成物理观念必须以丰富的感性材料为基础．另外，在得出规律以后，通过实验验证理论、应用理论知识指导实验，有利于学生深刻地掌握物理概念和规律，并升华为物理观念．再有，由学生亲自动手探究物理实验，对巩固知识、使所学知识更好地应用于实践显然是很有帮助的．

二、科学思维的培养需要物理实验

科学思维是从物理学视角形成的，针对客观实物的本质属性、内在规律及相互关系的一种认识方式；是基于经验事实建构模型的抽象概括过程；是分析综合、推理论证等方法在科学领域的具体运用；是基于事实证据和科学推理对不同观点和结论进行质疑和批判、检验和修正，进而提出创造性见解的能力与品格．科学思维主要包括模型建构、科学推理、科学论证、质疑创新等要素．通过演示实验、探究实验和学生实验，引导学生建构模型、科学推理、科学论证．促使学生从观察和测量的结果来认识物理现象和物理过程，找出物理现象的特征以及产生这一物理现象、过程的条件，并进行思考，以上过程有利于培养学生的科学思维．特别是在学生操作的过程中，手脑并用，如果善于引导，必将有效地发展学生的思维能力．

在物理教学过程中，通过演示、探究和学生实验使学生对物理现象、物理过程进行认真的观察，并动手操作，取得资料、数据，在此基础上再进行分析、概括等思维活动，最终得出结论（或验证规律）．这不仅可以使学生更好地获取知识，训练实验技能，而且使学生从中得到启迪，认识物理学研究过程中的科学思维．最终使学生认识物理学是一门什么性质的科学；怎样利用科学思维研究物理；怎样学习物理．抓紧科学思维的教育，将为学生日后的学习奠定基础，对发展学生的创造力是十分有益的．

三、主动进行科学探究的热情需要物理实验来激发

科学探究是指基于观察和实验提出物理问题、形成猜想和假设、设计实验与制定方案、获取和处理信息、基于证据得出结论并做出解释，以及对科学探究过程和结果进行交流、评估、反思的能力．一般学生都乐于感知客观事物，对感知客观事物感到满足；有的学生则有操作的兴趣，他们不满足于观察某种自然现象，而要通过自己的探究去对它施加影响．不少有经验的教师都表示，有些学生认为物理难学，主要原因之一是学生认为物理太抽象，如果加强实验探究，就把一堆枯燥的概念、规律变成生动有趣的活动，多数学生都会喜欢．例如帕斯卡裂桶实验、纸杯烧水实验、电磁感应现象的演示、光导纤维作用的演示等，都能引人入胜，并发人深思．学生一定会想："加入那么一点点水，怎么桶就被胀裂了?""我们用的锅都是金属的呀，怎么纸锅在火上不被烧着?""在那个有电表的电路里并没有电池呀，怎么会使电表指针摆动?"……中学生好奇、好动，新奇、有趣的演示实验可以吸引他们，使他们跃跃欲试．学生动手探究，则能引起更浓厚的学习兴趣，物理实验探究能激发学生的学习热情；带着浓厚的兴趣，学生自然会主动、积极地进行学习．

四、科学态度与责任的培养需要物理实验

科学态度与责任是指在认识科学本质、认识科学技术社会环境（STSE）关系的基础上，逐渐形成探索自然的内在动力，严谨认真、实事求是和持之以恒的科学态度，遵守道德规范的科学操守，以及保护环境并推动可持续发展的责任感．实事求是、按客观规律办事，是科

学的态度．这种态度需要在物理实践活动中逐步培养．通过物理实验可以培养学生尊重事实、严谨认真、不怕困难、敢于创造的精神．通过物理实验可以培养学生爱护仪器、遵守纪律、团结友爱、勤俭节约的优良作风．物理教师要在教学中言传身教，使学生受到教育和熏陶，在潜移默化中形成良好的科学态度与责任．

总之，在中学物理教学中加强物理实验决不能单纯看成是为了使学生形成物理观念而采取的手段．它在发展学生科学思维，甚至在提升学生的科学态度与责任方面都起着非常重要的作用．因此，在物理教学中千方百计地创造条件，多做实验，且使学生能有更多机会亲自动手探究，是每个物理教师的责任．

第四章

中学物理实验教学的类型及其作用和要求

实验教学是中学物理教学的基础，《2020年修订版高中物理课标》指出，实验是培养学生物理学科核心素养的重要途径和方式，实验是物理学习的重要环节，物理实验室是学生探索物理规律、提高实验能力的重要场所．据统计，在课程标准和教材中，安排了数百个探究实验或演示实验，数十个学生必做实验和上百个课外小实验、小制作．物理教师要熟悉课程标准和教材中要求的每一个实验，掌握实验方法和实验关键．

除我们常说的演示实验、学生实验、课外实验等实验类型外，在物理教学实践中，我国物理教育界创造性地提出了不同的实验类型，如验证性实验、研究性实验、探究性实验、设计性实验、开放性实验、自制实验、非常规实验、低成本实验、边教边实验、边学边实验，等等．这些实验类型不断丰富着物理实验教学理论，对实验教学有指导意义．根据对中学物理教师实验能力的要求，中学物理实验技能训练按以下四类进行分析：演示实验训练，探究实验研究，学生必做实验研究，其他类型实验研究．

与本科所学的其他课程实验相比，中学物理实验技能训练课程中所安排的实验都相对简单．如果只是匆匆做一遍，满足于自己看到了实验现象，只需几十分钟即可完成．但这就失去了技能训练的作用．学生走进实验室应该像中学物理教师走进实验准备室一样，要认真研究每一个实验，反复操作，熟练地掌握所做的实验．

第一节　演示实验训练

演示实验是教师为了达到一定的教学目的而做给学生看的实验．在中学物理实验技能训练课程中安排了力、热、光、电各部分的典型演示实验，如匀变速直线运动、气体定律、静电、透镜成像等，其目的是使未来的教师了解演示实验的特点、要求及其与一般物理实验的区别．

在做这类实验时，要求学生同时参看中学物理教材中相应的章节，明确实验目的；练习合理的操作方法和程序，设法使他人看清楚实验现象和数据；学生要考虑如何引导中学生进行观察，边实验、边讲解．有的实验是使用不同仪器演示同一物理内容，要比较各种方法的优缺点，并考虑是否有更简便的实验方法．

一、中学物理演示实验的作用

中学物理就其内容来讲，主要是经典物理学中最基本、最简单、与实际联系最密切的部分，其主要概念、规律、物理观念都是在实验基础上建立起来的，物理实验本身就是教学内容的重要组成部分．理想的物理教学过程是在教师的指导下，学生一边进行实验，一边观察、总结，从而形成物理观念．由于客观条件的限制，不可能所有的实验都由学生亲自动手来做，大部分实验是由教师做给学生看的．也就是说，演示实验是学生最集中地获得物理现象观感的主要来源．同时，演示实验在培养科学思维、科学兴趣、科学态度与责任等方面都起着十分重要的作用．因此在教学中要对它充分重视．

1. 演示实验为学生提供必要的感性认知

中学物理教学内容虽与日常生活中许多现象有着密切的联系，但实际现象常常是复杂的，与许多因素有关．加之中学生尚缺乏相关的物理知识，往往不能深刻地认知这些现象，更难以觉察现象中反映的物理本质．而且有些物理现象似乎与日常生活中给学生的印象不一致．因此，有必要通过演示实验把物理现象的特征突出地显示出来，使学生获得丰富、深刻、正确的感性认知．

例如光现象是大家都熟悉的，对光的反射定律也有一定的感性认知．但是，中学生对其严格的数量关系，特别是对入射光、反射光和反射面的法线在同一平面内却无充分的感性认识．在讲解时，可以使用图 1-1 所示的装置进行演示．光线由 E 一侧入射到平面镜 M 的 O 点处，转动 F 平面直到显示出反射光，使学生看到反射光与入射光在同一平面内，且光线与法线的夹角相同．这样学生不仅容易记住结论，而且在头脑中形成了一定的物理图像．

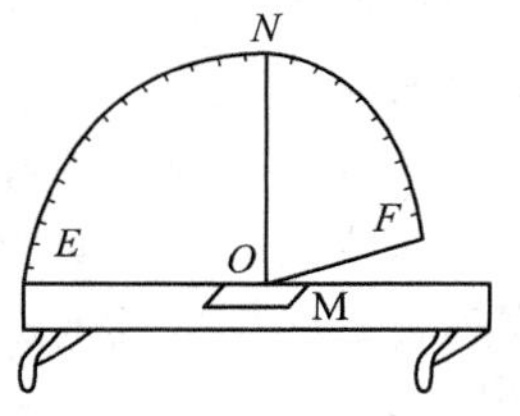

图 1-1　光的反射演示器图

静电现象是常见的，而电荷在导体中的分布却是一般学生没有机会接触和观察到的．用绝缘空心导体（图 1-2）进行演示，学生就了解了．

在物理学中有些概念、规律比较抽象，或表述较难理解．如楞次定律，教材中是这样叙述的："感生电流具有这样的方向，就是感生电流的磁场总要阻碍引起感生电流的磁通量的变化．"这里出现了感生电流方向、感生电流磁场方向、原磁场方向、原磁通量的变化等，学生很难理解．利用演示实验（图 1-3）将它们显示出来，并记录下来，使学生有了感性认识，楞次定律晦涩的文字表述就会由于生动的物理图像而变得容易理解和记忆了．

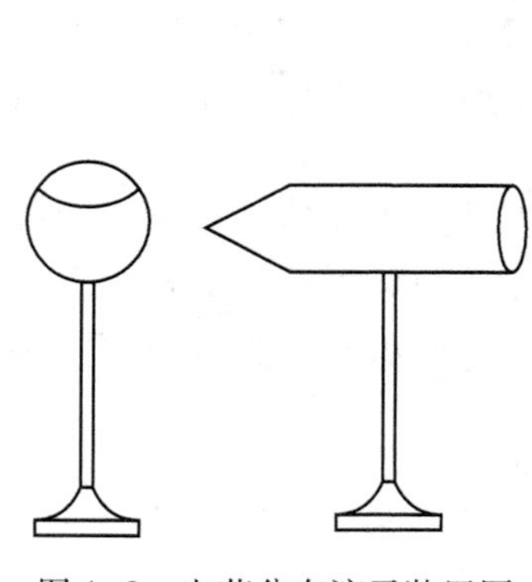
图 1-2　电荷分布演示装置图

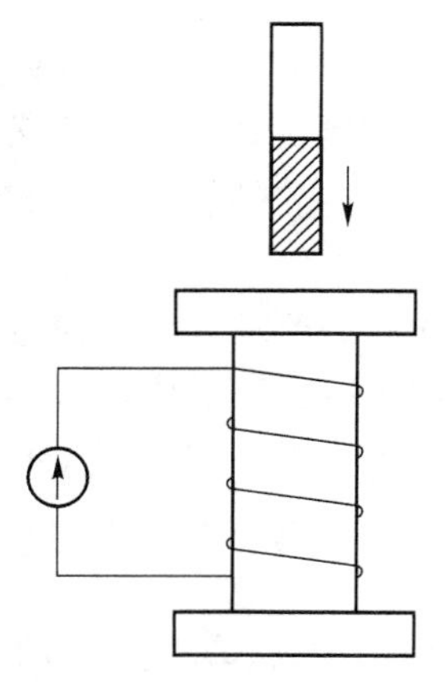
图 1-3　感生电流演示装置图

2. 演示实验是形成物理观念的基础

中学物理中的大部分概念、规律都是在实验的基础上得出的，上面谈到的楞次定律就是一个例子．又如全电路欧姆定律，也必须通过实验得出 $E=U_{外}+U_{内}$ 的结论．利用如图 1-4 所示的装置，移动滑动变阻器改变电路的电流，测出一系列的 $U_{外}$、$U_{内}$，学生很容易看出内、外电路的电压之和为常量，它是由电源性质决定的，这样学生对电动势概念就理解了．如果不做实验，或实验不成功，学生就会对结论表示怀疑，或印象不深．

3. 培养学生的观察能力、实验能力

通过对实验讲解、分析，引导学生观察，使学生不仅看到了实验现象，也学习了观察方法，培养了学生观察的全面性、细致性．

在讲物质的汽化和液化问题时，常做一个演示实验（如图 1-5 所示）．被加热至沸腾的水汽化，水蒸气由玻璃管喷出，在装有冷水的烧瓶（冷水瓶）壁外凝结成水滴，靠近冷水瓶处有团团白雾．要求学生仔细观察现象，并注意现象中的一些细节．即沸水瓶中的水面上方的气体——水蒸气——是无色透明的，玻璃管口附近的气体——水蒸气——是无色透明的，靠近冷水瓶处的是“白汽”．白汽不是水蒸气而是细小的水滴．通过细致的观察，学生不仅认识了现象，而且提升了观察能力．

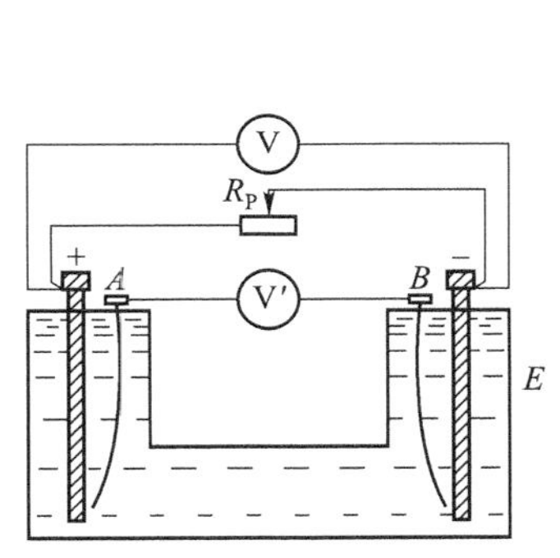

图 1-4　全电路欧姆定律演示装置图

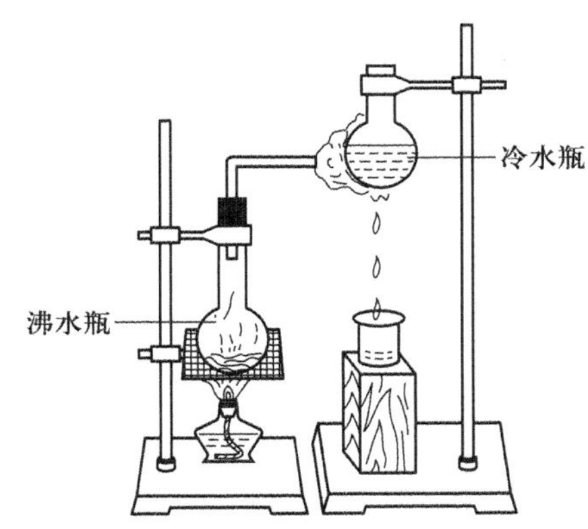

图 1-5　水蒸气液化装置图

演示实验中，教师的操作是实验方法、操作方法的示范．在使用天平时，如果教师总是用镊子夹砝码，学生也会注意遵守操作规程，如果教师用手抓砝码，就无法要求学生使用镊子了．

4. 引起学生的兴趣，吸引学生注意

兴趣是最好的老师，有了兴趣就有了内在的动力，就可以取得较好的学习效果．

中学生保持注意力的时间一般不超过 20 分钟，教师在上课时要采用多种教学方法，演示实验则是物理教学中最有效的方法之一．当教师做演示实验时，一向困倦的、平时注意力不集中的学生都伸长脖子、兴趣盎然地观看．

二、中学物理演示实验的要求

演示实验首先是科学实验，要求设计思想正确，操作规范、细致；作为教学实验，还要保证安全、卫生．但是演示实验是在教学过程中教师做给学生看的实验，因此对它还有一些特殊的要求．

1. 目的明确、切合课题

演示实验是教学内容的有机组成部分，必须密切结合课题，有针对性．围绕某一物理内容的实验可能很多，要选择与所述内容、所强调重点联系密切，对解决学生理解上的困难最有针对性的实验．

选择演示实验还要考虑这个实验所要达到的具体目的是什么．创造问题情境，引入新课的实验要新颖、有趣；建立概念、规律的实验要程序清楚、现象数据明显．

2. 装置简单、明显可见

演示实验要力争全班学生都能看清楚，一是看清仪器，二是看清现象．

仪器尺寸要大，结构尽量简单．仪器的不同部分可以涂上不同的颜色，使学生一看就明白．

仪器放置要合适，重点观察部位要突出．辅助仪器尽量避免学生看到，以免分散学生的注意力．

在水平面上的图形或现象要设法竖立起来．做成示教板，或使用大平面镜、投影仪让学生都能看到．

有些不易直接观察的现象可以设法模拟出来，但不可为了使现象明显而弄虚作假．

3. 先定性，再定量，让学生充分感知

演示实验带有显著的定性特点．中学物理演示实验绝大部分仅提供物理现象，只有少数实验需要测量数据，而且这些定量的实验也主要是找出正比或反比关系．因而在做这些实验时首先仍然是保证学生看清现象，在感性上知道这一物理量与其他物理量的关系，然后再测量数据．

讲牛顿第二定律时，演示 $a \propto F$，首先要让学生充分观察物体在不同力的作用下的运动情况，使学生得到力大则加速度大、力小则加速度小的整体印象，然后再进行测量、计算．

利用电动机提起重物演示电流做功．当 I、t 一定时，电流所做的功与电压成正比．可以先让学生看不同电压下重物被提起的快慢，充分感知电压大时在一定时间内电机对物体做功多，反之，做功少．

另外，部分仪器的数据显示没有放大，不可能让全班学生都看清楚，如果把注意力放在测数上，会影响大多数学生的积极性．

4. 精心安排实验步骤，突出实验关键

在归纳概念、建立规律的实验中，实验程序是非常重要的，要让学生看清楚现象的主要特征以及现象与条件之间的关系．实验步骤要分明，每一步骤的每一现象都要清楚．这样学生就能在观察的过程中进行思考，从而得出正确的结论．

例如，在演示眼睛如何能看到物体和近视眼的矫正时，可以分五步来做．

第一步是演示正常眼睛视物．用一个凸透镜和毛玻璃屏模拟眼睛，凸透镜是眼睛的晶状体，屏是视网膜．用点燃的蜡烛做物体，装置如图 1-6 所示．屏上得一清晰的像，说明眼睛看清了物体．

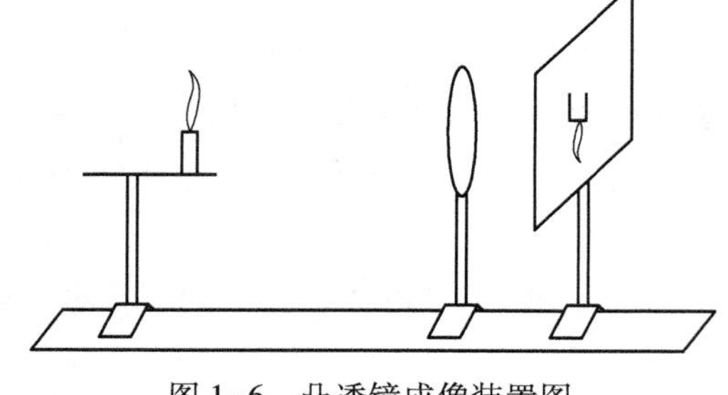

图 1-6　凸透镜成像装置图

第二步是演示近视眼视物．近视眼的晶状体比正常眼睛的晶状体凸一些，演示时需换一个焦距短一些的凸透镜，并保持物和屏的位置不变．这时，屏上的像没有了（变模糊了），也就是说这个眼睛不能看清楚物体．

近视眼的晶状体能不能成像，像成在什么地方呢？

第三步是寻找像的位置．前后移动屏的位置，可以发现像前移了，也就是说像没有成在视网膜上而是成在了视网膜前面．

近视眼的人是不是什么东西都看不清楚呢？当然不是，近处的东西是可以看清楚的．

第四步，演示近视眼看近处的东西．把屏放在原来的位置，移动蜡烛，使它慢慢靠近凸透镜，屏上逐渐出现了清晰的像．

第三、第四步是关键，说明了近视眼成像的特点，一是像一般成在视网膜前，二是近处的物体可以在视网膜上成像．

第五步是演示近视的矫正——配眼镜．用一合适的凹透镜放在眼睛前面适当的位置，原来位置上的蜡烛在屏上得到清晰的像．近视得到了矫正．

有的实验内容、步骤比较简单，在做时也要把握实验的关键，把现象的特征突出出来．

5. 讲解引导，把学生的注意力集中到观察重点上

学生在观察实验时，往往受个人经验、兴趣的影响，注意力集中在不同的方面．曾做过一个实验，让学生观察“比重计”，然后描述它．不同学生描述的重点不一样，有的侧重外形，有的侧重构造、装填物，有的注意到刻度的顺序、单位，等等．因此教师在实验开始时对实验目的、观察的重点部位和现象要进行讲述，实验过程中应边讲边做，不断提出问题以引导观察．必要时还可以配合板书、板画．

6. 注意培养学生的观察能力

演示实验有利于学生观察能力的发展，教师也要有意识地培养学生的观察能力．除了让学生多观察外，还应讲述观察方法，引导学生进行对比观察，练习由局部到整体、或由整体到局部的观察．

可以选择一些实验，事先不引导观察，而要求学生观察后复述实验现象．这样可以培养学生独立观察的能力，提高学生观察时的注意力，进行有意识地记忆．同时可以考查学生观察的全面性、细致性．复述后重做实验，学生的印象更清晰，形成的记忆更加鲜明．

7. 课前认真准备，确保课上一次成功

演示实验成功与否，直接影响概念的形成与规律的建立，只能成功，不能失败．如果一个实验反复多次都不成功，既耽误了时间，又使学生失去信任感．如马德堡半球实验，书上讲述八匹马都拉不开，如果课堂上两个学生一下子就拉开了，学生对大气压强的概念就模糊了，对书上的讲述也不相信了．

有些实验较难成功，如静电实验，其受天气、仪器清洁度以及室内环境的影响很大，教师课前要认真准备，擦干净、烘烤仪器，进行教室通风等，以保证课堂实验的效果．

三、中学物理演示实验的教学策略[12]

教学策略是指在特定教学情境中为完成教学目标和契合学生认知而制定的教学程序计划和采取的教学实施措施．中学物理实验常见的教学策略包括演示-观察-解释（DOE）策略和预测-观察-解释（POE）策略．下面分别进行介绍．

1. 演示-观察-解释（DOE）策略

一般演示实验包括实验演示、实验观察、实验解释 3 个过程，常规演示实验教学是教师演示实验，学生观察实验，教师对实验进行解释．这种教学策略可以称为演示-观察-解释（demonstrate-observe-explain，DOE）策略．在演示-观察-解释策略中，演示主要是教师操作实验，也可以请学生充当教师的助手或在教师的指导下由学生在讲台上进行操作．观察是在实验操作的过程中，学生在教师的引导下，对实验器材、实验方法、实验过程和实验现象等进行观察和记录．解释不单单是教师对实验现象的分析，得出实验结论，从结论中总结物理规律或理论，还包括对器材的选择、器材的使用、实验方法的选择进行必要的说明和讲解．在实际演示实验教学中，这三种活动一般都是同时进行的．

为了使学生获得丰富的感性认识，加深对物理概念、原理和定律的理解，激发学生对物理学的兴趣；为了培养学生的观察和实验能力，发展学生的智力；为了使学生初步了解物理学的研究方法，培养学生实事求是的科学态度和遵纪守法、爱护仪器的优良品质，在 DOE 策略的实施过程中，教师应该做到操作规范、演示成功、实验现象清楚、引导明确有效和讲解逻辑缜密．

（1）操作规范．学生所接触的实验大部分是演示实验，学生对物理仪器的初次接触绝大多数是在演示实验中完成的．所以，教师在演示实验中的操作对学生的影响很深，甚至诸如砝码的取放、天平的放置、温度计的读数、导线的连接等琐碎的细节也将影响学生对物理仪器的理解和其实验操作能力的提高．

（2）演示成功．演示实验是物理课堂教学的有机组成部分，是有效教学的重要环节，因此要确保实验演示成功．实验失败是不可避免的，在课堂上一旦失败，教师要实事求是地分析原因，切不可搪塞学生，更不可弄虚作假欺骗学生．

（3）现象清楚．演示现象务必使全班学生都能看清楚，为此仪器的尺寸要足够大，演示仪器要放在适当的高度．对于可见度较差的演示，可以采用光、电或机械等放大装置来增强演示效果．对于不太明显的部分，还可以采用背景衬托和染色等措施加以突出．

（4）有效引导．演示实验从出示仪器到进行演示的全过程，都将给学生以多方面视听感官刺激．但刺激有主次之分，有本质、非本质之分，教师期望学生所观察的现象不一定都明显突出，有的可能稍纵即逝，以致在演示中出现的某些重要现象，学生往往视而不见，因此要指导学生观察．例如，在水的沸腾实验中，除指导学生观察和记录水的温度外，还要引导学生观察在不同温度下，气泡产生的部位，气泡的数量、大小及气泡在上升时体积的变化等．

（5）缜密讲解．演示实验不是单纯的实验操作，它还离不开教师科学、缜密的讲解．在学生观察时，为了使学生获得丰富的感性认识，加深对物理概念、原理和定律的理解，教师除了引导学生观察外，还需要对演示实验的目的、仪器的选择、实验方法、实验现象、实验结论以及由实验得出的物理规律或定律进行科学的、具有逻辑性的讲解．

2. 预测-观察-解释（POE）策略

预测-观察-解释（predict-observe-explain，POE）策略是在“观察渗透理论”哲学观念和建构主义、前概念、概念转变等教育理论基础上提出的一种新型演示策略．这种策略是在实验演示前，学生根据自己已有的知识先对实验现象进行预测，教师演示实验时，学生观察实验，然后学生对所观察的现象进行解释．有研究表明这种演示策略对学生预测实验现象和提高解释能力具有很好的效果．

POE 策略的实质是通过预测暴露学生的前概念，通过实验演示使他们的认知发生冲突，通过讨论最终实现概念转变．这符合学生的认知发展规律，按照 POE 策略的要求，在教学中，教师要能准确把握学生的前概念，设计系统化、生态化的实验，创设民主、宽松的学习氛围和环境，展示科学概念的合理性．

（1）把握学生的前概念．在预测阶段，学生各种各样的前概念暴露出来，教师应该能准确地判断出各种前概念的实质、产生的原因及其合理性和局限性．为此，教师应该全面了解和准确把握学生的前概念，为课前实验的设计和课堂上学生产生认知冲突、概念转变提供依据．了解和把握前概念的途径很多．近三四十年来，人们已对前概念进行了系统的研究，了解这些研究成果可以帮助教师掌握学生的前概念．对学生的不断观察也可以帮助教师积累学生的前概念．另外，学习科学史、科技史，了解科学思想的进化历程，特别是历史上“错误”的观点，也可以帮助教师理解学生的前概念，因为人类个体的认知发展具有“返祖”现象．例如，“力是物体运动的原因”“热质说”“燃素说”等，这些也是许多学生所持的观点．

（2）设计系统化、生态化的实验．为了把学生的前概念充分暴露出来，实验的设计应具有针对性．例如：在失重这一内容的教学中，针对学生抱有的失重的前概念，取一个装有水的饮料瓶，在瓶的侧壁用针扎两个孔，让学生预测当瓶从高处落下时，会有什么现象发生．同时考虑到学生的前概念是多种多样的，设计的实验还应具有系统化和生态化的特点．例如：针对学生认为只有下落的物体才会失重这一前概念，可以让学生预测饮料瓶在上抛、平抛、斜下抛时发生的现象，也可以让学生预测如果这一饮料瓶在“天宫一号”空间站里并在外太空航行时会发生什么现象．

（3）创设民主、宽松的学习氛围．为了能让学生充分暴露他们的前概念，在课堂上应该营造民主、宽松的学习氛围．在这种环境中，学生能无拘无束地讨论、发言．为了营造这种环境，教师应该尊重学生的观点，倾听学生的观点，不要对学生的观点过早地评价，更不能对学生的观点进行讽刺和挖苦．与此同时，教师应该及早发现学生前概念的根源、其合理的地方和局限之处，为学生认知发生冲突创造条件．

（4）展示科学概念的合理性．实现前概念向科学概念转变是教学的最终目的，为了让学生的认知向科学概念转变，除了让学生的认知发生冲突外，教师还要让学生意识到科学概念比学生原有的概念更具合理性，能解释更多的现象，能更准确地预测新现象．

第二节 探究性实验研究

课程标准强调科学探究，而进行科学探究的主要手段就是实验．进行科学探究是获取新知识的重要方法，对于物理学来说，实验则是探索物理世界规律的重要手段．一般来说，探究性实验分为以教师设计为主和以学生设计为主两大类．

一、以教师设计为主的探究性实验研究

以教师设计为主的探究性实验指的是：在实验教学中，为了引导学生探索、发现物理规律，获取新的物理知识，由教师主动提出问题，设定好实验方案，让学生自己动手，通过一

系列的观察、测量活动去探索研究，从而归纳、总结、得出结论．简要地说，是“教师提出，教师设计，学生操作，观察探索，共同分析”．在这类实验中，学生在实验之前并不知道会有怎样的结论，而是在教师的引导下，通过亲自动手、思考总结发现规律．

以教师设计为主的探究性实验一般可分为三个阶段，即准备阶段、实验阶段和总结阶段．

1. 准备阶段

探究性实验要冒一定的风险，实验有可能失败，得不出应得的规律，不利于教学工作顺利进行．因此实验的准备工作非常关键．准备实验时应当考虑到各种可能出现的情况和影响实验的因素．

首先要选题合适．并不是所有的实验都可以作为探究性实验．所选的应是那些操作方便、涉及理论易懂、实验误差小的实验．其次是设计实验的程序．实验程序尽可能地简单一些，只要能让学生由此得出规律就行了，不必面面俱到．设计实验程序时教师必须一边设计，一边亲自动手实验，不断从中发现问题，逐渐改进．最后是实验的准备．教师要对实验器材认真检查、挑选，为学生顺利进行探究实验做好准备．

2. 实验阶段

进行教学时，教师先根据教学内容和目的、要求，提出启发性的问题，使学生明确所要探索的内容；接着教师需要对学生介绍解决该问题将要采用的实验方法和手段，必要时做一些示范，或强调一些注意事项；然后学生在教师的指导下，自己动手做实验，观察实验现象并记录实验数据，同时在头脑中对掌握的感性材料做初步的分析、处理．

3. 归纳阶段

进行探究式实验的目的就是为了获取新的知识．但由于学生的思维能力还比较有限，归纳和总结都可能比较片面．因此做完实验后，最好是在教师的引导下让学生对所得的实验现象或数据进行思考、分析，进行归纳和总结，得出相应的物理规律，使学生完成从感性认识到理性认识的飞跃．

二、以学生设计为主的实验

学生应当是实验的主体．在课堂教学中，由教师或学生提出问题，让学生自行制订实验计划、设计实验方案、选择实验器材、动手操作、收集并处理数据，进一步归纳得出结论的实验可以称为以学生设计为主的探究性实验．这种类型的实验可以促使学生开动脑筋、灵活运用所学知识，对于发展学生的实验能力和创新思维有着重要的作用．

中学物理涉及的内容大多比较简单，但对于学生来说是可以探索的“未知”的知识．为了让学生更好地了解概念和规律的来龙去脉、理解掌握相应的物理规律，可以由教师创设一些物理情境，引导学生（或教师主动）提出与教学内容有关的物理问题，让学生自己开动脑筋进行猜想和假设、制订计划、设计实验、选择器材、进行实验、收集证据、分析论证、探其究竟，进而得出结论．简单地说就是：“教师（学生）提出，学生设计，学生操作，探索思考，学生分析”．在此过程中，教师的主要任务则是提供仪器设备、解答学生的疑问、进行一定提示或启发，但绝不能帮着学生设计或操作实验．

例如，在学习电阻定律时，教师可以提出问题：电阻是导体本身的特性，它的大小由什么来决定呢？学生开动脑筋思考，进行一系列的猜想．他们可能会认为电阻的大小与导体的大小有关（长短、粗细），与导体的材料有关，等等．接下来，学生可以自己选择各种电阻，设计实验方案并进行实际的测量，大多数学生会用伏安法测出电阻的大小，然后再分析所测得的电阻值与自己设定的影响因素之间的关系．也许不同的学生重视的是不同的因素：有的测量的是长度的影响，有的测的是粗细的影响，有的测的是材料的影响，等等．最后，教师组织学生进行交流讨论，分析评估不同的情况，得出正确的结论．

又如，在学习单摆时，教师可以给学生展示各种各样长短不同、摆锤轻重不一的单摆．引导学生思考单摆摆动的快慢与什么有关．学生可能会认为与摆线长短有关，与摆锤的质量有关，与摆锤的大小有关，等等．然后让学生自己动脑设计实验方案，选择合适的仪器并操作实施，最后记录有关数据．在这个过程中，学生需要开动脑筋，设计实验时不得不考虑应当测量不同摆长、不同摆锤、不同大小的单摆的摆动周期，同时需要运用控制变量的方法，才可以对不同的摆进行“公平”的比较．最终，老师组织学生进行分析讨论，发现在一定的误差范围之内，单摆摆动的快慢只和摆线的长度有关，而且摆线越长，单摆摆动得越慢（周期越大）．此外，还可以对不同学生所用的方法和所得出的结论进行评估和比较．

通过让学生设计并实施探究性实验，学生从被动地接受知识转变为主动获取知识．他们经历了“问题—猜想—设计—实施—分析—结论”的类似科学家探索物理世界的过程，不仅学习到了新的知识，而且加深了对物理规律的理解和信任，同时也体验到了科学探究的乐趣，领悟到一定的科学思想和精神．通过探究性实验不仅能够很好地锻炼学生的动手能力，而且还能进一步培养归纳、概括的能力．

为了达到良好的探究效果，以学生设计为主的探究性实验应当注意以下几点：

1. 选题要合适

让学生进行科学探究是为了激发学生的热情，培养学生热爱科学的情感以及对科学探索的兴趣，因此，所选的问题应当比较有趣．考虑到中学生的思维水平还比较有限，以学生设计为主的探究实验应当比以教师设计为主的探究实验简单一些：所涉及的物理量不宜过多；实验仪器和操作应比较简单；实验的时间也不宜太长．

2. 注重过程和方法

中学生进行科学探究，不一定能得出完全正确的结论，也许是片面的甚至是错误的．教师应鼓励学生积极、大胆地参与实验探究，让学生通过探究的过程体验到科学的乐趣．重要的是让学生经历探究的过程，学习和体会科学的方法，不应过分苛求结果．

3. 重视讨论交流和评估

以学生设计为主的探究性实验，不同的学生（或不同的组）也许会采用不同的方法，得出的结论也可能有一定的差别．因此，讨论和交流是必不可少的环节，在此过程中，学生既可以有根据地发表自己的意见，又可以听取别人的方法，与此同时评估的工作也自然地开展了起来．通过讨论和评估，可以使学生自己辨别优劣、分清正误，更好地理解探究的方法和结论．

第三节　学生实验研究

学生实验是学生亲自动手操作的物理实验，为了便于教学与评估，物理课程标准规定了学生必做实验．《2011 年版初中物理课标》列出了 20 个学生必做实验，《2017 年发布 2020 年修订版高中物理课标》规定了21个学生必做实验．在中学物理实验技能训练中安排了几个典型的中学生必做实验，目的是让未来的物理教师学习如何准备学生实验课．

在做这类实验时，要求学生通过反复实验找出做好该实验的关键，发现容易产生误差或其他问题的地方，并考虑在实验课开始时如何讲解，以使中学生能够顺利完成实验．

一、学生实验的教学目的与要求

学生实验，是指由学生亲自动手操作的物理实验．学生实验是培养学生的观察能力、使学生的创造力得到发展的主要途径．尤其有利于发挥学生的主动精神，使他们以极大的热情和兴趣，积极参加到实验活动中．近年来，我国中学物理教学进行了较大的改革，从总的发展趋势来看，越来越重视实验教学的作用．反映在中学物理课程标准上，就是物理实验的数目有所增加，学生实验的课时数在总课时中所占的比例得到提高，而且对于如何在实验中真正培养学生能力，而不是“照方抓药”，物理教育工作者进行了研究，采取了一些有效措施，这在教材的编写、修改上有所体现，在各地的教改经验中也有所反映．近年来物理教学工作者对学生实验的重视已经取得了一定的成效．在全国或各省、市及一些中学举办的物理教具、仪器展览上，有不少构思巧妙、工艺精湛的教具，件件都浸透着物理教师的汗水，学生动手自制的成品，出现在各地、各种规模的展览会上，更是可喜的现象．

1. 学生实验的教学目的

学生实验的安排要配合物理基础知识的学习．在中学物理教学中，实验课是它的有机组成部分，并不单独设课．具体来说，在有些情况下由物理实验结果归纳物理概念、规律；有时是在推导出规律后用实验验证；还可以安排一些实验，综合运用知识，达到复习巩固、应用物理知识的目的；有条件时，也可设计一些实验使学生探索知识，培养学生的创造精神．总之，学生实验的目的之一，是使学生更好地获取系统知识．如高中物理介绍力学中关于动量守恒定律的实验，是在讲述动量守恒定律之后进行的，在教学中，从牛顿第二定律和牛顿第三定律推导出了动量守恒定律，然后，让学生用两个大小相同但质量不相等的小球的碰撞来验证动量守恒定律（当然也可以改用其他实验，如教参上提出的用质量分别为m_1和m_2的小车碰撞的办法来做实验）．无论是通过实验归纳、总结规律，还是验证定律，都是为使学生理解这些物理知识（概念、规律）是怎样在实验的基础上建立起来的．

如前所述，中学物理教学实验绝不只是为使学生获取知识而采取的手段，尤其是学生实验，更应有它自己的教学目的．从内容上说也应有其自身的体系，由浅入深、循序渐进．通过实验训练学生使用仪器、进行操作、处理数据、设计实验的能力，并使学生学习科学的研究方法．为达到此目的，对学生实验应有总的计划，要明确在中学阶段要求学生学会哪些基本仪器的使用；在操作方法、熟练程度上有哪些要求，在数据处理方面有哪几种办法，在误差的处理上如何要求，以及在设计实验的能力上要达到什么程度．进一步要研究明确初中与高中的学生实验的教学目的有什么不同．在使用仪器方面初、高中有不同要求，例如初中使用托盘天平，而高中使用物理天平．在数据处理要求上，初中只是给学生误差的初步概念，而高中则要求学生理解有效数字的意义，且在实验测量中能按有效数字的要求读数（计算中不要求按有效数字规则进行运算，取两位或三位数字即可）．在实验的设计能力上也应体现出差别，初二阶段一般把实验步骤及记录数据的表格都较详尽地给出，而到了高中，一般应要求学生自己设计，除此以外，应有创造性更强的实验，以达到培养能力的目的．其实，就是在同一个年级或同一学期中，关于上述的几个方面，教学目的也应有所区别．例如，在初中开始学物理时，实验的步骤及表格都应在课本上给出，而第一年后面的几个实验，就可以写得不那么详尽，表格上有意识地空出几项，以达到培养学生独立思考，让学生自己安排，自行设计的目的．对一个单元或教学内容接近的若干单元则应该有通盘的计划．比如在高中电学中，电流表、电压表各使用几次，电源、滑动变阻器、电阻箱各使用几次，什么时候使用万用表以及在要求上怎样逐步提高，等等．此外，在研究物理实验教学目的时，必须重视科学态度、优良作风的培养．

至于具体实验的教学目的，也是因课题而异的．例如测电源电动势和内电阻的实验课，教学目标如下：

（1）应用全电路欧姆定律、巩固知识．

（2）进一步练习正确使用电流表、电压表和电池组．

（3）进一步练习合理连接电路，练习排除电路中的故障．

（4）在数据处理方面，要求会用列表法由公式计算 E、r；会用图解法求 E、r.

（5）在有条件的学校里或对有余力的学生，可以考虑提出：如果给出电阻箱、电流表或电压表，怎样测出 $\mathscr{E}$、r?

总之，学生实验应有明确的教学目的，为达到物理教学的总目的做出贡献．

2. 学生实验的要求

鉴于学生实验应达到以上的教学目的并考虑学生实验的特点，一般来说，它应该满足一定的要求．

物理实验是学习物理概念、规律的基础；物理实验仪器的构造、原理，实验中误差的产生原因及数据处理等内容也是学生需掌握的基础知识．而且中学物理的学生必做实验基本上采用并进式进行，实验内容紧密结合物理知识的学习．中学物理实验有它的体系，而这一体系是由知识和技能两方面的发展构成的．那么学生必做实验当然应该满足知识性、科学性方面的要求．除此之外，这里还要强调指出学生实验应具有启发性、训练性、安全性、定量性及教育性．

（1）启发性

中学物理教材教法课中已较详细地论述了教学中的启发性原则．在物理实验教学中仍应强调贯彻这一原则．我们都知道，在中学物理实验中，学生往往容易出现以下弊病，一种是进了实验室后乱动仪器，不按操作规程进行操作；另一种是不动脑筋，盲目地照着实验步骤做，看一步，做一步，做了这一步还不知道下一步应该干什么，处于被动局面；还有一种学生把自己置于旁观者的地位，自己很少动手，看着别人操作．这样的学生通过实验课很难有多少收获．强调学生实验中的启发性，就是要使学生真正发挥其主体作用，积极、热情地参与实验活动，既动脑，又动手，手脑并用．为此，应使学生明确为什么和怎样做当前的实验，并主动研究、探索一些问题．在中学物理范围内，虽然学生所学的基本现象、基础知识、基本训练，都是在科学研究中已被证实了是正确的内容．但是，在学生学习过程中应具有探索因素，例如在教师指导下，让学生亲自通过实验观测，进行探索研究．通过观察测量，对结果进行分析，归纳总结出物理规律，这种做法，能激发学生的兴趣和主动精神，能调动学生学习的积极性，有利于培养学生的创造能力．那么验证性的实验怎样呢？是否没有探索性？

不是．任何学生实验实际上都应该也都可以具有探索性．例如，在题目已确定的情况下，可启发学生采取另外的方法解决这一实验课题．在方法已确定的情况下怎样测量？怎样记录数据还可以培养学生的主动性？例如某些物理教材，学习物理的第一年（较后阶段），在实验部分就已开始逐渐放手，让学生自己动脑、动手，自己研究并尝试确定实验的步骤、设计记录数据的表格，防止他们“照方抓药”地按书上规定的步骤做．避免学生被人牵着鼻子走．这样有利于发挥学生的主动精神．另外，在实验进行中及实验的最后，提出一些恰当的思考题，也体现出实验的启发性．如前面所举的测电源的电动势和内电阻的实验，在最后提出“如果给出电阻箱、电流表或电压表，怎样测 $\mathscr{E}$、r?”等等．总之，在中学物理教学中，教师要抓住机会，利用各种条件，使学生实验具有启发性，调动学生学习的积极性，培养学生独立工作的能力．

（2）训练性

物理教学中学生实验的主要教学目的之一是培养学生的实验能力．操作技能是关于操作活动方面的经验，用以控制操作活动的进行．操作技能的形成必须经过一定的训练，在学生实验的教学活动中，通过学生亲自动手，才能掌握所需的技能．有些仪器的使用、操作方法还必须反复练习，才能成为技能、技巧．目前在中学物理教学中，虽然大家已比较重视学生实验，但它至今仍是一个薄弱环节．光靠“讲实验”是不行的，要让学生“做实验”，只有经过训练，甚至是反复训练（有计划地进行）才能形成操作技能．要让学生“在游泳中学会游泳”．让学生动手操作，必然涉及仪器、器材问题，这就要求教师克服困难尽量创造条件，给学生以动手的机会．

（3）安全性

学生实验中的安全包括两层意思，一是仪器设备的安全，二是学生本人的安全．在学生实验中要让学生学会正确合理使用仪器，如使用测量仪器不得超过量程，使用天平要保护“刀口”，并注意砝码等的干燥、清洁；不要损坏玻璃器皿（量筒、烧杯等）；使用酒精灯、电源要注意安全，等等．而学生本人的安全尤为重要，例如，在中学实验中一般不引入直接用 220 V 交流电做电源的内容，以免发生事故，造成国家财产损失，危及学生安全．更不要布置学生以 220 V 交流电做电源的课外实验；不安排学生使用有毒、有害的气体、液体（如一氧化碳、水银等）做实验．在实验中如果有不安全因素，教师应特别提醒学生注意，并在巡回指导时多加小心．

（4）定量性

一般的学生实验，特别是学生必做实验，不只限于控制条件显示出某些物理现象，让学生观察．学生必做实验多数是需要定量的．也就是说多数必做实验需要测量几个物理量（固定其中一个物理量，测量另外的；再固定另外一个物理量，进行测量），记录数据，进行计算，得出结果，最后归纳出或验证某规律，确定几个物理量之间的关系．如液体内部压强实验、欧姆定律实验、有固定转动轴的物体的平衡实验、测定匀变速直线运动的加速度的实验、测定玻璃折射率的实验等．既然有定量性，就应在数据的记录、处理上有一定的要求，误差不可过大．学生必做实验中有少数实验是不用定量计算的，如初中的安装简单的照明电路、高中的研究电磁感应现象等．

（5）教育性

物理实验教学的重要目的之一，是培养学生实事求是、艰苦奋斗、爱护公物、团结互助的优良作风．这就要求物理教学中的学生实验具有教育性，在使学生获得知识、提高技能的同时受教育．寓教育于物理实验教学中．

中学物理教学的学生实验，作为物理教学的组成部分，必须贯彻理论联系实际原则，注意学生实验的范围很广，从课内到课外，作为物理教师要抓住适当的机会，利用有利条件，使学生不仅懂得实验的原理，而且了解它们的实际应用．例如通过测机械效率，通过安装自控电路、电机模型、照明电路、简单晶体管收音机等实验，使学生将理论初步应用到实际中．

二、学生实验的基本程序与管理

1. 中学物理学生实验课的基本程序

学生实验的程序因具体实验内容、方式不同而有所不同．其基本程序如下：

（1）实验前明确目的，进行预习

实验课前，首先要让学生弄清实验的目的、原理、方法和步骤．以免学生课上盲目做实验，或看一步做一步，甚至出差错．明确了实验的目的、原理才能发挥主动性．至于方法和步骤只在初二的开始阶段在课上一一列出，其他情况下，都最好是布置一些有启发性的思考题，使学生根据实验目的、原理，考虑实验的方法、实验器材的选择和布置．实验前还应使学生明确在实验中主要该观察哪些现象，记录哪些主要的数据，若没有做好这些准备工作，实验中将是手忙脚乱的，甚至得不到正确的结果．有些教师要求学生写出预习报告，且事先检查、批改，这在督促学生做好准备工作方面，能起一定的作用．

（2）提问检查，指出关键，教师示范

实验课开始时要检查学生对实验目的是否明确．教师首先提出问题，以便使学生进一步搞清实验的目的、原理，为做好实验打下基础．学生动手操作前有必要指出实验中的关键或应注意的问题．例如，若实验的主要目的是学习使用天平，就应强调天平的结构及使用时要调水平、调零点，指出“刀口”的作用及怎样读数．在此情况下，教师手里要有一架天平或放大模型，边指边讲，关键的操作应给学生示范．又如实验课上，教学生电表如何读数，可以用指针能活动的表盘模型，或用投影的方法，使学生都能看清楚，变换指针位置、换挡，指导学生正确读数．至于实验中易出现的错误，在实验的开始不一定讲得过多、过细，在满足安全性要求的前提下，有些问题要让学生自己碰一碰、想一想，从中加以总结．实验开始时教师的讲解应简明扼要，不要占用太多时间．这节课既然是学生实验课，就应把绝大部分时间留给学生动手操作．

（3）学生实验操作，教师循环指导

在这个阶段中，学生动手操作，教师要观察学生的实验进展，注意整个过程中学生的操作情况，而不是只看结果，并做以下工作：

① 指导学生正确使用仪器，遵守操作规程；

② 发现有操作上的错误适时指出，启发学生自己纠正，不包办代替；

③ 注意学生记录数据准确与否；

④ 掌握实验的进程，对有困难的学生及时帮助，对学有余力的学生，可提出较高的实验要求，做到因材施教；

⑤ 注意学生在习惯、态度方面的好坏典型．

（4）总结讲评，进行教育

在实验课的最后，用几分钟进行总结是很有必要的，否则会“功亏一篑”．总结时对实验过程中学生操作方面存在的带有共性的问题，特别是关键操作处的问题，再次强调指出，以利纠正，必要时（如果学生还并未明确）进行讨论，但不可占用很长时间．讲评是一次对学生进行教育的好机会，实验中哪些组表现好，哪些组表现差；哪些同学以积极态度投入到实验活动中，哪些同学是旁观者甚至不守纪律；遵守操作规程、爱护仪器方面表现如何；记录数据时是尊重事实还是敷衍凑数、抄别人的数据；实验完成后是否及时整理仪器等，应做简要总结．最后教师还可对本实验提出思考题，以便巩固和扩展实验课的内容．

2. 学生实验的组织管理

学生实验容易形成有的人干、有的人看的局面，如果管理不当还容易出现乱哄哄的局面，尤其在初中．怎样能做到“活而不乱”，既能调动起学生的积极性，动脑、动手，又能有秩序地进行，这是值得研究的问题，对新的教师更为突出．

为使大家都能有充足的时间动手操作，实验分组时每组人数应尽可能少，两人一组或最好有些实验一人一组．这就要求实验器材的套数要多．还可以采取把学生分成小班的办法，增加教师上课的次数，而学生每人上课的次数并不增加．这样能给观察、操作、独立解决问题创造条件，真正做到突出实验的训练性，从客观上减少“旁观者”．进一步说，如果学生们人人手头都有仪器，都有动手的机会，则做其他动作、打闹的现象也会减少．

要使学生做到积极主动对待实验课，能遵守纪律、集中精力，还需在实验课的进行当中严格要求，并配合以教育，使学生认识到实验的重要性和作用，认识到纪律是上好实验课的保证．

为加强管理，对课堂纪律、实验报告都应有一定的要求，要有考查成绩．近年来不少学校对物理实验的考核进行了试验工作，总结了一些经验．事实说明，搞好实验的考核对提高物理实验的教学质量是起到一定作用的．

第四节　其他类型实验研究

除了前面几节介绍的演示实验、探究实验、学生实验外，在中学物理教学中还经常提到其他一些实验，如非常规实验、低成本实验、数字化实验、自制实验、虚拟仿真实验、验证性实验、设计性实验、开放性实验，等等．由于篇幅限制，下面主要对数字化实验、虚拟仿真实验、非常规实验、自制实验等进行介绍，其余实验类型可以通过查阅文献了解．

一、数字化实验[12]

数字化信息系统实验室（DISLab）是信息技术与物理实验教学整合的重要载体，一般由“两器”“两系统”组成．“两器”是指数据采集器和传感器，“两系统”是指计算机硬件系统和数字化实验软件系统．对数字化信息系统实验室中数据采集系统的研制，在国外比较著名的有：美国 PASCO 公司的数据采集系统；英国 PicoTechnology 公司的数据采集系统；德国 Cobra 公司的数据采集系统；澳大利亚 Dava Harvest 公司的数据采集系统等．国内生产的数据采集系统也开始增多，如山东远大与上海市中小学数字化实验系统研发中心合作开发的朗威

® DISLab、教育部教学仪器研究所研发的 HPCI-1 型物理实验微机辅助系统等．

数字化信息系统实验室是集物理测量、自动控制、数据记录、智能化数据分析和测量结果多模显示于一体的综合性物理实验平台，它支持四路基于平行测量和回控的组合实验，实现了四路并行显示、独立显示、多模显示（数字、示波、指针三种显示方式）、放大显示、多路叠加显示，同时支持对实验结果进行线形、曲线、二次、高次曲线分析．用户可以自定义变量和表达式，可完成包括函数在内的复杂运算．该系统包括的物理传感器有：电压传感器、电流传感器、微电流传感器、磁感应强度传感器、温度传感器、压强传感器、静力传感器、光照度传感器、位移传感器、光电门传感器、声波传感器等，全面满足了中学物理实验的需要，开辟了中学物理实验的新天地．

二、虚拟仿真实验

随着虚拟实验技术的成熟，人们开始认识到虚拟仿真实验室在教育领域的应用价值，并应用到学生学习中．在物理实验中，有些实验过程较慢，有些过程较快，有些实验危险，有些实验细微，有些实验限于条件不便实现，可以借助虚拟仿真技术来实现．中学物理常见的虚拟仿真实验软件有金华科物理仿真实验室软件和 NOBOOK（NB）平台．在中学物理教学中使用虚拟仿真实验的原则是“以虚补实，以实为主，能实不虚，虚实结合”．

三、非常规实验[12]

从资源利用与开发的视角，将物理实验分为两类：一类是利用学校实验室装备的专门实验器材开展的物理教学活动，称为“第一类实验”或“常规物理实验”；另一类是指有意图选择和利用实验室之外的其他材料、物品和器具等生活环境资源研发自制的实验器具开展的物理教学活动，称为“第二类实验”或“‘非常规’物理实验”．“非常规”物理实验是相对于“常规”物理实验而提出的，其实验器材主要来自身边熟悉的或在生活中经常用到的材料、物品等．在中学物理教学过程中开展“非常规”物理实验研究具有重要意义．一是利用“非常规”物理实验器材，通过组合或加工呈现出来“非常规”实验的现象，使学生切身体验到物理就在身边，感受到物理与科技、物理与社会以及物理与自身之间的紧密联系，既符合“坛坛罐罐当仪器，拼拼凑凑做实验”的传统实验理念，又符合“从生活走向物理，从物理走向社会”的新课程基本理念．二是“非常规”实验器材具有易获得、易修理的特点，与学生的亲近感强，且不用担心被学生损坏，学生可以大胆动手实验操作，边思考边探索，教师可以在旁边鼓励他们敢于怀疑，敢于挑战权威，敢于突破常规，在失败中努力探索，在探索中不断创新．

四、自制实验[12]

要做实验，就要用到实验仪器．实验仪器不能满足要求，则要自制仪器、教具．提倡自制教具，不能误解为仅仅因为教学条件困难，即使办学条件好的中学也应重视自制教具．原因有 3 点：一是自制教具、仪器是古今中外历代科学家的优良传统．历史上许多物理学重大成就都是伴随着仪器的成功设计而诞生的，物理学家们正是用这些自制仪器来阐明自己的深刻思想的；二是自制教具不仅可能成为仪器改革的先导，而且其本身的直接应用也有不可替代的作用；三是自制教具价格低廉，易于普及；易使学生有亲切感，含有许多教育元素．

自制教具从设计、制作、试用、改进到定型，整个过程是一项创造性的劳动．不仅需要具备丰富的科学知识和运用多种技能，而且需要有足够的勇气、决心和战胜困难的毅力．正如李政道先生所说的那样："自己制作的教具，永远比买来的好．"

第五章

误差理论在中学物理实验技能训练中的应用

第一节　物理量的测量和实验误差

对物理量进行测量，是物理实验极其重要的组成部分．所谓测量就是借助仪器用某一计量单位把被测量的大小表示出来的过程．测量可分为两大类：一类是直接测量，是指一些物理量可以通过相应的测量仪器直接测得．例如用米尺测物体的长度，用天平测物体的质量等．凡是由此获得的物理量统称为直接测得量．第二类是间接测量，其测得量是由一些直接测得量通过一定的数学关系式计算出来的．例如用单摆测重力加速度 g 时，需先测出摆长 L 和周期 T，再按公式 $g=4\pi^2\dfrac{L}{T^2}$ 算出 g. 不过，直接测得量和间接测得量的划分对某一确定的物理量来说并不是绝对的，而是随着我们所采用的测量方法和手段的不同而转化的．如某一电阻的测定，它既可以用电压表和电流表分别测定加在其上的电压和通过其上的电流，再利用欧姆定律求得；同样，也可使用欧姆表等直接测定．显然，同是一个电阻，当用前一方法测定时便为间接测得量，当用后一方法测定时则为直接测得量．可见，一物理量的测定，究竟是否为直接测得量，完全取决于所用的测量手段和方法，无可置疑的是随着科学技术水平的提高，能够直接测定的物理量必将越来越多．

测量过程中不可避免地总是存在着误差，这首先表现为当在同样条件下对同一被测量重复进行测量，得到的结果一般都不会相同；其次因受所用测量仪器准确度及分辨率的限制，获得的结果也不会绝对准确；再次由于人及环境的不稳定等因素的影响，也会造成误差；还有在测量过程中，被测量往往要对测量仪器施加作用，方能获得测量结果，这便意味着测量过程本身会改变被测量的原来状态等．总之，这些都会使测量结果与被测量的真值（在一定时间内，被测量事实上并不发生变化的真正大小称为真值）或实际测量值之间存在着差异，这就是测得值的误差．

若从误差自身的特点和服从的规律来考虑，则可将误差分为系统误差、偶然误差和过失误差．

一、系统误差、准确度

系统误差是指实验系统（测量系统）在测量过程中和在取得结果的过程中存在恒定的或按一定规律变化的误差．如米尺本身刻度划分得不准确，或因环境温度的变化导致米尺本身长度的缩胀；又如在测量电阻的阻值时，电阻因通电而发热，从而导致电阻阻值的变化．

系统误差的来源大致可分为以下五种．

（1）测量仪器误差：即因受仪器本身准确度及分辨率限制而导致的误差．

（2）方法或理论误差：因使用的实验方法或原理不完备而引起的误差．如单摆周期公式 $T=2\pi\sqrt{\frac{L}{g}}$ 是在摆角小于 5°时用近似方法获得的；用伏安法测电阻时受到电表内阻的影响等．

（3）环境误差：由外界环境如温度、湿度、电场、磁场和大气压强等的影响而造成的误差．

（4）人身误差：由观测者个人因素带来的误差．如反应速度、分辨力等．这种误差的产生和它对测量结果的影响往往因人而异．

（5）装置误差：这是由于测量设备安装得不合理，或线路布置不够妥当，或接线和仪器调整不当而产生的误差．

由于系统误差的存在直接影响着测量结果的准确性，减弱或消除这类误差才能使测量结果更加接近真值，因此我们用“准确度”一词来描述测量结果系统误差的大小．所谓某一测量结果的准确度高，就是说该测量结果的系统误差小．显然欲提高实验结果的准确度，就需要研究系统误差的规律和其产生的原因，从而采取相应的措施，对它加以限制、削弱直至消除．

二、偶然误差

在测量过程中，即使排除了产生系统误差的因素（实际上不可能也不必要绝对排除），进行了精心的观测，仍有一定误差存在，这种误差是由于人的感官灵敏程度和仪器精密程度有限，周围环境的干扰以及随测量而来的其他不可预测的偶然因素造成的．如用米尺测量一组振幅，每次判断振幅大小以及用尺去对准它并估计毫米以下的一位读数时，都有一定的偶然性，都会带来误差．不规则地脉动和周围杂散电磁场会影响精密测量等．这些由于偶然的或不确定的因素所造成的每一次测量值的无规则的涨落，称为偶然误差，也叫随机误差．

偶然误差的存在使每次测量值偏大或偏小并不确定，但它服从一定的统计规律，在数学上可以用概率论来处理．经过大量实践和理论证明，偶然误差具有如下特点：（1）绝对值相同的偶然误差出现的概率相等，即它们的分布是对称的．（2）当测量次数 n 趋于无穷多时，各测得量的偶然误差的和趋于零．其数学表达式为

$$\lim_{n\to\infty}\sum_{i}^{n}\Delta v_i=0$$

其中 Δv_i 为第 i 次测量的偶然误差．（3）绝对值小的误差偶然出现的概率大，绝对值大的出现的概率小．即其分布具有单峰性．（4）绝对值很大的偶然误差出现的概率趋于零．即其分布是有界的．因此，增加测量次数，可以减小偶然误差，这就是我们在实际应用中常常采取重复多次测量的依据．但是，偶然误差是不可能完全消除的．

三、过失误差

这种误差纯属因实验者的粗心，而在测量或计算过程发生错误所致，所以这类误差也称为粗差．显然，只要实验者细心测量，记录和处理数据正确，这种误差是完全可以避免的．

第二节　测量误差的表示方法　有效数字及其近似计算

一、测量误差的表示方法

1. 绝对误差

若已知真值为 N_0，某次测量值为 N_x，N_0 的绝对误差为

$$\Delta N=N_x-N_0 \quad \text{（测量值与真值之差）}$$

真值是不能得到的，只能根据偶然误差完全服从统计规律的性质，用多次精确测量的平均值来表示（即常说的真值）. 其求法可用等精度的多次测量（相同条件下对某一物理量进行多次重复测量）来求算术平均值，算术平均值就是将多次测量的数据总和除以测量次数得到的结果，即

$$\overline{N}=\frac{N_1+N_2+\cdots+N_n}{n}$$

在测量中常用算术平均值来充当真值，称为近真值，用偏差来表示误差，绝对偏差为

$$\Delta N=N_x-\overline{N} \quad \text{（测量值与算术平均值之差）}$$

这样，每次测量值与近真值之差，即各次测量的偏差为

$$\Delta N_1=N_1-\overline{N}$$
$$\Delta N_2=N_2-\overline{N}$$
$$\cdots\cdots\cdots\cdots$$
$$\Delta N_n=N_n-\overline{N}$$

各次测量误差绝对值的平均值即平均绝对偏差：

$$\Delta N=\frac{|\Delta N_1|+|\Delta N_2|+\cdots+|\Delta N_n|}{n}$$

测量结果的表达式为

$$N=\overline{N}\pm\Delta N$$

上式说明：测量值的近真值为 $\overline{N}$，测量结果的偶然误差一般不大于 $\pm\Delta N$，即真值在 $\overline{N}+\Delta N$ 和 $\overline{N}-\Delta N$ 之间 .

测量中的误差和偏差是有区别的，只有当被测量进行足够多次的等精度测量时，其算术平均值很接近真值，使得每一次测量值与算术平均值的偏差很接近真值的误差，这样测量中的偏差与误差的差别才很小，可把偏差看成误差，把平均绝对偏差等价为平均绝对误差，即

$$\Delta N=\sum_{i=1}^{n}\frac{|N_i-\overline{N}|}{n}$$

这个定义式也反映了多次测量中“涨落”的平均幅度，反映了偶然误差服从统计规律的特性 .

2. 相对误差

仅用绝对误差常常是不足以表明测量值的准确程度的 . 例如，测量一根 1 m 长的棒的长度时，产生了 0. 1 cm 的绝对误差，而测量另一根 10 cm 长的棒的长度时也产生了 0. 1 cm 的绝对误差，虽然绝对误差相同，但两者是有区别的 . 很明显，前者测量比较准确，从而看出，要决定一个量的测量值的准确程度，除要看绝对误差大、小外，还要看被测量值本身的大、小 .

因此，必须引入相对误差概念．

相对误差：绝对误差与真值之比，即

$$E_r = \frac{\Delta N}{N_0} \quad \text{（用百分数表示为百分误差）}$$

平均相对误差：平均相对偏差与算术平均值之比，即

$$E_r = \frac{\overline{\Delta N}}{\overline{N}}$$

3. 最大绝对误差

有时对某一物理量只能或只需作一次测量，那么，也就无法或无需计算平均绝对误差，所以只能估计可能发生的最大误差．这种一次测量的估计误差主要取决于仪器的精度、观察者的环境和实验者的感官辨别能力等．如用米尺测棒的长度，最后一位数总是估计的，其绝对误差可能是 0. 01 cm，0. 02 cm，….但一般总是不会超过±0. 05 cm 的．所以常把仪器最小刻度的±0. 5 个单位作为测量中的最大绝对误差，常以 ΔN_{max}来表示．对精度不很高的仪器来说，可视其为系统误差和偶然误差之和．这种最大绝对误差的评估方式也是我们经常用来确定某实验测量误差许可范围的一种方法．当然这也不是绝对的，有时因仪器的最小分度过小或测量时光线不亮等原因，估计的最大绝对误差不能保证在仪器最小分度的±0. 5 个单位以内，可将仪器最小分度的±1 个单位作为最大绝对误差．

最大相对误差：最大绝对误差与真值之比，即

$$E_m = \frac{\Delta N_{max}}{N_0}$$

在实际测量中，测量误差的范围一般不允许超过最大相对误差，如果超过这个极限就应认真分析，找出原因．

二、有效数字及其近似计算

1. 有效数字

任何一个物理量，其测量结果或多或少都存在误差，当用数字表示测量结果时，其位数的多少应由测量值本身的误差来确定．定义：若测量结果从某位数起开始有误差，则自第一位非零数位起，直到开始有误差的位为止（包括该位）的各数位均为有效数字．

如果测量结果为 0. 003 484，其绝对误差为±0. 000 013，一般认为它有 3 位有效数字，因为根据有效数字的定义，测量结果中 3 以前的 3 个 0 都不是有效数字．此外，从结果的误差可见，从小数点后第 5 位就开始有误差，因此测量结果中小数点后第 6 位的 4 就不应算作有效数字，所以我们只能认为测量结果有 3 位有效数字，表示为 0. 003 48±0. 000 013.

另一测量结果为 2.3×10^3，而其绝对误差为±0. 2，那么该测量结果的有效数字应有几位？先将测量结果写成 $(2.300\,0\pm0.000\,2)\times10^3$（当测量结果用误差形式表示时，结果的最后一位数与误差的数位对齐）．根据定义，不难确定该结果有 5 位有效数字．

由上可知，当“0”这个数字出现在测量结果数值的前面时，只是表示该结果的数量级，并不表示有效数位，若其在测量结果数值表示的中间时则为有效数字，而其在数值表示的最后时，则有可能是有效数字，不得无根据的舍弃或添加．

在直接测量中，如何根据使用的测量仪器，正确地用有效数字表示测得结果呢？总括以

上讨论得到以下结论：

（1）对于一次直接测得量，一般情况下，应按仪器或量具的最小分度决定该结果的有效数字位数．对于长度量或可化为长度量的测量，一般要估读到该测量仪器的最小刻度的下一位．如用最小刻度为 1 mm 的米尺测量，则应估读到 1/10 mm. 用最小刻度为 1 ℃的温度计读数时，应估读到 1/10 ℃．至于在使用附有副尺的量具时，应视副尺刻线间距离确定如何估读．如使用最小分度为 1/10 mm 的卡尺，至少还可以估读到±0. 05 mm，而若使用最小分度为 1/50 mm 的卡尺，因副尺刻线较密，便可以其最小分度作为估读的范围．从对测量结果有效数字位数的影响来说，最小分度为 1/10 mm 的卡尺（其误差可以认为是±0. 05 mm）与最小分度为 1/50 mm 的卡尺（其误差可认为是±0. 02 mm）是无任何区别的．因为，用它们去测同一被测对象时，所得结果的有效数字位数是相同的．

（2）凡是多次测量的直接测得量，其算术平均值的有效数字位数可由该组测量的平均绝对偏差来确定．对于间接测得量的有效数字，则应根据其误差（包括系统误差和偶然误差）来确定，即取最后结果的数字与其相应的误差对齐，而误差的数字，一般取 1~2 位．

2. 有效数字的近似计算法则

在实验中，大量遇到的是间接测得量，这就不可避免地要对测得量进行各种运算，下面介绍一种近似计算方法，利用它既可以简化计算，也能近似地确定结果的有效数字位数，而这样做同先计算其误差后再确定有效数字的办法相比，基本相同．

（1）加、减运算近似计算法则

① 先找出参与运算的误差中最大的数据，并用有效数字表示它．

② 以该数据的最后一位为标准，将其他的数据排成竖式进行简化，即按舍入奇偶法则处理，可多保留一位．

③ 对简化后的各数据进行加、减运算．将误差最大的有效数字的末位，作为结果的有效数字的末位，余数按舍入奇偶法则处理．

例 1. 1　$1.\underline{5}+3.15\underline{6}=4.\underline{6}5\underline{6}=4.\underline{6}$

例 1. 2　$32.\underline{5}-3.14\underline{5}=29.\underline{3}5\underline{5}=29.\underline{4}$

（2）乘、除运算近似计算法则

① 先找出参与运算的有效数字位数最少的数据．

② 以该数据有效数字位数为准，简化参与运算的其余各数据的有效数字位数（包括常数），可多保留一位，多余位数按舍入奇偶法则处理．

③ 进行乘、除运算，计算结果的有效数字位数和参与乘除的各数据中有效数字位数最少的位数相同，多余位数按舍入奇偶法则处理．

④ 乘方、开方的有效数字位数与底数的有效数字位数相同．

⑤ 三角函数的有效数字位数与相应的角度（以弧度为单位）的有效数字位数相同．

⑥ 自然对数的有效数字位数与真数的有效数字位数相同；而以 10 为底的对数，其尾数的有效数字位数与真数的有效数字位数相同．

例 1. 3　$23.\underline{5}\times 1\underline{2}=2\ \underline{820}=2.\underline{8}\times 10^{3}$

例 1. 4　$3\ 45\underline{6}\div 2\underline{4}=1\underline{44}=1.\underline{4}\times 10^{2}$

三、应用实例

例 1. 5　现有感量为 20 mg 的天平和精密度（最小刻度）为 1 cm³ 的量筒，用它们测固体的密度时如何确定测量的误差范围？怎样合理配置仪器？实验成功的关键是什么？怎样才能减小测量的误差？如测得某固体的质量和体积分别为

$$m=(57.30\pm0.02)\text{ g}$$

$$V=V_2-V_1=(21.0\pm0.5)\text{ cm}^3$$

V_1为量筒中原来水的体积，V_2为固体浸入后的体积．该物质的密度为

$$\rho=\frac{m}{V}=\left(\frac{57.30}{21.0}\right)\text{ g/cm}^3=2.73\text{ g/cm}^3$$

如果被测物体是铝，这个结果是不是正确呢？试用误差理论来分析一下．

解 根据误差理论，测量物体体积和质量的最大相对误差分别为

$$E_V=\frac{2\Delta V}{V_2-V_1}$$

$$E_m=\frac{\Delta m}{m}$$

其中$2\Delta V=(\pm2\times0.5)\text{ cm}^3$是两次估读的最大绝对误差之和，$\Delta m=0.02\text{ g}$（天平感量），即为质量的最大绝对误差．

根据误差的计算公式，密度的最大相对误差为

$$E_\rho=E_V+E_m=\frac{2\Delta V}{V_2-V_1}+\frac{\Delta m}{m}=\frac{2\times0.5}{21.0}+\frac{0.02}{57.26}=0.0004+0.05\approx5\%$$

从上式可见，这个实验中的最大相对误差主要取决于体积的测量误差．

密度的最大绝对误差为

$$\Delta\rho=\rho E_\rho=2.73\times0.05\text{ g/cm}^3=0.14\text{ g/cm}^3$$

所以

$$\rho=(2.73\pm0.14)\text{ g/cm}^3$$

即测量结果在$2.59\sim2.87\text{ g/cm}^3$之间是允许的．这就是根据所给条件确定误差范围的办法．如果被测物铝的密度为$2.7\times10^3\text{ kg/m}^3=2.7\text{ g/cm}^3$，则测量是正确的．

如果再对测量误差作进一步分析，还可以提高测量的精度．因为上述实验中对误差起主要作用的是体积的测量误差，所以，在固体浸入水之前把水的体积仔细地调整到某一整数，其读数误差能远小于0.5 cm^3，就可略去不计．这样体积测量的最大相对误差就可以近似由$2\Delta V/(V_2-V_1)$降到$\Delta V/(V_2-V_1)$，即由5%降到2.5%，这是有现实意义的．在指导学生做这个实验时，要求学生先认真地将水的体积调到某一整数，这正是误差理论的运用．同时，根据量筒的精密度，尽可能把被测物体的体积选得大些．因为物体的体积大了，$\Delta V/(V_2-V_1)$就小了，实验的相对误差也就小了，这就是在做此实验时选长圆柱体的原因．

从这个实验可以看出，选用精密度为1 cm^3的量筒对天平的精密度要求不高，感量为20 mg就够了．即使选用感量200 mg的天平也不会明显地影响实验的精确度，通过误差分析，我们就能合理地选配仪器，并能掌握实验成功的关键，对实验教学有指导意义．

第三节 数据处理的基本方法

数据处理是实验的重要组成部分．由实验测得的数据，必须经过科学地分析和处理，才

能揭示出各物理量之间的关系．数据处理有极其丰富的物理内容，正确地掌握、熟练地运用数据处理的方法，是实验取得预期结果的首要条件，也是实验者素质、能力、水平的重要体现．因此，应当掌握一些基本的数据处理方法．物理实验中常用的数据处理方法有列表法、图示法与图解法、最小二乘法和逐差法（后两种方法虽中学生不要求掌握，但作为物理教师还是应当了解的）等．

一、列表法

在记录和处理数据时，常把研究对象及测得的实验数据，分门别类地记录．处理预先设计好的表格中的数据的方法，称为列表法．它是处理数据时最简单、常用的普遍方法．列表记录数据，能把测量数据集中展现出来，能清楚地反映出各物理量之间的一一对应关系，同时也便于检查测量结果是否合理，及时发现问题，便于分析，有助于找出各物理量之间存在的规律，得出结论或求出经验公式．

对列表法的要求：（1）表格要美观、简单、明了，便于看出有关物理量之间的关系；（2）明确表中各符号所代表物理量的意义，在标题栏中注明单位；（3）表中的数据要正确反映测量结果的有效数字．

例 1.6　验证物体是否做初速度为零的匀加速直线运动．

解　由初速为零的匀加速直线运动路程公式 $s=\frac{1}{2}at^2$，可知物体所通过的路程与所用时间的平方成正比．物体在时间 t_1 内所通过的路程为 $s_1=\frac{1}{2}at_1^2$，在时间 t_2 内所通过的路程为 $s_2=\frac{1}{2}at_2^2$，在时间 t_3 内所通过的路程为 $s_3=\frac{1}{2}at_3^2,\cdots$，则 $s_1:s_2:s_3:\cdots=t_1^2:t_2^2:t_3^2:\cdots$．此式反映了初速度为零的匀加速直线运动的特征．我们只要用米尺测出 $s_1,s_2,s_3,\cdots$，再用计时器分别测出通过 $s_1,s_2,s_3,\cdots$所需的时间 $t_1,t_2,t_3,\cdots$，根据上式就可以验证物体做的运动是否为初速度为零的匀加速直线运动．为此设计表 1-5，并将数据记入其中．

表 1-5　实验数据统计表

位移 s/cm		$s_1=30.0$	$s_2=60.0$	$s_3=120.0$
下滑时间 t/s	1	1.38	1.97	2.78
	2	1.41	1.99	2.80
	3	1.39	1.95	2.77
	平均	1.39	1.97	2.78
t_n^2		$t_1^2=1.94$	$t_2^2=3.88$	$t_3^2=7.75$
$a=\frac{2s}{t^2}$/(cm·s^{-2})		$a_1=30.93$	$a_2=30.93$	$a_3=30.97$
$s_1:s_2:s_3=1:2:4$ $t_1^2:t_2^2:t_3^2\approx1:2:4$	可见两者之比基本相等，验证了物体是做初速度为零的匀加速直线运动			

二、图示法与图解法

1. 图示法

利用曲线表示被测物理量以及它们之间的变化规律，这种表示实验结果的方法称为图示法．它比用表格表示数据更形象和明晰，特别是物理量之间的相互关系，通过图示便一目了然，如曲线的斜率、截距、周期性等均可由图示清楚地展现在人们面前．图示法是物理实验中常用的数据处理方法之一，作好一张正确而美观的曲线是实验技能训练中的一项基本功．为了准确地反映各物理量之间的函数关系，应按以下规则作图．

观察相关量的变化规律，选取合适的坐标纸．常用的坐标纸有：等分度直角坐标纸、对数坐标纸、极坐标纸等，在中学范围内常用直角坐标纸．

选择和标定坐标轴刻度．一般规定以横坐标表示自变量，纵坐标表示因变量，画出坐标轴方向；作图时，一定要标明各坐标轴所代表的物理量及单位．坐标轴的刻度应按以下两个原则标定：

（1）根据测量数据的误差或有效数字表示来标定坐标轴的刻度，一般情况下，作图时不得损失测量数据的有效数字位数，否则将人为地加大测量的误差；为此，应使坐标轴的最小分度小于或等于所测数据的最大误差．在遇到某些特殊情况，如因受图纸大小的限制，不得不损失测得数据的有效数字位数或扩大其误差时，一定要加以说明．当然，在作图时，也不得随意增加测得量的有效数字位数．

（2）在满足上述条件下，标定各坐标轴最小分度所代表的数值．在标定坐标轴的分度时，也要注意，由此作出的曲线须尽量充满图纸的空间，如果是直线还应使其斜度尽量在40°~60°之间，作图纸的大小则应根据测得数据的数值范围和其有效数字位数来确定．

按以上规则作图，作出的曲线应如图 1-7（a）所示，而图 1-7（b）则为不正确的作图．

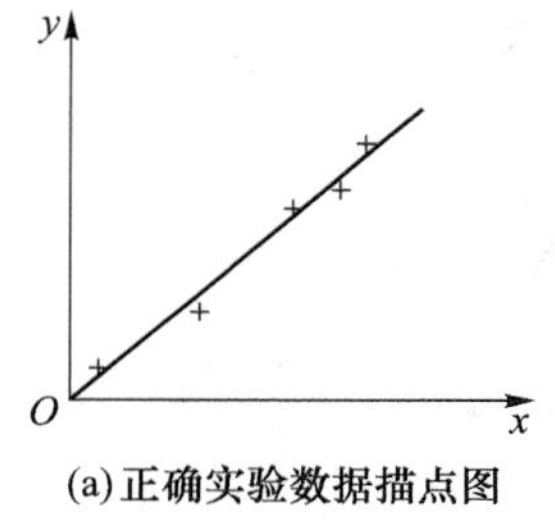

(a) 正确实验数据描点图

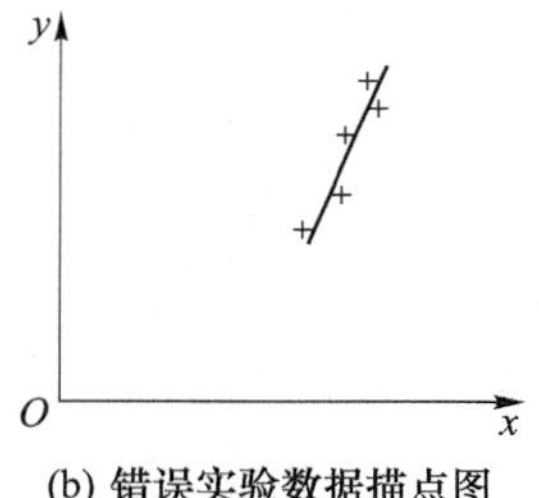

(b) 错误实验数据描点图

图 1-7

当坐标轴刻度标定后，应在坐标轴上，每隔 10、20 或 50 最小分度用有效数字标明其所表示的数值．原点坐标则根据实际作图需要标明便可，无须自（0,0）开始．

数据点的图示．按测量数据，用细铅笔在图纸上以“+”或“×”等符号准确地描出实验数据所一一对应的位置．

曲线的拟合．怎样从图上标出各数据点，拟合成一条较好的曲线呢？这里介绍一种直观的、简单的方法，即所谓的目测拟合法．用此法拟合曲线时，应顾及各坐标点，使被拟合的曲线呈光滑曲线或直线．因为实验有一定的误差，所以曲线不一定要通过所有实验数据点，只要求数据点均匀分布在曲线的两侧即可．

这种目测拟合法虽然较为粗糙，但对各数据点作了某种统计平均处理，使之较为接近理想的曲线．需要指出，在一般情况下，切不要逐点连成折线，这种拟合曲线不是靠近而是远离理想曲线．在按上法拟合曲线时，可能会发现个别点与曲线偏离过大的情况，对此情形处理要特别慎重．首先要检查在测量或计算中是否有错误，若是由过失误差导致这种偏离，则可舍弃此点；否则，应保留此点，并应探讨产生此种情况的原因，从而作出正确的处理．

一定要标明所作曲线的名称，并应注明曲线获得的实验条件．如果可能，最好将所测数据用表格列在作图纸上．

2. 图解法

所谓图解法，就是用曲线所表示的函数关系，来求出其所含的参量．其中最简单也是中学阶段最常用的例子是通过图示的直线关系来确定该直线的参量——截距和斜率．由于在许多情况下，曲线能化成直线，而且不少经验方程的参量也是通过曲线化直后，再由图解法求得的，所以图解法在数据处理中占有相当重要的地位．下面我们只给出确定直线的斜率和截距的方法，有关曲线的直化与经验公式的总结，因超出本书范围，请有兴趣的读者参考有关文献，这里就不再赘述．

从数学上说，只要从图示直线上任取两点，由其坐标便能确定该直线的斜率，但在实际中，为使解出的斜率误差尽可能小些，在直线上选取的两点，应有尽可能远的距离（同时也要考虑所选的两点坐标便于从图上读出）．设此两点的坐标分别为（x_1, y_1）和（x_2, y_2），则此直线的斜率为

$$b=\frac{y_2-y_1}{x_2-x_1}$$

当原点的横坐标为 0 时，直线的截距可直接从图中读出，而当坐标原点的横坐标不为 0 时，其截距则需通过对直线方程求解而得到．

三、最小二乘法

根据实验数据，在图纸上描出实验点，用目测法画出直线，再由图解法求出直线的斜率和截距，从而得出经验公式，这种方法比较简单且形象化．但当测量数据点比较分散时，对同一组测量数据，不同的人去拟合，所得的结果可能相差很大．人们不禁会问：有没有一种方法，不同人用它去拟合同一组数据，所得的结果是相同的呢？答案是肯定的．下面就着重介绍在处理实验数据，特别是在曲线拟合方面得到广泛应用的一种方法——最小二乘法．用此法拟合同一组实验数据时，不管处理者是谁，只要在处理过程中不发生错误，结果全都相同．这是一种更为客观、结果也更为准确的方法．这个方法是在图解法的基础上发展起来的，因此，往往在图示法或图解法的基础上，运用最小二乘法也更为有效．

1. 最小二乘法基本原理

应用最小二乘法的条件：（1）严格地说其只适用于各测量数据的误差服从正态分布的情况．（2）测量数据误差的分布近似服从正态分布，或它所服从的分布规律与正态分布相差不大；或者虽为其他分布但是各数据点的测量误差都很小．

已知两物理量 x、y 满足线性关系，并由实验等精度地测得一组数据($x_i,y_i;i=1,2,3,\cdots,n$)，那么如何作出一条能最佳地拟合所得数据的直线，以反映上述两变量间的线性关系呢？理论指出，在满足上述条件的情况下，一组等精度测得值的最可信赖值是当各测定值与近真值之间的偏差平方和为最小时所对应的值，所以称为最小二乘法原理．即满足

$$\sum_{i=1}^{n}[(x_i-\bar{x})^2+(y_i-\bar{y})^2]=\text{最小}$$

2. 如何运用最小二乘法拟合具有线性关系的曲线或确定具有线性关系的参量

我们从含有两个参量的线性关系入手．设一测得量 y 与另一测得量 x，满足以下的线性关系：

$$y=a+bx$$

其中 x 和 y 均可通过实验直接测得．通过作图将此线性关系直观地表示出来，进而利用图解法，求出满足此直线方程的参量，即截距 a 和斜率 b. 如前面指出的那样，由作图拟合的直线是否为最佳直线或用图解法由该直线求出的参量是否为最可信赖的呢？这些问题是值得研究的．用目测法获得的结果毕竟包含了相当多的主观因素，能否消除这些主观因素的影响从而获得客观的、令人满意的结果呢？答案是肯定的，这就需要求助于最小二乘法．

将测得的实验数据（x_i,y_i）表示在图上时，设各点的分布如图 1-8 所示．它们的分布都在某一条直线附近．怎样由这些实验点拟合成一最佳的直线呢？根据最小二乘法基本原理，若能找到这样一条直线，即使得各测量点与此直线的偏离的平方和为最小；从几何意义上说，就是使各点到此直线的垂直距离的平方和为最小，用数学语言可表示为

$$\sum_{i=1}^{n}v_i^2=\sum_{i=1}^{n}[(\Delta x_i)^2+(\Delta y_i)^2]=\text{最小}$$

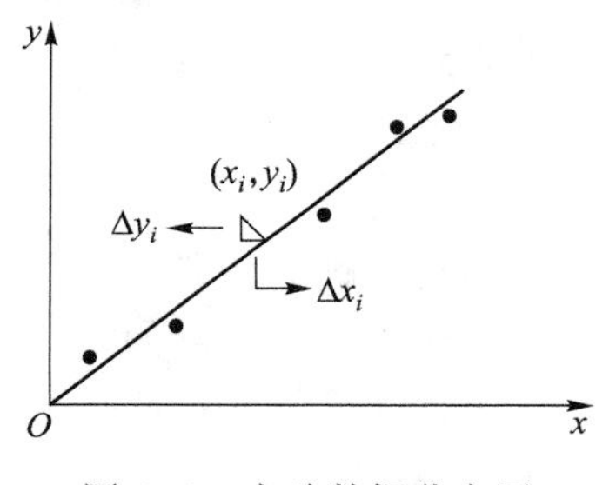

图 1-8　实验数据分布图

其中 v_i 是第 i 个点到此直线的垂直距离，Δx_i 和 Δy_i 分别为第 i 个点的 x 分量和 y 分量的误差．当满足以上条件时，则找到的这条直线便是所求的最佳直线．

怎样确定满足上述条件的最佳直线呢？设图中有 n 个测量点，即 $i=1,2,\cdots,n$，显然，若变量 x、y 之间满足线性关系，这些测量点均应满足 $y=a+bx$ 形式，故有

$$a+bx_1=y_1$$
$$a+bx_2=y_2$$
$$\cdots\cdots\cdots\cdots$$
$$a+bx_n=y_n$$

我们将上式称为测定方程组．由此方程组看出，只要能确定出直线方程的参量 a 和 b 的最可信赖值 a_0 和 b_0，则最佳直线便唯一地确定了．但怎样从 $n(n>2)$ 个测定方程找出最可信赖的 a_0 及 b_0 呢？

为了简化问题的处理，我们假设数据点中，一个分量的测定误差（如 x 分量），比另一个分量的测定误差（如 y 分量），要小得多，以至可以忽略，当然，反之一样．这种假设在实际测量中往往是可以实现的，为此便大大简化了问题的处理．根据以上的假设，以下只讨论 $\Delta x_i<<\Delta y_i$，以至认为 $\Delta x_i\to0$ 的情况．于是有

$$y_1-(a_0+b_0x_1)=V_1$$

$$y_2-(a_0+b_0x_2)=V_2$$

…………

$$y_n-(a_0+b_0x_n)=V_n$$

式中 V_i是当忽略 Δx_i时，直接测定的 y_i与最佳直线 $a_0+b_0x_i$的偏差，并将上式称为偏差方程组．根据最小二乘法基本原理，显然，若 a_0及 b_0为直线方程的最可信赖的参量，则应满足

$$\sum v_i^2=\text{最小}$$

为此应有

$$\frac{\partial\sum v_i^2}{\partial a_0}=0\text{ 和}\frac{\partial\sum v_i^2}{\partial b_0}=0$$

由此不难得出

$$na_0+\left(\sum x_i\right)b_0=\sum y_i$$

$$\left(\sum x_i\right)a_0+\left(\sum x_i^2\right)b_0=\sum x_iy_i$$

这样一来，便将 n 个测定方程组化为 2 个方程，由此便能确定出 a_0及 b_0的唯一解．通常将由最小二乘法所求得的，如上所示的方程组称为正则方程组．对正则方程组，我们可用行列式法求出它的解，便得到

$$a_0=\frac{\begin{vmatrix}\sum y_i & \sum x_i\\ \sum x_iy_i & \sum x_i^2\end{vmatrix}}{\begin{vmatrix}n & \sum x_i\\ \sum x_i & \sum x_i^2\end{vmatrix}}=\frac{\sum x_i^2\sum y_i-\sum x_i\sum(x_iy_i)}{n\sum x_i^2-\left(\sum x_i\right)^2}$$

$$b_0=\frac{\begin{vmatrix}n & \sum y_i\\ \sum x_i & \sum x_iy_i\end{vmatrix}}{\begin{vmatrix}n & \sum x_i\\ \sum x_i & \sum x_i^2\end{vmatrix}}=\frac{n\sum(xy_i)-\sum x_i\sum y_i}{n\sum x_i^2-\left(\sum x_i\right)^2}$$

由此看出，a_0及 b_0有解的条件为 $n\sum x_i^2-\left(\sum x_i\right)^2\neq 0$. 对由上式所表示的 a_0及 b_0也可化为（推导从略）

$$a_0=\bar{y}-b_0\bar{x}$$

$$b_0=\frac{S_{xy}}{S_{xx}}$$

其中

$$S_{xx}=\sum(x_i-\bar{x})^2,\quad S_{xy}=\sum(x_i-\bar{x})(y_i-\bar{y})$$

$$\bar{x}=\frac{\sum x_i}{n},\quad \bar{y}=\frac{\sum y_i}{n}$$

这里，还需介绍一个概念，即相关系数的概念．我们定义相关系数 r 为

$$r=\frac{S_{xy}}{\sqrt{S_{xx}S_{yy}}}$$

其中 $S_{yy}=\sum(y_i-\bar{y})^2$，可以证明，对直线方程来说，相关系数 $r=\pm1$.

显然，对一被拟合的直线来说，相关系数越趋近于1，则说明 x 与 y 间的线性关系拟合得越好．否则，若 r 很小，甚至为零，则说明各 (x_i,y_i) 间根本不存在线性关系．因此，采用相关系数这一概念描述两个直接测得量 x 和 y 间满足线性关系的好坏程度．这一点，在总结经验公式时其意义会更为明显．

四、逐差法

当对某一等间距变化的物理量组合进行测量时，如果得到的数据符合多项式形式，可用逐差法，它能充分利用数据，还可不必解出中间未知量，直接得出所需要的结果，这是物理实验中常用的一种数据处理方法．

现举例说明如下：为了测出弹簧的劲度系数，我们设想做这样一个实验：把弹簧悬挂在装有竖直标尺的支架上，先记下弹簧端点在标尺上的读数 x_0，然后依次添加砝码使总质量为 1 kg,2 kg,3 kg,…,9 kg，相应的弹簧端点在标尺上的读数分别为 $x_1,x_2,x_3,\cdots,x_9$，为了求出每加 1 kg 砝码弹簧长度的变化量，设想这样计算：

$$\begin{aligned}\Delta\bar{x}&=\frac{1}{9}[(x_1-x_0)+(x_2-x_1)+(x_3-x_2)+\cdots+(x_9-x_8)]\\&=\frac{1}{9}(x_9-x_0)\end{aligned}$$

结果发现，实际上只用了头尾两个数据，即 x_9 和 x_0，中间的数据都相互抵消了，没有充分利用整个数据组，因而损失了很多有用的信息．本来想通过多次测量求平均值以减少误差，因为处理方法不当而没有达到预期的效果．为了保持多次测量的优点，必须研究新的处理方法．凡是自变量作等量变化而引起因变量也作等量变化，可用逐差法．即把数据分成两大组：

一组为：　　x_0，x_1，x_2，x_3，x_4

另一组为：　　x_5，x_6，x_7，x_8，x_9

两大组对应项相减，即逐项求差法简称为逐差法，得

$$\begin{aligned}\Delta x_1&=x_5-x_0\\\Delta x_2&=x_6-x_1\\\Delta x_3&=x_7-x_2\\\Delta x_4&=x_8-x_3\\\Delta x_5&=x_9-x_4\end{aligned}$$

取其平均值：

$$\Delta\bar{x}=\frac{1}{5}\sum_{i=1}^{5}\Delta x_i=\frac{1}{5}[(x_5-x_0)+(x_6-x_1)+(x_7-x_2)+(x_8-x_3)+(x_9-x_4)]$$

由此算出每加载荷 1 kg 砝码，弹簧端点在标尺上读数变化量的平均值．把 $F=1\ \text{kg}\times9.8\ \text{m/s}^2=9.8\ \text{N}$，代入 $F=k\cdot\Delta\bar{x}$，即可求出弹簧的劲度系数．由此可见，采用逐差法，将保持多次测量的优点．

参考文献

[1] 阎金铎. 物理教师要热爱物理科学和物理教育 [J]. 大学物理, 2000 (7): 35-36.

[2] 刘炳升.《中学物理实验教学与自制教具》学习建议 (一) [J]. 大学物理, 2001 (2): 39-41.

[3] Hofstein A. learning in and from laboratories [C]. in B. J. Fraser (eds) second international handbook of science education. New York: Springer Publishing Company, 2012.

[4] Solomon J. Teaching children in the laboratory [M]. London: Croom Helm Ltd, 1980.

[5] JY/T0619-2019, 初中物理教学装备配置标准 [S].

[6] 中华人民共和国教育部制订. 全日制义务教育物理课程标准 (实验稿) [M]. 北京: 北京师范大学出版社, 2001.

[7] 中华人民共和国教育部制订. 普通高中教育物理课程标准 (实验) [M]. 北京: 人民教育出版社, 2003.

[8] 中华人民共和国教育部制定. 义务教育物理课程标准 (2011 年版) [M]. 北京: 北京师范大学出版社, 2011.

[9] 中华人民共和国教育部制定. 普通高中教育物理课程标准 (2017 年版 2020 年修订) [M]. 北京: 人民教育出版社, 2020.

[10] 中华人民共和国教育部制订. 义务教育物理课程标准 (2022 年版) [M]. 北京: 北京师范大学出版社, 2022.

[11] 中华人民共和国教育部. 教育部关于加强和改进中小学实验教学的意见 [EB/OL]. [2019-11-22].

[12] 李春密. 中学物理实验教学研究 [M]. 北京: 北京师范大学出版社, 2018.

第二篇

运动学和动力学实验技能训练

亚里士多德曾在《物理学》中写道："自然是自身具有运动来源的事物的形态或形式，而我们这门学科所研究的又是关于自然的学问，因此必须了解什么是运动，因为不了解运动，就不了解自然."科学家从运动问题着手并深入研究，开创了运动学和动力学，乃至于整个现代科学.而科学实验成了解决自然问题、凝练物理规律的首要路径，如伽利略所采用的实验与逻辑推演相结合的研究方法，成为近代物理学研究的开端.

实验是物理学的基础，凡物理学的概念、规律及公式等都是以客观实验为基础的.同样的，物理理论学习也绝不能脱离物理实验而单独存在.《义务教育物理课程标准（2022年版)》列出了21项学生必做实验，包含测量类和探究类实验，其中近一半是运动学和动力学实验.必做实验难度低，但涉及范围较广，旨在帮助学生理解基础物理观念，学会科学探究基本步骤，养成科学的实验操作习惯.同时，培养学生发现问题和提出问题的能力，以及严谨认真、实事求是的科学态度.

与初中物理实验不同的是，高中物理实验更侧重于发展学生创新精神与自主学习能力，实验难度较大，数据处理更为复杂，实验过程更加科学规范.《2017年版高中物理课标》将实验渗透入公共必修模块与选修模块中，其中运动学和动力学实验在高中物理实验中雄居要位，必修课程中的运动学与动力学实验包括瞬时速度的测量、向心力影响要素的探究和力的合成等多个方面，而选修模块中的运动学和动力学实验仅包含验证动量守恒定律和用单摆测量重力加速度的大小两种．必修模块的物理实验要求学生能够自主设计实验方案，选择合适材料进行实验并处理数据，能在科学论证与分析过程中，使用证据说明自己的观点，能够熟练运用已学物理术语撰写实验报告；选修模块的物理实验旨在让学生认识到科学技术对人类生活和科学发展的积极影响，认识到物理研究是建立在观察和实验基础上的一项创造性工作，培养学生实事求是的态度．

本篇将总结高中常见基础物理实验仪器，介绍新型电子物理实验仪器，本篇内容将从实验基本仪器、运动学与动力学的实验训练与研究两个角度展开，旨在联系传统物理实验与前沿实验科技，改善学校物理实验器材落后的缺陷，加强基础物理实验的熟练度．

第一章 实验基本仪器

物理学作为基于实验的学科，其中的每项实验都蕴含着极为复杂的专业知识，但再复杂的实验都离不开基本的实验仪器．常见基本实验仪器主要分为三类：（1）基本量具及仪表，如米尺、游标卡尺等长度测量仪器，节拍器、秒表等时间测量仪器，电流表、电压表等电学测量仪器；（2）通用仪器，如电源调压器、投影仪、物理支架等；（3）专用仪器，如阿基米德实验仪、托里拆利实验仪、连通器等．掌握基本实验仪器的使用方法，有助于进一步理解物理概念，发展学生科学思维，培养理性精神和实证精神，感受生活-科技-社会的密切联系，形成对科学与技术的正确态度与责任感．

本章将介绍基础实验仪器的相关内容，主要包括长度、时间、质量、力和速度等测量仪器的基本结构、使用方法和注意事项．除传统实验仪器外，本章还纳入了数字化实验仪器，将基础实验与新型科学技术更好地衔接起来．

第一节　长度的测量仪器

长度是空间的度量，是点到点的距离．长度的测量单位包含 l. y.（光年）至 nm（纳米）等数十种，对不同长度的测量，其常用的测量工具也各有不同．本节将介绍物理实验中常用的长度测量仪器——米尺、游标卡尺和螺旋测微器，以及新型长度测量工具——激光测距仪．

一、米尺

1. 结构

在质地坚硬耐磨、不易随环境参量（湿度、温度等）变化而伸缩的硬木或钢质的尺身上，刻上间距为 1 mm 的均匀刻度线便形成米尺．实验室常用的有 30 cm、50 cm、100 cm 长的数种规格．此外，钢卷尺、皮尺等也属于米尺范畴．

2. 使用方法

（1）测量时应将米尺有刻度的一面立于或贴靠在被测物体上，并使刻度线与被测线垂直相交，如图 2-1 所示．

（2）用米尺测量某长度时，先将米尺零刻度与被测物体的一端对齐，和物体另一端平齐位置的读数，即为被测物体的长度．为减小端点磨损带来的测量误差，通常选择零点以后的某个整数值刻度与被测物体一端对齐，然后将终点读数值减去起点读数，为减小尺子刻度不均匀带来的误差，有时要用米尺的不同部分进行多次测量，以平均值表示测量结果．

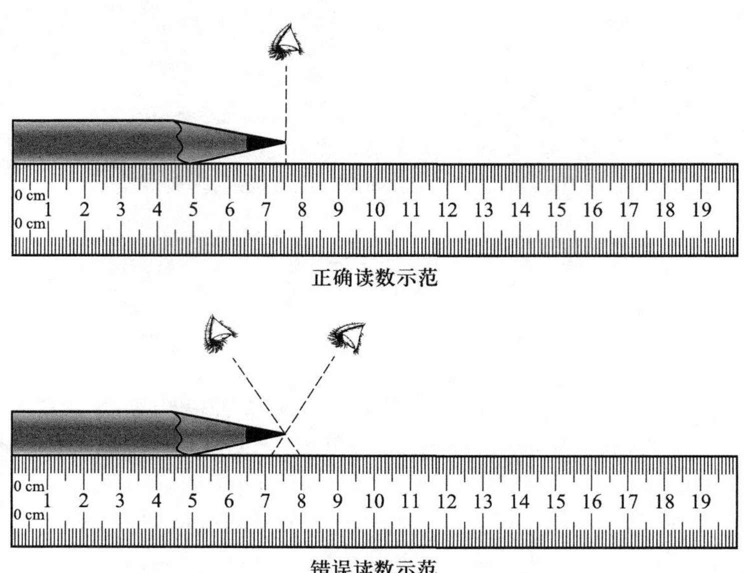

图 2-1　直尺读数示范

（3）测量时读数应估读到 1/10 mm 或 1/5 mm.

（4）读数时视线应垂直于所读刻度，否则视差将引起读数误差.

二、游标卡尺

1. 结构

游标卡尺统称卡尺，结构如图 2-2 所示. 外测量爪（也称卡口）用来夹持被测物体，内测量爪一般用于测孔径或槽宽. 深度尺随游标尺一同移动，用于测槽或孔的深度. 用拇指推动凸起部位可移动游标尺. 紧固螺钉用于固定游标尺，以保证卡尺从被测物体上取下后再读数时，卡口之间的距离不变.

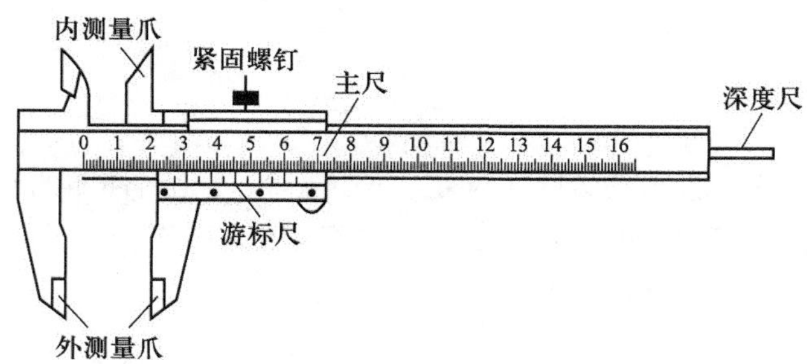

图 2-2　游标卡尺结构

2. 游标原理

游标尺是利用主尺的单位刻度与游标尺的单位刻度之间固定的微量差值来提高测量准确度的. 假定游标尺上共有 m 个等分格，每格长度，即单位长度为 x；主尺每格长度为 y，则 m 格总长与主尺（$km-1$）格总长应满足下式：

$$mx=(km-1)y \tag{2.1.1}$$

其中 k 为展宽系数，由（2.1.1）式可得出

$$x=\frac{(km-1)y}{m} \tag{2.1.2}$$

则游标尺每格长度 x 与主尺每 k 格的长度 ky 之差为

$$\Delta x=ky-x=y/m \tag{2.1.3}$$

正是这个差值 Δx 提高了游标卡尺测量的精确度，我们称它为游标卡尺的准确度.

游标原理除制成直游标用于测长度外，还可制成圆游标用于角度的测量.

3. 游标尺读数

游标尺零线与主尺零线间的距离即为被测长度．当卡口密合，会观察到游标尺零线与主尺零线正好对齐，游标尺的第 m 线与主尺第（$km-1$）线对齐．而游标尺的第 1 至第 m 各线与其右邻的主尺上所对应各线间的距离，显然依次为 $\Delta x, 2\Delta x, \cdots, (m-1)\Delta x, m\Delta x$. 如果使游标尺向右移动不超过 y 的某一距离，例如使其第 n 线（$n\leqslant m$）与原来在它右邻的主尺对应线对齐，则游标尺向右移动的距离为 $n\Delta x$，即游标尺零线与主尺零线间的距离为 $n\Delta x$. 显然，当游标尺用于测量时，游标尺零线处于主尺第 p 和第（$p+1$）线之间，且游标尺上第 n 线与主尺某线对齐时，被测长度应是 $L=py+n$，将（2.1.3）式代入，则有

$$L=\left(p+\frac{n}{m}\right)y \tag{2.1.4}$$

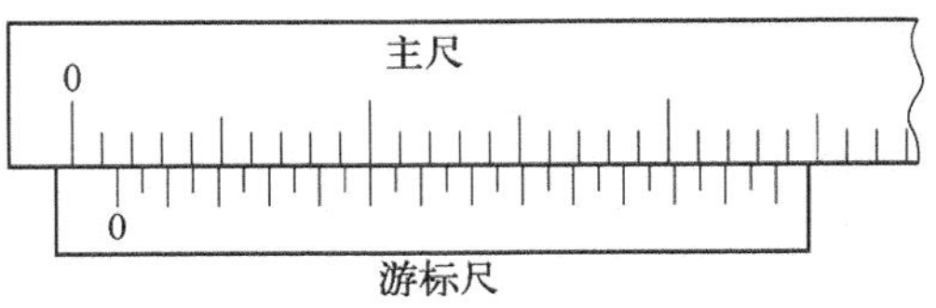

图 2-3 游标尺读数示范

例如图 2-3 所示的情况，游标尺上的零线在主尺第 1、第 2 线之间（$p=1$），且游标尺上第 10 线（$n=10$）与主尺上的某一条线对齐，则被测长度为

$$L=\left(1+\frac{10}{20}\right)\times 1\ \text{mm}=1.50\ \text{mm}$$

当被测物体的长度不正好是准确度（亦称最小示度）的整数倍时，游标尺将没有任何线与主尺线对齐，此时应按相对来说对得最准的那条线读数，由此产生的误差，称为读数误差，其值不会超过准确度的 1/2. 因此用卡尺准确度的 1/2 来表示卡尺一次测量的读数的最大误差.

4. 使用方法和注意事项

（1）检查零点，推动游标尺下面的凸起部位使外卡口密合，此时内卡口也应密合，且深度尺的尾端亦应和主尺尾端平齐，此时游标尺零线应与主尺零线对齐．如果不能对齐，应记下起始读数，称零点误差．测得值应为尺示读数减去零点误差.

（2）移动游标尺时，右手握住主尺，用拇指按在凸起部位推（或拉），当卡到被测物体时，要松紧适度，以免损伤卡尺或被测物体．当需要把卡尺从被测物体上取下后才能读数时，一定要先将紧固螺钉拧紧.

（3）在测量时，被测物体要卡正，特别是测孔、环内径，要找到最大值，否则会增大测量误差．卡尺在使用时严禁磕碰，以保持其精度.

（4）卡尺长期不用时，应涂以脱水黄油，置于蔽光干燥处封存.

三、螺旋测微器

1. 结构

螺旋测微器也称千分尺，它主要由主尺和螺旋尺组成，其各部分名称及主要用途如下（如图 2-4 所示）：主尺（固定刻度）：用于读取固定刻度所显示的大毫米刻度数（精确到 0. 5 mm）；螺旋尺（可动刻度）：用于读取主尺上固定刻度的水平线对应的螺旋尺上可动刻度的读数（包括估读）；锁紧装置：用于紧固被测物；微调旋钮：用于可动尺的微调；测微螺杆；测砧．

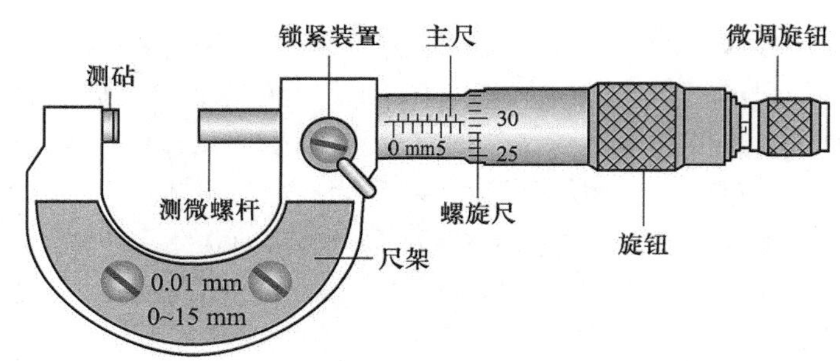

图 2-4 螺旋测微器基本结构

2. 原理

螺旋测微器是依据螺旋放大的原理制成的，即螺杆在螺母中旋转一周，螺杆便沿着旋转轴线方向前进或后退一个螺距．因此，沿轴线方向移动的微小距离，就能用圆周上的读数表示出来．螺旋测微器的精密螺纹的螺距是 0. 5 mm，可动刻度有 50 个等分，可动刻度旋转一周，测微螺杆可前进或后退 0. 5 mm，因此旋转每个小分度，相当于测微螺杆前进或退后 $\frac{0.5}{50}\ \mathrm{mm}=0.01\ \mathrm{mm}$. 可见，可动刻度每一小分度表示 0. 01 mm，所以螺旋测微器可准确到 0. 01 mm. 由于还能再估读一位，可读到毫米的千分位，故螺旋测微器又名千分尺．

3. 测量方法及读数

测量时，当测砧和测微螺杆并拢时，可动刻度的零点若恰好与固定刻度的零点重合，旋出测微螺杆，并使测砧和测微螺杆的面正好接触被测长度的两端．注意不可用力旋转否则测量不准确．马上接触到测量面时慢慢旋转尾部的微调旋钮直至传出咔咔的响声，那么测微螺杆向右移动的距离就是所测的长度．这个距离的整毫米数由固定刻度读出，小数部分则由可动刻度读出．

读数公式：

d=固定刻度上的整毫米数或半毫米数+可动刻度上的刻度数×精度(0. 01 mm)

4. 使用方法和注意事项

（1）测量时，在测微螺杆快靠近被测物体时应停止使用旋钮，而改用微调旋钮，避免产生过大的压力，既可使测量结果精确，又能保护螺旋测微器．

（2）在读数时，要注意固定刻度上表示半毫米的刻线是否已经露出．

（3）读数时，千分位有一位估读数字，不能随便丢弃，即使固定刻度的零点正好与可动刻度的某一刻度线对齐，千分位上也应读取为“0”.

（4）当测砧和测微螺杆并拢时，可动刻度的零点与固定刻度的零点不相重合，将出现零误差，应加以修正，即在后测长度的读数上去掉零误差的数值.

四、激光测距仪

1. 原理

激光测距仪，是利用调制激光的某个参量实现对目标的距离测量的仪器. 按照测距方法分为相位式激光测距仪和脉冲式激光测距仪. 脉冲式激光测距仪是在工作时向目标射出一束或一序列短暂的脉冲激光束，由光电元件接收目标反射的激光束，计时器根据激光束从发射到接收的时间，计算出从观测者到目标的距离.

相位式激光测距仪是利用检测发射光和反射光在空间中传播时产生的相位差来测量距离的. 激光测距仪重量轻、体积小、操作简单、速度快而准确，其误差仅为其他光学测距仪的五分之一到数百分之一.

（1）相位式激光测距仪原理

当今市场上主流的激光测距仪是基于相位法的激光测距仪. 这是因为基于相位法的激光测距仪轻易地就可以克服超声波测距的一大缺陷——误差过大，使测量精度达到毫米级别. 而基于此法的激光测距仪主要的缺点在于电路复杂、作用距离较短（100 m 左右，经过众多科学工作者的努力，现在也有作用距离在几百米的相位式激光测距仪）.

相位式激光测距仪，采用无线电波段频率的激光，进行幅度调制并对正弦调制光往返测距仪与目标物间所产生的相位差进行测定，根据调制光的波长和频率，换算出激光飞行时间，再依次计算出被测距离. 该方法一般需要在被测物处放置反射镜，将激光原路反射回激光测距仪，由接收模块的鉴波器进行接收处理. 也就是说，该方法是一种有合作目标要求的被动式激光测距技术，如图 2-5 所示.

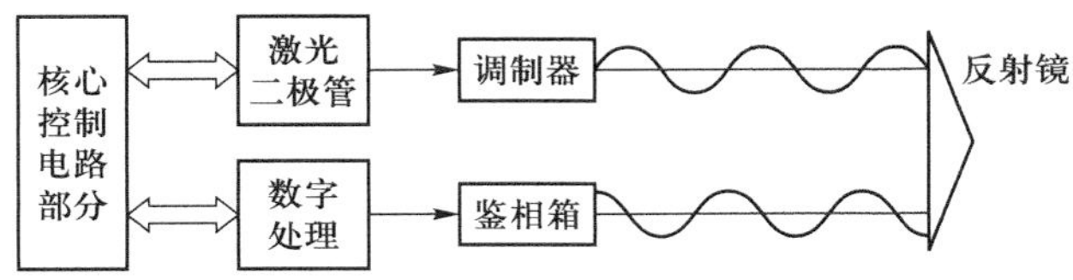

图 2-5　相位式激光测距仪原理

若调制光角频率为 ω，在被测量距离 D 上往返一次的相位差为 φ，则对应时间 t 可表示为

$$t=\frac{\varphi}{\omega}$$

将此关系代入式中距离 D 可表示为

$$D=\frac{ct}{2}=\frac{c\varphi}{2\omega}=U(N+\Delta\varphi)$$

式中：

c 是光速，等于 299 792 458 m/s（假设光速未受环境影响）；

ω 是调制信号的角频率，$\omega=2\pi f$；

N 是测线所包含调制半波长的个数；

$\Delta\varphi$ 是激光光束往返一次后所形成的相位差不足半波长的部分．

由于 N 的个数在激光飞行之后并不能确定，所以这就导致了相位式激光测距仪只能测定 $\Delta\varphi$，即相位差中不足半波长的部分．这就形成了相位式激光测距仪的内伤：最长作用距离固定，由调制光的波长决定．但是从另一方面看，相位式激光测距仪可以准确地测量半个波长内的相位差，这也成就了相位式激光测距仪最为突出的优点：测量精度高，可达到毫米级别．

（2）脉冲式激光测距仪原理

脉冲式激光测距仪一般采用红外激光，包括近红外激光和中红外激光．该波段激光有可见和非可见之分．基于此技术的测距仪对相干性要求低、速度快、实现结构简单、峰值输出功率高、重复频率高且范围大．脉冲式激光测距仪的原理如下．

如图 2-6 所示，激光测距设备对准测量目标发送光脉冲，光脉冲在经过光学镜头时，一束被透镜前的平面镜反射，进入激光反馈接收模块，经光电转换及放大滤波整流后，电信号送入时间数字转换芯片的开始计时端；另一束激光脉冲经过透镜压缩发散角后，遇到目标障碍物发生漫反射，部分激光返回到激光反射接收模块，同样地，经过光电转换及放大滤波整流后，所形成的电信号送入时间数字转换芯片结束计时端，即完成整个测量过程．

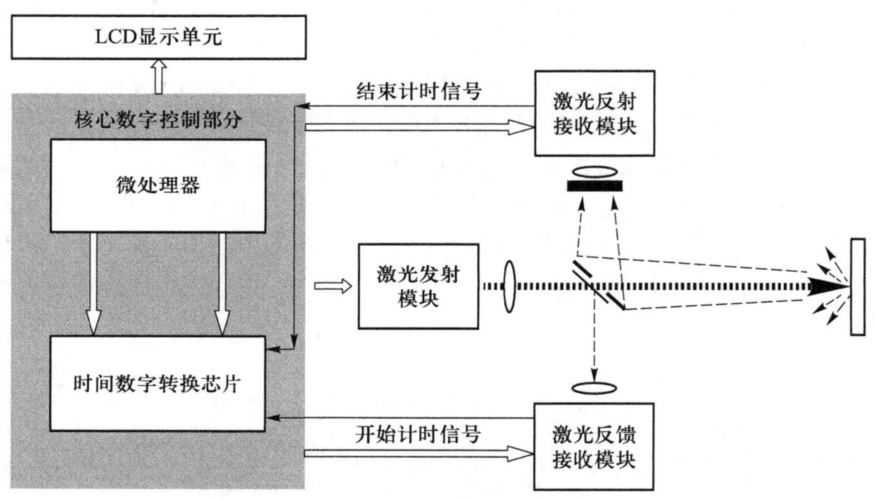

图 2-6 脉冲式激光测距仪原理

其中，设 D 为被测距离；

T 为往返测量点与被测物所用的时间；

c 为激光在空气中传播的速度（假设已设置测量的环境参量）；

n 为测量时大气折射率，那么，易得

$$D=\frac{CT}{2n}$$

我们把对距离的测量转变为对时间差的测量，所以，在脉冲式激光测距中，需要测量的只是发射与接收激光的时间间隔、受环境因素影响的大气折射率、环境参量及激光传播速度．这就是脉冲式测距的理论原理．

2. 用途

激光测距仪广泛用于地形测量、战场测量、坦克、飞机、舰艇和火炮对目标的测距，测量云层、飞机、导弹以及人造地球卫星的高度等．它是提高坦克、飞机、舰艇和火炮精度的重要技术装备．由于激光测距仪价格不断下调，工业上也逐渐开始使用激光测距仪，它可以广泛应用于工业测控、矿山、港口等领域．

3. 注意事项

激光测距仪，由于采用激光进行距离测量，而脉冲激光束是能量非常集中的单色光源，所以在使用时不要直视发射口，也不要用瞄准望远镜观察光滑反射面，以免灼伤眼睛．一定要按仪器说明书中安全操作规范进行测量．野外测量时不可将仪器发射口直接对准太阳以免烧坏仪器光敏元件．

第二节　时间的测量仪器

时间是物质运动和变化的持续性、顺序性的表现，包含时刻和时段两个概念．同样的，时间也是人类用以描述物质运动过程或事件发生过程的一个参量．时间的国际单位制单位为 s（秒），生活中常用的时间单位有：以地球自转运动为基础的时间单位——日，以月球绕地球公转运动为基础的时间单位——月，以地球绕太阳公转运动为基础的时间单位——年等．本节将介绍在运动学相关实验中用于测量时间的基本工具，讲解机械秒表、电子秒表及石英钟的测量方法与注意事项．

一、机械秒表

机械秒表的核心是由游丝扭转形变产生的驱动力矩，发生周期振动的摆轮装置，这种振动通过一系列齿轮传递装置而转换成指针的角位移．从而可以在其表盘的刻度上读出时间．长针为秒针，用以读出秒数，短针为分针，用以读出分的数值．其最小计时单位通常有 0.2 s 和 0.1 s 两种．

1. 机械秒表的使用方法

（1）用前的准备：机械秒表上端按钮的外层有一个带滚花的手轮，用前转动该手轮，上紧发条，为机械秒表的摆轮发生周期运动提供动力．

（2）测量三步骤：启动、止动、回零．

启动：对应于计时起始时刻按下按钮，表针开始走动，计时开始．

止动：对应于计时终止时刻按下按钮，表针停止走动，计时终止，从刻度上读出计时时间．

回零：读数后再按一次按钮，表针即回到初始位置，为下次计时做准备．

（3）实验完毕，如较长时间不再使用，应启动机械秒表，直至发条势能完全消耗为止．

2. 使用注意事项

（1）发条不要上得太紧，以免损伤秒表．

（2）按动按钮不要用力过猛，以免损坏机件．

（3）每次测量前都要观察秒针的初始位置，若不指零，则应记下零点误差．若每次测量完毕回零情况不同，则每次分别记下零点误差．

二、电子秒表

电子秒表是一种较先进的电子计时器，目前国产的电子秒表一般都是利用石英振荡器的振荡频率作为时间基准的，采用 6 位液晶数字显示时间（如图 2-7 所示）.

1. 电子秒表使用方法

（1）在计时器显示的情况下，将按钮按住 2 s，即可出现秒表功能，按一下按钮开始自动计秒，再按一下按钮，停止计秒，显示出所计数据．按住 2 s，则自动复零．

图 2-7　电子秒表

（2）若要记录甲、乙两物体同时出发，但不同时到达终点的运动，可采用双计时功能．即首先按住 2 s，然后按一下，电子秒表开始自动计秒．待甲物体到达终点时再按一下，则显示甲物体的计时停止，此时液晶屏上的冒号仍在闪动，内部电路仍在继续为乙物体计时．把甲物体的时间记录下后，再按一下，显示出乙物体的计时．待乙物体到达终点时，再按一下，冒号不闪动，显示出乙物体的时间．这时若要再次测量就按住 2 s. 若需要恢复正常计时显示，可按一下，电子秒表就进入正常计时显示状态．

（3）若需要进行时刻的校正与调整，可先持续按住，待显示时、分、秒的计时数字闪动时，松开，然后间断地按，直到显示出所需要调整的正确秒数时为止．如还需校正分，可按一下，此时，显示分的数字闪动，再间断地按，直到显示出所需的正确时间为止．时、日、月及星期的调整方法同上．

2. 使用注意事项

（1）避免受潮，不能在雨天使用．

（2）不宜长时间在太阳下暴晒和置于强光下照射．

（3）避免与腐蚀性物质接触．

（4）避免在温度过高或过低的环境下使用．

三、石英钟

石英钟是一种计时工具．提起时钟大家都很熟悉，它是给我们指明时间的一种计时工具．在日常生活中，时钟准到 1 s，就已经足够了．但在许多科学研究或工程技术领域中对计时的要求就要高得多．石英钟正是根据这种需要而研制出来的．它的主要部件是一个很稳定的石英振荡器．将石英振荡器所产生的振荡频率取出来．使它带动时钟指示时间，这就是石英钟．最好的石英钟，每天的计时能准确到十万分之一秒，也就是经过差不多 270 年才差 1 s.

1. 石英钟的原理

石英晶体的传感器的核心是传感元件——压电石英晶片．其工作原理是压电效应，即石英晶体在某些方向受到机械应力后，便会产生电偶极子，相反，若在石英某方向施以电压，则其特定方向上会产生形变，这一现象称为逆压电效应．若在石英晶体上施加交变电场，则晶体晶格将产生机械振动，当外加电场的频率和晶体的固有振荡频率一致时，则出现晶体的谐振．由于石英晶体在压力下产生的电场强度很小，这样仅需很弱的外加电场即可产生形变，这一特性使压电石英晶体很容易在外加交变电场激励下产生谐振．其振荡能量损耗小，振荡频率极稳定．再加上石英优良的机械、电气和化学稳定性，使它自 20 世纪 40 年代以来就成为石英钟、电子表、电话、电视、计算机等与数字电路有关仪表的频率基准元件．

石英晶体具有一个有趣的特性，就是在一侧导入正电流，同时在另一侧导入负电流后，负电流一侧会收缩并弯曲成 U 字形．如果定时交替在石英晶体两侧导入正、负电流，石英晶体就会产生振荡．石英晶体就是根据这种振荡计时的．个人电脑内置的石英晶体每秒振荡 14 318 180 次．这就是石英钟的工作原理．

2. 石英钟的缺点

石英钟的问题就在于石英晶体在品质上存在缺陷，品质差就很难按照正确的振荡数振荡．天然石英晶体的杂质含量和形态等大多并不统一，因此就要使用人造石英晶体．不过，均匀地进行石英生产难度很大．精度高则每秒误差在正负 10 万分之一秒以内，精度低每秒误差甚至达到 1 万分之一秒．1 万分之一秒也许感觉并不大，但是从计算上来讲，每天的误差就是 0. 864 s，而 1 个月则会差约半分钟．石英手表不准也是这个原因．

第三节　质量的测量仪器

质量是物体中所含物质的量，亦是物体惯性的大小．质量的国际单位制单位是 kg（千克），其他常用单位有 t（吨）、g（克）、mg（毫克）等．同一物体的质量通常是一个常量，不因其所在高度或纬度而改变．基础物理实验中用于测量质量的基本工具主要是托盘天平与电子天平，本节将介绍天平的基本结构与使用方法．

一、托盘天平

1. 结构

托盘天平是一种实验室常用的称量用具，如图 2-8 所示，由托盘、横梁、平衡螺母、分度盘、刻度尺、指针、刀口、底座、标尺、游码、砝码、铭牌等组成．它依据杠杆原理制成，由支点（轴）在梁的刀口支撑着天平梁而形成两个臂，每个臂上挂着或托着一个托盘，其中一个托盘（通常为右盘）里放着已知重量的物体（砝码），另一个托盘（通常为左盘）里放待称重的物体，游码则在刻度尺上滑动．固定在梁上的指针在不摆动且指向正中刻度时或在左、右摆动幅度较小且相等时，砝码重量与游码位置示数之和就指示出待称重物体的重量．托盘天平的底座上有一个铭牌，上面记录着此托盘天平的最大称量和感量．精确度一般为 0. 1 g 或 0. 2 g，荷载有 100 g、200 g、500 g、1 000 g 等．

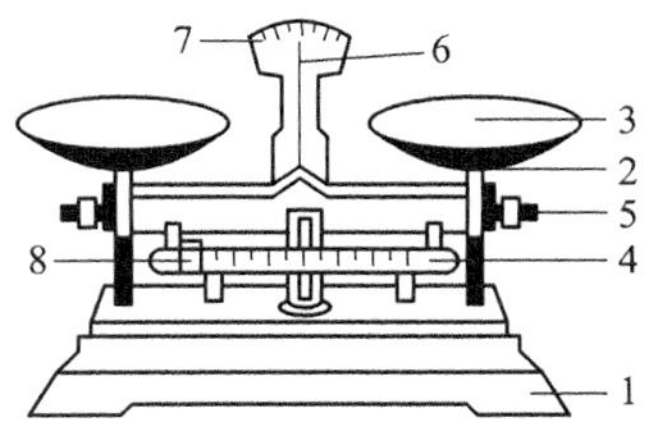

1—底座；2—托盘架；3—托盘；4—标尺；5—平衡螺母；6—指针；7—分度盘；8—游码

图 2-8　托盘天平

2. 使用方法

（1）把天平放在桌面上，将托盘擦干净，按编号置于相应的托盘架上，称量前把游码拨到标尺的最左端零位，调节平衡螺母，使指针在停止摆动时正好对准刻度盘的中央红线．

（2）天平调平后，将待称量的物体放在左盘中（记得放称量用纸或玻璃器皿），在右盘中用不锈钢镊子由大到小加放砝码，当增、减到最小质量砝码仍不平衡时，可移动游码使之平衡，此时所称的物体的质量等于砝码的质量与游码刻度所指的质量之和．

（3）天平应放在干燥清洁的地方，称重物体不能超过天平最大量程．称量时取砝码要用镊子，不能用手直接拿．天平长期不用时要在盘架下面加上物体固定．

3. 注意事项

（1）称量干燥的固体药品时，应在两个托盘上各放一张相同质量的纸，然后把药品放在纸上称量．事先应在同一天平上称得玻璃器皿或纸片的质量，然后称量待称物体．

（2）易潮解的药品，必须放在玻璃器皿中（如：小烧杯、表面皿）称量．过冷、过热的物体不可放在天平上称量，应先在干燥器内放置至室温后再称．

（3）砝码不能用手拿要用镊子夹取，千万不能把砝码弄湿、弄脏（这样会让砝码生锈，砝码质量变大，测量结果不准确），游码也要用镊子拨动．

（4）砝码若生锈，测量结果偏小；砝码若磨损，测量结果偏大．若砝码与要称重物体放反了又使用了游码，则所称物体的质量比实际的小，应用砝码质量减去游码质量．若没使用游码，则称得的质量与实际相等（$m_{左盘}=m_{右盘}+m_{游码}$）.

（5）在称量过程中，不可再调节平衡螺母．

二、电子天平

电子天平实际上是用电磁力平衡被称物体重力的天平．按照精度可以分为：超微量电子天平（最大称量是 2～5 g，其标尺分度值小于最大称量的 1/100 000）、微量天平（称量一般在3～50 g，其分度值小于最大称量的 1/10 000）、半微量天平（称量一般在 20～100 g，其分度值小于最大称量的 1/10 000）、常量电子天平（最大称量一般在 100～200 g，其分度值小于最大称量的 1/10 000）、分析天平（是常量天平、半微量天平、微量天平和超微量天平的总称）、精密电子天平（是准确度级别为Ⅱ级的电子天平的统称）．常见的电子天平如图 2-9 所示．

图 2-9　电子天平

1. 原理

电子天平实际上是测量地球对放在秤盘上的物体的引力即重力的仪器，它是利用电磁力平衡的原理进行设计的．其原理见图 2-10 所示的电子天平原理图．根据电磁力公式 $F=BIL\sin\theta$，由于传感器设计好后，其感应线圈的规格尺寸已固定，所以 B、L 均已固定，而 θ 为 90°，故 $\sin\theta=1$，因此，F 的大小与流过导线的电流 I 成对应关系．天平空载时，电磁传感器处于平衡状态，加载后，感应线圈的位置发生改变，光电传感器中的光敏三极管所接收的光强发生改变，其输出电流也发生改变，该变化量经过微处理器处理后，控制感应线圈的电流大小，使电磁传感器重新处于平衡状态，同时，微处理器将感应线圈的电流变化量转变为数字信号，在显示屏上显示出来．

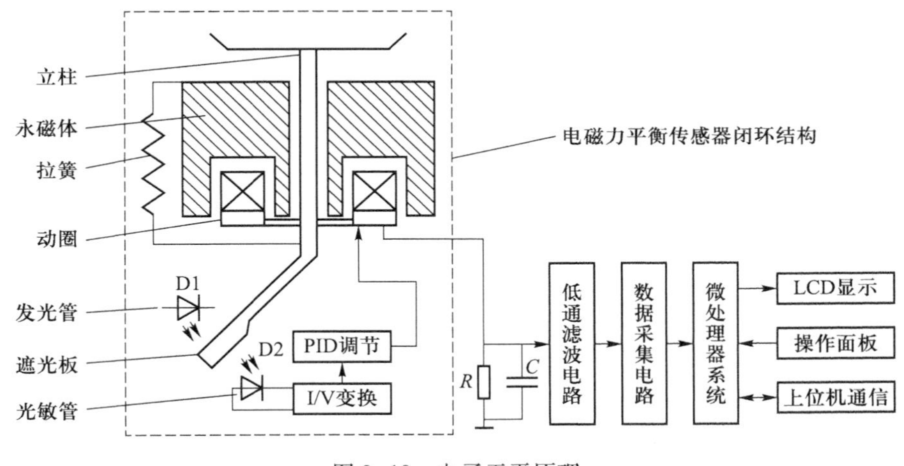

图 2-10　电子天平原理

2. 使用方法

（1）调水平：天平开机前，应观察天平后部水平仪内的水泡是否位于圆环的中央，否则通过天平的地脚螺栓进行调节，左旋升高，右旋下降．

（2）预热：天平在初次接通电源或长时间断电后开机时，至少需要 30 min 的预热时间．因此，实验室电子天平在通常情况下，不要经常切断电源．

（3）称量：

① 按下 ON/OFF 键，接通显示器；等待仪器自检．当显示器显示零时，自检过程结束，天平可进行称量．

② 放置称量纸，按显示屏两侧的 Tare 键校准（去皮），待显示器显示零时，在称量纸上加所要称量的试剂称量．

③ 称量完毕，按 ON/OFF 键，关闭显示器．

3. 注意事项

（1）显示器右上角显示 0：表示显示器处于关断状态；显示器左下角显示 0：表示仪器处于待机状态，可进行称量；显示器左上角出现菱形标志：表示仪器的微处理器正在执行某个功能，此时不接受其他任务．

（2）天平在安装时已经过严格校准，故不可轻易移动天平，否则校准工作需重新进行．

（3）严禁不使用称量纸直接称量，每次称量后，请清洁天平，避免对天平造成污染而影响称量精度，以及影响他人的工作．

第四节　力的测量仪器

力是力学中的基本概念之一，是使物体改变运动状态或形变的根本原因，其单位为 N（牛顿）．学生自八年级起对力学相关概念有所学习，初中物理课标要求学生学会使用弹簧测力计测量力的大小，在后续对力学相关知识的进一步学习中，弹簧测力计也被频繁使用；与此同时，力传感器也被纳入学生必须掌握的实验仪器中，人教版高中物理教材中补充了使用力传感器探究作用力与反作用力关系的相关实验．为此，本节将着重介绍弹簧测力计和力传感器的结构和使用方法．

一、弹簧测力计

弹簧测力计是一种测量力的大小的工具，主要由刻度盘、弹簧、挂钩、指针、吊环构成，如图 2-11 所示．

1. 原理

弹簧受力与弹性形变大小成正比．首先任何测量都是将某一个物理量与标准（即单位）比较的过程，力的测量就是将力的作用效果与已知力的作用效果比较的过程．如果一个力的作用效果与 1 N 力的作用效果相同，这个力的大小就是 1 N. 其次弹簧的伸长与所受力的大小成正比，在确定 1 N 力的作用效果以后，在弹性限度内，弹簧的伸长量与所受的拉力成正比，为 $F=k\Delta x$. F 为弹力（也就是拉力）的大小，k 为弹簧的劲度系数，单位是 N/m，Δx 为弹簧伸长或缩短的长度．在弹性限度内，弹簧受到的拉力越大，弹簧的伸长量越长．

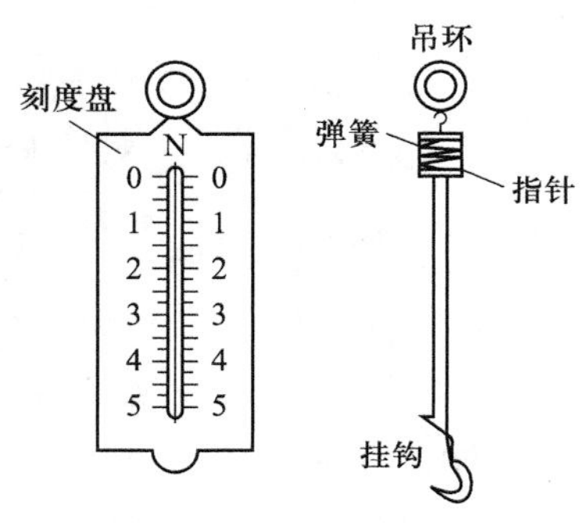

图 2-11 弹簧测力计

另外，弹簧的稳定性较好，可以重复使用．故可以运用弹簧测力计测量力的大小．

2. 使用方法

（1）使用前

① 拉动弹簧：反复拉动弹簧（用力过度可能会损坏弹簧），防止其卡住、摩擦、碰撞．

② 了解量程：知道测量力的最大范围（量程）是多少．

③ 明确分度值：了解弹簧测力计的刻度．知道每一大格和最小一格表示多少牛（N）.

④ 校零：检查指针是否对齐零刻度线，若没有对齐，需要调节至对齐．

（2）使用中

① 不能超量程使用．（补充说明：因为超量程使用可能会损坏弹簧测力计，并且造成塑性形变，导致错误．而且超量程使用，会导致测不出准确的力，且影响后续使用．）

② 同方向：测力时，要让弹簧测力计内的弹簧轴线方向跟所测力的方向在一条直线上，且弹簧不能靠在刻度盘上．

③ 视线要与刻度板垂直．

（3）使用后

调节弹簧测力计，让指针对齐零刻度线．

二、力传感器

力传感器如图 2-12 所示，由挂钩、固定孔、数据传输口以及内部力敏元件组成，通过将所测量的力转变为电信号，传输到电脑中，进行实时显示．

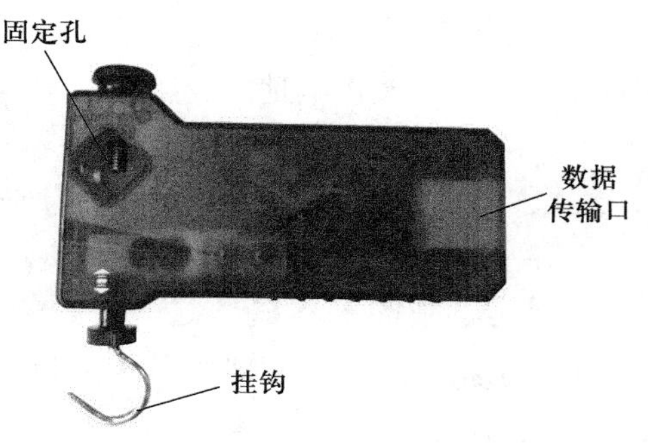

图 2-12 力传感器

使用方法（以朗威数字实验仪器为例）：

1. 将力传感器接入数据采集器.

2. 调节传感器为“示波”显示或者数字显示，若有特定实验可选择专用试验软件，如“力的相互作用”，打开该软件.

3. 得到图形（如图 2-13 所示）或数据，分析处理.

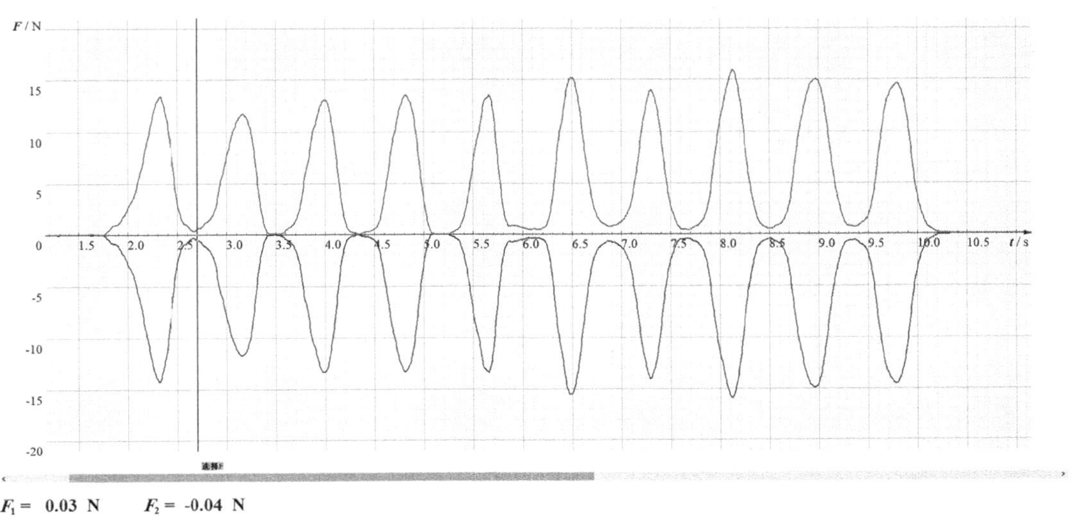

图 2-13　力的相互作用实验结果

4. 完成实验，收拾整理实验仪器，关闭软件.

第五节　速度的测量仪器

速度是中学物理运动学和动力学中最基础、最关键的物理量之一，2019 版高中物理必修 1 第一章第三节教材内容，就要求学生通过打点计时器测量纸带的平均速度和瞬时速度. 除两种打点计时器外，在中学物理教学中常常借助光电门或位移传感器来测量速度.

一、打点计时器

1. 电磁打点计时器

J0203 型电磁打点计时器是一种磁电式计时仪器，它可以把物体运动情况记录在纸带上，然后对纸带进行分析，就可以研究物体的运动规律.

（1）结构及原理

J0203 型电磁打点计时器的结构如图 2-14 所示.

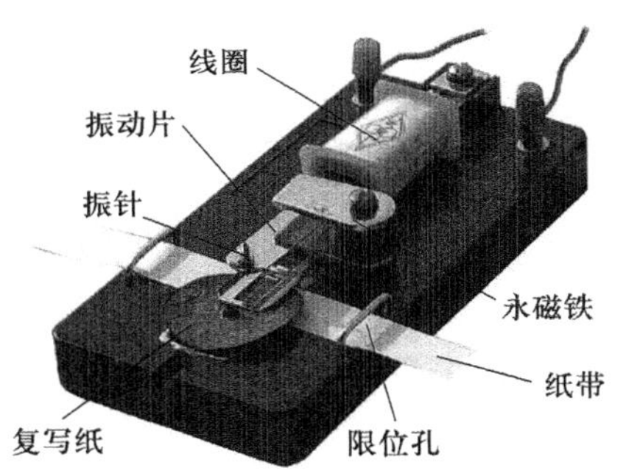

图 2-14　J0203 型电磁打点计时器

在胶木板底座上有线圈，线圈的两个头与电源接线柱相连；永磁铁固定在底座上；振动片一端穿过线圈，由螺钉固定在底座上，另一端穿过永磁铁的两个极片而悬空；悬空端装有打点针，即振针；记录纸带穿过两个限位孔，夹在打点基板与复写纸之间，压纸框架轻轻地压在复写纸上．

当仪器接好电源后，线圈相当于一个通电螺线管，振动片被磁化成为一个条形薄片磁钢，并受到永磁铁磁场的作用而运动．当永磁铁的上极片为 N 极，下极片为 S 极，振动片的悬空端为 N 极时，振动片向下运动，打点针在纸带上打下一个点，如果改变线圈中的电流方向，振动片悬端的极性也随之改变并向相反方向运动，纸带上就不会打出点来．当线圈通以 50 Hz 的交流电时，振动片悬空端的极性周期地改变，振动片就上、下振动，振动频率为 50 Hz，打点针周期地打击基板，打点周期为 1/50 s. 当物体拖着纸带运动时，打点器在移动着的纸带上打下一系列点子，记录了这一物体的运动情况，相邻两个点的时间间隔为 1/50 s（即 0.02 s），纸带上任意相邻两点之间的距离，就是这一运动物体在相对应的时间里通过的位移．

（2）使用方法

打点计时器装上复写纸，纸带穿过限位孔夹在复写纸和金属打点基板之间．调节压纸框架上的螺钉，用手抽动纸带时，复写纸须能随纸带的移动而微微转动．把纸带的一端固定在运动物体上，打点计时器接 6 V 交流电源（一般用 J1202 学生电源），待打点器工作几秒后，振动片的振动频率稳定后即可使用．

2. 电火花打点计时器

J0207 型电火花打点计时器是利用火花放电使墨粉在纸带上打出墨点而显出点迹的一种计时仪器．与电磁打点计时器一样，它通过把物体运动情况记录在纸带上，然后分析纸带，从而研究物体的运动规律．

（1）结构及原理

J0207 型电火花打点计时器的实物如图 2-15 所示．

如图 2-16 结构图所示，电火花打点计时器由正负脉冲输出插座、脉冲输出开关、墨粉纸盘、压纸条、纸盘轴、弹性卡和纸带组成，对外直接连接 220 V 电源．

图 2-15 J0207 型电火花打点计时器实物图

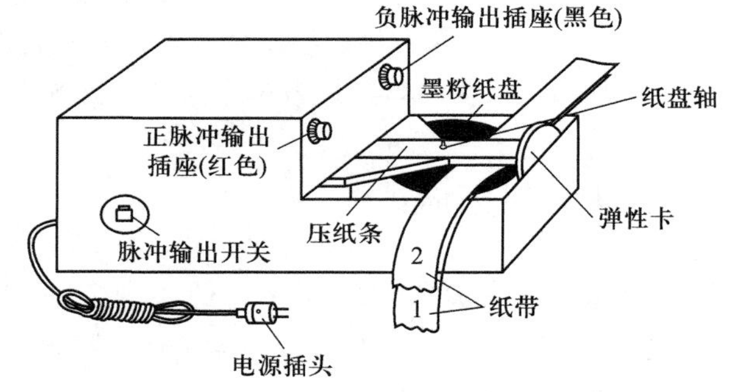

图 2-16 J0207 型电火花打点计时器结构图

电火花打点计时器的计时原理与电磁打点计时器相同，打点周期均为交流电的变化周期 0.02 s. 但是电火花打点计时器的打点原理与电磁打点计时器不同，电火花打点计时器是利用脉冲电流通过放电针使墨粉纸盘在纸带上打出点来．当电火花打点计时器接 220 V 电源时，按下脉冲输出开关，电火花打点计时器发出的脉冲电流，从接正极的放电针和墨粉纸盘流到接负极的纸盘轴，产生火花放电，于是在纸带上打出一系列的点，而且在交流电的每个周期放电一次，因此电火花打点计时器打出的点的时间间隔等于交流电的周期．

（2）使用方法

把电火花打点计时器固定在桌子上，先接通电源，待电火花打点计时器稳定后再放开纸带，这样就在纸带上打出了一行点．使用电火花打点计时器时，应注意把两条白纸带正确穿好，墨粉纸盘夹在两纸带之间，让纸带通过限位孔，压在复写纸下面．复写纸不要装反，每打完一条纸带，应调整一下复写纸的位置，若还不够清晰，考虑更换复写纸．

3. 两种打点计时器的比较（表 2-1）

表 2-1　两种打点计时器的比较

<table>
<tr><td colspan="2">打点计时器名称</td><td>电磁打点计时器</td><td>电火花打点计时器</td></tr>
<tr><td colspan="2">相同点</td><td colspan="2">都使用交流电源；打点频率相同，相邻两个点的时间间隔相同；数据采集、整理方法相同</td></tr>
<tr><td rowspan="4">不同点</td><td>打点原理</td><td>利用振动的振针打点</td><td>利用火花放电打点</td></tr>
<tr><td>电源电压</td><td>6 V 以下交流电</td><td>220 V 交流电</td></tr>
<tr><td>实验误差</td><td>振针与纸带接触，会对纸带产生阻力作用，实验误差大</td><td>火花放电对纸带运动的阻力极小，实验误差小</td></tr>
<tr><td>仪器调节</td><td>每打完一条纸带之后，都要将复写纸片换位置</td><td>需要经常调节墨粉纸盘的位置</td></tr>
</table>

二、数字仪器

1. 光电门

（1）原理

光电门是一个像门一样的装置，如图 2-17 所示，左右两边都有测速孔，一边安装发光装置，一边安装接收装置并与计时装置相连接．其原理是发射端发出一束很细的红外线到另一端的接收窗口，当固定在运动物体上的已知宽度的挡光板通过时，它可以通过数据采集器，计下挡光板经过的时间，再用挡光板的宽度除以经过的时间求得运动物体的瞬时速度．因此，光电门实际测的是时间，经过计算才能得到运动物体的瞬时速度．

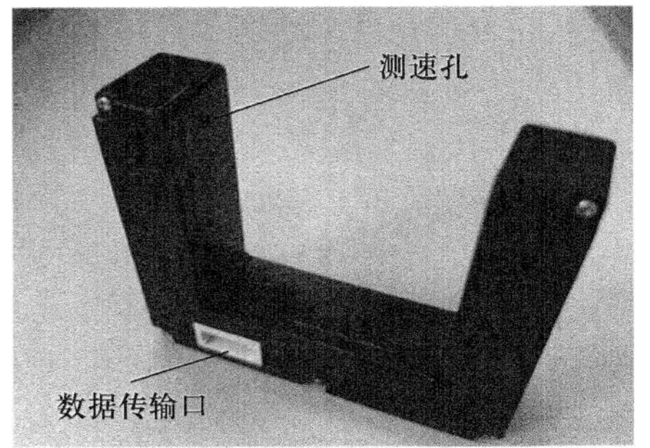

图 2-17　光电门

（2）使用方法

以朗威数字实验仪器为例，首先将光电门、数据采集器和电脑用数据线连接，打开 DISLab 软件，根据遮光片类型选择挡光类型，如图 2-18 所示，以 I 型为例，点击左侧“开始”按钮，就可以实时测量挡光物体通过光电门的时间了，光电门测量操作界面如图 2-19 所示．

图 2-18 挡光类型选择

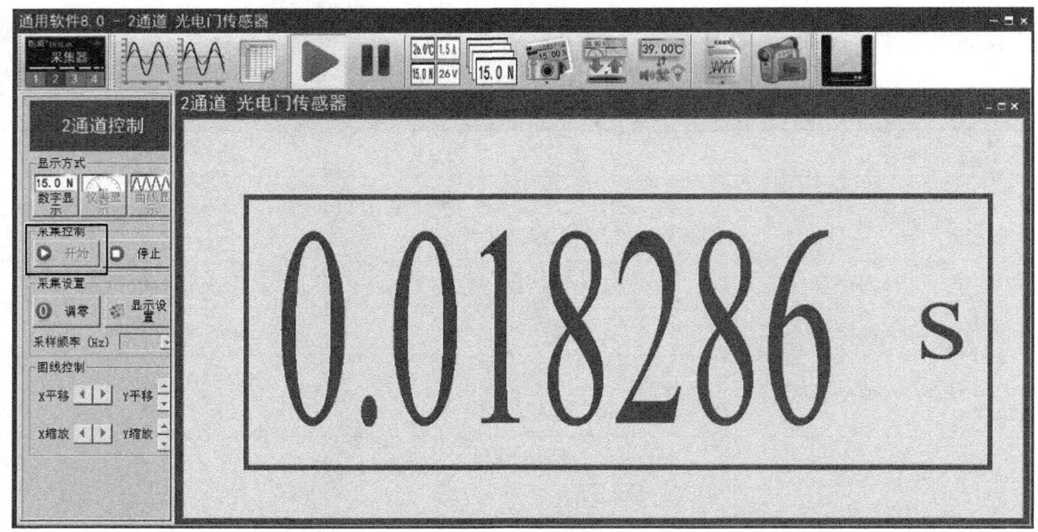

图 2-19 光电门测量操作界面

除此之外，如将挡光类型选择为“计数”，则可以测量通过光电门的次数；若选择为“单摆”，则可以连续测量挡光物通过的时间，再通过计算获得瞬时速度值．

2. 位移传感器

随着信息技术的发展，中学物理的实验手段也在不断进步．用图 2-20 所示的“位移传感器”把物体运动的位移、时间转换成电信号，经过计算机的处理，可以立刻在屏幕上显示物体运动的速度，自动绘制出物体运动的 $v-t$ 图．

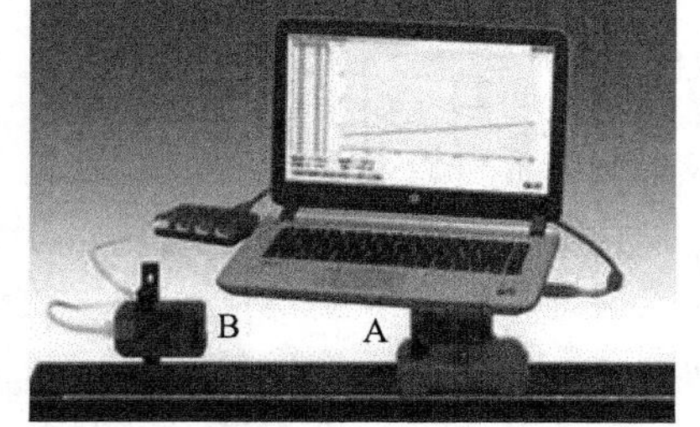

图 2-20 位移传感器实验装置

图 2-21 是利用位移传感器测量速度的示意图．这个系统由发射器 A 与接收器 B 组成，发射器 A 能够发射红外线和超声波信号，接收器 B 可以接收红外线和超声波信号．发射器 A 固定在被测的运动物体上，接收器 B 固定在桌面或滑轨上．测量时，A 向 B 同时发射一个红外线脉冲和一个超声波脉冲（即持续时间很短的一束红外线和一束超声波）．B 接收到红外线脉冲开始计时，接收到超声波脉冲后立即停止计时．根据两者的时差和空气中的声速，计算机自动算出 A 与 B 的距离（红外线的传播时间可以忽略）．

经过短暂的时间 Δt 后，传感器和计算机系统自动进行第二次测量，得到物体的新位置．算出两个位置的差，即物体运动的位移 Δx，利用公式

$$v=\frac{\Delta x}{\Delta t}$$

算出速度 v，显示在屏幕上．所有这些操作都可以在不到 1 s 的时间内自动完成．

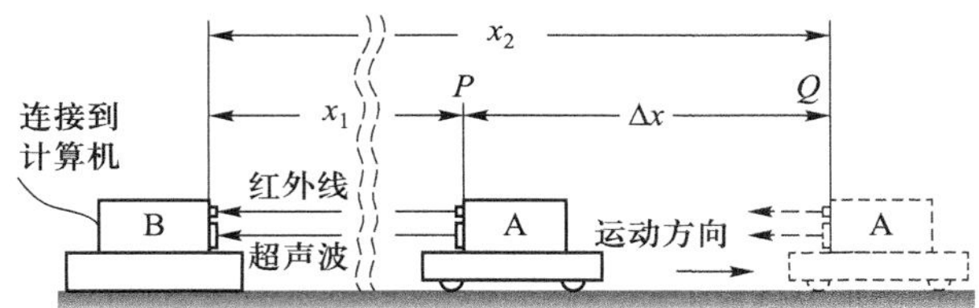

图 2-21　位移传感器测量速度的原理

这样测出的速度是发射器 A 在时间 Δt 内的平均速度．然而 Δt 很短，通常设置为 0.02 s，所以 Δx 与 Δt 之比可以代表此刻发射器 A（即运动物体）的瞬时速度．

还有另外一种位移传感器，如图 2-22 所示．这个系统只有一个不动的小盒 C，工作时小盒 C 向被测物体 D 发出短暂的超声波脉冲，脉冲被运动物体反射后又被小盒 C 接收．根据发射与接收超声波脉冲的时间差和空气中的声速，可以得到小盒 C 与运动物体 D 的距离 x_1 和 x_2，以及 Δx 和 Δt，从而系统也能算出运动物体 D 的速度 v.

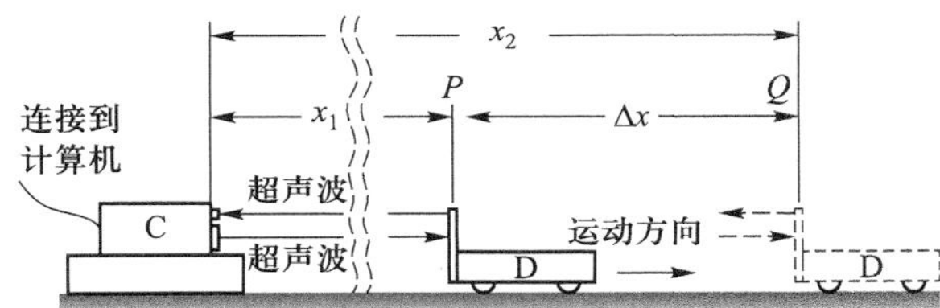

图 2-22　另一种位移传感器测量速度的原理

第二章
运动学和动力学实验

物理实验是在教学中利用仪器模拟或重现物理现象产生的条件来让学生对该物理现象进行观察和研究的活动．教育心理学研究表明，人的思维活动是在感性材料的基础上产生的，感性材料是思维活动的源泉．各种类型的物理实验，为学生的学习提供了丰富的感性材料，达到丰富学生头脑中感性材料储存及发展智力、培养能力的目的．

本章将介绍八种常见的运动学与动力学实验，既包含以探究物理规律为目的的实验，如验证动量守恒定律的实验探究；也有以实验器材为中心的实验，如用气垫导轨演示的一组实验．其中将详细阐述实验的目的与操作方法，培养学生的创新意识与实证能力，让他们体验科学家对自然不断探索的过程，发展其细心观察生活、勇于创新实践的科学家精神．

实验一　研究匀变速直线运动的规律

【实验目的】

1. 理解平均速度、瞬时速度的概念及其关系，了解实验原理，认识匀变速直线运动中速度与时间的关系，位移与时间的关系，认识自由落体运动规律和重力加速度等，能够运用相关物理知识解决实际问题，进一步发展学生的运动观念．

2. 学习物理问题研究中的极限方法，体会建构匀变速直线运动、自由落体运动模型的思维方式，认识物理模型在探索自然规律中的作用；进一步学习控制变量法，通过研究匀变速直线运动中速度与时间的关系、位移与时间的关系等，归纳总结匀变速直线运动的规律，形成理性思维和发展创新能力．

3. 通过观察实验，发现问题和提出问题；自主设计实验方案，选择实验器材，收集实验数据，能用表格等方式呈现数据；能运用公式法和图像法等分析和解释匀变速直线运动规律和自由落体运动规律等；能够反思和评估实验的过程和结果，写出合格的实验报告．

4. 体会实验探究在研究物体运动中的重要作用；重现伽利略的发现历程，培养严谨的科学态度；了解物理规律在生产、生活中的应用及其推动人类社会发展的作用．

【实验器材】

电磁打点计时器、学生电源、节拍器、铁架台、带槽木板、斜面木板、钢球、带底座的小旗子、米尺、长纸条若干（1 cm 宽）、小车、导线等．

【实验研究】

一、利用斜槽和节拍器研究初速度为零的匀加速直线运动

1. 把带槽木板（图 2-23）的一端夹在铁架台的铁夹里，装成一个斜槽．

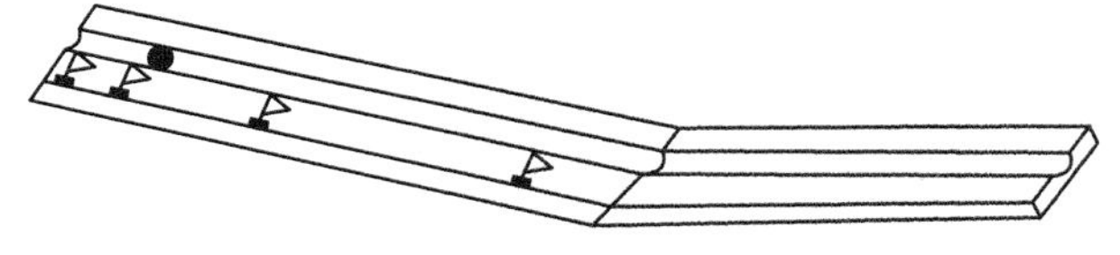

图 2-23　带槽木板

2. 使节拍器摆杆以一定的周期摆动，每摆两次响一声铃，两次响铃之间的时间间隔为我们实验所用的单位时间．节拍器周期的调节要与轨道的倾斜度相配合，以钢球在斜槽上运动时间为 3~4 个周期为宜．

3. 手扶小球静止于斜槽上端，在听到节拍器某一声铃响的同时释放小球．然后，跟随钢球，在每次响铃时钢球所在位置，放上小旗子（包括起点）．

4. 由起点开始，重新让钢球由铃响开始做匀加速直线运动，检验和调整小旗的位置．直到各小旗子均处在节拍器响铃时的位置．

5. 测出各位置到起点的距离 $s_1, s_2, s_3, \cdots$．看它们之间是否满足初速度为零的匀加速直线运动的关系（$s_1:s_2:s_3:\cdots=1:4:9:\cdots$）．

二、用示波器调试电磁打点计时器

电磁打点计时器调试的目的有两个．一是使纸带上任意两点间的时间间隔都相等，并使之稳定．二是使它打出的点子清晰，不漏打，不拖尾巴．为达此目的，必须进行如下三项调节：

1. 调节振动片，使它位于激磁线和永磁铁两级的中央，如图 2-24 所示．

2. 调节振动片长度或劲度系数，使振动片的固有周期与交流源频率相同．

3. 调节打点针的高低使它与基板压力适配．

用示波器检验电磁打点计时器周期等时性的方法是：将振动片和打点基板分别接在示波器的“Y”输入和“地”之间，在示波器进入正常工作状态后，当打点器不打点时，打点针不接触基板，则电路是断开的，由于 50 Hz 交流电在示波器的 Y 输入端有一定的感应电压，因此屏幕上会出现 50 Hz 的正弦波形（由于外界的各种干扰，正弦波形可能不太好，但这并不妨碍检验工作，或用一适当的小电容进行滤波）．当打点器的打点针接触基板时，示波器的 Y 输入端短路，感应电压不能输入到示波器，则示波器屏幕上只出现一条水平线．我们知道打点器在工作时，每个打点周期内打点针都要瞬时地接触基板，因此示波器 Y 输入端的感应电压也是周期地瞬时为零，这样屏幕上就会出现一列有缺口的正弦波．如图 2-25 所示，每个波形上缺口的相位正好是它所对应的那个打点周期中打点针接触基板的时刻．

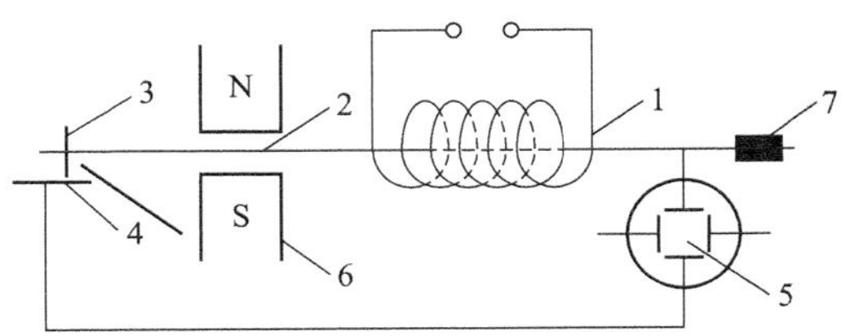

1—激磁线圈；2—振动片；3—打点针；4—打点基板；5—示波器；6—永磁铁；7—振动片固定螺钉

图 2-24　打点计时器原理图

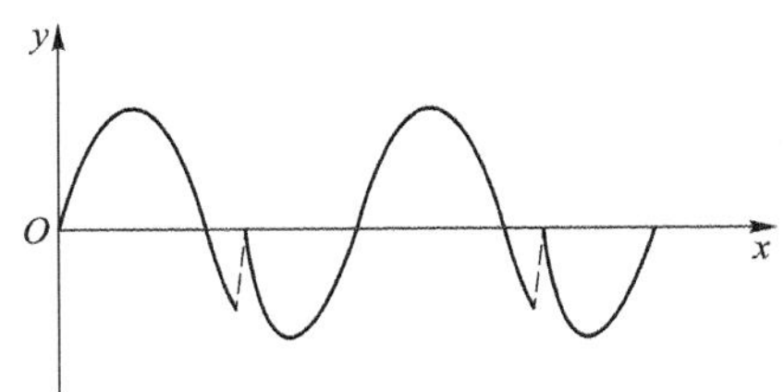

图 2-25　有缺口的正弦波形

如果打点器的打点周期稳定，则打点针连续两次接触基板的时间间隔应相等，那么波形上缺口的相位也就稳定，即每个波形只出现一个缺口，而且缺口位置也固定不变．如果打点周期不等，则每个周期打点针接触基板的时间间隔不一样，那么正弦波形上缺口的相位也就不固定．如图 2-26 所示，可以看出在头两个连续打点周期内，缺口的位置分别在同相 A、A' 处，而在第三个打点周期内缺口的位置不再在同相位的 A''处，而是在 B 处，或在 C 处，缺口位置从 A''变化到 B 时，表明打点针打点的时刻推迟了，这个打点周期就变长了；缺口的位置从 A''变化到 C 时，表明打点时刻提早了，这个打点周期就变短了．由于示波器的余辉时间以及人眼的视觉暂留等原因，这个跳跃变化的过程是看不出来的，只能看到像图 2-27 那样，在一个波形上同时存在着几个缺口．一个波形中缺口的个数越多，缺口的位置在水平方向上变化的距离（即 BC 之间的距离）与整个波形在水平方向上长度的相对比例越大，说明打点周期 T 的相对误差也就越大．打点器的这项主要技术指标就不合格．

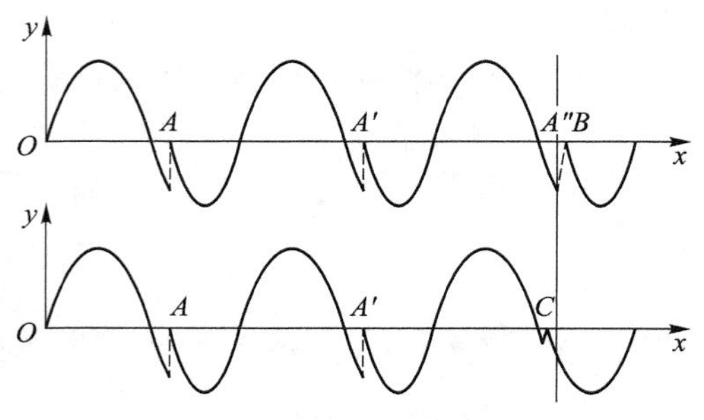

图 2-26 不固定相位的正弦波

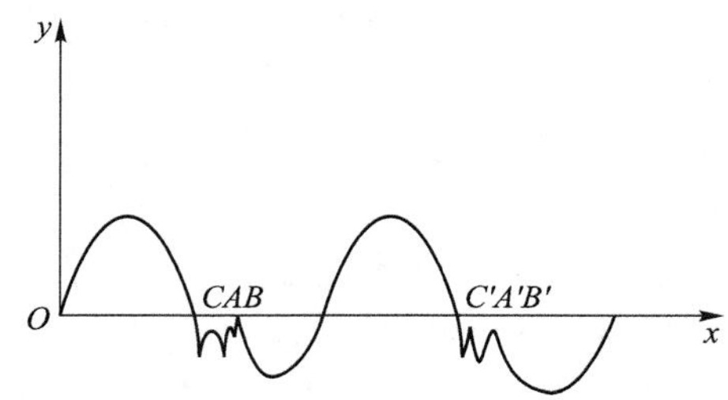

图 2-27 示波器上显示的不固定相位的正弦波

为避免检验失误，用示波器显示电压波形时，应把一个波形在 x 轴方向上的幅度调到足够大，使靠得比较近的缺口也能分开．

三、利用电磁打点计时器和斜面小车研究匀加速直线运动，并测定小车运动的加速度

1. 将打点计时器夹在斜面平板的一端，小车靠近打点计时器，纸带穿过打点计时器并夹在小车的一端，小车另一端系上一根细绳，跨过斜面平板另一端的定滑轮，下吊砝码．待打点计时器工作后放开小车，则小车的运动情况被记录在纸带上（图 2-28）.

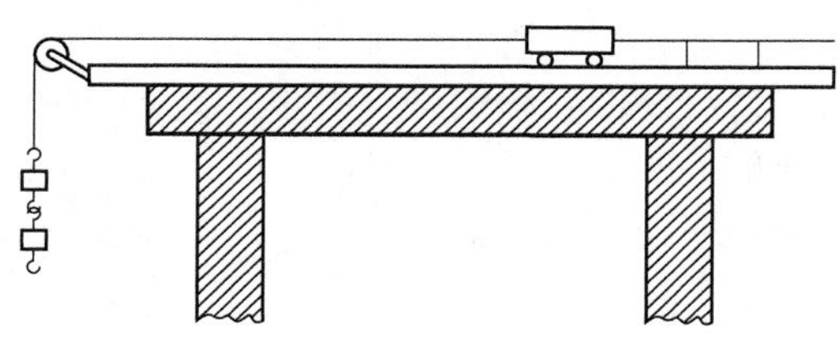
图 2-28 测量小车的加速度

2. 运用任意两相等时间间隔的位移之差为常量的规律，来判断小车的运动是否是匀加速运动．

3. 根据纸带上记录的数据并运用任意两相等时间间隔的位移之差为常量的规律，用相应的计算公式及打点计时器的频率计算出小车的加速度．

4. 利用纸带上记录的数据，根据公式

$$v_n = \frac{s_n + s_{n-1}}{2T}$$

计算几个相邻点的瞬时速度，并推导这一公式．再利用公式

$$a=\frac{v_{n+1}+v_n}{T}$$

计算出加速度．

四、利用电磁打点计时器测重力加速度

打点计时器固定在打点架上，取长度为 50 cm 左右的纸带，在纸带的下端吊一重锤，让纸带穿过打点计时器．先用手提着纸带，使重锤静止在靠近打点计时器的地方，如图 2-29 所示．待打点计时器工作后，释放纸带，重锤带着纸带做自由落体运动．打点计时器就在纸带上打下一系列小点．根据纸带上的点，参照匀加速直线运动求加速度 a 的方法，求出重力加速度 g.

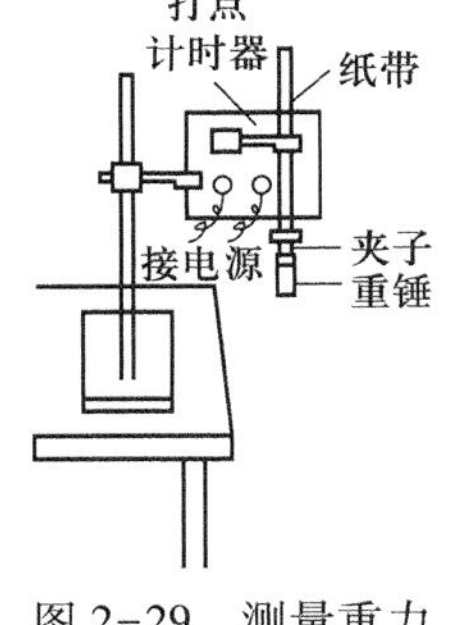

图 2-29　测量重力加速度

五、验证机械能守恒定律

物体做自由落体运动，如果忽略阻力，这时物体的机械能守恒，即重力势能的减少等于动能的增加．设物体的质量为 m，下落距离为 h 时的速度为 v，则有

$$\frac{1}{2}mv^2=mgh$$

利用测重力加速度时打好的纸带，记下第一个点的位置 0，并在纸带上依次选取几个点 1,2,3,…，根据有关纸带的处理方法，求出物体在打下点 1,2,3,…时的瞬时速度 $v_1,v_2,v_3,\cdots$，用刻度尺测量纸带上从点 0 到点 1,2,3,…之间的距离 $h_1,h_2,h_3,\cdots$，这些距离就是物体运动到点 1,2,3,…时下降的高度．

将得到的数据填入自己设计的表格中，算出重锤运动到点 1,2,3,…时减少的重力势能 $mgh_1,mgh_2,mgh_3,\cdots$，再计算它运动到点 1,2,3,…时增加的动能 $\frac{1}{2}mv_1^2,\frac{1}{2}mv_2^2,\frac{1}{2}mv_3^2,\cdots$，根据机械能守恒定律应当有：$\frac{1}{2}mv_1^2=mgh_1,\frac{1}{2}mv_2^2=mgh_2,\frac{1}{2}mv_3^2=mgh_3,\cdots$，看一看计算结果是否与理论值一致?（这里并不需要知道动能和势能的具体数值，因此不必测出重锤的质量．）

注意事项

本组实验中要尽量减小摩擦，准确计时，斜槽、斜面要调整至一个适当角度，既不能太大，也不能太小．在调整打点计时器时，要特别注意纸带与限位孔的摩擦要尽量小．否则误差将很大．

思考题

1. 带槽木板倾斜角度怎样选取为宜？倾角过大或过小有什么弊端？
2. 斜槽实验的效果如何？在可能产生误差的几个因素中间，小球的质量有没有影响？为什么？

附：纸带的处理方法

图 2-30 是一条记录物体做匀加速直线运动的纸带，为了方便测量及计算，计数的起始点

可以在靠近纸带上第一个点附近找一个方便之处，并标以 0，后面的点顺序标下计数点号码 $1,2,\cdots,n-1,n,\cdots$. 如果纸带上的点比较密集，计数点之间可以间隔几个点，但间隔的点数要相同 . 各相邻计数点之间的距离分别标以 $s_0,s_1,\cdots,s_{n-1},s_n,\cdots$. 每相邻的两个计数点之间的时间间隔为

$$T=(m+1)T_0$$

其中，m 为两个计数点之间间隔的点数（图 2-30 中 $m=1$），T_0 为计时器的打点周期 .

按上述方法标注好纸带后，即可进行测量和计算 .

1. 运动物体在某段时间内的位移：由于物体拖着纸带做直线运动，所以纸带上任意两点之间的距离就是运动物体在相应时间内的位移 . 在图 2-30 中，S_0 是运动物体在第一个计数周期内的位移 . S_{n-1}是运动物体在第 n 个计数周期内的位移 .

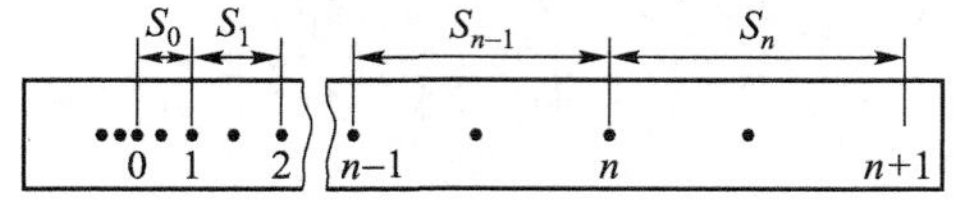

图 2-30 匀加速直线运动的纸带

2. 平均速度为 S_{n-1}/T，物体从 $n-1$ 点到 $n+1$ 点这段时间内的平均速度为$(S_{n-1}+S_n)/2T$.

3. 瞬时速度：物体做匀加速运动时，在某段时间内的平均速度就等于这段时间中间时刻的瞬时速度 .

实验二 用气垫导轨演示的一组实验

【实验目的】

1. 了解气垫导轨装置的具体结构，清楚气垫导轨的使用方法与注意事项，了解气垫导轨测量瞬时速度与平均速度的步骤，认识加速度与作用力、加速度与质量之间的关系，形成对牛顿第二定律与动量守恒定律的正确认知，初步形成现代物理的运动观，并用于解决实际问题 .

2. 能够利用控制变量法探究加速度、质量和力之间的关系，学会通过定性与定量两种角度，对牛顿第二定律进行解释 . 能够对实验数据进行预测与评估，并科学推理实验过程中物体的动量变化，发展科学论证能力，培养使用科学证据的意识 .

3. 能够使用气垫导轨，对实际问题进行科学探究，设计科学实验探究方案，收集实验数据并制成相应图表，通过数据归纳加速度与物体质量、受力间的关系，理解动量守恒定律 . 学会对实验过程进行反思与评价，并对实验方案进行改良 .

4. 了解牛顿运动定律发展历史，提升对物理的好奇心与求知欲，学习科学家善于钻研、实事求是的科学精神；能够对科学现象与实验数据发表自己的看法，对实验数据保持批判态度，敢于大胆质疑，不迷信权威 .

【实验器材】

气垫导轨、滑块、光电门、数字毫秒计、导线、弹簧等 .

【仪器介绍】

一、气垫导轨

气垫导轨是一种力学实验仪器 . 其特点是，利用气源将压缩空气打入空腔，再通过导轨

表面上的小孔喷出气流，在导轨表面与滑块之间形成很薄的气膜气垫．将滑块悬浮于导轨表面，使滑块能在导轨上做近似无阻力的直线运动，可以认为是无摩擦运动（仅有空气的黏性力）．这就解决了力学实验因摩擦而引起的误差，使实验结果接近理论值，实验现象也更加典型、直观．用该仪器进行力学实验，几乎可以完全代替传统仪器进行的运动学和动力学实验，并能达到较为理想的实验效果．

如图 2-31 所示，导轨长 1.5 m，上部轨面由直角铝合金材料经精加工制成．其底部用螺钉紧固于工字钢梁上，一端密封或接气垫滑轨，另一端进气，中间形成气室；导轨两面夹角是 90°，每面有直径为 0.5 mm 的喷气孔两排；导轨两端设有可安装组合多种实验配件的台座，上面装有可拆卸的缓冲器、发射架等；工字钢梁上面一侧固定有米尺，用以测量距离；米尺旁边装有能够左右移动和高低移动的光电门；工字钢梁下面装有三个用于调节水平的底脚螺钉．

滑块采用特制的带有五条细螺纹槽的铝合金钢材制成．滑块长度有 120 mm 和 240 mm 两种．其内表面与轨面精密配合，碰撞中心在质心平面内．滑块的螺纹槽内可以装载各种特制的附件，但要保证整个滑块在滑行过程中各点所受的压力均匀．

轨面的不平直度在全长范围内仅有百分之几毫米．导轨在使用前应供气，同时用清洁棉丝蘸无水酒精轻轻擦拭轨面和滑块内表面，以除去上面的尘埃和污垢．导轨未供气时，不要在轨面上推动滑块，以免发生有害研磨．实验时严禁用硬物撞击轨面和滑块．

整个导轨采用三点支脚结构，支点在全长 2/9 位置处，重力变形小．导轨可以水平使用，也可以调成有倾角的斜面．本机备有能使导轨倾斜成 0.5°、1°、1.5°、2°四种不同角度的斜度垫块，将其放置在单支脚下即可使用．

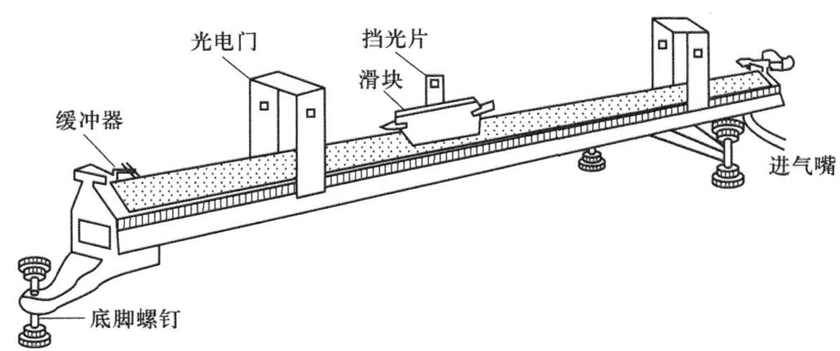

图 2-31　气垫导轨结构图

二、气源

该仪器由交、直流两用串激整流子电动机、离心式电风扇和罩壳组成．电动机驱动风扇使冷空气通过泡沫塑料过滤层，自罩壳的一端进入，再从罩壳的另一端吹出．使用时，可用蛇形塑料软管和该端连接，只要接上 220 V 交流电源，打开电源开关，便可成为气垫导轨的气源．

三、实验前的准备工作

1. 导轨调平

（1）静态调平

① 将特制 V 形铁和水平仪放置在两支脚中间的导轨上，调节底脚螺钉，使大小气泡处于中间位置．纵向移动 V 形铁，气泡位置无大变化，即认为基本调平．

② 将导轨通气，把滑块放置于导轨上，调节底脚螺钉，直至滑块在任何位置均保持不动，

或稍有滑动但不总是向一个方向滑动，即可认为调节完成．

（2）动态调平

把两光电门装卡在导轨上，接通毫秒计时器，给气轨充气，使滑块从气轨一端向另一端运动，先后通过两个光电门，在毫秒计上记下通过两个光电门所用时间 Δt_1 和 Δt_2，调节底脚螺钉，使 $\Delta t_1 \approx \Delta t_2$，此时可视为导轨调平．

2. 若实验需要导轨成斜面，可在底脚螺钉下面加标准垫块．

3. 疏通气孔：轨面上气孔很小，实验前应检查气孔是否全部畅通，如有一两个孔堵塞，滑块滑至该处即停止，可用通针（如小号针灸用针）通穿．

4. 滑块速度不宜过小，否则，当外界因素变化时（如流量不稳、压力不均、空气阻力等），均会影响实验效果．所以实验时，滑块运行速度大于 50 cm/s 为宜．

【实验研究】

一、演示匀速直线运动

将导轨调成水平，计时器开关位置拨至“B”，控制开关拨至“光控”位，使两光电门相隔一定的距离且固定在导轨上，滑块上放一块长度一定的挡光片（如使用 4 cm 长的硬质塑料片或硬纸片）．打开气源，轻推滑块，使其在导轨上滑动．由于挡光片长度一定，如果它通过两个光电门的时间相等，则滑块做匀速直线运动．将数据记录在表 2-2 中．

表 2-2　匀速直线运动

x/cm	t_1/s	t_2/s	$t\left(=\dfrac{t_1+t_2}{2}\right)$/s	绝对误差/s	
				Δt_1	Δt_2
结论：					

二、测量平均速度

将导轨调成水平，两光电门相隔一定距离 s，且固定在导轨上，计时器开关位置拨置“B”，滑块可用细线和砝码连接，让滑块在砝码的牵动下从一端运动到另一端，这时可从计时器上读出滑块经过两光电门所用的时间，利用公式：

$$\bar{v}=\frac{s}{t}$$

求出平均速度．填入表 2-3 中．

表 2-3　平均速度的测量

次　　数	位移 s/cm	时间 t/s	平均速度/cm · s^{-1}	绝对误差/cm · s^{-1}
1				
2				
3				
平均值				
平均相对误差 E_r =				

三、测量瞬时速度

将导轨调成水平，计时器的开关拨至“A”位，将两光电门固定于导轨的不同位置，让滑块在砝码的牵动下从一固定位置开始运动，从计时器上读出滑块经过两光电门的时间 t_1、t_2. 测出挡光片的长度 D，就可求出两固定点的瞬时速度．在实验中应取 D 很短．在很短的时间内的平均速度可认为是瞬时速度．记录在表 2-4 中．

表 2-4　瞬时速度的测量

次　数	位移 D/cm	t_1/s	t_2/s	v_A/cm · s^{-1}	v_B/cm · s^{-1}	绝对误差/cm · s^{-1}	
						Δv_A	Δv_B
1							
2							
3							
平均值							
平均相对误差 E_{rA} =				E_{rB} =			

四、演示初速度为零的匀加速直线运动

由初速为零的匀加速直线运动路程公式 $s=\frac{1}{2}at^2$，可知物体所通过的路程与所用时间的平方成正比．物体在时间 t_1 内所通过的路程为 $s_1=\frac{1}{2}at_1^2$，在时间 t_2 内所通过的路程为 $s_2=\frac{1}{2}at_2^2$，在时间 t_3 内所通过的路程为 $s_3=\frac{1}{2}at_3^2$……则 $s_1:s_2:s_3:\cdots=t_1^2:t_2^2:t_3^2:\cdots$. 此式反映了初速度为零的匀加速直线运动的特征．我们先用米尺测出 $s_1,s_2,s_3,\cdots$，再用计时器分别测出通过 $s_1,s_2,s_3,\cdots$ 所需的时间 $t_1,t_2,t_3,\cdots$，根据上式就可验证其是否为初速度为零的匀加速直线运动．数据记入表 2-5 中．

表 2-5　初速度为零的匀加速直线运动

位移/cm	s_1 =		s_2 =	s_3 =
下滑时间 t/s	1			
	2			
	3			
	⋮			
	平均			
t^2/s^2	t_1^2 =		t_2^2 =	t_3^2 =
$a\left(=\frac{2s}{t^2}\right)$/cm · s^{-2}	a_1 =		a_2 =	a_3 =

五、验证牛顿第二定律，探究力、质量和加速度之间的关系

本实验分为两大部分：

1. 质量 m 一定，探究加速度 a 与作用力 F 的关系．

（1）下滑力的测定．如图 2-32 所示，将砝码盘系以细线，绕过一端的滑轮后挂到质量为 m 的滑块上，在砝码盘中加一定的砝码，连盘共计拉力为 F_1．将气垫导轨的一端垫起适当的高度，给导轨供气，调节轨面倾角，使滑块可以在导轨上静止不动（这一步很关键，要仔细调节），此时停止供气，取下细线和砝码．如果再供气，滑块即在拉力 F_1 作用下做初速为零的匀加速运动．

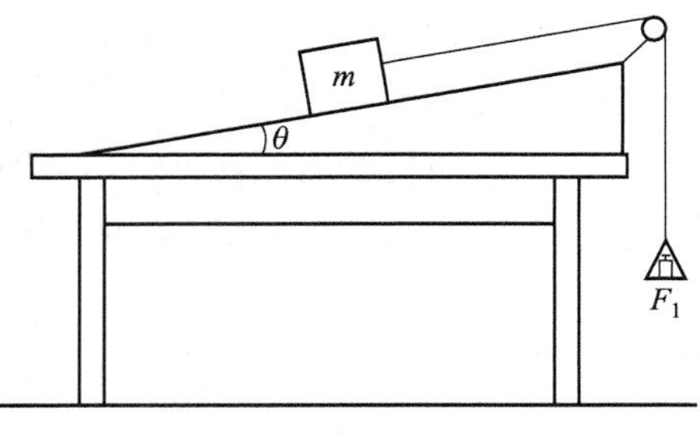

图 2-32 下滑力测定装置

（2）在气垫导轨上选定 A、B 两点，安装上光电门．A、B 两点是这样选定的：使滑块在两个光电门之间滑行的路程 $s=100.0$ cm.

（3）接通计时器与光电门，将计时器拨至“B”挡后，向导轨供气，这样就可以根据公式 $a=(v_t^2-v_0^2)/2s$ 来求加速度 a_1；s 为两光电门之间的距离，可根据两光电门所对齐的导轨上的米尺刻度读出，v_1 和 v_2 是滑块在两光电门处的瞬时速度．当滑块匀加速地通过光电门时，数字计时器先后显示读数 t_1 和 t_2．t_1 是挡光片通过光电门 A 时的时间，t_2 是挡光片通过光电门 B 时的时间．

（4）滑块质量 m 保持不变，改变砝码和盘的总拉力使 $F_2=2F_1$，仿照步骤（1），调节轨面倾角，使滑块再次不动，从而测得下滑力为 F_2.

（5）保持 s 不变，重复步骤（3），求出加速度 a_2.

*（6）使 $F_3=3F_1$，重复上述有关步骤，测出 t_1、t_2，并求出 a_3.

将有关数据列入表 2-6；然后根据实验数据做出应有的结论．

表 2-6 力和加速度之间的关系

s /cm	F /N	D /cm	t_1 /s	t_2 /s	v_0 /cm·s^{-1}	v_t /cm·s^{-1}	$a=\frac{v_t^2-v_0^2}{2s}$		F/a /g	m /g	绝对误差 Δm/g
							cm/s^2	平均值			
平均相对误差 $E_r=\frac{\Delta\overline{m}}{m}\times100\%=$											
结论：											

小结：对于质量一定的物体，它获得的加速度和它所受的合力有什么关系？

2. 作用力一定，探究加速度 a 与质量 m 的关系．

（1）选择下滑力 $F=6\times9.80$ N，仿照前面相关步骤，细心调节导轨倾角，使质量为0.75 kg

的滑块静止，然后测出滑块下滑 s 及滑块通过光电门时的瞬时速度，从而求出 a_1，也就得出了 m_1a_1.

（2）F 保持不变，在滑块上安装一板状砝码，使 $m_2=1.5m_1$，重新调节倾角，重复前述相关步骤，求出 a_2 及 m_2a_2.

*(3)仍保持 F 不变，再在滑块上增加砝码，使 $m_3=2m_1$，求出 a_3 及 m_3a_3.

将上述有关数据列入表 2-7 中，然后得出结论 .

表 2-7　质量和加速度之间的关系

s /cm	F /N	D /cm	t_1 /s	t_2 /s	v_0 /cm · s^{-1}	v_t /cm · s^{-1}	$a=\frac{v_t^2-v_0^2}{2s}$		ma /N	m /g	ΔF /N
							cm/s^2	平均值			
平均相对误差 $E_r=\frac{\Delta \overline{F}}{F}\times 100\%=$											
结论：											

小结：在作用力一定时，物体所获得的加速度和它的质量有什么关系？

综合以上两大步的实验结果，总结出力、质量、加速度三者之间的关系，从而验证牛顿第二定律 .

六、验证牛顿第三定律

在水平导轨上的两只滑块一端各连接一个相同的弹簧，弹簧的另一端分别固定在导轨两端 . 两只滑块上分别放铁块与磁块，由于磁块和铁块相互吸引，两只滑块相向运动，使弹簧拉长 . 静止时，在弹簧的弹性限度内（忽略空气黏性力），在实验允许的误差范围内，两弹簧伸长相等 . 验证了磁块和铁块之间的作用力和反作用力大小相等，方向相反，同时存在，同时消失，并且作用在同一直线上 .

七、验证动量守恒定律

运动系统在不受外力或所受外力的合力为零时，系统的动量保持不变，这就是动量守恒定律 .

假定两碰撞物体的质量分别为 m_1、m_2，碰撞前、后的运动速度分别为 v_{10}、v_{20} 和 v_1、v_2，两物体在碰撞前的动量为 $m_1v_{10}+m_2v_{20}$，碰撞后的动量为 $m_1v_1+m_2v_2$，若动量守恒，则

$$m_1v_{10}+m_2v_{20}=m_1v_1+m_2v_2$$

两个物体碰撞前的动能为$\frac{1}{2}m_1v_{10}^2+\frac{1}{2}m_2v_{20}^2$，碰撞后的动能为$\frac{1}{2}(m_1v_1^2+m_2v_2^2)$. 在一般情况下，两物体碰撞后，要损失一部分动能，因此碰撞前、后的动能是不相等的，其损失的动

能为

$$\Delta E=\left(\frac{1}{2}m_1v_{10}^2+\frac{1}{2}m_2v_{20}^2\right)-\frac{1}{2}(m_1v_1^2+m_2v_2^2)$$

为了方便，我们取 $v_{20}=0$，即碰撞前被碰物体处于静止状态.

1. 调整仪器

将导轨调成水平，计时器开关拨至“A”位.

因为碰撞时动量守恒的条件是碰撞系统不受外力作用或所受外力的合力为零，因此导轨要调成水平. 滑块1（碰撞滑块）从导轨一端开始做匀加速运动，被碰滑块2在碰撞前静止在两光电门之间的导轨上，根据实验要求装上不同性质的碰撞器.

2. 完全非弹性碰撞的演示

（1）等质量：$m_1=m_2$.

（2）不等质量：$m_1=2m_2$，或 $2m_1=m_2$.

3. 弹性碰撞的演示

（1）等质量：$m_1=m_2$.

（2）不等质量：$m_1<m_2$.

注意事项

1. 上述碰撞实验，都是在 $v_{20}=0$ 的情况下进行的. 因此，碰撞前滑块2都应静止在导轨上.

2. 弹性碰撞实验要在很短时间内连续读三个时间 t_1、t_2、t_3，如果计时器连续显示两次读数相隔的时间太短，就会来不及读数，因此要调好两只光电门及滑块2停放的位置. 两光电门间的距离一般在50 cm左右，在等质量及大质量碰小质量的弹性碰撞实验中，滑块2应静止在光电门 G_2 附近，这样便于读数，t_2 的读数可保留在计时器上，但要防止滑块运动到导轨端点时被弹回来再经过 G_2，一般可用手挡住滑块或者在导轨端贴上橡皮泥，将滑块黏住.

八、演示简谐振动的周期

将导轨调成水平，将计时器开关拨至“B”位，将两只弹簧分别固定在导轨的两端和一只滑块的两端，滑块静止时，其中点为平衡位置. 两只光电门分别对称地放在滑块两边（见图2-33）.

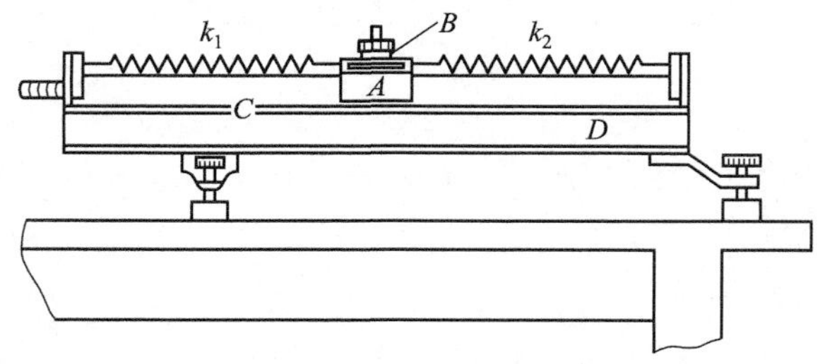

图2-33　用导轨测量简谐振动周期

平拉滑块，使其挡光片外侧（相对于两光电门之间的距离而言）恰能挡光. 放开滑块，让它在弹力作用下运动，从计时器读出滑块从一光电门运动到另一光电门的时间，即为 $T/2$，将所得数据填入表2-8.

表 2-8　简谐振动的周期

次　　数	$T/2$/s	T/s	绝对误差 ΔT/s
1			
2			
3			
平均值			
平均相对误差 $\sigma=$		$T=$	

注意事项

1. 本实验中要求两个拉伸弹簧劲度系数相等，否则将有一定误差．
2. 通气前禁止滑块在导轨上移动，使用完毕，要先将滑块取下放入盒内，再关电源．

思考题

1. 如何演示瞬时速度 v_1 与 v_2？如何求出平均加速度？

2. 如气轨已调水平，把滑块静置其上，滑块应当不动．用这种方法调整和检查气轨水平，你发现有什么问题？例如，气轨已经调平后，把滑块转 180°再静置于气轨上，其往往会以一个很明显的速度滑动，为什么？

3. 用上题中所说的方法调节气轨水平时，很难把滑块放在各处都保持静止不动，这说明什么问题？应如何处理？

九、用气垫导轨描绘李萨如图形

两相互垂直、频率成简单整数比的简谐振动合成后的稳定的轨迹图形称为李萨如图形．在平时的教学中，很少能当场描绘出李萨如图形，对学生理解李萨如图形不利，用示波器演示又不直观，下面我们介绍一种易操作、形象直观的办法：用气垫导轨描迹李萨如图形，如图 2-34 所示．

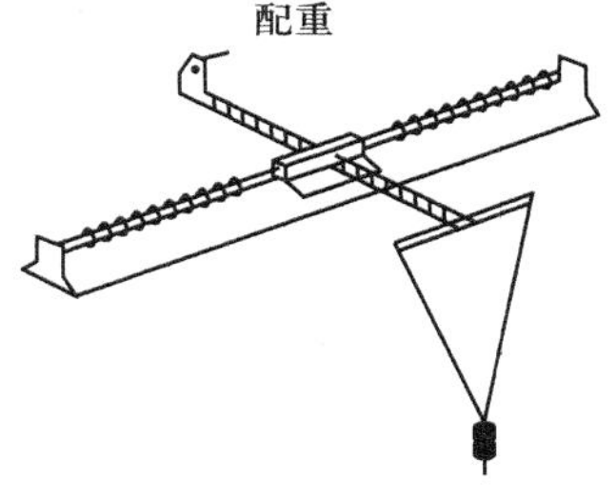

图 2-34　李萨如图形的绘制

1. 找一根 50 cm×2 cm×1 cm 的大木条（用铝管则更好），在中间和两端各打一个小孔，备用．

2. 将大木条垂直固定在气垫导轨的大滑块上．

3. 在大木条的一端用细线系一个小注射器（使用一次性塑料注射器为佳）作为振子，为了防止注射器振子由于惯性作用而发生沿气垫导轨方向的误振动，建议采用双摆线，即在系振子的大木条一端再固定一根长约 15 cm 的小木条，使之与大木条垂直，系线时分别系在小木条的两端，使得由小木条、双摆线和振子组成的平面垂直于大木条．在大木条的另一端加上相应的配重，以保证滑块在气垫导轨上运动时保持平衡．

4. 将气垫导轨移到桌子的边缘，以保证有足够的空间以供振子振动．

5. 将气垫导轨调平，并在滑块的两端分别用劲度系数相等的弹簧与气垫导轨的两端相连．

这样就能使滑块沿气垫导轨的方向做简谐振动．

6. 将注射器中注满墨水，在地面上合适的位置放上一张纸．先使振子沿垂直于气垫导轨方向振动起来；然后再使滑块在气垫导轨上振动起来，这样振子的运动实际上就是沿气垫导轨方向的简谐振动与垂直于气垫导轨方向的简谐振动的合振动．预先测出滑块振动的周期，再选择合适的摆线长度，使两个振动的频率成简单的整数比，就可以在纸上描迹很好的李萨如图形．

需要注意的是：

（1）滑块振动的振幅不宜过大，使弹簧工作在线性区内．

（2）垂直于气垫导轨的振动的摆角也不宜超过 5°.

实验三 频闪摄影

【实验目的】

1. 了解频闪摄影仪的基本构造及原理，掌握频闪摄影仪的使用方法，并能够使用频闪摄影仪拍摄相应的运动图像，通过分析图像研究物体运动的规律．

2. 通过使用频闪摄影仪拍摄自由落体、平抛、竖落、斜上抛、单摆等运动图像，学会分析频闪照片，能够建立相应的运动物理模型，经过数学推导、分析论证，掌握各运动的特点及规律；并能对生活中常见的运动形式进行分析、判断，做出解释，最终将所学知识运用到生活中解决实际问题．

3. 在实验探究之前，能够分析各运动的特点，做出相应假设，并通过分析频闪摄影图像，发现规律、总结特点、验证猜想、形成结论，并尝试用已有物理规律进行解释，最终以术语、图表等形式交流结果．

4. 通过对不同运动形式特点进行研究，认识物理研究是对生活现象及规律的抽象，在科学探究过程中培养对物理学习的兴趣和内在动机，同时养成尊重事实、乐于实践的科学态度．

【实验器材】

1. PS–B 型频闪摄影仪及其附件一套．

2. 自动幻灯一台，米尺一把（或读数显微镜一台）.

3. 暗室及洗相设备．

4. 照相机．

【仪器介绍】

频闪摄影就是在同一张照相底片上，对运动物体用相等的时间间隔进行多次曝光，把本来做连续运动的物体，拍摄成一系列不连续的像，这样就可以把运动物体于不同时刻所在的位置记录在同一底片上，从而通过对所拍摄出的照片进行定性分析或定量测定，研究物体运动的规律．频闪摄影可以采用频闪光源进行拍摄；也可利用频闪遮光周期性地挡住相机镜头进行拍摄．

一、PS–B 型频闪摄影仪的结构

PS–B 型频闪摄影仪是利用频闪光源进行拍摄的成套实验设备，它由频闪光源控制器、拍摄架及相机三部分组成．图 2–35 为全部仪器的装置．

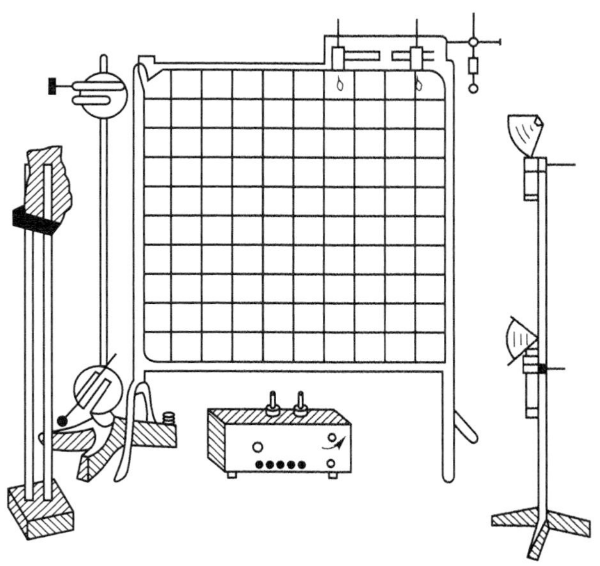

图 2-35 频闪摄影仪装置

1. 频闪光源控制器的结构及使用

频闪光源控制器的结构如图 2-36 所示．由照相机快门和行程开关一起控制振荡器到放大器的通路，产生脉冲电流，使闪光管频闪发光，同时又借助电磁铁的同步作用，使闪光管第一次闪光时物体同步起动．

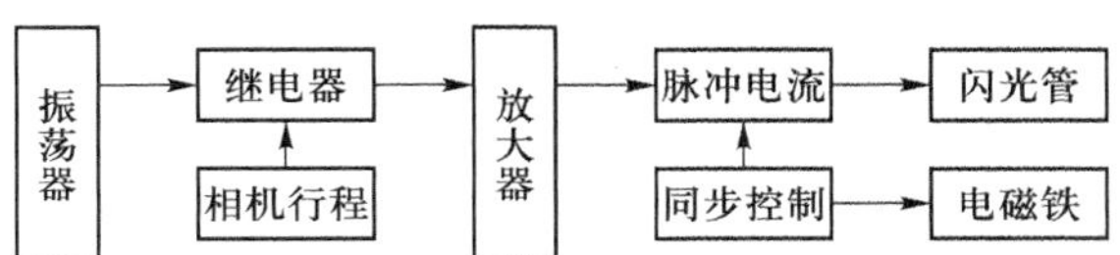

图 2-36 频闪光源控制器结构图

频闪光源控制器的后盖上有闪光灯插孔、工作灯插孔、闪光外控插孔、电磁铁接线柱、保险丝管和电源插孔，其后面板如图 2-37 所示．

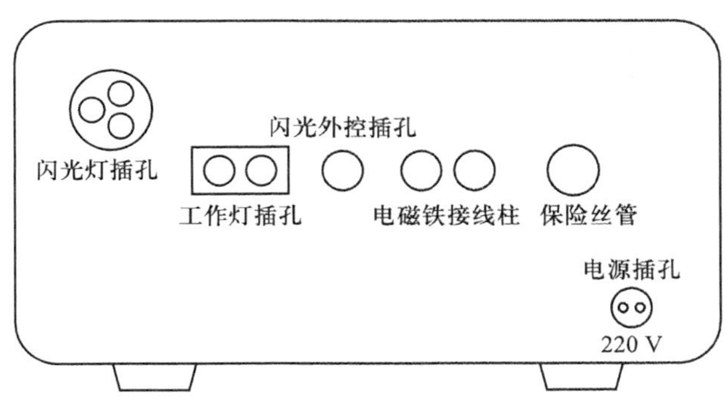

图 2-37 频闪光源控制器后面板

（1）工作灯：由两只 25 W、220 V 的白炽灯泡串联组成．使用前先将其接在主机后盖工作灯插孔上，待实验准备工作完毕，关闭暗室中的其他电灯后，由工作灯照明．在主机中继电器控制工作灯与闪光灯的工作时间相反，当按下相机快门时，闪光灯发出频闪光，同时工作灯自行熄灭．当相机快门关闭，闪光灯停止闪光时，工作灯自行点亮．由于工作灯与主机中的储能电容器相连，因此用完后要等电容放电后，才能用手接触，以免触电．

（2）同步电磁铁：使用前先将被控制的电磁铁线圈通过引线接在主机后面的电磁铁接线柱上，主机通电后，还要用手指按一下主机正面面板上的“电磁铁”开关，才有电流通过电磁铁的激磁线圈．在闪光灯第一次发出闪光时，线圈中的电流便被主机中的可控硅截断，并释放其所吸附的物体．在每次用电磁铁做起动控制前，都要按一下电磁铁开关，电磁铁才能工作．

（3）闪光灯灯具：使用前先用引线接在主机后面的闪光灯插孔上．闪光灯的闪熄是由相机的快门来控制的．在拍摄前，试验闪光灯的发光时，要在主机前面的相机插孔处用相机闪光联动线将其连在一起．接高压电源后只要按下相机快门，闪光灯即可发光．使用时要注意每次连续闪光不要超过 80 次，每两次连续闪光之间的时间间隔应不少于 30 s．如果连续闪光次数过多，会减少闪光管的寿命．如果间隔时间太短易造成闪光管连续辉光，这时应立即关断主机上的高压开关，待辉光熄灭后再接通高压使用．

（4）万次闪光灯管：闪光灯采用照相用的万次闪光灯中的脉冲氙灯，如图 2-38 所示．它是把气压约 13.3 kPa 的稀有气体氙封装在 U 形石英管中，两端的引线 a、b 是工作电极，玻璃壳外的金属丝 d 是触发电极．在 a、b 两端往往需要加 2 000～4 000 V 电压才能引燃，引燃后保持辉光放电的电压，只需要 200 V 左右．将充电电压约 500 V 的电容 C（称工作电容），并联在 a、b 两端，又在触发电极上加万伏脉冲电压，引起部分氙气电离，这些离子源在电压作用下，使电容 C 对脉冲氙灯放电，它将在极短的时间内发出像闪电一样的光，每次闪光的持续时间（闪时）小于 30 μs，每次闪光的发光能量约为 1.5×10^4 W．

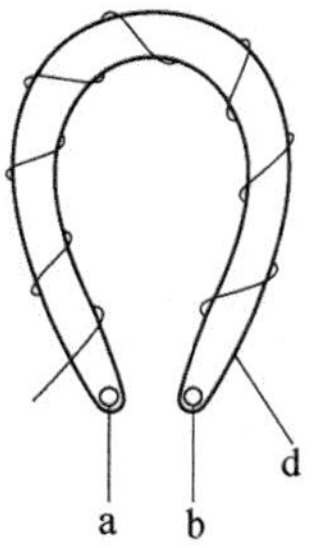

a b d

图 2-38 万次闪光灯管

（5）电源开关（低压）：在主机背后的工作灯、闪光灯、电磁铁引线接好后，可接通电源开关，指示灯亮，机内低压元件开始工作．图 2-39 是主机的正面图．

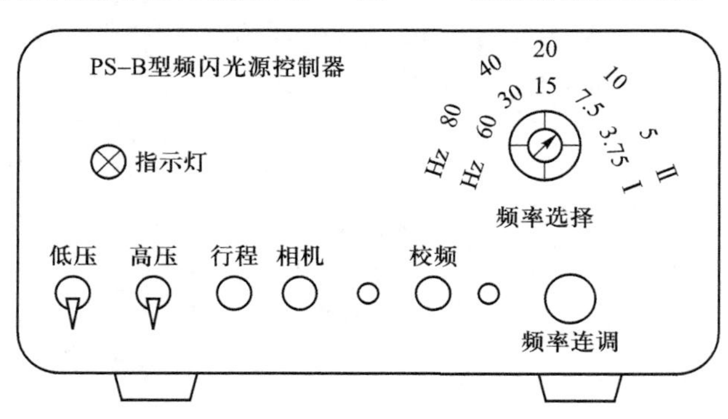

图 2-39 频闪光源控制器前面板

（6）高压开关：电源开关接通后，再接高压开关．这时工作灯亮，闪光灯具背面的氖灯发亮，表示已有高压直流电（电流、电压不足时氖灯不亮）．在不用频闪光时，如校频及检查低压部分时，应关断高压开关．

（7）行程开关插孔和相机插孔：它们都是用来进行闪光控制的插孔．单独使用相机控制闪光时，把相机闪光联动线一端插在相机上，另一端插在主机上“相机”插孔处，即可用相机快门的启闭来控制频闪光的闪熄．有时需要相机加上一个行程开关来共同控制闪光，将这两插孔的联动插子插好后，相机的快门开关只能控制工作灯，而行程插孔上的开关闭合时，才有频闪光发出．但是，行程插孔上的行程开关不能单独控制闪光．

（8）闪光频率的选择与变换闪频的选择：如果一张频闪照片中预计的像数为 n，被拍摄的运动体经历景场所需的时间为 t，则闪频 F^s 为 $F^s=n/t$，采用主机上相近的频率即可．一般取 $5<n<50$ 为宜．需要较多的时空数据来研究动态规律时，取 $10<n<30$；要求定性地表现动态与轨迹时，取 $n<30$；所需要的时空数据不多，以获得清晰暂态现象时，取 $n<10$ 为宜．

在 PS-B 型频闪控制器上，共有 10 个固定频率，分为 I 与 II 两组，它们的最高闪频分别为 80 Hz 与 60 Hz，称为基频，用基频开关柄的指向来选择，另用闪频选择旋钮进行分频选择，I 组为 60 Hz、30 Hz、15 Hz、7.5 Hz、3.75 Hz，II 组为 80 Hz、40 Hz、20 Hz、10 Hz、5 Hz.

向顺时针方向旋转选频旋钮，从挨近固定闪频的一挡起，为连调闪频，每一挡的闪频依次地在一定范围内变动，另有连调闪频旋钮调整，可使闪频在 5~180 Hz 内调整，连调闪频光的单次发光量只有固定闪频的 1/5，宜用于周期性运动的观测．

（9）校频插孔与细调旋钮：是用来作为频率校准使用的，一般出厂时已校准．如需要重新校准，可将频率计输入端与校频插孔连接，关闭直流高压开关，接通相机插孔电路，调节频率微调旋钮，先校 II 80 Hz，后校 I 60 Hz，只校基频即可．

（10）电磁铁开关：它是控制通向被控电磁铁激磁线圈的电流的，每次使用时都要按一下电磁铁开关．

（11）闪光外控插孔：在后盖板上，在多台频闪摄影仪联合动作时，为使各台频闪摄影的闪光同步而设置的．也可将其他低频信号发生器接在闪光外控插孔上，用来控制闪光频率．

2. 拍摄架的构造与使用

拍摄架由坐标框架与发射枪架两部分组成．

（1）坐标框架：用螺栓将角钢组成面积为 100 cm×100 cm 的框架，在支架脚上，有调节螺钉，可将框架面调成垂直于地面，框架的横边调成水平．在框架的上部横架上，装有三只电磁铁，其中架面前右方的两个电磁铁，中心距框架为 6 cm；右面边上的一个电磁铁的中心，与框架面相平行，其下端与框架上的标尺起点在同一水平面上．

框架上有小孔，孔间距离为 5 cm 或 10 cm；是用细线编织而成的网格．在实验时，作为运动物体的坐标．

框架前部的两个电磁线圈是串联的，由附在框架上的 6 V 整流稳压电源供电，使用时插于 220 V 的市电即可．这两个电磁铁线圈由平抛枪控制行程开关，当平抛枪拉紧时，行程开关闭合，放松时行程开关断路．框架右边的一个电磁铁，是专做自由落体实验用的，用时接于主机后的电磁铁接线柱上．

（2）磁控弹簧枪：磁控弹簧枪分为平抛枪和斜抛枪，可单独使用，也可串联使用或并联使用．调节使两枪发射的球体的轨迹平面，与框架平面间的距离为 6±0.5 cm. 然后将电磁铁线圈用引线接到主机后盖处电磁铁接线柱上．按下主机前面板上的电磁铁开关，用左手稳住枪身，右手拉动枪杆后柄，两手用力方向相反，稳定地拉动枪杆，将弹簧压紧至需要的位置，然后把枪卡旋入枪管上的凹槽中卡住，枪卡的端部靠在电磁铁上，被电磁铁吸住，同时枪卡压住一只弹簧片．最后把木球放于枪杆的前部夹住（或托住）．

枪管侧面的四个凹槽，都可用于枪卡在枪杆压紧弹簧时定位，卡在不同的凹槽时，弹簧被压紧的程度不同，击发时可使小球获得不同的平抛或斜抛初速度．

当闪光灯发出第一次闪光时，电磁铁中的电流被截断，磁性消失，原来被枪卡（压）住的弹簧片推动枪卡出凹槽，枪杆被筒内的弹簧推动将木球发出．

二、利用遮光法周期地拍摄

遮光法拍摄的整个装置如图 2-40 所示．图中 A 是电动机，B 是遮光用的转盘，C 是照相机，电动机要选用转速可调的直流电动机．转盘可用薄铝板或薄的塑料板制作，要注意转盘的质量中心位于转轴上．板上所开的曝光窗口要严格对称．转盘 B 靠镜头的一面须用无光黑漆涂黑，以防它的反射光对照相产生干扰．转盘是用来遮住镜头的，只有当窗口位置转到正对镜头时，相机才能将物体反射的光摄取到胶卷上，所以小球的运动虽然是连续的，而胶卷上记录到的却是一个个不连续的像．实验时，适当调节电动机的转速及小球开始下落的时刻，就可以拍得理想的照片．

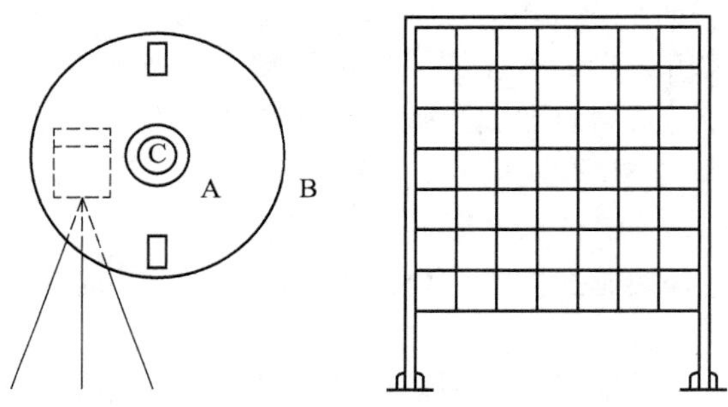

图 2-40　遮光法拍摄装置

用遮光法拍摄频闪照片，要获得满意的效果，必须妥善解决曝光频率、曝光时间、曝光强度、背景要求、同步调节等问题．

1. 频闪频率的选择和控制

不同的运动物体，由于它们的速度不同，通过同一距离所需要的时间也就不同．为了在照片上获得一定数量的运动物体的像，对频闪频率的要求也就各不相同．若要记录在 t 时间内 n 个位置的像，则频闪频率应为 $f=\dfrac{n-1}{t}$.

例如，小球从 1.5 m 高处下落，要得到 15 个像．由于 $t=\sqrt{\dfrac{2h}{g}}\approx0.55\ \text{s}$，所以 $f=\dfrac{15-1}{0.55}$次/s≈25 次/s.

2. 曝光强度的选择和控制

要使照相底片得到足够的感光强度，就要有足够的曝光量．由于拍摄的对象是运动物体，若曝光时间过长，就会因为像产生位移而导致相片不清晰．因此，拍摄运动物体的相片时，只能尽量缩短曝光时间、增大光照强度，以获得清晰的像．然后，再用强力显影剂来解决曝光不足的问题．

为了使转盘的质心尽可能接近转轴，可在转盘上对称地开四个曝光窗口，用薄的黑纸将其中三个窗口贴上．如果只使用一个窗口，则曝光时间为 $t=\frac{K}{L}\cdot\frac{1}{L}$，式中 K 为曝光窗口中部宽度，L 为窗口所在位置的周长即 $2\pi r$，r 为半径，f 为转盘的转动频率．

3. 光控同步装置

在拍摄某些照片时，要求运动物体的初速度一定为零，即底片的第一次曝光时间必须是物体开始运动的时刻．为此，可采用如图 2-41 所示的光电转换的电磁控制装置．

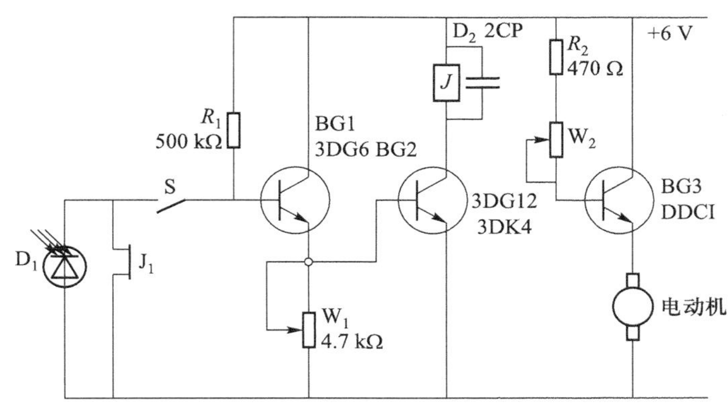

图 2-41　光电转换的电磁控制装置

图中 D_1 是光电二极管，S 是照相机的闪光开关，它平时是打开的，只有当照相机快门开启时它才闭合．控制线路的原理和工作过程是：圆盘旋转，快门打开，S 闭合．运动到某一时刻，小灯泡的光通过旋转圆盘上预置好的缺口照射到光电二极管 D_1 上，D_1 的反向电阻立即变小，晶体管 BG 基极电势下降，使得 BG 管从原来调整好的饱和区迅速退到截止区，串连在集电极上的灵敏继电器 J 因电压而释放，常闭触头闭合，接通电磁铁电路使物体开始运动．在此同时，圆盘上的曝光窗口刚好到达照相机的镜头位置，底片进行第一次曝光．此圆盘旋转一周曝光一次，记录下物体的运动过程．图中的 J_1 是继电器的另一组常闭触头．当继电器释放时，常闭触头 J_1 闭合，将光电二极管 D_1 短路，不至于因光照的变化而影响晶体管 BG 的截止状态．拍摄结束时，快门关闭，S 打开，BG 管又回到饱和状态，准备下一次拍摄．

从理论上计算，这样的同步装置误差将是很小的．由于电子元件的开关响应特性都比较好，时间延迟一般都小于 10^{-3} s，继电器在额定电压下吸合与释放时间都小于 10 ms，与我们所测的宏观运动相比，时间误差完全可以忽略不计．

【实验研究】

一、利用频闪摄影仪拍摄闪光照片

按频闪摄影仪使用方法的要求和步骤，将仪器装好，用黑色幕布或无反光的黑色材料作为背景，一般使坐标框架距背景远一些，拍摄效果更好．上述准备工作完毕后，用相机的快门控制闪光频率，看整个装置工作是否正常．然后进行闪光照相拍摄的模拟练习，最后，认为无问题了，再进行正式拍摄．

1. 拍摄自由落体运动的闪光照片

将相机放在拍摄架前 2~4 m 远处，将一只中心装有铁钉的白色球放在拍摄架上最右端的电磁铁下面，按一下电磁铁开关，使小球被电磁铁吸附．在球的正下方的地面上放一行程开关，并使行程开关处于常闭状态，另一端插入行程开关插口内．按下相机快门线开启快门时，闪光灯发出闪光，同时电磁铁线圈中电流被截断，小球开始做自由落体运动．相机的曝光时间可放在 1 s 处（或选 B 门）．主机的闪光频率选择按钮可选 10～20．观察小球在频闪光中下落的径迹，可以看到闪亮的动点间的距离形成一幅递增的等差级数．约经 0.6 s 后，小球落地打在行程开关上，撞断接点，闪光熄灭，1 s 后快门关闭．

2. 拍摄平抛物体与竖落物体等时性的闪光照片

将平抛枪的电磁铁线圈接在主机后盖的电磁铁接线柱上，如图 2-42 所示．

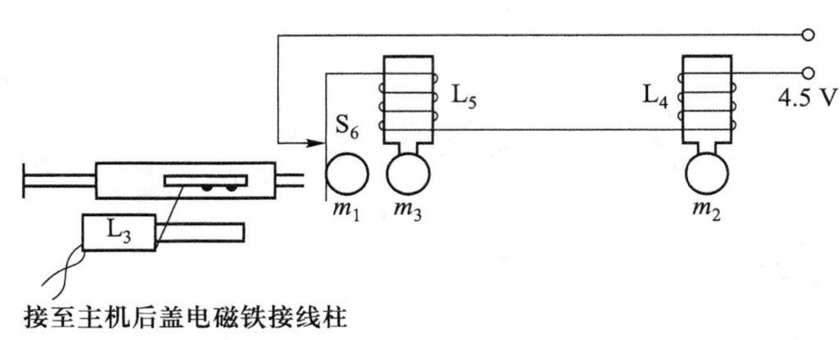

图 2-42　平抛竖落线圈接线图

图中 L_3 为平抛枪的电磁铁线圈，L_4 和 L_5 为拍摄架上自左向右的第一和第二个电磁铁线圈．小球 m_1 的轨道平面在小球 m_2、m_3 轨道平面与坐标平面之间，且 m_2 与 m_3 在同一平面内．拉紧弹簧枪后用电磁铁 L_3 吸住枪卡，当枪杆推动 m_1 做平抛运动的同时，接点 S_6 被断开，L_4 和 L_5 中的电流被截断，m_2 和 m_3 这两个小球同时被释放．从所拍摄的照片中可以看出它们在竖直方向的位移始终是在同一水平高度．

3. 拍摄斜上抛物体运动的闪光照片

将斜抛发射枪上的电磁铁线圈接在主机后盖的电磁铁接线柱上，按下电磁铁开关，拉紧弹簧枪后，使电磁铁吸住枪卡，装上小木球，即可拍摄斜抛物体运动的闪光照片．

另外也可以用斜抛枪来发射不均匀分布的金属杆（如扳手），来研究它的质心运动情况．实验时要注意斜抛物体的轨道平面要与坐标架平面平行，发射斜抛物体的初速要大于发射平抛物体时的初速，看情况自行调节，开关相机快门要用快门线并取 B 门进行拍摄．

4. 拍摄单摆运动的闪光照片

将一系有摆线的球作为单摆固定于坐标架的上边缘中点，调节摆长至适中，将行程开关固定于坐标架一侧的支架上，作为终止闪光的终点；另一侧作为单摆的起点，将原来拍摄自由落体时用的电磁铁固定在坐标框架上．按一下主机正面板上的电磁铁开关，使单摆球被电磁铁吸附（摆球两侧各旋一螺钉，以保证质心基本对称）．按下相机快门线开启快门时，闪光灯发出闪光，同时电磁铁线圈中电流被截断，摆球被释放，当摆球运动到右侧时，撞到行程开关上，使常闭状态断开，闪光熄灭．这样就记录了单摆在半个周期中的运动轨迹．闪光频率一般取 15 Hz，相机仍用 B 门．

二、分析闪光照片，研究物体的运动规律

1. 验证自由落体是匀加速直线运动

由于小球受到的空气阻力较小，可以当作自由落体运动．量出自由落体闪光照片上每相邻两个小球位置之间的距离，记作 $s_1, s_2, \cdots, s_n$．如果小球是做匀加速直线运动，根据公式

$s_n - s_{n-1} = at^2$，式中 t 是常量，若 $s_n - s_{n-1}$ 为常量，则 a 必为常量．用米尺量出这些数据，即可证明小球的运动是匀加速运动．

2. 计算重力加速度 g

根据公式 $s_n - s_{n-1} = at^2$，则 $a = \frac{s_n - s_{n-1}}{t^2}$，式中 t 为两次闪光之间的时间间隔．若闪光频率为 20 Hz，则 $t = \frac{1}{20}$ s. 根据拍摄自由落体闪光照片时所选用的频率和测量得到的相邻两小球之间的距离，计算出重力加速度的平均值．

3. 证明平抛物体的运动是自由落体运动和水平方向匀速直线运动的合成

用平抛物体运动的闪光照片进行分析，量出每两个相邻的球的像在水平方向的距离，计算这些距离的平均值，再计算每一个值与这个平均值的差，若这个差值不超过平均值的 3%，即可认为小球在水平方向的运动为匀速直线运动．

从照片上可以看出，平抛的小球在竖直方向通过的距离与和它同步运动的自由落体小球是相同的．这就证明了平抛运动是水平匀速运动与自由落体的合运动．

4. 测量平抛物体运动的水平速度

量出相邻两个小球的像在水平方向的距离的平均值，根据拍摄平抛物体运动闪光照片时所选用的频率，即可求出平抛物体的水平速度．若闪光照片的频率为 20 Hz，则相邻两球的像之间的时间间隔为 $\frac{1}{20}$ s，若平均水平距离为 $\bar{s}$，则水平速度为

$$v = \frac{\bar{s}}{t} = 20\,\bar{s}$$

5. 分析单摆的闪光照片

从照片上可以很容易看到摆球在各点的速度大小和摆球沿圆弧运动的位置变化．

另外根据单摆的周期公式 $T = 2\pi\sqrt{\frac{l}{g}}$，可以测定重力加速度 g 的值．从照片上可以知道摆线的长度 l. 再从照片上数出在半个周期内摆球的像数 n，则 $T = 2(n-1)t$，t 是闪光周期．将 T 与 l 代入公式中即可得到当地的重力加速度．

注意事项

对上述实验可选做某一部分．进行实验操作前，须认真阅读实验教材，了解有关摄影的知识，掌握闪光照相的基本原理及其操作过程．

思考题

1. 如何用闪光照相验证初速不为零的匀加速运动的规律？

2. 如何从照片上准确量出物体实际运动的位移．若将照片放大或缩小，对计算位移数据是否有影响？

3. 以你选做的实验为例，说明如何利用闪光照相进行演示，应怎样配合讲解才能更好地

培养中学生的观察能力和思维能力？

实验四 有关力的实验探究

一、牛顿第三定律

【实验目的】

1. 掌握作用力与反作用力的特点，能够将其与一对平衡力进行区分；并能从物理学的视角正确描述和解释与牛顿第三定律相关的现象，且能解决生活中的实际问题.

2. 学生通过传统定性实验建立相应的物理模型，并对其进行理论分析与推导，获得结论并做出解释，且能够使用证据表达自己的观点.

3. 能够针对定性分析的结论，制定科学的探究方案，并选择合适的器材，通过数字实验与传统实验进行定量探究，结合数据分析，形成合理的结论，从而培养观察、分析、归纳、总结的能力以及实验操作能力.

4. 在科学探究过程中，鼓励学生动手操作、大胆质疑、勇于探索，激发学生对物理学习的兴趣，养成科学探究的意识，感受物理学科研究的方法.

【实验器材】

弹簧测力计 2 个、橡皮筋 2 条、条形磁铁 2 块、细玻璃棒 4 根、长木板 1 个、小木块 1 个、细绳套若干个、弹簧、刻度尺、钩码、朗威 DISLab 数据采集器、力传感器、计算机.

【实验研究】

1. 传统实验

（1）探究作用力和反作用力的定性关系

实验一：定性探究两弹簧间相互作用的拉力. 将两弹簧测力计挂钩挂在一起，用力向相反的方向拉伸两弹簧，观察弹簧测力计的示数变化情况.

实验二：定性探究两磁铁间相互作用的磁力. 在 2 块蹄形磁铁下面分别垫 2 个玻璃棒且将其放在光滑的水平桌面上，相互靠近，先是同名磁极相对，然后异名磁极相对，分别由静止释放，观察两磁铁的运动情况.

实验三：定性探究物体间相互作用的摩擦力. 水平桌面上放一小车，小车上面放一木块，在小车左端固定一个弹簧测力计，在小木块右端用另一弹簧测力计向右缓慢拉动小木块，如图 2-43 所示. 提示学生通过观察两弹簧测力计的示数变化，思考小木块和长木板间摩擦力的变化.

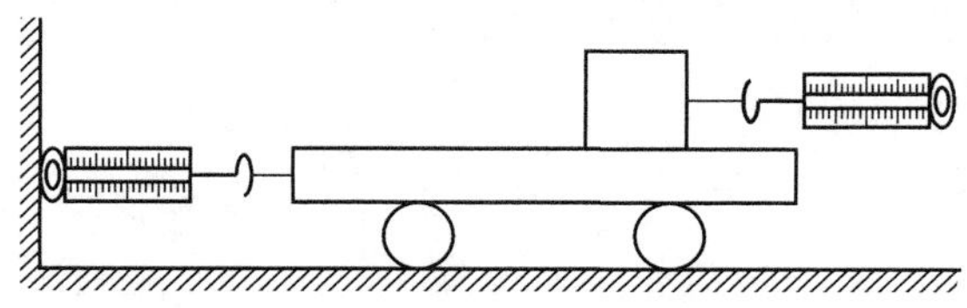

图 2-43 探究物体间相互作用的摩擦力

总结：弹力、磁力、摩擦力等作用都是相互的，相互作用力的一对力性质相同，同时产生、同时变化、同时消失，而且分别作用在两个物体上.

（2）探究作用力和反作用力的定量关系

实验四：探究作用力和反作用力的大小关系 .

重复实验一，待两弹簧测力计示数稳定后，让学生观察比较两弹簧测力计的读数，看其是否相等 . 改变弹簧测力计的示数，重复实验 .

重复实验三，学生比较两弹簧测力计的示数的大小是否相等，进而得出小车和木块间相互作用的摩擦力的大小关系，然后改变几次读数再进行观察 .

实验五：探究作用力和反作用力的方向关系 .

甲橡皮筋一端挂在铁架台上，另一端通过细绳套与乙橡皮筋某一端相连，乙橡皮筋另一端用手抓住 . 用力将两橡皮筋拉直，观察两橡皮筋的方向 . 多次改变拉力方向，重复以上实验 .

实验四和实验五结论：两个物体之间的作用力和反作用力总是大小相等、方向相反、作用在一条直线上，这就是牛顿第三定律 .

2. 数字实验

力的相互作用实验，如图 2–44 所示 .

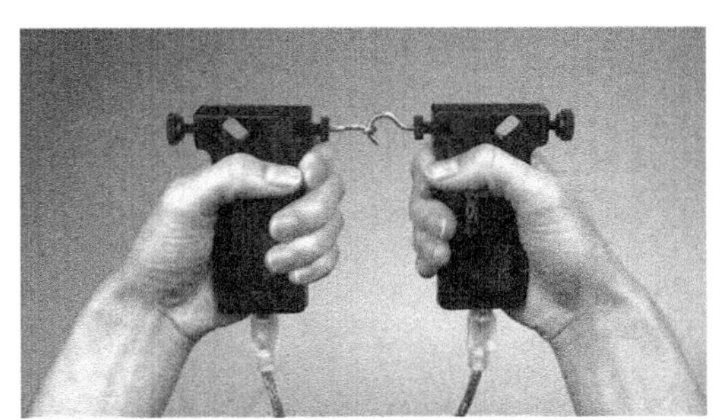

图 2–44　力的相互作用实验

（1）将一对力传感器分别连接到数据采集器 .

（2）点击教材专用软件主界面上的实验条目“力的相互作用”，打开该软件 .

（3）点击“开始记录”，两手各握住一只力传感器，让传感器的测钩相互钩住，保持两传感器处于同一平面内（图 2–44），对传感器进行软件调零 .

（4）两手轻拉传感器，得出如图 2–45 所示的实验图线，可见两个力传感器测量的力方向相反，以时间轴为中心呈上下对称 .

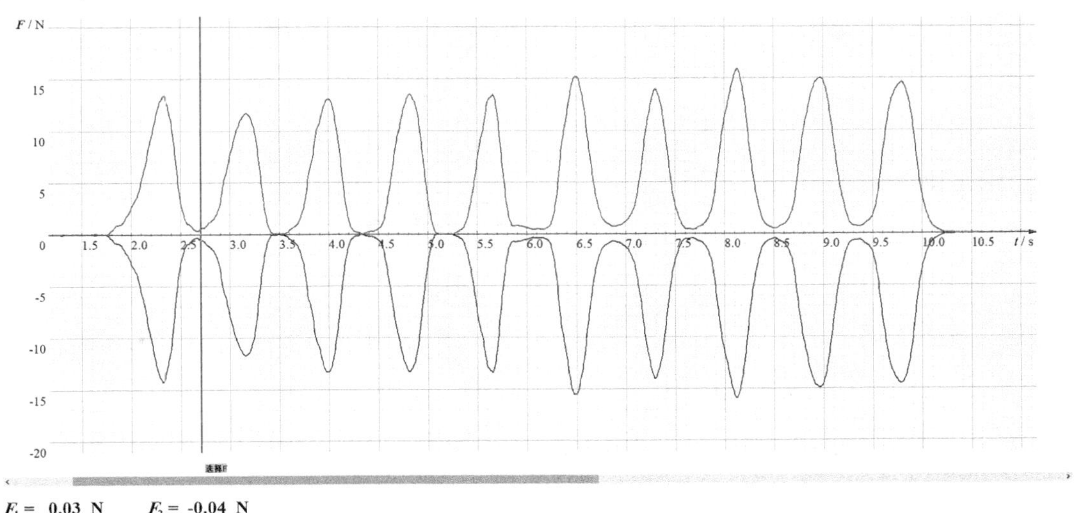

图 2–45　力的相互作用实验结果

（5）点击“停止记录”，拖动滚动条，观察记录的实验图线 .

（6）点击实验图线，调出垂直于时间轴的选取线，水平拖动该线，可任意选择时刻，并在软件窗口下方观察该时刻所对应的两个力传感器的读数（图 2–45）.

（7）比较实验过程中，同一时刻两个力传感器的读数，可见两个力传感器读数基本相同．

（8）使用传感器测钩可进行对压或对敲实验，观察实验曲线（图 2-46、图 2-47）．

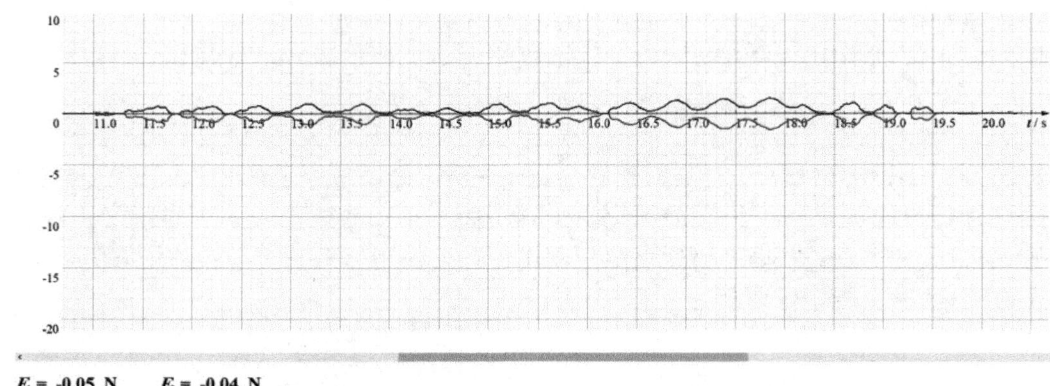

图 2-46　两个传感器对压实验结果

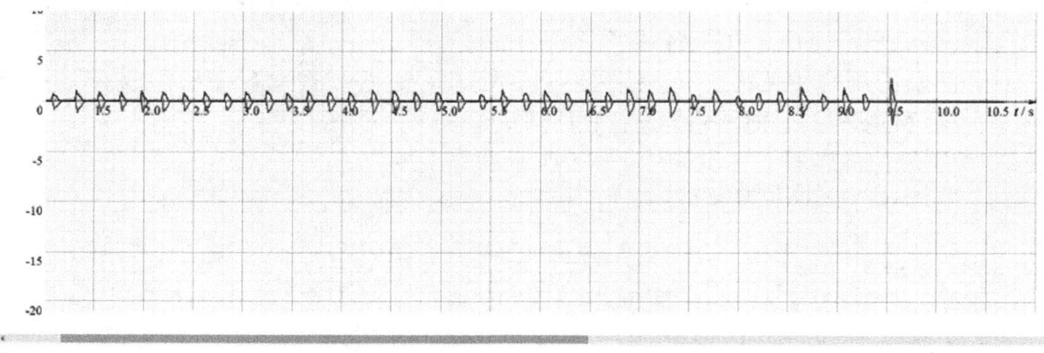

图 2-47　两个传感器对敲实验结果

（9）使用选取线研究相对敲击实验过程中同一时刻两个力传感器的读数，可见两个力传感器读数也基本相同．

（10）归纳相互作用过程中成对出现的力的特征．

注意事项

实验中应保持两传感器的手柄平行，注意测钩的角度，以免产生扭力．

思考题

1. 取下测钩，设法在锁紧螺钉上固定强力磁铁，重复实验，观察磁力是否符合牛顿第三定律.

2. 改变实验次序，尝试另外一种教学思路：先观察镜像图像，得出两力方向相反；再取消镜像模式，借助两图线的重合现象，验证两力大小相同.

3. 尝试引导学生画出上下不对称的图线，对应此时的操作手法分析图线不对称的原因，加深对正确操作方法的理解和认识.

二、超重、失重

【实验目的】

1. 了解超重和失重的现象，掌握产生超重和失重的条件，从理论上理解加速度、力、速度与运动方向之间的关系，并能够分析生活中的超重、失重现象.

2. 能够将超、失重运动抽象成物理模型，并能分析出不同运动状态的物理量的改变情况，做出相应的解释.

3. 学会将理论知识抽象成物理模型，给出合理的猜想与假设，并通过合作学习提出不同的实验方案，最终通过逐步探究、验证、图像分析、得出结论，让学生在探究中掌握物理规律，培养学生细心观察、勤于思考的学习习惯.

4. 通过实验、生活场景（坐电梯、游乐场）体验超重与失重，加强学生对物理知识的感性认识，再将感性认识与理性知识相结合，激发学生对科学学习的兴趣与热情.

【实验器材】

朗威 DISLab 数据采集器、计算机、重物.

【实验研究】

1. 将力传感器接入数据采集器，选择“示波”显示方式.

2. 握住传感器的手柄，使其测钩竖直向下，点击“调零”，如图 2-48 所示.

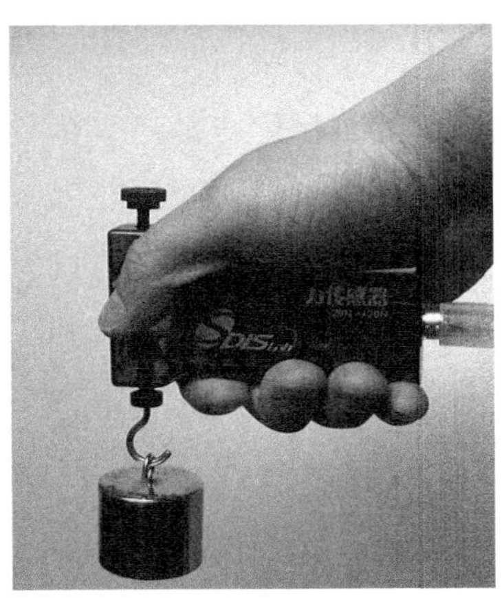

图 2-48　超重和失重实验中力传感器装置

3. 将重物（6 N 左右）悬挂在力传感器测钩上.

4. 教师可以在实验前先引导学生基于实验原理，猜想超重和失重对应的“$F-t$”图线可能呈现出的形状.

5. 手持悬挂有重物的力传感器，沿垂直于地面的方向加速升降，观察波形变化．

6. 点击“停止”，回放“$F-t$”图线（图 2–49）．

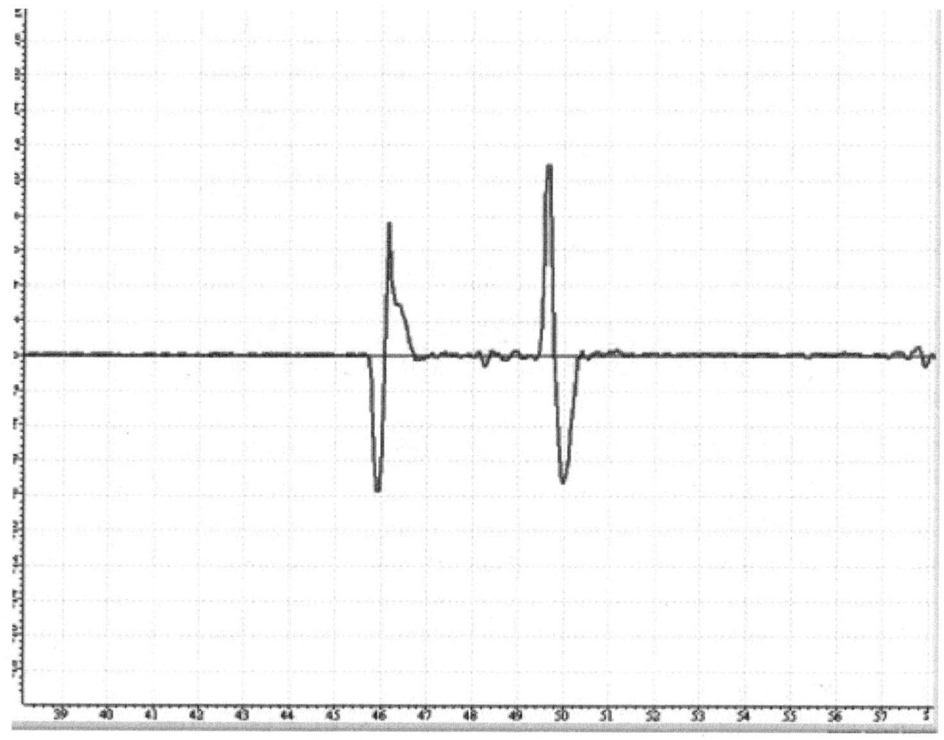

图 2–49 超重和失重图线

7. 根据实验获得的“$F-t$”图线，分析推断该图线不同区段所对应的运动状态，对学生实验之前的猜想加以验证．

8. 改变重物上升、下降的加速度或重物的质量，重复实验，观察此时的“$F-t$”图线与图 2–49 之间的差别，讨论其成因．

注意事项

注意手握力传感器的方式；教师应引导学生掌握超重、失重现象的特点，学会根据图像判断物体的运动状态．

思考题

1. 误差产生的原因是什么？

2. 图线（图像）是否具备物理模型的功能？

三、滑动摩擦力的研究

【实验目的】

1. 知道滑动摩擦力的概念，掌握滑动摩擦力与最大静摩擦力之间的关系，能够了解影响滑动摩擦力的因素、增大和减小摩擦力的方法，并能够将其应用于日常生活；同时进一步熟悉弹簧测力计与力传感器的使用方法．

2. 让学生根据已有的实验器材，设计出合理的实验方案，并给出实验猜想与假设，然后通过小组合作进行实验验证，了解影响滑动摩擦力大小的因素；最后在分析、交流、讨论中得出结论．

3. 使用弹簧测力计和力传感器分别进行实验探究，通过对比各实验方案的优缺点，培养学生的创新意识；结合反思改进实验，激发学生的求知欲．

4. 体会运用“控制变量法”研究物理问题，培养学生观察与剖析的能力以及实事求是的科学态度．

【实验器材】

正方体木块、读数准确的弹簧测力计、粗糙程度均匀的长木板、毛巾、砝码、朗威DISLab数据采集器、计算机、木质或铁质物块、斜面板、小细绳、配重块（或砝码）、天平．

【实验研究】

1. 利用传统实验研究滑动摩擦力

（1）弹簧测力计的一端固定，另一端挂在木块上．采用外力拉动长木板，使木块和木板之间发生相对运动（图 2－50），并记录弹簧测力计的示数．

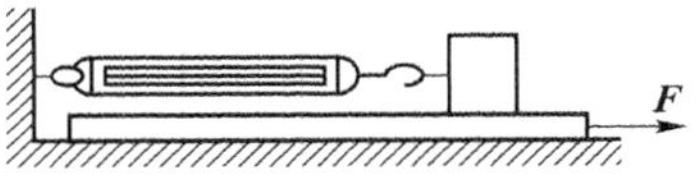

图 2－50　弹簧测力计研究滑动摩擦力

（2）在木块上加放一个钩码，采用外力拉动长木板，使木块和木板之间发生相对运动，并记录弹簧测力计的示数．

（3）取下钩码，将木块上钉有毛巾的表面翻转过来，使其粗糙的一面和木板接触，采用外力拉动长木板，使木块和木板之间发生相对运动，并记录弹簧测力计的示数．

（4）将木块换至另一个表面，由平放改为侧放，采用外力拉动长木板，使木块和木板之间发生相对运动，并记录弹簧测力计的示数到表 2-9 中．

表 2-9　探究影响滑动摩擦力的因素

组　别	压力/N	接触面的粗糙程度	接触面大小/m^2	滑动摩擦力/N
1				
2				
3				

（5）由（1）、（2）两步骤可以得出，在接触面粗糙程度一定的情况下，滑动摩擦力的大小与压力的大小有关；由（1）、（3）两步骤可以得出，在压力一定的情况下，滑动摩擦力的大小与接触面的粗糙程度有关．由（1）、（4）两步骤可以得出，滑动摩擦力的大小与接触面

的大小无关．

2．利用数字实验研究滑动摩擦力

按照图 2-51 所示安装实验装置．

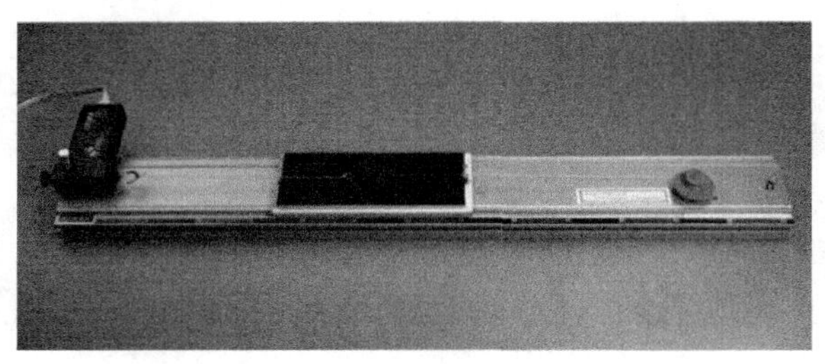

图 2-51　摩擦力数字实验装置

（1）用天平称出物块和配重块的质量，把斜面板放置水平．

（2）将力传感器接入数据采集器．

（3）打开“组合图线”窗口，点击“添加”，设置 x 轴为“时间”，y 轴为“力”．

（4）将物块放置在斜面板上，力传感器的测钩用小细绳与物块连接好，水平方向缓慢拉动物体，待物体开始匀速运动一段时间后停止拉动，获得“$F-t$”图线（图 2-52）．

（5）点击“停止”，用“选择区域”工具在图 2-52 所示的“$F-t$”图线中选取对应物块匀速运动的一段图线．

（6）在物块上放置配重块，输入 F_n 的值，重复步骤（4）、步骤（5），测量多组数据．

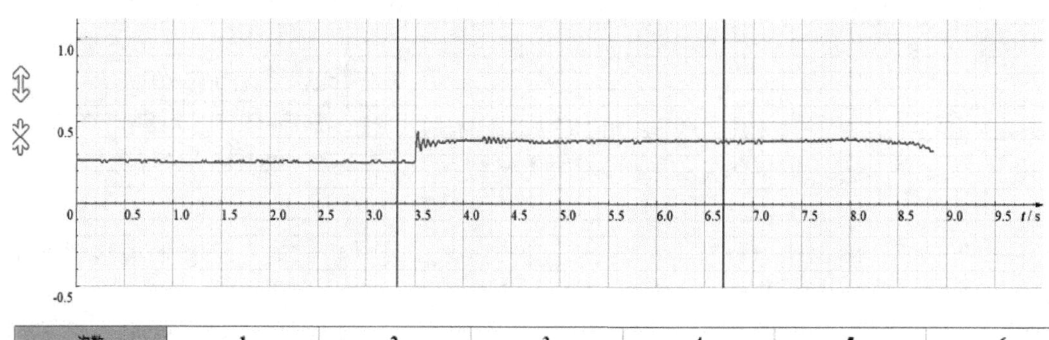

次数	1	2	3	4	5	6
F_n/N	100	200	300			
F_f/N	0.38	0.37				

力传感器值 $F=$ 0.32 N

开始记录　停止记录　清除本次数据　选择区域　F_f-t 图像　F_f-F_n 图像　直线拟合　传感器调零

图 2-52　$F-t$ 图像

（7）点击下方“F_f-F_n 图像”，再点击直线拟合，发现所有数据点都在拟合线上，验证了两者的正比关系（图 2-53）．

（8）分别改变物块的接触面积、材料、粗糙程度，重复上述实验，总结影响滑动摩擦力的因素．

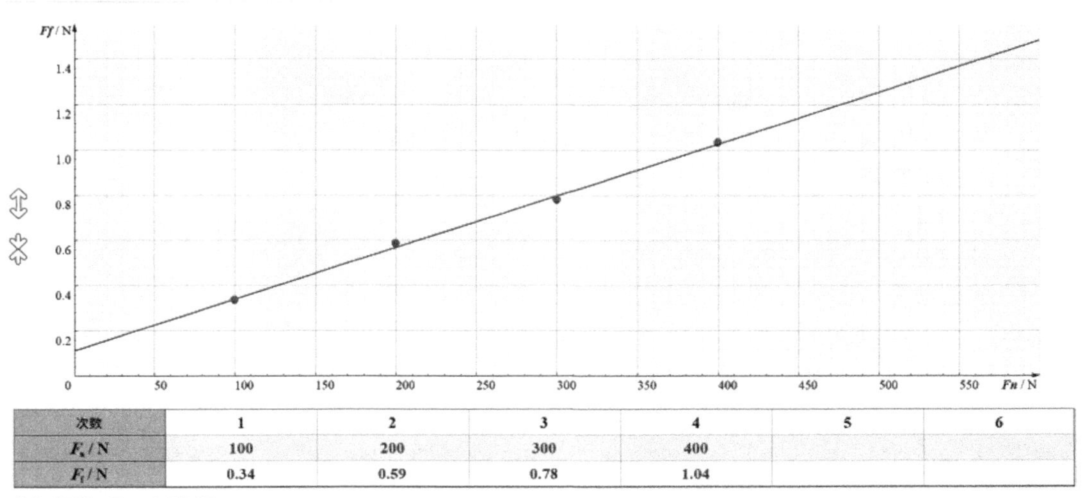

次数	1	2	3	4	5	6
F_n / N	100	200	300	400		
F_f / N	0.34	0.59	0.78	1.04		

图 2-53　F_f-F_n 图像

注意事项

数字实验中，测量不同因素对滑动摩擦力的影响时，应保持力传感器与重物之间的细线水平，防止产生竖直方向的分力.

思考题

1. 对比传统实验和数字实验，谈谈其各自的优缺点.
2. 有什么方法能够使实验输出曲线的“毛刺”减小？

四、胡克定律

【实验目的】

1. 知道生活中常见的形变现象，通过实验了解物体的弹性，进一步深化对弹力的来由、性质、效果的认识；了解胡克定律，探究弹性限度内引起弹簧形变的外力 F 与弹簧的形变量 x 之间是否成正比，即验证 $F=kx$ 是否成立.

2. 能根据所研究的问题，建立物理模型；通过实验探究过程，正确使用分析、综合、归纳等方法，从定量的角度进行科学推理，形成规律，即胡克定律，并能用其解决实际问题.

3. 经历实验探究的过程，分析用作图标记法直接获取的 F-x 图像是否为正比例函数图线，掌握处理、分析数据的科学方法，体验利用现代技术手段进行实验验证的过程，培养利用信息技术手段解决问题的意识.

4. 在探究物理规律的过程中，使学生学会观察与思考、分析与归纳，不仅掌握物理规律，更掌握研究物理规律的方法，感受学习物理的兴趣，认识现代科技的重要性.

【实验器材】

刻度尺、铁架台（带铁夹）、弹簧、钩码、三角板、坐标纸、重锤线、铅笔、朗威 DISLab 数据采集器、计算机、螺旋弹簧组、刻度尺、彩色圆片等.

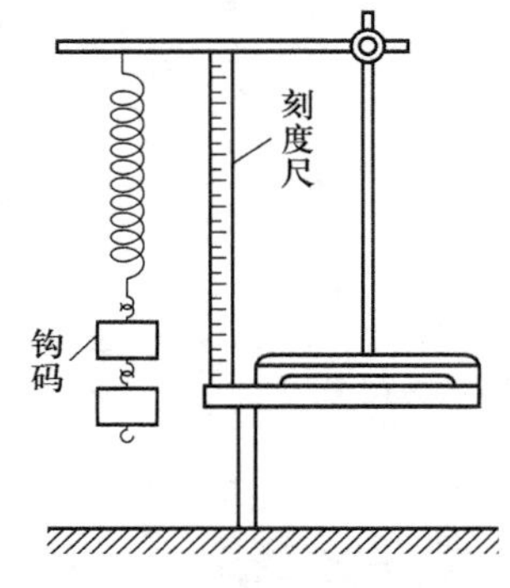

图 2-54 胡克定律实验装置

【实验研究】

1. 传统仪器验证胡克定律

（1）将弹簧的一端挂在铁架台上，让其自然下垂，用刻度尺测出弹簧自然伸长状态时的长度，即原长.

（2）如图 2-54 中实验装置图所示，将已知质量的钩码挂在弹簧的下端，在平衡时测量弹簧的总长并测出钩码的重力，填写在记录在表 2-10 中，其中，L 为弹簧长度，x 为弹簧的伸长量.

（3）改变所挂钩码的质量，重复前面的实验过程多次.

表 2-10 弹簧伸长量与钩码质量的关系

	1	2	3	4	5	6
F/N						
L/cm						
x/cm						

（4）以弹力 F（大小等于所挂钩码的重力）为纵坐标，以弹簧的伸长量 x 为横坐标，用描点法作图. 按照图中各点的分布与走向，尝试作一条平滑的曲线（包括直线），所画的点不一定正好都在这条曲线上，但要注意使曲线两侧的点数大致均匀.

（5）以弹簧的伸长量为自变量，写出曲线所代表的函数. 首先尝试一次函数，如果不行则考虑二次函数.

（6）得出弹力和弹簧伸长量之间的定量关系，解释函数表达式中常量的物理意义.

2. 利用数字实验软件验证胡克定律

（1）把弹簧固定在铁架台上，弹簧可上下自由拉伸，将彩色圆片穿入弹簧，将其定位在弹簧下端并保持水平，用作显示弹簧伸长幅度的游标.

（2）将透明塑料尺固定在铁架台上，将力传感器接入数据采集器，力传感器的测钩向上连接弹簧.

（3）手持力传感器，对传感器进行软件调零，打开“计算表格”.

（4）向下拉力传感器，透过塑料尺观察彩色圆片的位置，每拉动 0.01 m，手动记录一次数据.

（5）在计算表格中，增加变量“s”代表弹簧伸长长度，输入对应的值，设置自由表达式“$k=\dfrac{F}{s}$”，得到一组实验数据，点击“求平均”得出各列的平均值（图 2-55）.

（6）点击“绘图”，选择 x 轴为“s”，y 轴为“F”，得到一组数据点（图 2-55）.

（7）观察可见，数据点排列具有明显的线性特征，点击“拟合”，选取“线性拟合”，发

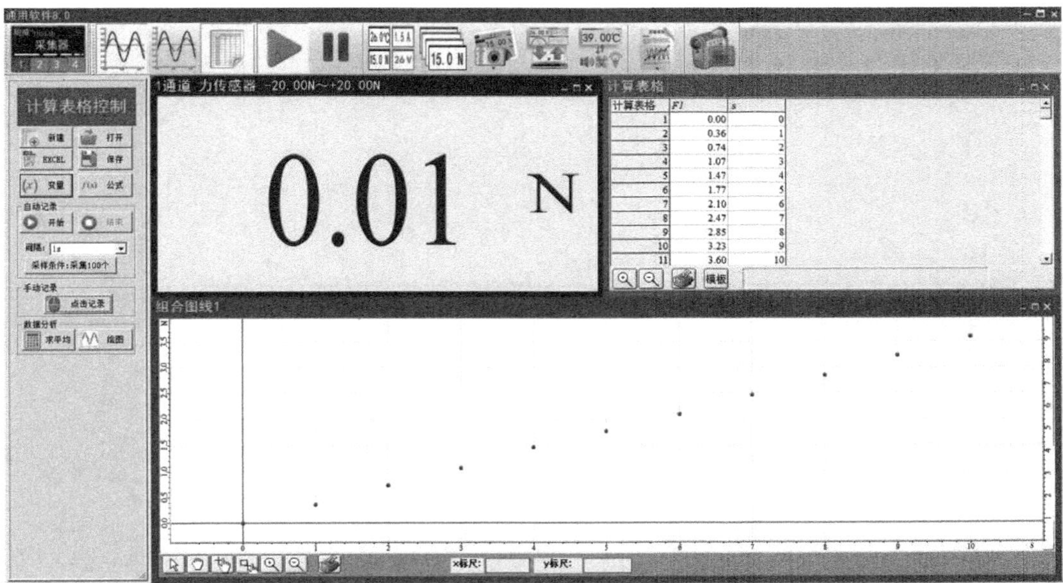

图 2-55　胡克定律实验数据及图像

现拟合线与数据点基本重合（图 2-56）且通过原点，可以推断弹力的大小与弹簧伸长的距离成正比关系 .

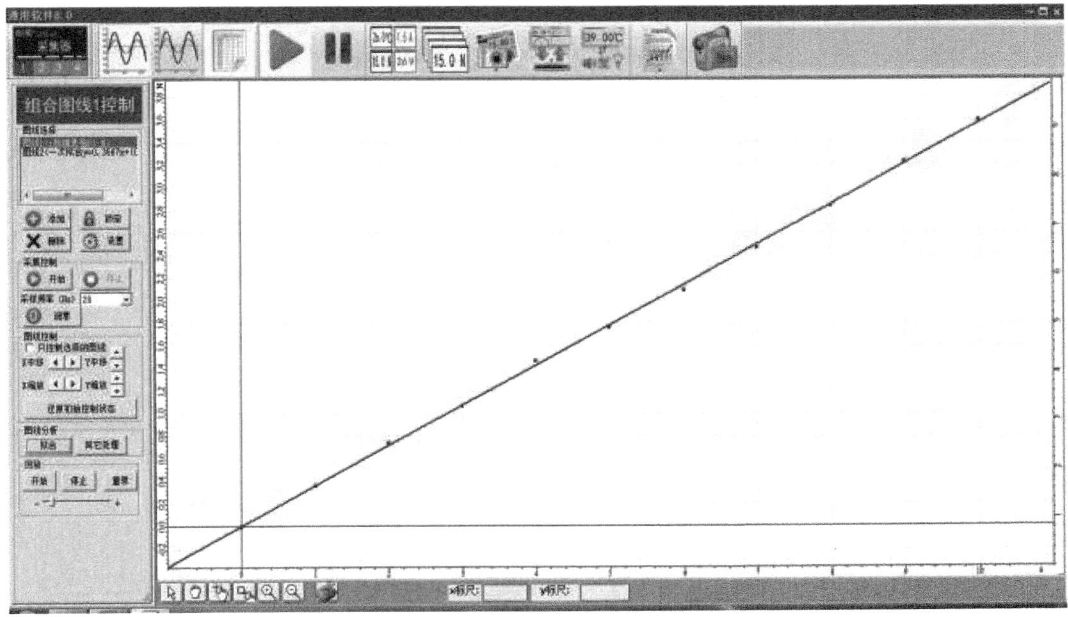

图 2-56　线性拟合

（8）将位移传感器接入数据采集器的第一通道，力传感器接入第二通道，将位移接收模块固定在弹簧的上方，把发射模块与力传感器固定在一起 .

（9）利用位移传感器测距替代人工读数，在“组合图线”窗口中选取 x 轴为“位移”、y

轴为“力”，得到一条“F-s”图线（图 2-57 下方图线）.

（10）“锁定”该图线，更换不同的弹簧，可得到另一条“F-s”图线（图 2-57 上方图线）.

（11）比较两条“F-s”图线的差异并分析其原因.

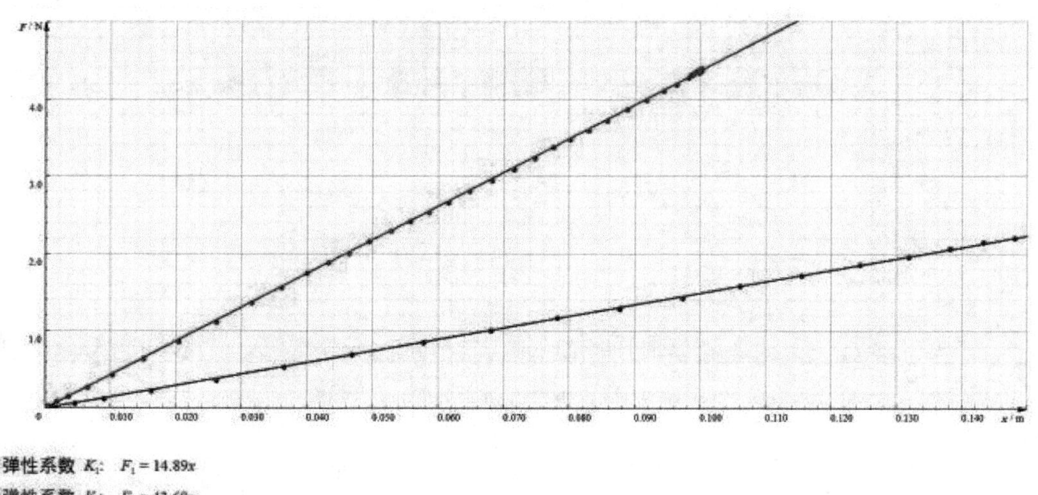

图 2-57　F-s 图线

注意事项

换用橡皮筋等其他弹性材料，重复实验，观察实验结果的不同之处，并讨论其成因.

思考题

1. 如果将弹簧换成橡皮筋等其他弹性材料，实验结果是否会有差别，原因是什么？
2. 传统实验应如何改进，可避免测量自然伸长量所产生的误差.

五、浮力的相互作用

【实验目的】

1. 研究牛顿第三定律在浮力中的体现，在进一步学习浮力相关概念的过程中，更深层次地掌握牛顿第三定律，明确物理知识之间是相互联系、相互支撑的.

2. 根据浮力相关知识，建立物理模型；通过实验探究，从定量角度探究牛顿第三定律在浮力中的体现，并使用分析、归纳等方法得出结论，且能将其应用于实际问题的解决.

3. 让学生根据浮力相关特点，挖掘出蕴含相互作用力的切入点，做出合理的猜想与假设，并根据已有实验器材进行实验设计与验证.

4. 在实验探究中进一步理解牛顿第三定律，帮助学生建立知识之间相互联系的意识；通过小组实验培养学生严谨求实的科学态度和团结协作的精神；同时运用图像法和计算机软件进行实验处理，让学生在掌握物理知识的基础上，学会物理研究的方法.

【实验器材】

朗威 DISLab 数据采集器、计算机、铁架台、转接器、标有刻度的钩码、细绳、水、烧杯、托盘.

【实验研究】

实验装置见图 2-58.

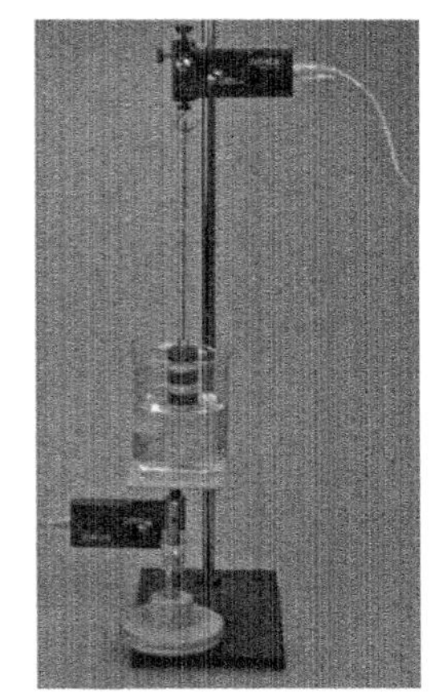

图 2-58　浮力数字实验装置

1. 将两只力传感器接入数据采集器.

2. 将力传感器 1（下）固定在支架上，将其测钩更换为带有螺钉的托盘（与朗威 DISLab 电子天平类似），且使托盘竖直向上，用转接器将力传感器 2（上）固定在铁架台上，使其测钩竖直向下.

3. 在烧杯内加入适量的水，置于托盘之上，将钩码悬挂在力传感器 2 的测钩上，钩码距水面 1 cm.

4. 打开“计算表格”，点击记录两个力传感器的测量数据.

5. 依次将砝码浸入水中 1 cm、2 cm、3 cm、4 cm、5 cm、6 cm，并手动点击记录当时的实验数据.

6. 在表格中增加变量“h”表示钩码浸入水中的深度，并输入相应的数值，输入自定义公式 $F_h=F_1+F_2$，得到计算结果（图 2-59）.

计算表格	F1	F2	h	Fh=F1+F2
1	6.07	0.36	0.00	6.43
2	6.09	0.33	0.01	6.42
3	6.14	0.26	0.02	6.40
4	6.23	0.20	0.03	6.43
5	6.27	0.16	0.04	6.43
6	6.34	0.08	0.05	6.42
7	6.40	0.02	0.06	6.42

图 2-59　浮力实验数据

7. 点击“绘图”，设定并绘出基于实验数据的三条图线“F_1-h”“F_2-h”“F_h-h”（图 2-60）.

8. 下方的图线“F_2-h”对应力传感器 2 所受拉力随 h 的变化；中间图线“F_1-h”对应力传感器 1 所受压力随 h 的变化；上方图线“F_h-h”对应两力之和随 h 的变化. 可见随着钩码

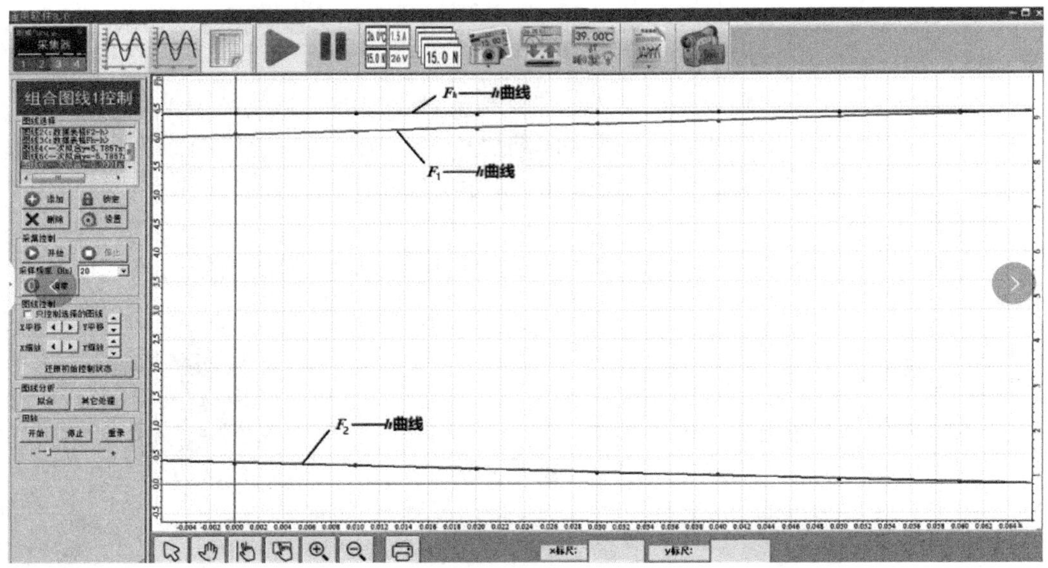

图 2-60　浮力实验图线

入水深度的增加，钩码所受浮力越来越大（F_2 减小），钩码对水的压力也越来越大（F_1 增大）. 二者增减幅度相等，故 F_1 与 F_2 之和保持不变.

注意事项

注意区分两个传感器所受力的类型，以及其在输出图线中分别代表什么.

思考题

1. 牛顿第三定律还在哪些物理现象或规律中体现?
2. 该套装置能否用来探究影响浮力大小的因素? 为什么?

实验五　探究两个互成角度的力的合成规律

【实验目的】

1. 理解弹簧测力计与力传感器的设计原理，了解弹簧测力计与力传感器的使用方法与注意事项，认识到弹力与形变之间的关系，知道计算弹力的基本方法，明白力合成与分解的基本规律，能够使用力合成与分解的规律解释生活中的常见现象，形成对合力与分力的正确认识.

2. 能够通过物理学视角认识生活中合力与分力现象，形成等效的物理观念，掌握力合成与分解的基本方法；认识到图示对物理学习的重要性，掌握在不同问题中图示的绘制要求与方法，能够使用图示对力学问题进行简化，培养学生对知识的迁移运用能力，发展学生构建模型的意识和能力.

3. 能够利用科学实验解释生活问题，设计以弹簧测力计与力传感器为基础的实验方案，明确了解弹簧测力计与力传感器在实验中的优势与缺陷，并对实验过程提出创新性的改良与见解，学会绘制力的图示，通过力的图示分析总结合成与分解的基本规律，并能准确描述和解释探究的结果与变化趋势.

4. 能够根据生活现象正确认识合力与分力的科学本质，发展学生的好奇心与求知欲；能组织学生通过小组合作探究合成与分解的规律，培养其对实验数据认真求实的科学态度，使学生体会科学探究过程的严谨，培养沟通交流能力，使其了解合作学习的重要性.

【实验器材】

弹簧测力计、方木板、白纸、橡皮筋、细绳套 2 根、平板测力计 2 只、刻度尺、量角器、铅笔、图钉 3~5 个、朗威 DISLab 数据采集器、斜面上力的分解实验器（内置两个力传感器）、计算机.

【实验研究】

一、传统弹簧测力计进行力的合成与分解实验

一个力 $\boldsymbol{F}$ 的作用效果与两个共点力 $\boldsymbol{F}_1$ 和 $\boldsymbol{F}_2$ 的共点作用效果，都是把橡皮筋拉伸至某点，所以 $\boldsymbol{F}$ 为 $\boldsymbol{F}_1$ 和 $\boldsymbol{F}_2$ 的合力. 做出 $\boldsymbol{F}$ 的图示，再根据平行四边形法则做出 $\boldsymbol{F}_1$ 和 $\boldsymbol{F}_2$ 的合力 $\boldsymbol{F}'$ 的图示，比较 $\boldsymbol{F}'$ 和 $\boldsymbol{F}$ 是否大小相等，方向相同（图 2-61）.

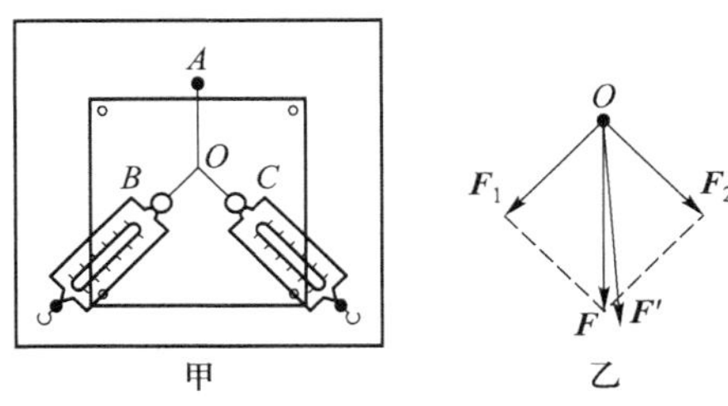

图 2-61 力的合成与分解实验

操作步骤：

1. 将白纸用图钉固定在方木板上；橡皮筋一端用图钉固定在白纸上，另一端拴上两根细绳套.

2. 用两只弹簧测力计沿不同方向拉细绳套，记下橡皮筋伸长所到达的位置 O，根据两只弹簧测力计的方向及读数 $\boldsymbol{F}_1$ 和 $\boldsymbol{F}_2$，做出两个力的图示，以两个力为临边做平行四边形，对角线即理论上的合力 $\boldsymbol{F}'$，量出它的大小.

3. 只用一只弹簧测力计钩住细绳套，将橡皮筋拉至 O 点，记下测力计方向及读数 $\boldsymbol{F}$，做出它的图示.

4. 比较 $\boldsymbol{F}'$ 与 $\boldsymbol{F}$ 的大小与方向.

5. 改变两个力 $\boldsymbol{F}_1$、$\boldsymbol{F}_2$ 的大小和夹角，重复实验两次，在误差允许范围内，证明平行四边形法则成立.

误差分析：

1. 本实验误差的主要来源——弹簧测力计本身的误差、读数误差、作图误差.

2. 减小误差的方法——读数时眼睛一定要正视，要按有效数字正确读数和记录，两个力的对边一定要平行.

二、利用力传感器进行力的合成与分解实验

操作步骤：

1. 将斜面上力的分解实验器连接到数据采集器（装置如图 2-62 所示）.

2. 点击教材专用软件主界面上的实验条目“斜面上力的分解”，打开该软件（图 2-63）.

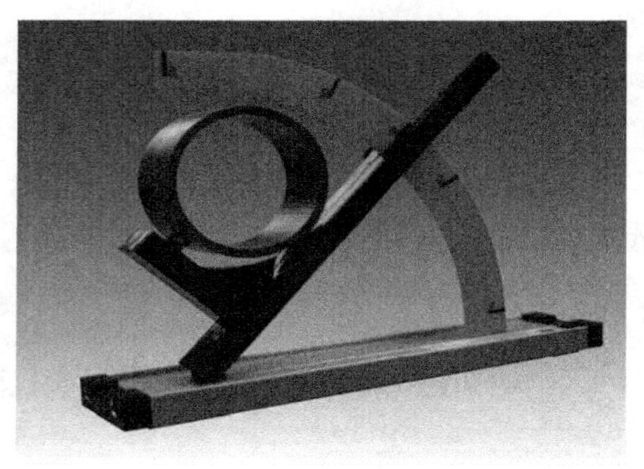

图 2-62　力的分解实验装置

F1 = 0.00 (N)
F2 = 0.00 (N)
F = 0 (N)
G = 0 (N) α1 = 30 ° α2 = 30 °
F
F1 α1 α2 F2

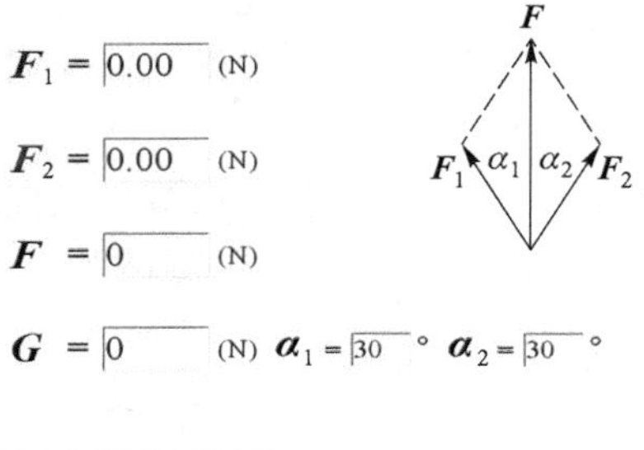

图 2-63　力的分解实验界面

3. 调节斜面上力的分解实验器的 L 形臂，使之处于水平状态（与角度盘上的 0°角重合），点击“开始记录”，并对传感器进行软件调零.

4. 将环形物块放置于两个滚轴（均与力传感器相连接）之间，确保环形物块上水平和垂直两方向的中心线分别正对两个滚轴. 点击“停止记录”，两个分力数值即被记录到软件窗口的表格中. 将角度分别填写在界面相应位置.

5. 依次改变斜面上力的分解实验器 L 形臂的倾角，记录多组数据（图 2-64）.

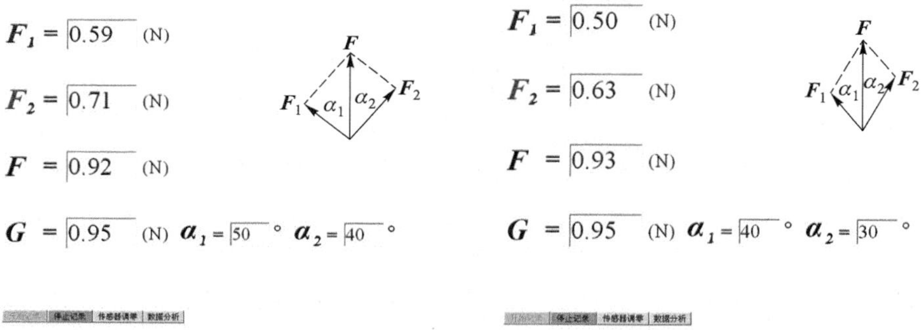

F1 = 0.59 (N)
F2 = 0.71 (N)
F = 0.92 (N)
G = 0.95 (N) α1 = 50 ° α2 = 40 °
F
F1 α1 α2 F2
F1 = 0.50 (N)
F2 = 0.63 (N)
F = 0.93 (N)
G = 0.95 (N) α1 = 40 ° α2 = 30 °
F
F1 α1 α2 F2

图 2-64　力的分解实验结果

6. 按平行四边形法则计算环形重物的重力的两分力值，并与测量结果进行比较.

注意事项

1. 同一实验中的两只弹簧测力计的选取方法是：将两只弹簧测力计钩好后对拉，若两只弹簧测力计在拉的过程中读数相同，则可选，若不同，则应另换其他测力计，直到相同为止；使用时弹簧测力计与板面平行.

2. 在满足合力不超过弹簧测力计量程及橡皮筋形变不超过弹性限度的条件下，应使拉力尽量大一些，以减小误差.

3. 画力的图示时，应选定恰当的标度，尽量使图画得大一些，但也不要太大而画出纸外；要严格按力的图示要求和几何作图法作图.

4. 在同一次实验中，橡皮筋拉长后的节点 O 的位置一定要相同.

5. 由作图法得到的 $\boldsymbol{F}$ 和实验测量得到的 $\boldsymbol{F}'$ 不可能完全符合，但在误差允许范围内可认为 $\boldsymbol{F}$ 和 $\boldsymbol{F}'$ 符合.

6. 力传感器要轻拿轻放，尤其对于用合金铝材料作为弹性体的小容量传感器，任何振动造成的冲击或者跌落，都很有可能造成很大的输出误差.

7. 为防止化学腐蚀，安装时宜用凡士林涂抹拉力传感器外表面. 应避免在阳光直晒和环境温度剧变的场合使用.

8. 按说明所述力传感器的量程选定其所用额定载荷，力传感器虽然本身具备一定的过载能力，但在安装和使用过程中应尽量避免此种情况. 有时短时间的超载，也可能会造成传感器永久损坏.

9. 传感器应放在干燥通风、无腐蚀性气体的室内.

思考题

1. 使用弹簧测力计进行力的合成与分解实验时，两个弹簧测力计之间的夹角越大越容易产生误差，这种误差是如何产生的？

2. 比较传统实验与数字实验之间的优缺点.

实验六　探究单摆的振动规律并测定重力加速度

【实验目的】

1. 了解单摆的构成及其运动规律，掌握单摆周期公式和重力加速度计算公式；掌握秒表等各种测量工具的使用方法.

2. 通过传统实验与两种数字实验相结合的方式，明确各实验方案的优缺点，培养使用现代技术手段解决问题的意识；最后通过误差分析，掌握分析与处理误差的方法.

3. 建立单摆物理模型，设计实验，明确实验的测量原理，搭建实验器材并进行实验验证，分析数据，最终得出结论，让学生在科学探究的过程中，锻炼逻辑思维能力.

4. 通过实验探究和误差分析处理，养成严谨认真的科学态度及善于观察、勤于思考的学习习惯；在周期测量、振动次数计数过程中，培养学生仔细观察、严谨治学的科学素养.

【实验器材】

若干大小不同的有孔小球、秒表、刻度尺、游标卡尺、细线若干、铁架台、计算机辅助物理实验系统等.

【实验研究】

一、研究单摆的振动规律

1. 取一段约 1 m 长的线和一个小球，小球上有一个通过球心的小孔，让细线从小孔穿过，然后打一个比孔大一些的线结，这样就做成了一个单摆．将铁夹固定在铁架台的上端，把铁架台放在实验桌边上，使铁夹伸到桌面以外．把做好的单摆固定在铁夹上，使摆球自然下垂．

将摆球从平衡位置拉开一个不大的角度（小于5°），放手让它来回振动，用秒表测出它做50次全振动所需的时间．由此计算出一次全振动所需时间的平均值，这就是单摆的振动周期 T.

2. 不改变摆长，使单摆再在较小的偏角下重新振动，按上述方法再次求出单摆的振动周期．结果表明，在振幅较小的情况下，单摆的振动周期与振幅无关．

3. 取两个质量不同的摆球，做成摆长相等的两个单摆，并使它们在相同的偏角下同时开始振动，可以发现，它们振动的快慢是完全相同的，这表明，单摆的振动周期与它的质量无关．

4. 取几个质量相同而摆长不同（1 m、0. 5 m、0. 25 m）的单摆来做实验，可以看到它们振动的快慢是不同的．分别求出它们的振动周期，并把它们振动周期的比跟所对应的各个摆长的平方根的比作一下比较，就会发现，单摆的振动周期与摆长的平方根成正比．

单摆振动的周期公式为：$T=2\pi\sqrt{\dfrac{l}{g}}$.

注意：摆长等于悬点到摆球中心的距离，也就是悬线长度加上摆球半径．用刻度尺量出悬线长，用游标卡尺测出摆球直径，各测三次取平均．

二、用单摆测定当地的重力加速度

单摆在偏角很小时，振动周期跟偏角的大小和摆球的质量无关．单摆的周期公式是 $T=2\pi\sqrt{\dfrac{l}{g}}$. 变换这个公式，得到：$g=4\pi^2\dfrac{l}{T^2}$. 因此只要测出单摆的摆长 l 和振动周期 T，就可以求出当地重力加速度 g 的大小．

按前面的方法做一个单摆并量出其摆长．将摆球从平衡位置拉开一个小的角度，注意角度应小于5°，放手让它来回振动，用秒表测出单摆完成50次（或30次）全振动所用的时间．由此计算出一次全振动所需时间的平均值，这就是单摆的振动周期 T. 反复测量三次，再算出测得的周期数值的平均值．

把测得的周期（用平均值）和摆长的数值代入前面的公式，算出重力加速度的值．设计一个表格，把实验测得的数据和计算结果填入表内．如果知道当地重力加速度的标准值，比较一下，你测出的数值是否与标准值相符？误差多大？

三、利用计算机辅助实验系统探究单摆的振动规律

1. 简谐振动的图像

（1）取出系统配备的5 V电压探头，分别接入辅助实验系统的一路输入端口．

（2）将2 m软导线下连大头针后穿过摆球作为摆线，大头针露出摆球下方5 mm左右．

（3）在水槽中注入1~2 cm深的自来水．

（4）悬挂单摆，使其在摆动过程中大头针针尖始终在水面以下．

（5）沿单摆摆动方向并排横放两条笔直的粗铜线（或铝片）（图2-65).

（6）用导线将两粗铜线（或铝片）与稳压电源相连，在它们之间加6 V电压，这样就可以把水槽看成平行板电容器，其内部电场也可看成是匀强电场．用5 V电压探头的测量端分别

接摆线和一个粗铜线（或铝片），如图 2-66 所示 .

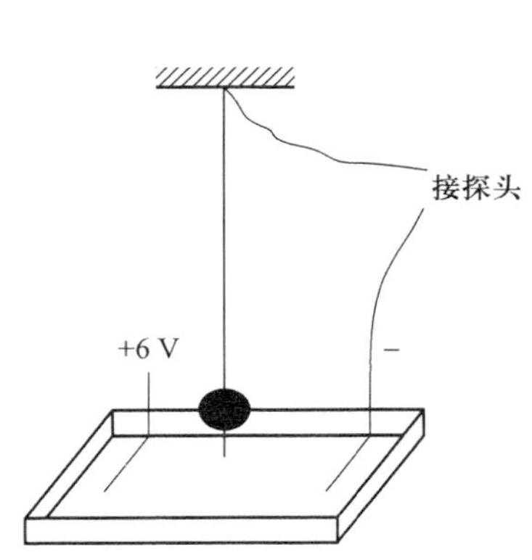

图 2-65　单摆简谐振动实验

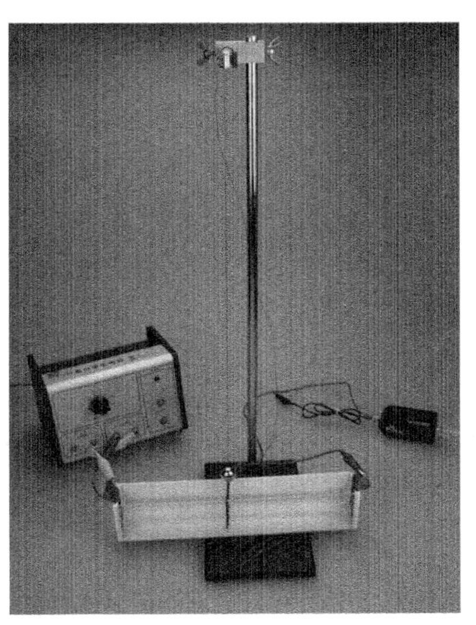

图 2-66　单摆数字实验装置

（7）因大头针尖与粗铜线之间的电压变化对应了摆球与平衡位置间的不断变化的位移，故系统所测得的电压变化曲线即可看作对摆球位移的直观描述 .

（8）开始实验，得到“电压-时间”图像，如图 2-67 所示，得出单摆是一种简谐振动 .

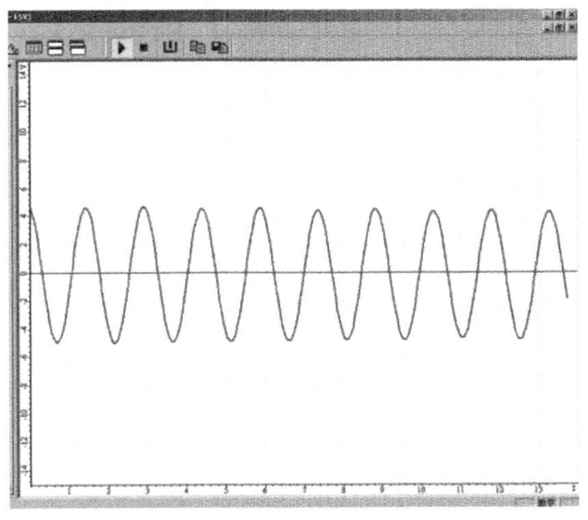

图 2-67　“电压-时间”图线，描述单摆运动

2. 单摆的等时性验证

单摆的振动周期不随幅度改变而改变，即具有等时性 .

（1）如图 2-68 中实验装置所示，用数据线连接光电门与电脑 .

（2）将摆球的球心对准光电门的测速孔，将光电门设置为“单摆”模式 .

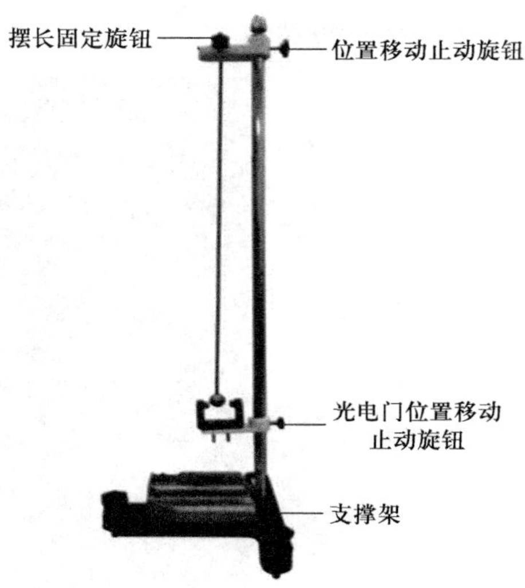

图 2-68　单摆振动等时性验证实验装置

（3）让单摆自由摆动（小于 5°），点击“开始”按钮，系统开始计时．

（4）测量单摆振动 20 次以上，点击“停止”，得到摆动时间的数据．

（5）分析表格中的数据，可以得出，单摆的摆动具有等时性．

3. 探究单摆的振动周期与哪些因素有关

单摆的振动周期只与摆长有关，与摆球质量、振幅大小等无关．

$$T=2\pi\sqrt{\frac{l}{g}}$$

（1）更换不同的摆球，重复实验 2，看周期变化情况．

（2）改变单摆的振幅，重复实验 2，看周期变化情况．

（3）更换不同的摆长，重复实验 2，看周期变化情况．

4. 单摆法测量重力加速度

由 $T=2\pi\sqrt{\frac{l}{g}}$，得到 $g=\frac{4\pi^2 l}{T^2}$.

（1）重复实验 2，取得 20 组以上的数据．

（2）测定悬线长 l_1、摆球直径 r，则单摆的摆长 $l=l_1+0.5r$.

（3）将数据复制到 Excel 软件中，用公式 $g=\frac{4\pi^2 l}{T^2}$计算，即得到当地重力加速度．

（4）重复几次实验，取平均值．

（5）比较测得的重力加速度与当地标准值的差别．

注意事项

1. 探究单摆等时性时，注意更换不同长度的摆线和不同质量的摆球进行研究．
2. 摆角应控制在小于 5°.
3. 数字实验注意将光电门更改为“单摆”模式．

思考题

1. 为了较准确地测出单摆的振动周期，应采取什么样的措施？

2. 如果你测出的重力加速度的大小与当地的标准值有一些误差，说明产生误差的主要原因．

3. 试比较传统实验手段与现代实验手段的优劣．

实验七　验证动量守恒定律

【实验目的】

1. 理解动量的基本概念，了解不同动量实验的基本原理和注意事项，能够分清不同实验现象中的碰撞类型，并清楚描述弹性碰撞与非弹性碰撞的不同之处，知道速度、质量和角度的常见测量方法，总结动量守恒定律，能够利用动量守恒定律对生活中的问题进行描述和解释，理解生活中动量不守恒现象的原因，发展科学的运动观．

2. 学会简化无关物理量，构建理想化物理模型，利用控制变量法探究不同情境下碰撞前后动量的变化情况，总结碰撞的基本模型，归纳动量守恒定律，培养构建模型的意识和能力；发展批判性思维，能够基于实验数据对实际问题进行描述和解释，体会动量守恒的基本条件．

3. 能够利用生活中不同类型的碰撞现象，选择合适的实验器材，设计规范的实验过程，利用不同数据处理方法，探究碰撞前后质量与速度的关系，并绘制相应图表，从实验数据提炼得出动量守恒定律，发展使用科学证据的意识和评估科学证据的能力．能够对比不同实验的优势和缺陷，准确表达、评估和反思实验探究过程与结果．

4. 能够激发学生学习物理的兴趣，培养其对实际问题的探索欲；通过将生活中的碰撞现象转化为科学实验，感受实验探究在科学研究中的重要性．了解动量守恒定律在生活中的实际运用，体会科学-技术-社会之间的关系．

【实验器材】

数字毫秒计、天平、长线、弹簧、斜槽、小球、光电门、数字实验装置等．

【实验研究】

一、利用等长悬线悬挂等大小球完成一维碰撞实验

1. 测质量：用天平测出两小球的质量 m_1 和 m_2.

2. 安装：把两个等大小球用等长悬线悬挂起来．

3. 实验：一个小球静止，拉起另一个小球，放下时它们相碰．

4. 测速度：可以测量小球被拉起的角度，从而算出碰撞前对应小球的速度，测量碰撞后小球摆起的角度，算出碰撞后对应小球的速度（图 2-69）．

5. 改变条件：改变碰撞条件，重复实验．

6. 验证：一维碰撞中的动量守恒．

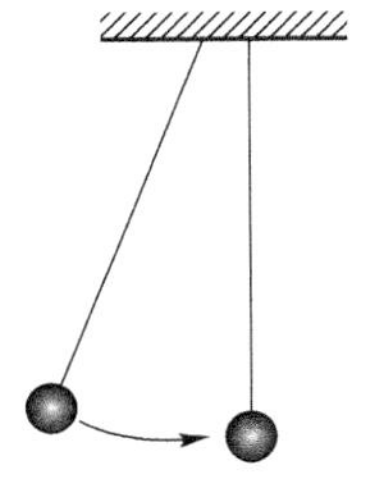

图 2-69　小球碰撞实验

二、在光滑桌面上两车碰撞完成一维碰撞实验

1. 测质量：用天平测出两小车的质量．

2. 安装：将打点计时器固定在光滑长木板的一端，把纸带穿过打点计时器，连在小车的后面，在两小车的碰撞端分别装上撞针和橡皮泥．

3. 实验：接通电源，让小车 A 运动，小车 B 静止，两车碰撞时撞针插入橡皮泥中，把两小车连接成一体一起运动．

4. 测速度：通过纸带上两计数点间的距离及时间由 $v=\dfrac{\Delta x}{\Delta t}$ 算出速度．

5. 改变条件：改变碰撞条件，重复实验．

6. 验证：一维碰撞中的动量守恒．

三、利用斜槽上滚下的小球验证动量守恒定律

1. 用天平测出两小球的质量，并选定质量大的小球为入射小球．

2. 按照图 2-70 所示安装实验装置，调整固定斜槽使斜槽底端水平．

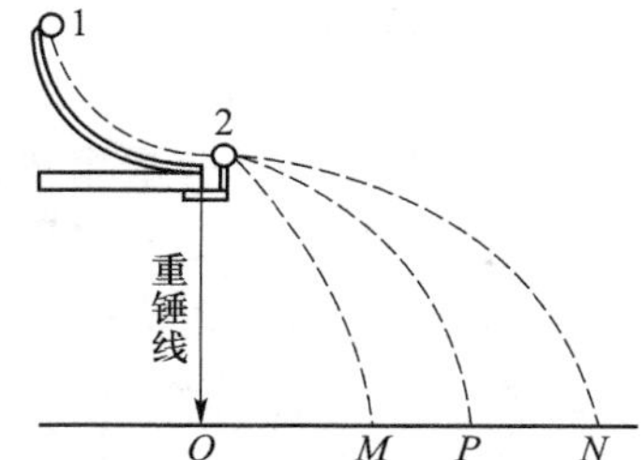

图 2-70　斜槽滚下小球实验

3. 白纸在下，复写纸在上，且在适当位置铺放好，记下重锤线所指的位置 O 点．

4. 不放被撞小球，每次让入射小球从斜槽上某固定高度处自由滚下，重复 10 次．用圆规画尽量小的圆把所有的小球落点圈在里面，圆心 P 就是小球落点的平均位置．

5. 把被撞小球放在斜槽末端，每次让入射小球从斜槽同一高度自由滚下，使它们发生碰撞，重复实验 10 次，用步骤 4 的方法，标出碰后入射小球落点的平均位置 M 和被撞小球落点的平均位置 N.

6. 连接 ON，测量线段 OP、OM、ON 的长度，将测量数据填入表中，最后代入公式 $m_1OP=m_1OM+m_2ON$，看其在误差允许的范围内是否成立．

7. 整理好实验器材放回原处．

四、数字化动量守恒定律实验

1. 如图 2-71 所示，在两小车前安装同性磁铁片，用天平称出两小车质量分别为 208. 2 g、208. 5 g.

图 2-71　数字化动量守恒定律实验

2. 取两只光电门传感器，分别接入数据采集器的第一、第二通道，将传感器用支架固定在轨道上．

3. 将轨道调整水平，两小车上安装宽度为 0. 020 m 的“I”型挡光片．

4. 检测并调整光电门的高度，保证挡光片可顺利通过光电门的间隙．

5. 打开“计算表格”，点击“开始”，轻推两小车使之做相向运动，其分别通过两光电门

后发生碰撞，碰后两小车均被弹回，反向通过光电门．

6. 重复上述步骤，实验多次．

7. 输入计算碰前与碰后的总动量的公式：$p=\dfrac{0.208\,2\times0.020\,\mathrm{kg\cdot m}}{t_1}-\dfrac{0.208\,5\times0.020\,\mathrm{kg\cdot m}}{t_2}$，得出实验结果，如图 2-72 所示（图中省略了单位）.

计算表格	t_1	t_2	p=0.2082*0.020/t_1–0.2085*0.020/t_2
1	0.03378	0.03978	0.0184
2	0.04276	0.03590	–0.0188
3	0.02814	0.02301	–0.0333
4	0.02497	0.03154	0.0345
5	0.02724	0.02478	–0.0154
6	0.02680	0.02972	0.0151
7	0.02281	0.02617	0.0232
8	0.02891	0.02483	–0.0239

图 2-72　完全弹性碰撞实验数据

8. 表格中第 1、3、5、7 行的计算结果为三次实验碰前总动量，第 2、4、6、8 行为三次实验碰后总动量的相反值，单位为 kg · m/s.

9. 由实验结果可计算出四次实验碰前与碰后的动量损失分别为 2. 17%、3. 6%、1. 9%、2. 9%.

10. 将两小车的弹簧圈改为锦纶黏扣，把小车 1 放在两光电门传感器之间，推动小车 2 通过一个光电门传感器后与小车 1 相碰，碰撞后的两小车黏合在一起通过第二个光电门传感器．

11. 将数据输入碰前和碰后总动量计算公式 $p_1=\dfrac{0.208\,5\cdot0.02}{t_1}\,\mathrm{kg\cdot m}$，$p_2=\dfrac{0.416\,7\cdot0.02}{t_2}\,\mathrm{kg\cdot m}$，将数据输入计算二者相对误差计算公式 $n=\dfrac{(p_1-p_2)}{p_1}$，计算得出实验结果如图 2-73 所示（图中省略了单位）．

计算表格	t_1	t_2	p_1=0.2085*0.020/t_1	p_2=0.4167*0.020/t_2	n=(p_1–p_2)/p_1
1	0.02847	0.05820	0.1465	0.1432	0.0225
2	0.02829	0.05801	0.1474	0.1436	0.0251
3	0.02846	0.05837	0.1465	0.1428	0.0253
4	0.03719	0.07512	0.1121	0.1109	0.0107
5	0.04688	0.09564	0.0890	0.0871	0.0213
6	0.03551	0.07227	0.1174	0.1153	0.0179
7	0.03811	0.07789	0.1094	0.1070	0.0219
8	0.03726	0.07595	0.1119	0.1097	0.0197

图 2-73　完全非弹性碰撞实验数据

12. 根据实验结果得出八次碰撞实验碰前与碰后的动量损失分别小于 2. 53%.

注意事项

1. 利用摆球进行实验时，两小球静置时的球心应在同一水平线上，且刚好接触，摆线竖直，将小球拉起后，两条摆线应在同一竖直平面内．

2. 利用长木板进行实验时，需在长木板下垫一小木片用以平衡摩擦力．

3. 利用斜槽进行实验时，入射球质量要大于被碰球质量，即：$m_1>m_2$，防止碰后 m_1 被反弹．

4. 在进行数字化实验时，推动小车时应尽量远离光电门，避免小车通过光电门时形成加速运动．

思考题

1. 动量守恒定律中速度是否可以选用不同参考系，为什么？
2. 在不同实验中，对选用的碰撞物体是否有不同的要求？
3. 比较几种实验方法的优劣．

实验八　探究向心力大小与半径、角速度、质量的关系

【实验目的】

1. 了解向心力的确切含义，加深对向心力来源和作用效果的认识；掌握向心力大小与半径、角速度、质量之间的关系，掌握传统向心力演示器、数字实验仪器的实验原理及操作方法；能尝试运用向心力公式解决生活中的问题．

2. 能将实际问题中的对象和运动过程转换成物理模型，并对其进行合理的分析、推理，最终运用向心力相关知识进行解释；通过传统实验和数字实验，用不同的方式探究、思考同一问题，比较其异同，培养学生从不同角度解决问题的思维方式．

3. 会设计相关实验来探究向心力大小与半径、角速度、质量的关系，体会控制变量法在研究多个物理量关系时如何应用；经历向心力大小的科学探究过程，认识科学探究的意义，发展对科学的好奇心和求知欲，体验探索自然规律的艰辛与喜悦；培养坚持真理、实事求是的科学态度和精神．

4. 能够用相关知识解释生活现象、解决生活问题，认识科学、技术、社会的关系，树立科学知识为社会生活服务的意识．

【实验器材】

向心力演示仪、朗威 DISLab 数据采集器、光电门传感器、力传感器、向心力演示仪、计算机．

【实验研究】

一、利用向心力演示仪探究影响向心力大小的因素．

实验装置参见图 2-74 所示的向心力演示仪．

1. 向心力大小与哪些因素有关的定性分析．

（1）在小物体的质量和角速度不变的条件下，改变小物体做圆周运动的半径进行实验．

（2）在小物体的质量和所做圆周运动的半径不变的条件下，改变小物体的角速度进行实验．

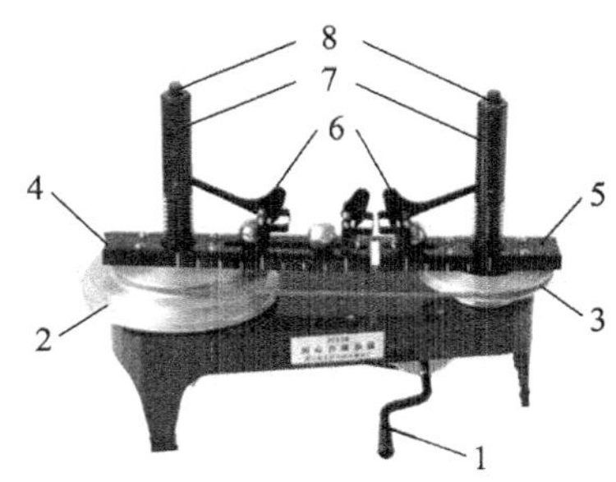

1—手柄；2，3—变速塔轮；4—长槽；5—短槽；6—横臂；7—测力套筒；8—标尺

图 2-74　向心力演示仪

（3）换用不同质量的小物体，在角速度和半径不变的条件下，重复上述操作．

2. 向心力与质量、角速度、半径关系的定量分析．

匀速转动手柄，可以使塔轮、长槽和短槽匀速转动，槽内的小球也就随之做匀速圆周运动．这时，小球向外挤压挡板，挡板对小球的反作用力提供了小球做匀速圆周运动的向心力．同时，小球压挡板的力使挡板另一端压缩弹簧测力套筒里的弹簧，弹簧的压缩量可以从标尺上读出，该读数显示了向心力的大小．

（1）把两个质量相同的小球放在长槽和短槽上，使它们的转动半径相同．调整塔轮上的皮带，使两个小球的角速度不一样．注意向心力的大小与角速度的关系．

（2）保持两个小球质量不变，增大长槽上小球的转动半径．调整塔轮上的皮带，使两个小球的角速度相同．注意向心力的大小与半径的关系．

（3）换成质量不同的球，分别使两球的转动半径相同．调整塔轮上的皮带，使两个小球的角速度也相同．注意向心力的大小与质量的关系．

（4）重复几次以上实验．

3. 数据处理

（1）把两个质量相同的小球放在长槽和短槽上，使它们的转动半径相同，调整塔轮上的皮带，使两个小球转动的角速度之比分别为 1∶1、1∶2 和 1∶3，分别读出两球所需的向心力大小，将结果填入表 2-11. 其中，$m_1=m_2$，$r_1=r_2$.

表 2-11　角速度与向心力的关系

实验次数	$\omega_1:\omega_2$	F_1/N	F_2/N	$F_1:F_2$
1				
2				
3				

（2）把两个质量相同的小球放在长槽和短槽上，使它们半径之比为 2:1；调整塔轮上的皮带，使两个小球的角速度相同，分别读出两球所需的向心力大小，将结果填入表 2-12，其中，$m_1=m_2$，$\omega_1=\omega_2$.

表 2-12　向心力与半径的关系

$r_1:r_2$	F_1/N	F_2/N	$F_1:F_2$

（3）把两个质量不同的小球放在长槽和短槽上，使两球的转动半径相同，调整塔轮上的皮带，使两个小球的角速度相同，分别读出两球所需的向心力大小，将结果填入表 2-13. 其中，$r_1=r_2$，$\omega_1=\omega_2$.

表 2-13　向心力与质量的关系

$m_1:m_2$	F_1/N	F_2/N	$F_1:F_2$

分析与论证：

① 表 2-11 中 $\omega_1=\omega_2$，分析 F_1 和 F_2 两列的值，发现 F 与 ω 的二次方成正比 .

② 表 2-12 中 $r_1=r_2$，分析 F_1 和 F_2 两列的值，发现 F 与 r 成正比 .

③ 表 2-13 中 $m_1=m_2$，分析 F_1 和 F_2 两列的值，发现 F 与 m 成正比 .

实验结论：

物体做圆周运动需要的向心力与物体的质量成正比，与物体的半径成正比，与物体的角速度的平方成正比 .

二、利用计算机辅助实验系统探究影响向心力大小的因素

1. 将光电门传感器和力传感器固定在 DISLab 向心力实验器上，如图 2-75 所示 . 光电门传感器接入数据采集器第一通道，力传感器接入第二通道 .

2. 点击教材专用软件主界面上的实验条目“向心力研究”，打开该软件 .

3. 将挡光杆的直径（挡光宽度）、挡光杆到旋臂轴心的距离、第一次实验时砝码的运动半径（砝码重心到旋臂轴心的距离）和砝码质量输入表格相应位置 .

4. 点击“开始记录”，保持旋臂静止不动，对传感器进行软件“调零”. 拨动旋臂使之做圆周运动，挡光杆每次通过光电门传感器，系统自动记录下砝码的向心

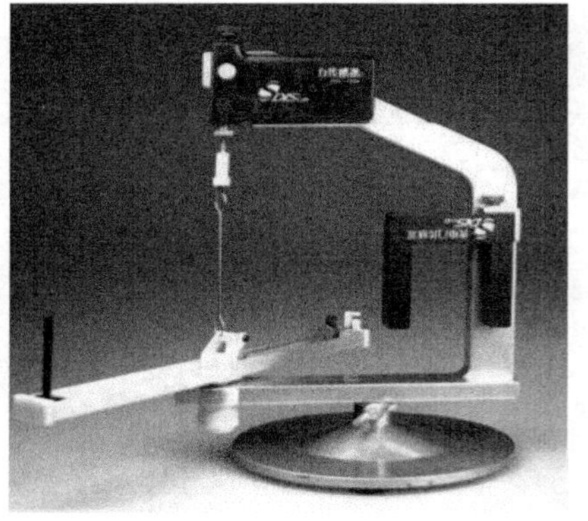

图 2-75　向心力研究实验装置

力值 F，并计算出此时的角速度 ω. 随着旋臂转速逐渐减慢，软件窗口上方的坐标系内将显示自右上方至左下方分布的一组 F-ω 数据点 .

5. 点击“停止记录”，对数据点进行分析 . 分别点击“一次拟合”“二次拟合”，得出两条拟合图线（图 2-76）. 观察可见，二次拟合图线与数据点的分布非常接近，可推断 F 与 ω 是二次方关系 . 点击“F-ω^2 图像”，对数据点进行“一次拟合”，得到拟合曲线（图 2-77），观察曲线后可推断 F 与 ω^2 成正比 .

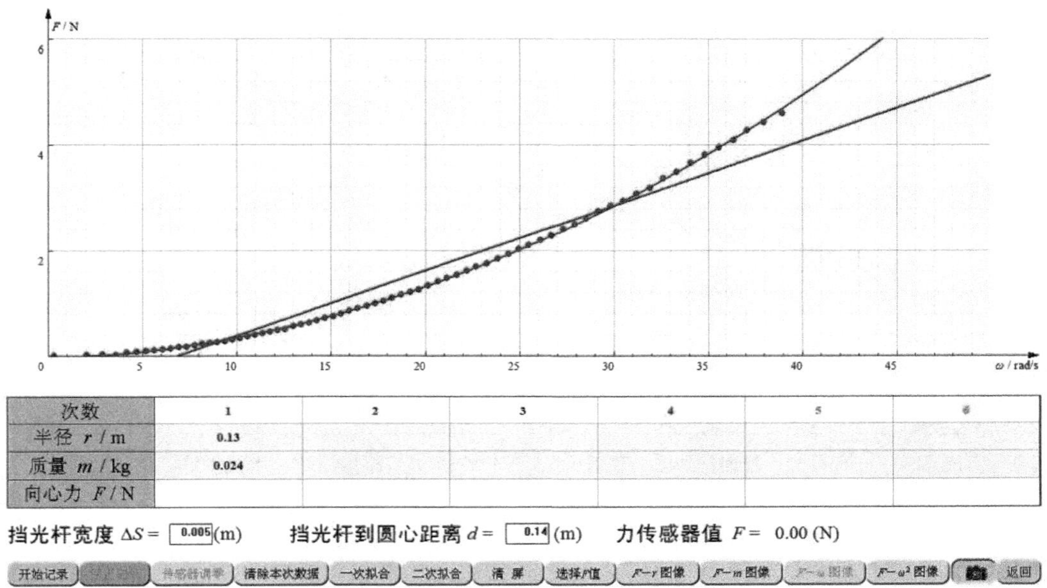

图 2-76　向心力与角速度的关系

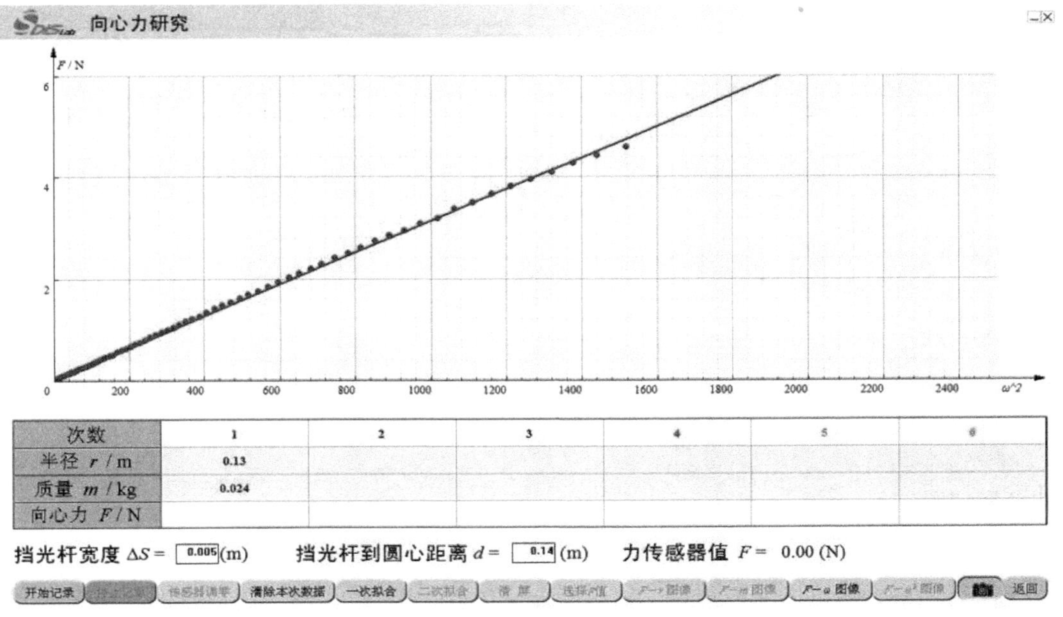

图 2-77　向心力与角速度平方的关系

6. 保持砝码的质量不变，改变其运动半径，重复实验，得出几组 $F-\omega$ 数据点（图 2-78）. 对曲线进行“选择 F 值”，点击“$F-r$ 图像”得到拟合曲线（图 2-79）. 观察曲线后可推断 F 与 r 成正比 .

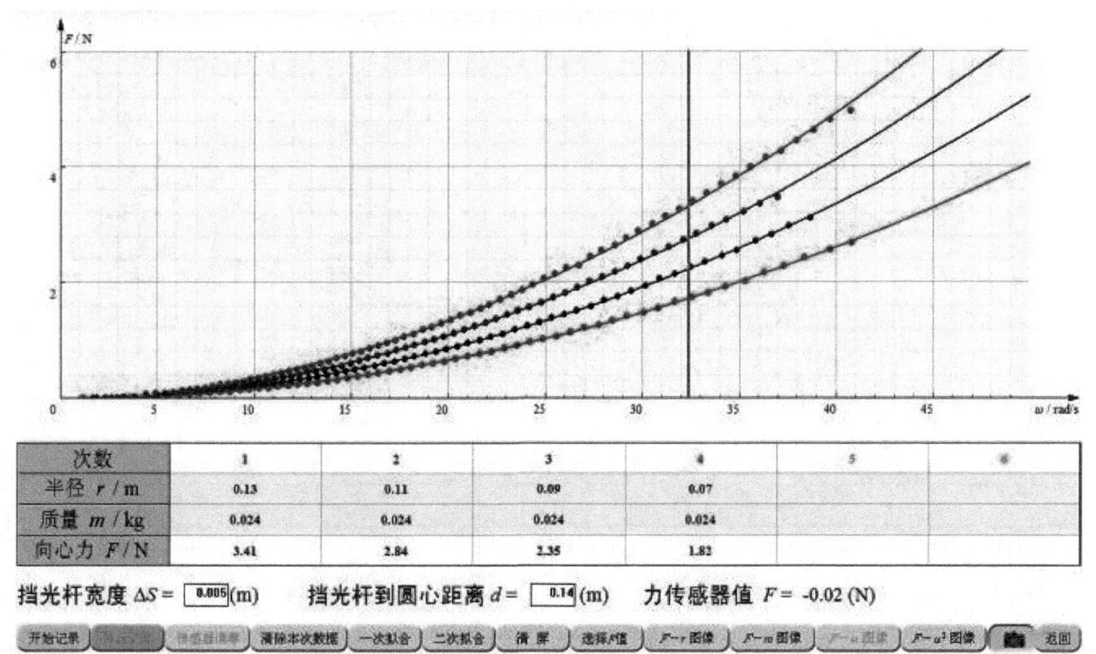

次数	1	2	3	4	5	6
半径 r / m	0.13	0.11	0.09	0.07		
质量 m / kg	0.024	0.024	0.024	0.024		
向心力 F / N	3.41	2.84	2.35	1.82		

图 2-78 不同半径对应的向心力图线

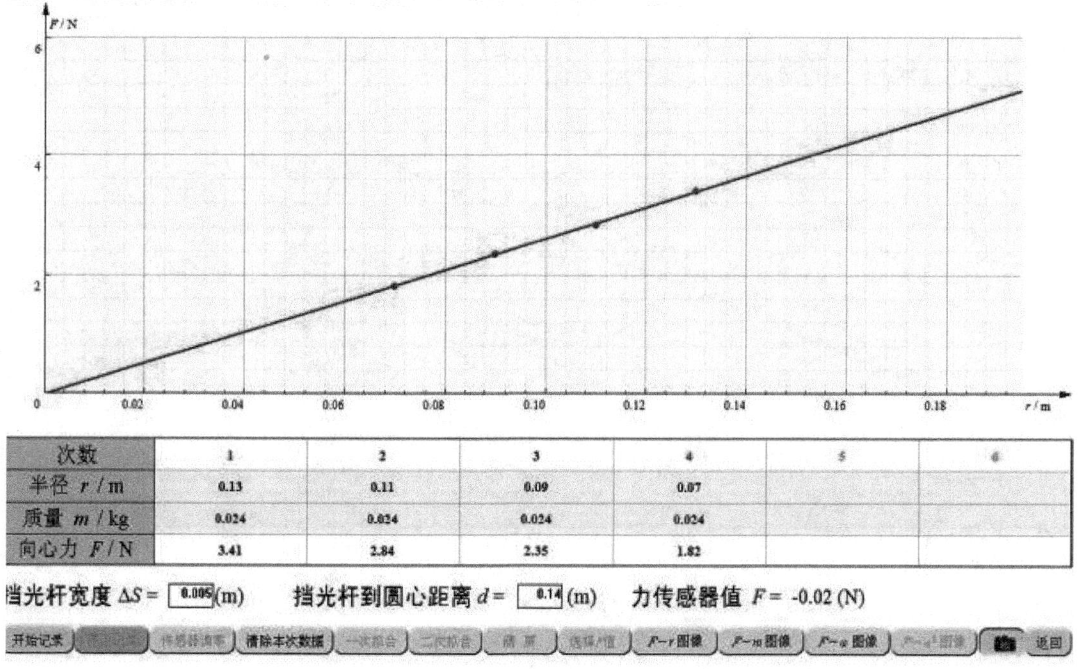

次数	1	2	3	4	5	6
半径 r / m	0.13	0.11	0.09	0.07		
质量 m / kg	0.024	0.024	0.024	0.024		
向心力 F / N	3.41	2.84	2.35	1.82		

图 2-79 向心力与半径之间的关系

7. 保持砝码的运动半径不变，改变其质量，重复实验，得出几组 F-ω 数据点（图 2-80）. 对曲线进行“选择 F 值”，点击“F-m 图像”得到拟合曲线（图 2-81）. 观察曲线后可推断 F 与 m 成正比 .

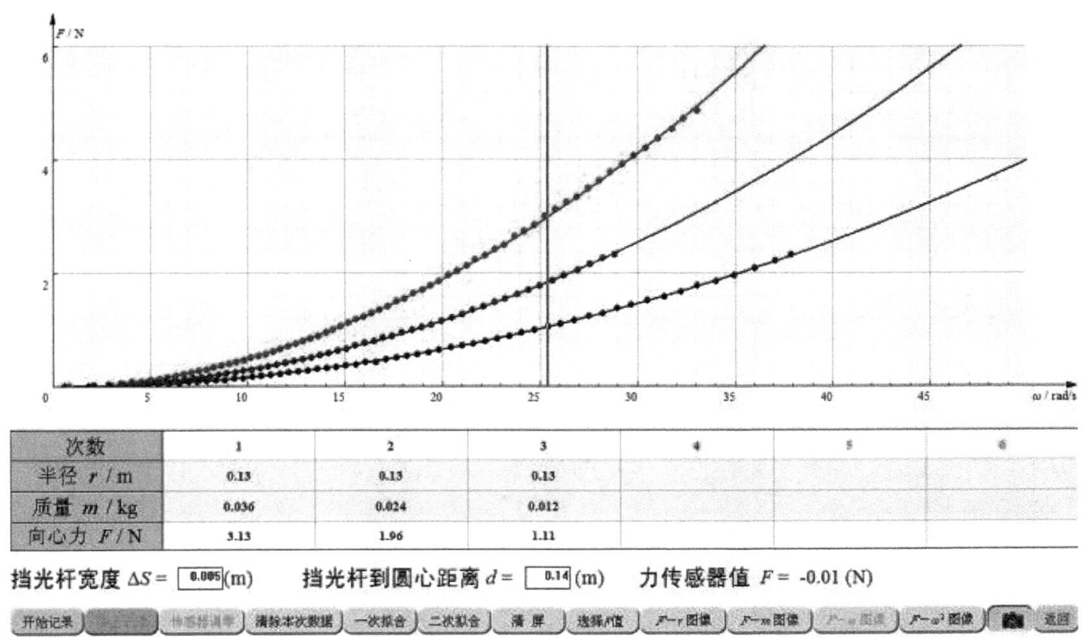

次数	1	2	3	4	5	6
半径 r / m	0.13	0.13	0.13			
质量 m / kg	0.036	0.024	0.012			
向心力 F / N	3.13	1.96	1.11			

图 2-80　不同质量对应的向心力图线

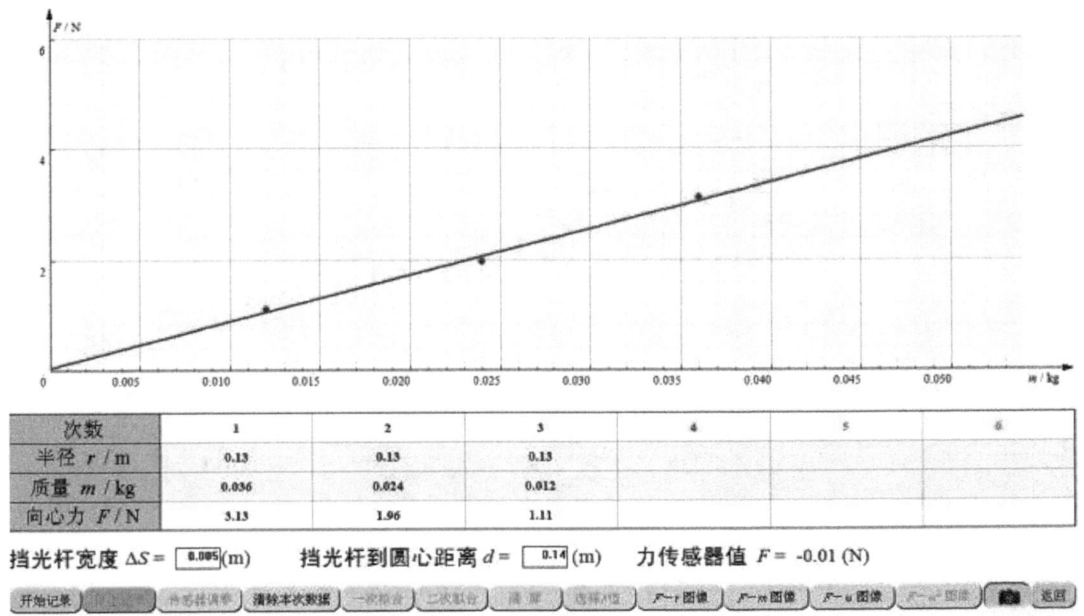

次数	1	2	3	4	5	6
半径 r / m	0.13	0.13	0.13			
质量 m / kg	0.036	0.024	0.012			
向心力 F / N	3.13	1.96	1.11			

图 2-81　向心力与质量之间关系

8. 根据实验结果，分析向心力 F 与角速度 ω 和质量 m 的关系 .

注意事项

1. 定性分析实验中，轻小物体受到的重力与拉力相比可忽略 .

2. 使用向心力演示仪时应注意：

（1）将横臂紧固螺钉旋紧，以防小球和其他部件飞出而造成事故 .

（2）摇动手柄时应力求缓慢加速，注意观察其中一个测力计的格数，当达到预定格数时，即可保持转速均匀恒定 .

思考题

1. 实验中运用了什么实验方法？
2. 分析实验误差产生的原因 .

参考文献

［1］高中物理学生实验［M］. 北京：人民教育出版社，2003：06.

［2］许红，龚万钟 . 基于 DIS 系统测量重力加速度几种方法的比较［J］. 物理教学，2011，33（05）：24-26.

［3］梁振华 . 用普通数码相机研究平抛运动轨迹［J］. 物理教师，2012，33（03）：43-44.

［4］何述平 . 图像法处理打点纸带的研究［J］. 物理教师，2013，34（01）：57-60+62.

［5］欧阳映 . 通过游标卡尺培养学生的思维迁移能力［J］. 物理教师，2013，34（01）：53-55.

［6］姜源，徐菁华，赵骞，等 . 在气垫导轨上开发研究性创新性实验课题［J］. 实验室研究与探索，2013，32（09）：128-131.

［7］居津，刘鲲 . “实验探究碰撞中的不变量”几个注意点和应对措施［J］. 物理教师，2014，35（04）：50-52.

［8］孙丰富，朱召友 . “探究影响滑动摩擦力大小因素”的实验改进［J］. 物理教师，2014，35（06）：36+38.

［9］何述平 . 逐差法处理自由落体频闪数据的研究［J］. 物理教师，2016，37（01）：42-45.

［10］庄正辉 . 基于朗威 DISLab 的“摩擦力”教学实验设计［J］. 物理教师，2016，37（11）：61-63.

［11］赵重阳 . 对物理实验中获取原始数据时测量仪器读数规则的思考［J］. 物理教师，2016，37（05）：49-52.

［12］张锁宾，黄育红，袁赟，等 . 条形挡光片测速的误差分析及修正方法［J］. 大学物理，2017，36（06）：73-77.

［13］何述平．平均法处理自由落体频闪数据的研究［J］．物理教师，2017，38（05）：54-55+59.

［14］陈泽武．用光电门测瞬时速度的精确度分析——兼析2015年高考浙江理综卷第15题［J］．物理教师，2018，39（02）：83-85.

［15］马亚鹏．力的合成实验研究：改进、争论与反思［J］．物理教师，2018，39（02）：51-54+57.

［16］周晓松，洪朝晖，邵友娣．基于单摆和DIS信息技术的向心力探究活动设计方案［J］．物理教学，2018，40（09）：33-35+25.

［17］李彬彬，窦全国．验证牛顿第二定律实验的几个核心问题［J］．物理教学，2019，41（02）：31-35.

［18］陈辉，夏周．气垫导轨探究“功与速度变化的关系”［J］．物理教师，2019，40（03）：64-66.

［19］聂应才，聂辰熙．巧用力传感器研究滑动摩擦力［J］．物理教师，2019，40（09）：56-58.

［20］王驰明，王芳．基于教材实验方案的改进与创新——胡克定律的实验研究［J］．物理教师，2019，40（01）：62-64.

［21］吴爱琴．对“探究影响浮力大小的因素”实验的改进与拓展［J］．物理教学，2019，41（11）：41-43.

［22］高中物理实验教学研究［M］．南宁：广西教育出版社，2019：10.

［23］马华峰．运用探究性演示实验培养学科关键能力——以“牛顿第三定律”教学为例［J］．物理教学，2020，42（10）：30-33+13.

［24］陈显盈，尤爱惠，谢作如．探究“蹲下站起”过程演示“超重失重”实验——“数字化”体重计的创新设计与发明［J］．物理教师，2020，41（08）：55-56+59.

［25］张连之．以问题为引领创新设计实验——以单摆周期探究仪设计为例［J］．物理教师，2020，41（11）：57-59.

［26］胡成．基于数字化实验的科学探究能力培养——以“碰撞”的教学为例［J］．物理教学，2020，42（06）：30-33+56.

［27］王芳，王驰明．基于“创新实验”的中学物理可视化的教学实践研究——以浮力的教学为例［J］．物理教学，2021，43（07）：33-35.

［28］高中物理实验仪器配备与使用［M］．苏州：苏州大学出版社，2021：05.

第三篇

热学、分子动理论实验技能训练

热学作为专门研究热现象的规律及其应用的一门学科是物理学的一个重要分支．热学与人类的生活密切相关，人类对热学的探索起源于对冷热现象的研究，这也使人类很早就开始了对热现象的研究，但热学真正成为一门科学还是近一百年的事情．热学对物理学最大的贡献，就是它有两种截然不同的研究方法和描述方式：一是热力学，即根据观察和实验总结出宏观热现象所遵循的基本规律后，再通过逻辑推导来研究宏观物体的热性质；二是统计物理学，即从物质内部的微观结构（分子动理论的角度）出发，运用统计的方法来探索物体的热性质．热力学和统计物理学从宏观和微观两个角度对热现象进行了研究和描述，建构了热学的理论体系，热学特有的研究方法对物理学来说是重大的成就之一．

热学早期的发展始于对温度的研究，温度计的发明和温标的确立，使对热现象的研究走上了实验科学的道路，这个阶段科学家们主要通过大量的实验和事实观察，对热的本性展开了研究和争论．布朗通过观察不同微粒在水中运动的实验总结出布朗运动，促进了分子动理论的发展．通过对气体、液体和固体相互进入的实验现象的研究和逻辑推理，形成了分子动理论，并为热力学第一定律形成奠定了基础，也为统计物理学的建立提供了可行性．热学研究发展的过程中，虽然很多微观机制不能直接通过肉眼观察，但它们也是在大量宏观实验的基础上总结和推理出来的．热力学是宏观理论，通过观察和实验来验证微观理论的正确性，没有涉及对热现象本质的解释；统计物理学是微观理论，它从分子热运动出发找出宏观测量的微观决定因素，深入探讨热现象的本质；两者都离不开实验的研究与分析．

在学习热学知识之前，中学生接触和研究的内容为宏观世界的物理问题，而热学的学习使中学生开始接触微观世界的物理知识，对于他们而言这是不能通过直观观察研究的全新领域．对于热力学相关知识的学习，例如较抽象难懂的热力学第二定律，需要完成从宏观思维向抽象思维的转变，同时这也为后面电学的学习打下了基础．尤其是在分析和解决问题方面，热学是学习电磁学的基础．在教学过程中通过对宏观实验现象的观察与研究，进行逻辑推导得出微观世界所遵循的规律，是帮助学生有效理解物理观念的关键．

热学部分实验现象较为明显，操作难度较大的实验为“晶体的熔化和凝固”，需要教师通过自身多次实验总结操作注意事项，在学生进行操作时才能够顺利指导其完成实验．热学教材中要求的实验数目较多，尤其是初中热学部分，能够有效地匹配教师的教学．实验的关键点在于如何通过宏观现象引导学生概括出微观世界的规律，并且采用恰当的物理量来替代不能直接测量的物理量进行测量，如电热的测量．热学实验能够有效地帮助中学生理解抽象的热学知识内容，如通过显微镜观察布朗运动；热学实验多采用控制变量法、转换法和放大法，通过实验的设计，能够发展学生的科学思维，如在研究物态变化时，观察压强的变化，并将其转换为水柱的升高进行研究；热学实验在数据处理的过程中，会遇到如何选择科学、合理的方式去测量和记录数据的问题，如“用油膜法估测分子大小”的实验，可帮助学生提高科学探究能力；热学实验可以教导学生——微观世界是可以认知的，并培养学生理论联系实际和实事求是的精神等，帮助学生养成科学态度、提升责任意识．

第一章

实验基本仪器

在中学阶段，热学相关实验中能够直接测量的物理量为温度，常用的实验器材为温度计．对于另外一个重要物理量压强的测量，则多采用替代法进行测量和观察，如通过体积的变化来显示压强的变化．用来进行演示实验和学生实验的常用实验器材有抽气机、显微镜、酒精灯和铁架台等．热学的本质需要通过微观机制进行研究和解释，而对微观理论的理解也需要建立在实验观察和分析的基础上，因此教师在进行教学的过程中，要通过演示实验引领中学生探究热学的本质．

第一节　温　度　计

在实验中普遍使用的温度计主要有水银温度计和酒精温度计，构造如图 3-1 所示．

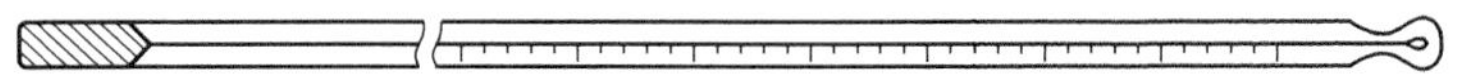

图 3-1　普遍使用的温度计构造图

温度计的下部是一个薄壁玻璃泡，其内充有水银或酒精，和玻璃泡连通的是中心毛细管，外表面为刻有刻度的玻璃棒，毛细管中为真空．

温度计的基本设计思想是水银或酒精沿毛细管上升或下降的变化量与温度的变化成正比．当将温度计置于被测温度的介质中时，从液注顶端的位置可读出其温度值．

温度计的使用应注意以下几点：

1. 温度计与被测温的介质必须接触良好，特别是测固体温度时更要注意．

2. 温度计的玻璃泡壁很薄，使用时一定要小心，不能碰破它，一旦破损，里面的水银会溢出，一定要及时处理，以免水银蒸气污染环境．

第二节　显　微　镜

一、结构

显微镜的结构如图 3-2 所示．

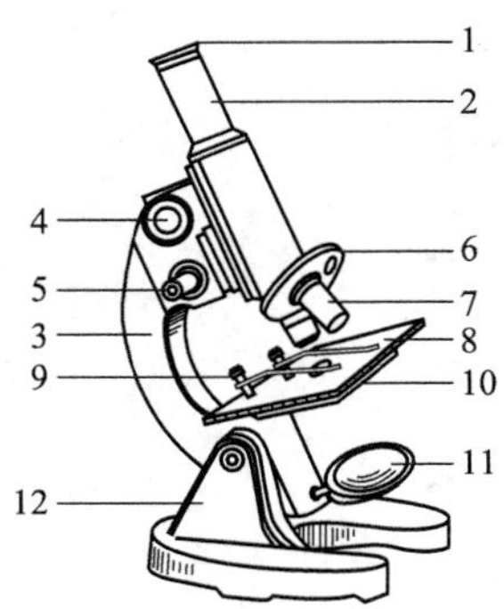

1—目镜；2—目镜筒；3—镜架；4—粗调手轮；5—微调手轮；6—物镜转换器；
7—物镜；8—载物台；9—切片压簧；10—旋转光阑；11—反射镜；12—底座

图 3-2 显微镜结构图

二、原理

显微镜光学系统由两大部分组成．

1. 成像系统由目镜、物镜组成．物镜是将标本做第一次放大，然后目镜再将第一次放大的像做第二次放大．

2. 照明系统由旋转光阑和反射镜组成．反射镜将外来光线直接通过光阑会聚在标本上，这样就照亮了标本，使其便于观察．改变旋转光阑孔径可以适当调节照明亮度，以便观察时获得清晰的物像．

三、使用方法

在观察时可用自然光源或人工光源照明．

1. 将各倍率物镜顺序装到物镜转换器上，目镜插入目镜筒中．

2. 如采用自然光源时将反射镜朝向窗口，以便将外来光线导入，但应避免将阳光直接射入，使人目眩反而观察不清．

3. 将所需观察的标本放在载物台中央，使要观察的物点大致在载物台圆孔中心处，用切片压簧将其压紧．

4. 先用“10×”物镜观察，转动反射镜获得明亮的视场（一般在低放大倍数时用平面反射镜，高放大倍数时用凹面反射镜），然后旋转微调手轮使微动机构处于行程中间位置，再转动粗调手轮将镜筒降下，使物镜靠近切片，然后通过目镜观察．旋转粗调手轮，使镜筒慢慢上升，使能见到标本影像．再转动微调手轮即可得到清楚的物像，此时转动旋转光阑选择适当的亮度，以便获得最清晰的物像．需要时，可换用高倍物镜进行观察，更换物镜后再转动微调手轮即可看到清晰的物像．

四、保养

1. 显微镜保养与一般光学仪器相同，要将其放置在阴凉、干燥、无灰尘和无酸碱、蒸汽的地方，不用时用罩子罩好．

2. 所有的镜头均经校验，请勿自行拆开．镜面上如有污秽，可用脱脂棉沾二甲苯轻轻揩拭，如用酒精揩拭，则要注意不要让酒精渗入物镜内部，以防酒精溶解透镜胶．镜面上的灰尘可用吸耳球吹去，或用干净的毛刷轻轻拭去，擦拭机械部分及涂无腐蚀性润滑剂（油）时，须特别注意不要碰到光学零件，尤其是物镜．

3. 如发现粗调手轮太松或太紧时，用手握紧一只粗调手轮，转动另一只手轮，作适当的调节．

4. 物镜和目镜用后装入镜头盒内，将目镜筒防尘盖装在目镜筒上．

第三节　抽　气　机

一、手摇抽气机

手摇抽气机的结构如图 3-3 所示．核心部分是气缸①和活塞②．气缸壁上有一侧孔⑥与抽气管⑦相通．排气片⑤被弹簧④压紧在气缸下端．整个系统浸在由抽气机外壳组成的油箱中，排气孔⑧与油箱相通．

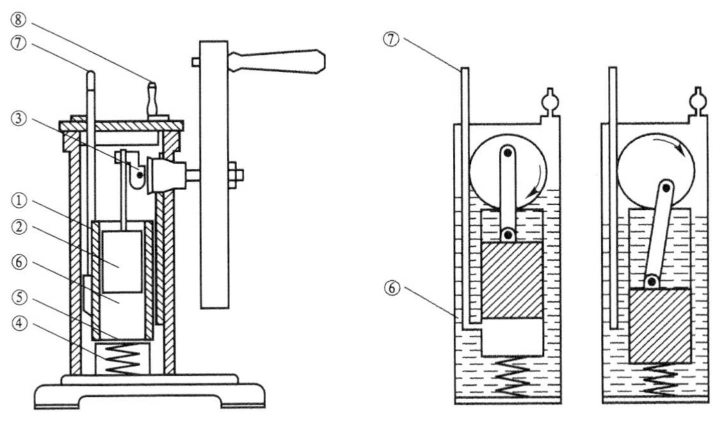

图 3-3　手摇抽气机结构图

使用时，抽气管与被抽容器相连．排气孔通大气．摇动大轮时，曲柄连杆装置带动活塞上下运动．活塞上行时，活塞与气缸下端的排气片之间距离加大，缸内气体压强减小．活塞到达上部时，侧孔露出，被抽容器中的气体通过抽气管进入气缸．活塞下行时，侧孔被堵住，活塞压缩气缸中的气体，迫使气体推开排气片通过机油由排气孔排出．

用手摇抽气机时，真空度可达 0.4 mmHg.

如果使排气管与容器相连，则可对容器充气．气压可达 4 倍标准大气压．

二、手持两用气筒

手持两用气筒具有抽气和打气两种功能．抽气可达 6.67 kPa 真空度，打气可达 3～4 个大气压．

手持气筒的结构示意如图 3-4 所示．金属圆筒①中有一个与手柄②相连的活塞③．抽气嘴④和打气嘴⑤中各有一个气门芯⑥、⑦.

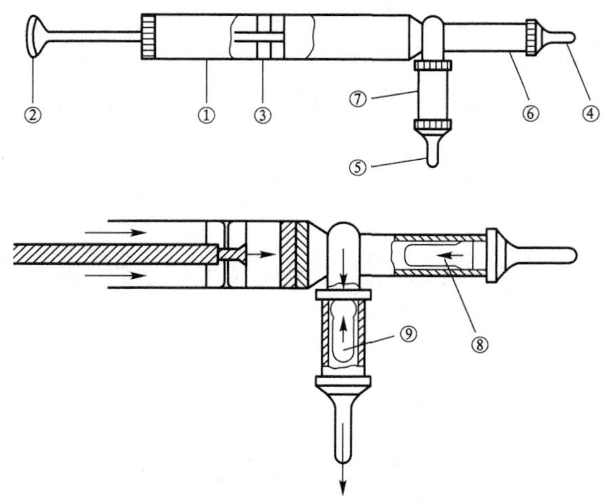

图 3-4　手持两用气筒结构图

往复拉动手柄，活塞在圆筒中运动．当活塞被拉向外时，筒中的空气压力降低，外面的空气由抽气嘴④和气门芯⑥进入金属筒．当活塞被向内推时，筒内气体被压缩，压强增加，由气门芯⑦和打气嘴⑤排出．

当容器与抽气嘴相连时，往复抽动手柄则可实现抽气；当容器与打气嘴相连时，往复抽动手柄则可进行打气．

第二章

热学、分子动理论实验训练与研究

实验一　物质的熔化与凝固

【实验目的】

1. 重点掌握晶体熔化和凝固的实验操作方法和注意事项；比较几种实验方法的优缺点，了解实验的关键步骤；学会指导学生进行实验操作，并能够通过演示实验、学生实验，促进学生物理观念、科学思维、探究能力、科学态度和责任意识的提升．

2. 掌握通过物理实验使学生形成关于温度及物态变化相应观念的方法，进而能使其用温度及物态变化的观念解决实际问题．

3. 掌握在实验教学过程中通过学生对物态变化过程及特点进行观察、分析从而提升其比较和概括能力的方法，并使其能够基于证据发表自己的见解，能对生活中常见的物态变化现象进行合理解释．

4. 掌握正确引导学生经历物态变化探究过程的方法，使其能根据生活中的物态变化现象提出科学问题，形成猜想；设计实验，利用器材获取数据和信息；对数据进行分析、解释与交流；具有与他人合作的意识．

5. 培养学生良好的实验习惯，并在教学过程中能够引导学生按照实验规章制度进行实验，具有安全防护的意识．

【实验器材】

试管两支、烧杯（250 mL）2 个、温度计（100 ℃）3 支、酒精灯 1 个、物理支架一套、石棉网 1 个、细玻璃棒或细竹篾搅拌棒 2 根、细铜丝 1 团、研磨钵 1 套、小刀一把、海波、石蜡．

【实验研究】

一、把海波研磨成粉末状

二、用直径为 25 mm 的试管和搅拌棒进行实验

1. 按照图 3-5 安装好仪器，试管中放入 1/3 试管或 15 g 粉末状海波，烧杯中注入 45 ℃左右的水，水面要超过海波的上表面．

2. 用酒精灯进行加热，加热过程中不断搅拌试管中的海波．

3. 当试管中海波温度到达 47 ℃时，开始记录温度．每隔 1 min 记录一次，将数据填入表 3-1 中．

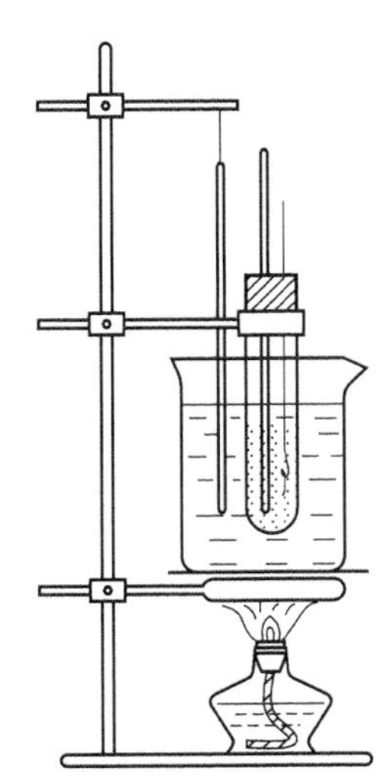

图 3-5　海波熔化（凝固）实验装置图

表 3-1 海波的熔化

水温/℃	
海波温度/℃	
时间/min	

4. 试管中海波全部熔化，温度达到 55 ℃时停止加热．撤掉酒精灯和烧杯，观察海波的凝固过程，并将数据填入表 3-2 中．要连续搅拌直到海波温度下降到 45 ℃.

表 3-2 海波的凝固

海波温度/℃	
时间/min	

5. 回收海波

重新加热海波直至全部熔化，将之全部倒入冷水中．取出海波，将其晾干．

6. 做出海波的熔化、凝固过程的温度-时间（T-t）图像．

三、用直径为 25 mm 的试管和细铜丝进行实验

1. 把细铜丝团放入试管，然后加入海波．

2. 按步骤二进行实验（不搅拌）.

四、用双层试管进行实验

1. 把直径为 25 mm 的试管放入直径为 30 mm 的试管中，如图 3-6 所示．两试管除管口外不互相接触，中间有一空气层．在内层试管中加入 15 g 海波粉．

2. 按步骤二进行实验（不搅拌）.

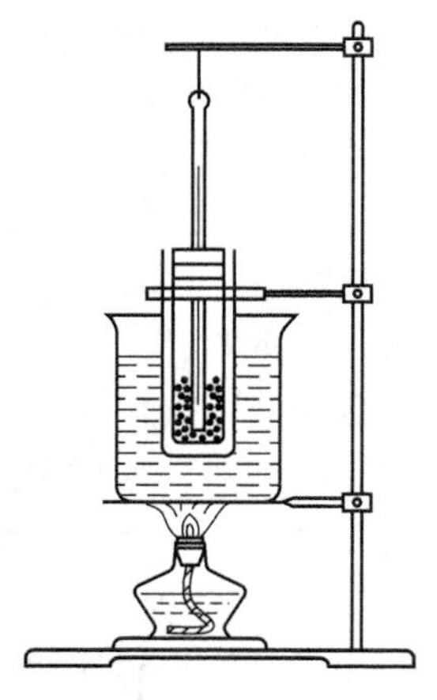

图 3-6 石蜡熔化（凝固）实验装置图

五、石蜡的“熔化”和“凝固”

1. 用小刀把石蜡切成碎末．

2. 在直径为 25 mm 的试管中放入 1/3 管石蜡碎末．

3. 按步骤二进行实验．

注意事项

1. 海波和石蜡都是热的不良导体，实验时要引导学生选择正确的方法尽量使它们受热均匀．

2. 在教学过程中，严禁学生用酒精灯直接加热试管．

3. 每次实验后正确引导学生及时回收海波和石蜡，避免其凝固于试管中．

思考题

1. 为什么在实验过程中不能用酒精灯直接加热试管而采用“水浴”？
2. 用什么材料做搅拌棒较好？为什么？
3. 细铜丝起什么作用？
4. 双层试管有什么好处？
5. 海波熔化、凝固实验的三种方法各有什么优缺点？如何改进？

实验二 探究水从加热至沸腾一段时间的过程中水温变化的特点

【实验目的】

1. 重点研究水沸腾实验的操作方法和注意事项；学会指导学生进行实验操作，并能够通过演示实验、学生实验促进学生物理观念、科学思维、科学探究能力及科学态度和责任意识的形成.

2. 掌握通过物理实验使学生形成沸腾相应观念的方法，进而使其能用温度及物态变化的观念解决实际问题.

3. 掌握在实验过程中通过学生对水的沸腾变化过程及特点进行观察、分析从而提升其比较和概括能力的方法.

4. 注重在实验过程中，培养学生节约用水的意识，养成学生绿色生活方式，树立学生可持续发展的科学态度.

5. 明确沸腾是液体内部和表面同时发生的剧烈汽化现象. 沸腾的特征以及沸腾与蒸发的区别是初中物理教学中的重点内容之一. 组织学生对水沸腾前后变化进行观察，是对教学重点进行加强的重要手段.

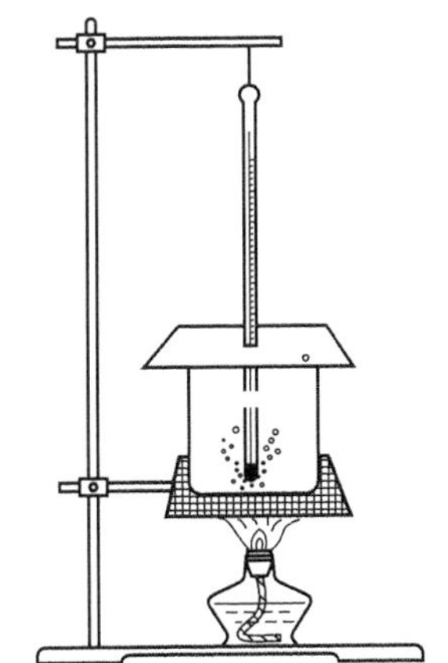

图 3-7 水沸腾实验装置图

【实验器材】

铁架台、温度计、烧杯、石棉网、酒精灯、水、中心有孔的纸板、火柴.

【实验研究】

1. 按照图 3-7 组装实验器材.
2. 点燃酒精灯，给水加热.
3. 当水温接近 90 ℃时，每隔 0.5 min 记录一次温度.
4. 设计表格，记录数据（表 3-3）.
5. 绘制水沸腾时温度与时间关系的图像（图 3-8）.

表 3-3 水沸腾时温度与时间的关系

时间/min	0	0.5	1	1.5	2	2.5	3	…
温度/℃								

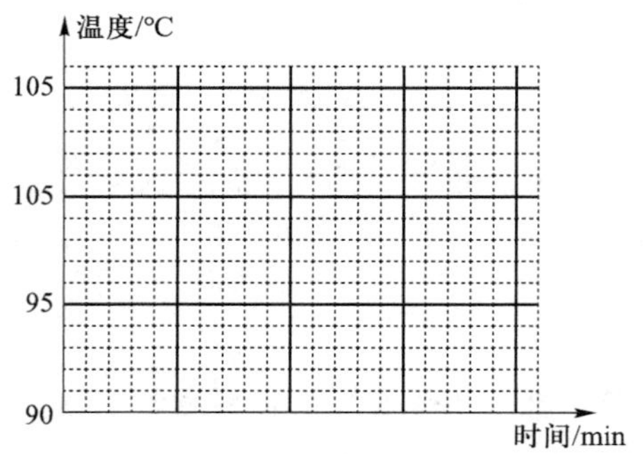

图 3-8 水沸腾时温度与时间关系研究坐标图

注意事项

1. 在实验之前，注意提醒学生正确使用温度计和酒精灯，注意实验安全.
2. 在加热的过程中，注意提醒学生避免被水蒸气灼伤，保证实验安全.

思考题

1. 本实验中可以采用酒精温度计吗？为什么？
2. 本实验可以采用水浴加热法吗？为什么？

实验三 使用抽气机的一组实验

【实验目的】

1. 气体的压强是中学物理教学内容中一个重要的概念. 练习使用抽气机和手持两用气筒，并会用它们进行相关的演示实验. 气体压强的变化会引起许多物理状态的相应变化. 有的实验现象是在没有空气的条件下出现的. 因此抽气机或手持两用气筒是中学物理实验中的重要设备.

2. 掌握引导学生通过实验证明大气压存在的方法，使其能够测量大气压的大小，知道影响大气压变化的因素；通过实验让学生理解声音传播的条件.

3. 学会引导学生通过实验对物理问题进行分析和推理，获得证据；正确引导学生采用不同方法和手段分析信息，对探究结果进行解释，并提升交流能力.

4. 在实验过程中，引导学生体验转换法和放大法等实验思想.

【实验器材】

手摇抽气机、手持两用气筒、马德堡半球（或马德堡圆盘）、抽气钟罩、小闹钟（或电铃、蜂鸣器）、烧瓶、三角支架、酒精灯、温度计、可抽气牛顿管、气球、厚壁橡胶管、黄油.

【实验研究】

一、熟悉手摇抽气机和手持两用气筒的使用．

二、马德堡半球实验

1. 测量马德堡半球的直径，并估计大气压的大小．

2. 擦净两半球相接触的边缘部分，并抹上黄油．

3. 把半球对合起来，压紧并相互转动，使两半球对口密合．

4. 用厚壁橡胶管把半球的气嘴与手摇抽气机的抽气管相连，将半球上的阀门置于“开通”位置．

5. 抽气，然后关闭阀门．

6. 两个同学对拉半球，尝试能否将其拉开．

7. 打开阀门，拉开两半球．

8. 用手持两用气筒重做上面实验．

三、演示声音传播需要介质

1. 拿开抽气钟罩上的玻璃罩，在金属底座上垫上一层泡沫塑料制成的减震垫（切勿堵住气孔）. 在底座与玻璃罩接口处涂上黄油．

2. 把小闹钟（或电铃、蜂鸣器）放在减震垫上，盖上玻璃罩、并旋转压紧，如图 3-9 所示．

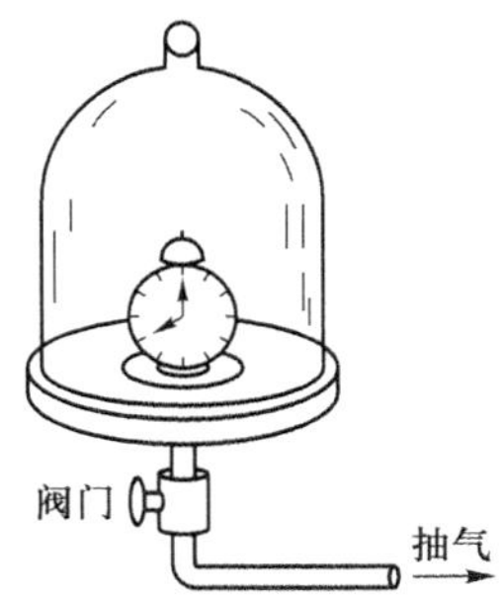

图 3-9　声音传播需要介质演示实验装置图

3. 把抽气钟罩的出气管与手摇抽气机的抽气管相连，打开阀门．

4. 抽气．注意抽气过程中铃声的变化．

5. 当铃声听不到了（或不再变化）时停止抽气．关闭阀门．使抽气钟罩与抽气机分离．

6. 打开阀门，使空气缓慢进入抽气钟罩，注意铃声的变化．

7. 用手持两用气筒试做上面实验．

四、气球在低气压下膨胀

1. 把没有吹胀的气球口扎紧，放入抽气钟罩．

2. 按照上述实验安装好抽气钟罩并进行抽气．

3. 观察抽气过程中气球体积如何变化．

4. 关闭阀门，断开手摇抽气机（或两用气筒）.

5. 打开阀门，放入空气，观察气球体积变化．

五、演示沸点与压强的关系

1. 水在低气压下沸腾

（1）烧瓶中注入 1/3 的水，将带有温度计和玻璃管的塞子塞紧在烧瓶上．用酒精灯加热，使水沸腾，如图 3-10 所示，观察水的温度．

（2）移开酒精灯，待水停止沸腾，温度下降至 80 ℃以下．把手持两用气筒的抽气嘴与烧瓶塞上的玻璃管相连，如图 3-11 所示．轻轻抽气，使水重新沸腾．

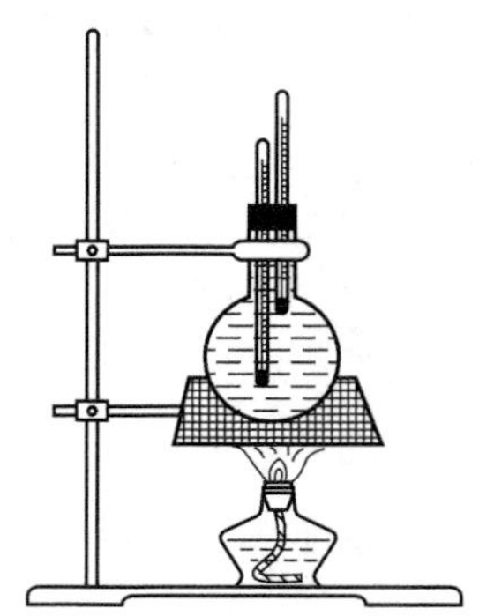
图 3-10 水沸腾实验装置图

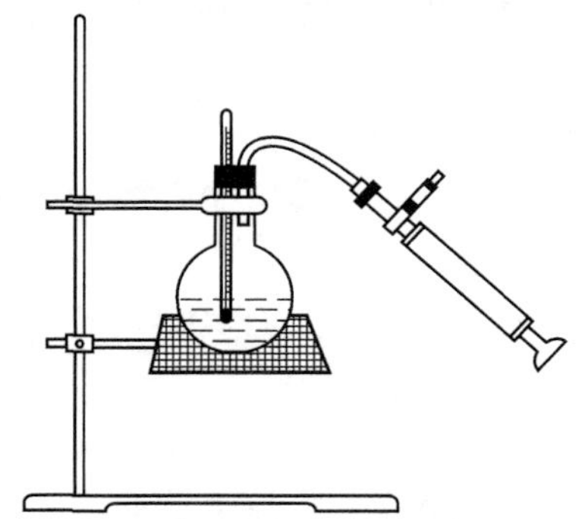
图 3-11 低气压下水沸腾实验装置图

2. 水在高压下沸腾

（1）同低压下沸腾步骤（1）．

（2）把手持两用气筒的打气嘴接到玻璃管上，轻轻向内打气，水停止沸腾（立即停止打气）．

（3）观察水重新沸腾时的温度．

（4）移开酒精灯，待温度下降到 100 ℃以下时取下打气筒．

六、牛顿管

1. 观察牛顿管（图 3-12）．把牛顿管竖起来，迅速颠倒位置，观察管中鸡毛、软木塞、钱币等的下落情况．

2. 使牛顿管的气嘴与手摇抽气机的抽气嘴相连．打开牛顿管的阀门、抽气．

3. 关闭阀门，断开抽气机．重复步骤 1.

4. 用手持两用气筒重复本实验．

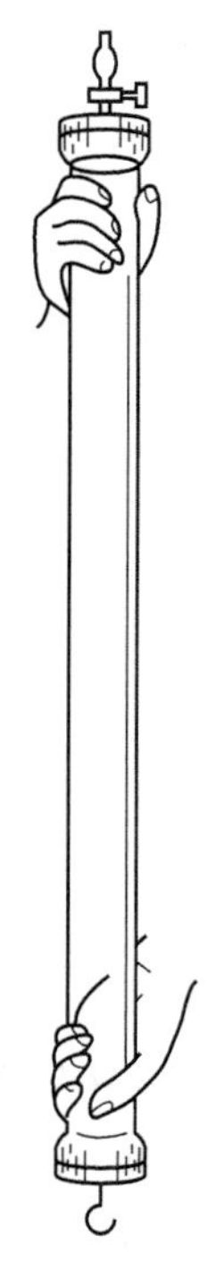
图 3-12 牛顿管实验装置图

注意事项

1. 液体沸点与压强关系的实验有一定的危险性．做低气压下沸腾时，不要把烧瓶中的水抽出来；做高压下沸腾时，压力不可过大，稍加打气使沸腾现象停止即可．

2. 结束实验时一定要先撤酒精灯，温度在 100 ℃以下时方可取下打气筒．

思考题

1. 演示声音传播需要介质时，为什么要在闹钟下面垫减震垫？

2. 如果把吹胀的气球放入抽气钟罩中，抽气时会发生什么现象？如果不把气球口扎紧，整个实验过程中会出现什么现象？

3. 液体在高压下沸腾实验结束时，为什么温度降至100 ℃以下方可取下打气筒？

4. 哪些实验最好用手摇抽气机？哪些实验一定不能用抽气机？为什么？

实验四　气体实验定律的验证

【实验目的】

1. 掌握气体实验定律的验证方法，理解气体实验定律的概念，研究摄氏温标和热力学温标的换算关系，学会用图像处理数据的方法．

2. 学会通过实验说明气体的等容变化过程，帮助学生理解，一定质量的气体在温度不变的情况下压强与体积的关系．促进学生进一步形成物质观念、运动与相互作用观念、能量观念等．能用气体实验定律、热力学定律解释生产、生活中的一些现象，解决一些实际问题．

3. 通过实验，帮助学生理解利用宏观量间接测量微观量，并对其进行转换和放大的思想．培养学生运用图像解决物理问题的能力，理解 $p-T$、$p-V$、$V-T$ 图像的物理意义．认识建构理想气体等模型的必要性，能在一定条件下应用理想气体模型分析和研究实际气体的问题，能用等温、等压、等容的理想过程正确认识和分析现实生活中的气体状态变化．

4. 能够使学生通过实验认识到微观世界是可以认知的，培养其理论联系实际、勤于观察、勇于探究、善于思考的良好习惯；使其知道所有物理结论都必须接受实践的检验，在学习与研究中做到实事求是，不迷信权威，能与他人合作．

【实验器材】

铁架台、游标卡尺、注射器、血压表、砝码、弹簧测力计、气压计、烧杯、圆烧瓶、温度计、冰、热水、计算机、计算机辅助实验系统等．

【实验研究】

一、验证玻意耳-马略特定律

一定质量的理想气体，在温度不变的情况下，气体的压强跟体积成反比，这就是玻意耳-马略特定律，我们用一个带有刻度的注射器可以粗略地验证之，步骤如下．

1. 实验研究的对象是封闭在注射器里的空气柱．空气柱的体积可由注射器的刻度直接读出．如果空气柱不受其他力的作用，空气柱的压强就等于大气压强 p_0；如果空气柱受到注射器的活塞和固定在它上面的框架的压力作用的同时，还受到我们施加的拉力或压力的作用，这些力的合力是 F，则空气柱的压强 $p=p_0\pm\frac{F}{S}$，其中 S 为活塞的横截面积（请自己考虑哪种情况公式取正号，哪种情况公式取负号）．

2. 先用游标卡尺测出活塞的直径 D（测三次取平均），进而算出活塞的横截面积 S. 记下气压计指示的大气压强 p_0.

3. 称出活塞和框架的质量，算出它们的重力 .

4. 把适量的润滑油抹在注射器的活塞上，再上下拖动活塞，使活塞与器壁的间隙内均匀地涂上油 . 活塞插进注射器内一部分，然后将注射器的小孔用橡皮帽封住，封入一定质量的空气 . 记下空气柱的体积 .

5. 框架安装在活塞上后，把注射器固定在支架上 . 在框架两侧挂上钩码（如图 3-13 所示）. 由于施加在活塞上的压力（钩码的重力）和活塞、框架所受的重力方向一致，它们的合力 F 是它们所受的重力之和 . 记下挂在框架上的钩码的质量，算出加在空气柱上的合力 F 的大小，并记下相应的空气柱的体积 . 改变钩码个数，再做几次实验，记下相应的压力和空气柱体积的数值 .

6. 取下挂在框架上的钩码，用弹簧秤钩住框架上的钩竖直向上拉（如图 3-14 所示），使空气柱的体积增大 . 由于活塞所受到的拉力跟活塞和框架所受的重力方向相反，它们的合力 F 应该是拉力和重力之差 . 记下每拉到一定高度时弹簧测力计的读数，算出加在空气柱上的合力 F 的大小，记下相应的空气柱的体积 .

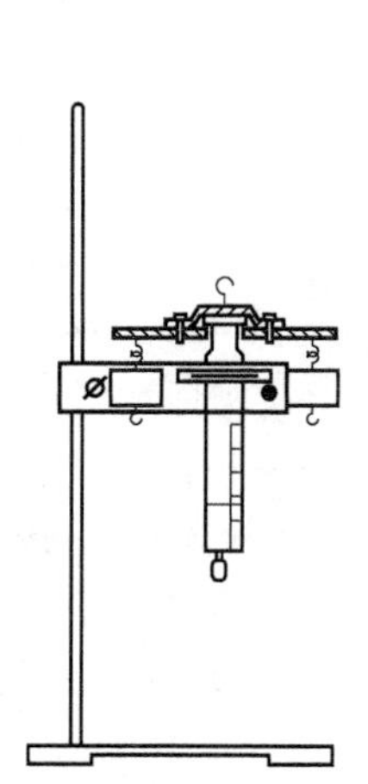

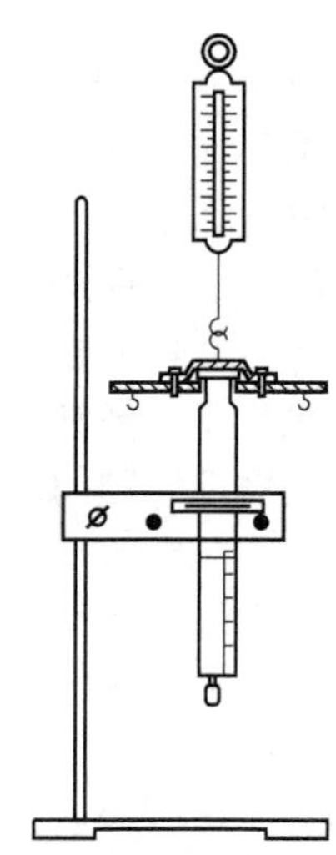

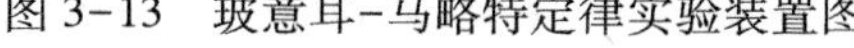

图 3-13　玻意耳-马略特定律实验装置图　　图 3-14　玻意耳-马略特实验操作图

7. 把记录的数据填入自己设计的表格里 . 根据公式 $p=p_0\pm\frac{F}{S}$ 算出各个压强值，求出各个压强 p 跟相应的体积 V 的乘积 . 比较这些乘积，能得出什么结论?

二、盖 · 吕萨克定律的实验验证

一定质量的理想气体，在压强不变的情况下，它的体积与热力学温度成反比，这叫做盖 · 吕萨克定律 . 其实验验证步骤如下 .

1. 等压装置如图 3-15 所示，首先按照图示装好实验所用物品，将温度计与注射器分别插入橡皮塞，用橡皮塞盖好烧瓶，使注射器与烧瓶接通 . 然后用夹子分别将注射器与烧瓶跟支架固定好，再将烧瓶放入大烧杯中 .

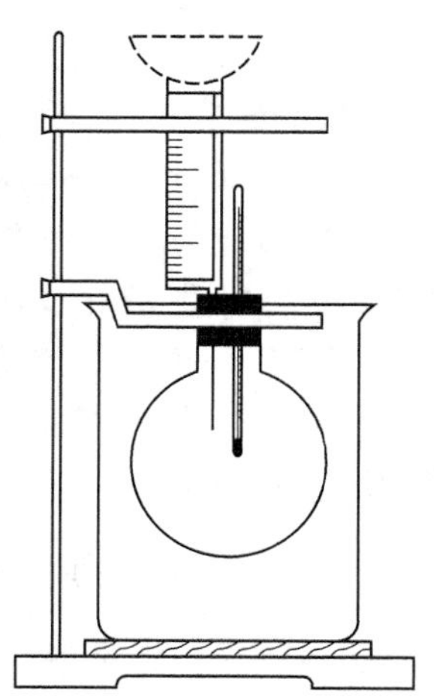

图 3-15　盖 · 吕萨克定律实验装置图

2. 首先测定烧杯和管的容积 .

3. 把碎冰或冰水放入大烧杯中并将烧瓶埋住，这时测出零度时气体的体积.

4. 将冰倒出，再把温水、热水分别倒入烧杯中（要求水要浸没烧瓶），随着温度的变化，分别测出相应温度对应的气体体积，将数据分别列入表 3-4 中.

表 3-4　盖·吕萨克定律

实验次数	1	2	3	4	5	6	…
温度 t/℃							
针管变化容积/mL							
热力学温度 T/K							
相应的体积 V/mL							
$\frac{V}{T}$/mL·K^{-1}							

观察 V/T 的值，能得出什么结论?

5. 依照数据做出实验 $V-T$ 图像.

三、查理定律的实验验证

查理定律可以表述为：一定质量的理想气体，在体积不变的情况下，它的压强与热力学温度成正比.

可用医用血压计代替一般压强计做验证查理定律的实验.由于医用血压计的刻度精细，因而能较准确地测得压强 p，采用间接预热的方法可控制气体温度的变化.

实验装置如图 3-16 所示.实验步骤如下.

1. 首先记下实验开始时的室温 t_0，大气压 p_0，再封闭通气孔.此时瓶中气体的质量、体积均是一定的.

2. 将烧瓶浸入水中，在加热的过程中，要注意不断搅拌，使水温均匀上升，然后仔细观察血压计的读数 p'(mmHg) 和温度计的读数 t(℃).记录几组温度与压强的数据（表 3-5），就可以研究其是否满足查理定律.

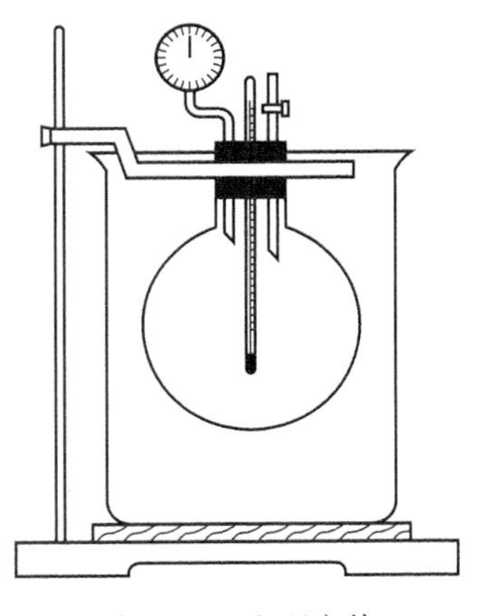

图 3-16　查理定律实验装置图

表 3-5　查 理 定 律

p'/mmHg	$p=p_0+p'$/mmHg	t/℃	T/K	$\frac{p}{T}$/mmHg·K^{-1}

注：1 mmHg≈133 Pa，现已不推荐使用.

3. 依照数据做出实验 $p-T$ 图像.

注意：每次实验完毕，要把截门打开，使瓶中气体压强恢复到与外界大气压相同后，再关上截门重新实验.

四、用计算机辅助实验系统验证玻意耳-马略特定律（$p-V$ 曲线）

本实验使用压力传感器，配合以 80 mL 医用注射器做成的气体定律实验器来完成一定质量的气体压力和体积关系验证实验．实验连接图如图 3-17 所示.

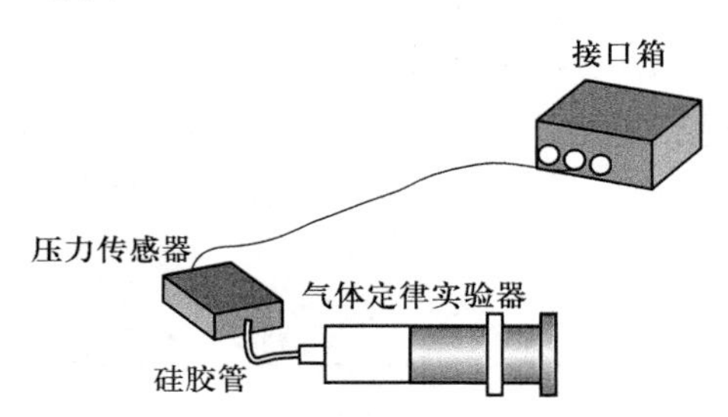

图 3-17　用计算机辅助实验系统验证玻意耳-马略特定律实验装置图

压力传感器一端连接实验系统的一个模拟通道，另一端连接气体定律实验器，打开计算机，运行实验软件，进入实验界面．首先按下“零点校准”按钮，校准 V（体积）轴．输入 V 轴零点偏差，即连接气体定律实验器和压力传感器的硅胶管．然后按“数据采集”按钮，输入未加压力时的气体体积，采集到此时的大气压力，在 $p-V$ 坐标中得到一个测试点．用手推气体定律实验器活塞，得到一个体积值，例如 60 mL. 按“数据采集”按钮，输入此时体积，确认后令微机采集第二组压力数据，在 $p-V$ 坐标中得到第二个测试点．继续推进气体定律实验器活塞，得到另一个体积值，例如 50 mL，按“数据采集”按钮，输入此时体积，确认后令微机采集第三组压力数据，在 $p-V$ 坐标中得到第三个测试点．如此得到 4~5 组数据后，按“曲线拟合”按钮得到一条 $p-V$ 曲线和 $p\times V$ 的标称值．按下 $p-V$ 按钮，得到 $p-\frac{1}{V}$ 坐标下的 $p-\frac{1}{V}$ 曲线.

实验中可以采集三组数据，作三条曲线．采集第二组数据时可以保留第一组的数据和曲线.

注意：压力传感器有两个输入端口，螺钉所在面端口为测量端口．螺母所在面端口为参考端口．实验中只用测量端口.

注意事项

1. 实验操作过程中，注意手不要触碰盛放待研究气体的容器壁，以免手部的温度对实验结果带来影响.

2. 在实验讲解过程中，注意引导学生进行物理模型的建构.

思考题

1. 实验中产生误差的主要原因是什么？
2. 通过你对实验的理解，提出改进方案.

实验五　分子动理论的一组实验

【实验目的】

1. 掌握显微镜和温度传感器的使用方法，能够用显微镜观察布朗运动，通过演示实验观察液体表面张力的存在，观察毛细现象．

2. 通过演示实验引导学生观察并理解分子直径的数量级；了解分子的扩散现象和布朗运动；了解液体的表面张力；了解毛细现象；能用分子动理论解释固体、液体和气体的微观结构及特点；了解做功和热传递是改变内能的方式，只有通过做功才能实现从低温到高温的热传递；使学生进一步发展能量观，并能解释生产生活中的一些现象，解决一些实际问题．

3. 学会通过演示实验培养学生的科学思维：能运用概率统计的方法对热现象问题进行分析，并能恰当、合理地使用证据得出物理结论，具有多视角观察和分析物理问题的能力．

4. 学会引导学生正确设计实验，观察分子的扩散现象和布朗运动；通过实验探究，知道不同微观结构具有不同的物理特性；引导学生探究液体的表面张力、浸润与不浸润现象、毛细现象．

5. 引导学生通过实验认识到微观世界是可以认知的，培养学生理论联系实际、勤于观察、勇于探究、善于思考的良好习惯．

【实验器材】

显微镜、碳素墨水、红墨水、洗衣粉、玻璃片、盖玻片、细砂纸抛光的金属丝（如铜、铁均可）、细玻璃管、阿基米德原理演示器、温度传感器、计算机、计算机辅助实验系统等．

【实验研究】

一、观察布朗运动

布朗运动是证实分子运动的重要实验，做好该实验可以帮助学生更好地理解分子运动．

取一滴碳素墨水滴入 200 mL 的水中，搅拌均匀，制成水溶液．将几滴配置好的水溶液滴到擦干净的玻璃片上，然后在液滴上面放一块干净的盖玻片，将液滴压成薄薄的一层，把它们放在 600 倍以上的显微镜载物台上，调好焦距观察之，直到效果良好为止．

本实验使学生看到的是比分子大得多的小颗粒（碳素小颗粒）在做无规则运动，这种运动是在看不见的液体分子无规则运动的作用下发生的，请同学们自己考虑观察到的布朗运动说明了什么．

二、表面张力的演示

把用细砂纸抛光的金属丝（如铜、铁均可）焊成如图 3-18 所示的金属环，中间系上一根细线，待用．

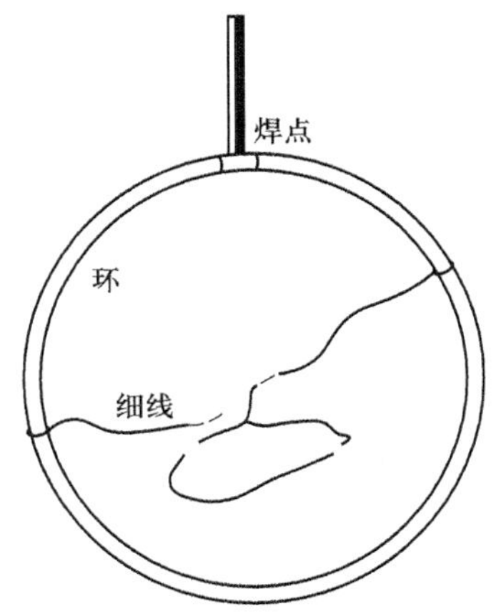

图 3-18　表面张力演示实验装置图

取一勺洗衣粉放入 100 mL 水中，搅拌均匀，制成水溶液（如在其中加入少量蔗糖和几滴甘油，效果更佳），放入实验盆中．

实验时，先把环整个浸入制好的液体中，提出来就有一薄膜．开始时呈图 3-19（a）中所示状态，用针尖弄破薄膜一部分，因为表面张力，所以自由的细线被表面张力所拉紧，薄膜呈图 3-19（b）和（c）中的状态．

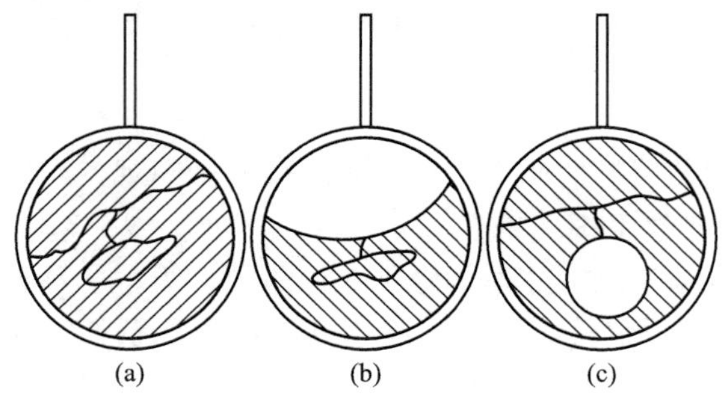

图 3-19 液体表面张力演示实验现象图

三、毛细现象

取 50 mL 稀释的红墨水，用破损的温度计（去掉封闭端，无水银）及细玻璃管制成内径在 0. 25~2. 5 mm 的细管 4~5 根（内径不同），将细管都插到稀释的红墨水中，并用支架固定住，立刻看到细管中液面上升，并可以看出上升高度和管直径的定性关系，全部装置如图 3-20 所示．

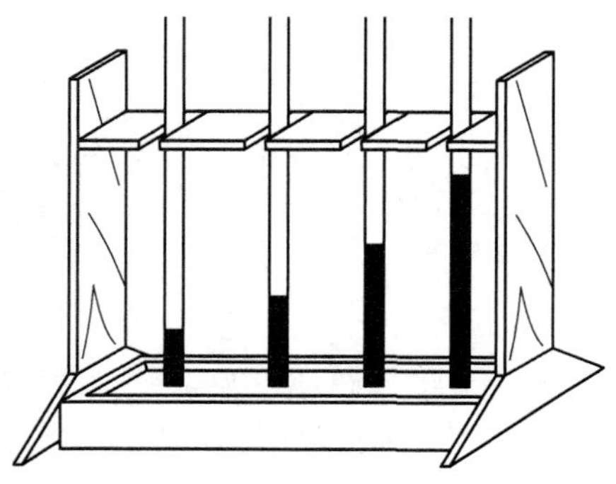

图 3-20 毛细现象演示实验装置图

四、用计算机辅助实验系统观察气体在绝热压缩时温度升高

温度是物体分子热运动的平均动能的标志．分子间存在相互作用力，因此分子间具有由它们的相对位置决定的势能，这就是分子的势能．物体中所有分子的热运动的动能和分子势能的总和叫做物体的内能．改变内能有两种方式，即做功和热传递．

外界做功使气体在绝热状态下体积缩小，则气体的内能增加，温度升高．

本实验采用的温度传感器，是用一只密封在医用注射器中的热敏电阻作为电桥的一臂．当推动医用注射器的活塞使管内的气体体积压缩时，热敏电阻受热，阻值发生变化，桥路失衡，电压升高，以此定性地证明气体压缩温度升高．

打开计算机，运行软件，把温度传感器与接口箱模拟通道相连．调节桥路中的电位器使扫描线接近横坐标，此时推动医用注射器的活塞，监视器上将会出现一条上升的曲线，表示由于外力做功，随着气体体积的缩小，气体的内能增加、温度升高．图 3-21 是实测装置，图 3-22 是一组实测曲线．

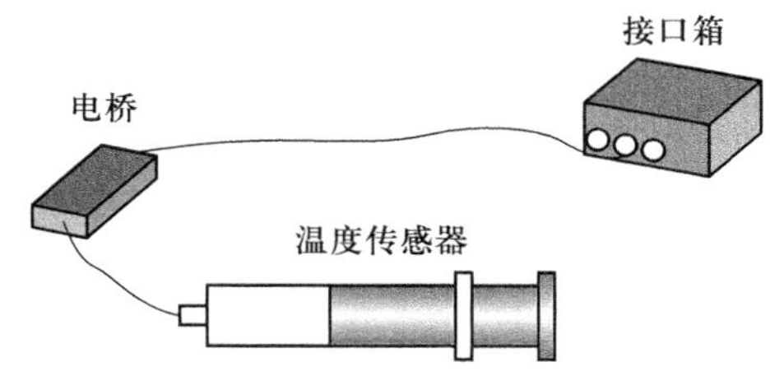

图 3-21　用计算机辅助实验系统观察气体绝热压缩实验装置图

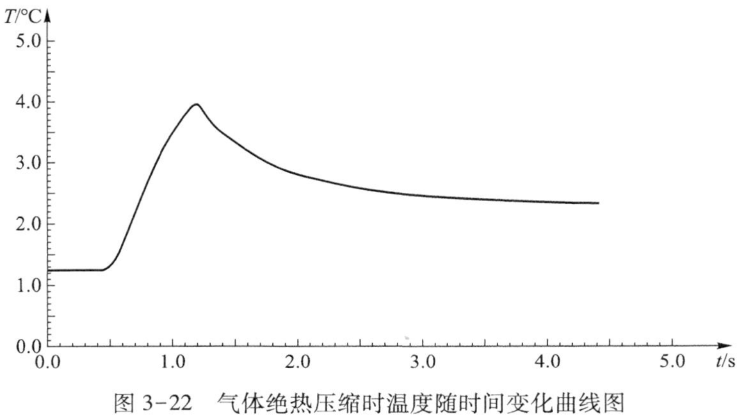

图 3-22　气体绝热压缩时温度随时间变化曲线图

注意事项

1. 布朗运动观察实验中，注意引导学生对分子数量级进行分析．
2. 实验讲解过程中，注意引导学生进行物理模型的构建．

思考题

1. 设计不同的实验，让学生观察布朗运动．
2. 如何通过实验让学生理解：只有通过做功才能实现从低温到高温的热传递？

实验六　用油膜法估测油酸分子的大小

【实验目的】

1. 学会估测油酸分子大小，掌握间接测量微观量的原理和方法．会做“用油膜法估测分子的大小”等实验，知道油膜法测量分子大小的原理和方法，设计实验方案，选择合适器材，采用油膜法估测油酸分子的大小．

2. 通过实验，让学生感受分子直径的数量级；了解分子的扩散现象和布朗运动．

3. 学会引导学生体验探究的过程，通过科学、合理的操作获得实验数据，并使其在实验中体验减小误差的方法，学习科学探究的方法，培养独立思考的能力；能运用恰当的方式处理数据并得出正确结论；通过实验手段研究问题，探究物理规律，体验科学探究过程.

4. 掌握教会学生写出完整、规范的实验报告的方法，使其能正确表达科学探究的过程和结果.

5. 在实验数据的分析与评估中，正确引导学生，培养其严谨的科学态度与实事求是的科学精神.

【实验器材】

清水、玻璃盛水浅盘、滴管（或注射器）、试剂瓶、坐标纸、玻璃板、爽身粉（或石膏粉）、油酸、酒精、量筒、彩笔.

【实验研究】

油膜法是一种粗略地测定分子大小的方法，是通过测量较大量来研究较小量的方法．把一滴油酸滴到水面上，油酸在水面上散开形成单分子油膜，如果把分子看成球形，单分子油膜的厚度就可以认为是油酸分子的直径，如图 3-23 所示．首先测出油酸滴的体积 V，再测出水面上漂浮的单分子油膜的表面积 S，单分子油膜的厚度等于油滴体积 V 与单分子油膜表面积 S 的比值，即 $d=\dfrac{V}{S}$.

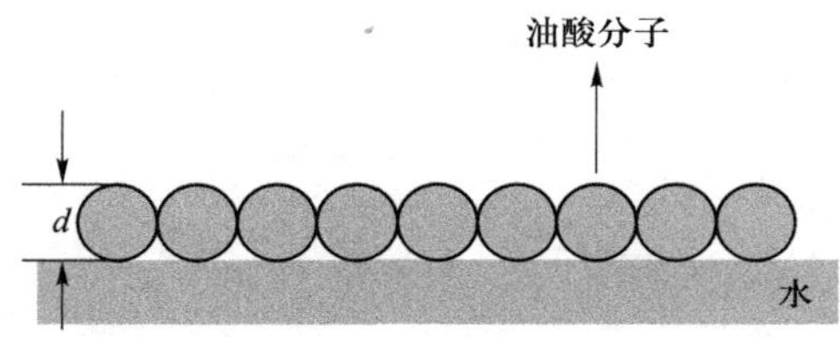

图 3-23 油膜法估测油酸分子大小实验原理图

用油膜测量分子的直径，在如下几个方面做了理想化处理：① 把滴在水面上的油酸薄膜当作单分子油膜；② 把分子看成球形；③ 认为油分子一个紧挨一个整齐排列.

1. 首先用酒精稀释油酸溶液，配置浓度为$\dfrac{1}{200}$（即 5‰）的油酸溶液（配置 5‰的溶液需要进行两次配置，在量筒中放入 95 mL 的无水酒精，再用吸管向量筒中滴入 5 mL 的油酸，充分搅拌后得到 5%浓度的油酸溶液，再将其放入棕色加盖细口瓶中，完成第一次配置；取出 45 mL 的无水酒精放入量筒，再用吸管吸取 5 mL 5%的油酸溶液，充分搅拌得到 5‰的油酸溶液，放到棕色瓶中待用).

2. 往边长为 30~40 cm 的玻璃浅盘中倒入约 2 cm 深的水，然后将爽身粉（或石膏粉）均匀地撒在水面上.

3. 用注射器（或滴管）吸取已经调配好的油酸酒精溶液，使这些溶液的体积恰好为 1 mL，记录滴入的油滴数 n，算出每滴油酸酒精溶液的体积 $V_0=\dfrac{1}{n}$(mL).

4. 用注射器（或滴管）在水面处滴入配置好的油酸酒精溶液，油酸就在水面上慢慢散开，形成单分子油膜.

5. 待油酸薄膜形态稳定后，将玻璃板盖在浅盘上，用笔在玻璃板上勾勒出油酸薄膜的形状.

6. 将画有油酸薄膜轮廓的玻璃板盖在坐标纸上，估算出油酸薄膜的面积（在计算油酸薄膜面积时，以坐标纸上的方格数来计算，不足半个则去掉，多于半个则算一个）.

7. 根据油酸酒精溶液的浓度，算出一滴溶液中纯油酸的体积 V，利用一滴油酸的体积 V 和薄膜的面积 S，算出油酸薄膜的厚度 $d=\frac{V}{S}$，即为油酸分子直径 .

注意事项

1. 用酒精稀释油酸溶液时，先放入酒精溶液，再放入油酸溶液，混合后放入棕色瓶内存放 .

2. 实验前应将玻璃浅盘清理干净，否则难以形成油膜 .

3. 向水面滴油酸酒精溶液时，应靠近水面，不能距水面太远，否则难以形成油膜 .

思考题

1. 如何洒爽身粉才能利用其观察物理现象？

2. 用注射器数出 1 mL 油酸溶液的滴数时，如何减小计数的误差？

3. 配置 5‰的油酸溶液时，为什么要进行两次配置？

参考文献

[1] 阎金铎，等 . 物理教学论 [M]. 南京：江苏教育出版社，1991.

[2] 曾贻伟，龚德纯，王书颖，等 . 普通物理实验教程 [M]. 北京：北京师范大学出版社，1989.

[3] 彭前程 . 义务教育课程标准实验教科书《物理》系列教材 [M]. 北京：人民教育出版社，2012.

[4] 张大昌 . 普通高中课程标准实验教科书《物理》系列教材 [M]. 北京：人民教育出版社，2019.

[5] 阎金铎，王志军，等 . 中学物理教材教法 [M]. 北京：北京师范大学出版社，1998.

[6] 毛骏健 . 大学物理学（简明版）（下册）[M]. 北京：高等教育出版社，2014.

[7] 倪光炯，王炎森 . 物理与文化 [M]. 北京：高等教育出版社，2017.

第四篇

电磁学实验技能训练

电磁学是研究电、磁，以及二者相互作用现象、规律和应用的学科．电磁学理论的建立是物理学发展中的重大变革，它不仅从理论上描述了自然界电磁现象的基本规律，还为认识自然和解决实际问题提供了一套新的科学方法．电磁学理论的建立不仅完善了物理学知识体系，还为其他电学相关学科的建立和发展提供了理论基础，如电工学、电子学等．电磁学理论是继牛顿力学后，又一个最成功、影响最深远的理论体系，它是科学技术的重要基础，极大地推动了社会的发展与进步．

电磁学的研究始于人们对静电和静磁现象的观察与研究，人们通过对大量实验现象的观察和总结，归纳出相应的电学和磁学规律．最初吉尔伯特对摩擦起电的实验进行了研究，他根据希腊文“琥珀”创造了英文中的“电”一词，以此表明摩擦过的琥珀带有电荷．摩擦起电机的发明使人们可以进行大量的实验．美国科学家富兰克林总结了摩擦起电的规律，将两种电荷命名为正电荷和负电荷．库仑进行了库仑扭秤实验，并提出库仑定律，使电磁学的研究进入了定量研究阶段．磁学的研究是从磁石（铁矿石）开始的，人们利用磁石进行了大量实验，总结出磁石的性质，并发明了司南（指南针）．最初，电学和磁学被看成是两种完全不同的现象，直至奥斯特通过实验发现了电流的磁效应，才使人们意识到电学和磁学是相关联的．法拉第电磁感应实验进一步揭示了电磁现象的内在联系，并提出了场的概念．由此可见，电磁学每一阶段的发展，都是在实验中分析、凝练形成的，电磁学的每一次进步，都离不开实验的验证与支撑．

电磁现象是自然界中一种普遍存在的自然现象．在中学阶段，电磁学主要包括电磁现象的规律及其在生产、生活中的应用，这部分内容的实验比较抽象，对学生的形象思维能力、逻辑思维能力以及操作能力均要求较高，对提升学生的科学文化素养起到了重要作用．课本主要按照电磁学发展的历史进程，以及教学中循序渐进的原则，将电磁学分为静电场、恒定电流、恒定磁场、电磁感应、交变电流和传感器六大模块进行介绍．先通过实验认识电荷以及电荷之间相互作用的规律，再认识描述场的性质的相关物理量，在此基础上，通过核心内容的拓展和应用（如观察静电现象以及静电现象的应用、学习认识电容器以及电容、按要求设计实验电路、多用电表的操作与使用、学习质谱仪及回旋加速器的使用原理、掌握电磁感应现象及其应用、学习交变电流和电压器以及传感器等）提高学生综合运用物理知识进行科学探索的能力．在此之前，学生学习的都是力学的相关内容，所以课本通过类比的方法将有关电磁学的内容与力学的知识进行了有机结合，力学中的一些基本概念，例如力和能量等，对认识电磁现象起到了非常重要的作用．由于电磁现象的相关内容较力学更为抽象，所以，通过实验可以更加生动形象地帮助学生理解新的知识，有助于学生进行科学探究，体验探究，更可以让学生走进历史，身临其境，体会科学探究的艰辛历程，从而培养学生的科学意识、怀疑精神和创新能力，进一步塑造学生的情感、态度和价值观．

本章根据电磁学的特点，将分为三大部分进行实验项目的学习，分别为静电系列、电路综合系列和电磁系列实验．

对于静电系列实验，教师演示实验内容相对较多，在学习的过程中需要着重注意演示实验的效果．静电演示实验受环境影响较大，在进行实验准备时要充分考虑当时、当地的条件，学会应对突发状况和保持仪器清洁及干燥的方法．由于静电场的特点，实验过程中可能会出现“反常”现象．在学习的过程中需要进行多次实验，观察和总结发生“反常”现象的原因．如“电风”实验中可能会出现蜡烛火焰被“吸”过来的现象；验证影响平行板电容器电容大小的因素时，将电介质插入到平行板电容器的两板间，有可能会出现相反的现象．此外在静电系列实验演示过程中，还需要注意正确使用产生静电的仪器，如对感应起电机进行正确操作，以免在操作过程中发生意外，影响演示效果和课堂秩序．

对于电路综合系列实验，学生实验和探究实验内容相对较多，在学习的过程中，需要留心实验操作注意事项、电路的正确连接、电路中各元器件量程的选择及数据处理等内容．对实验器材使用方法和注意事项的学习要特别关注如何引导学生安全用电及正确连接电路，如电源、开关、电压表、电流表、用电器及滑动变阻器如何正确、安全地接入电路中；在连接电路时，开关要保持断开状态；注意用电器的额定电压，不能选择量程过大的电源．电路实验部分最重要的实验方法为伏安法．在进行伏安法实验设计时，要学习如何教会学生对“内接法”和“外接法”进行选择，这是电路教学的重点内容．在进行探究实验时，对滑动变阻器、电压表、电流表量程的选择也是指导学生成功进行探究实验的关键．电路系列实验的数据处理是本章学习的重点内容之一，电路实验相较于其他实验产生的误差较大，要学会引导学生正确分析实验产生误差的原因，并使其学会用图像法处理数据．此外，电路部分实验还涉及长度测量实验器材的选择，在此部分要学习教会学生正确选择、使用不同测量工具和测量方法进行长度的测量．

对于电磁系列实验，实验器材的选择和配合讲解是成功的关键．在演示实验学习过程中，要多次进行实验操作，注意总结如何在保障操作安全的前提下将最好的演示效果呈现给学生．如要注意大型演示电表挡位的选择，使实验效果明显，且不损坏实验器材；在进行安培定则的演示实验时，要注意线圈的选择及接通电流的时间；在进行“跳环”实验时，要注意安全并提醒学生观察的最好时间节点所在；在进行“断电自感”的演示时，要注意电源电压的选择，以免损坏灯泡；在演示“楞次定律”实验时，要注意探究在什么情况下实验效果最明显．在进行探究实验过程中，要注意学习如何引导学生针对研究内容，对实验进行猜想，设计实验方案，应用科学实验方法进行研究，使其在实验过程中进行交流、讨论，并学会收集、分析数据．

第一章
实验基本仪器

电磁学部分实验能够直接测量出的物理量为电压、电流、电阻，其他物理量如电功、电热在实验室中大多通过间接的方式进行测量．常用到的基本量测量实验器材为电压表、电流表、多用电表．电磁学部分实验用于定性演示的器材较多，如韦氏感应起电机、范德格拉夫起电机等用于产生静电，是静电演示实验的基础．学生实验常用到电表、电池、开关、示波器、频率信号发生器、电子开关等．这些实验器材的正确使用是教师课堂演示实验成功的关键；对实验演示和讲解的研究是教师有效完成课堂教学的关键；对相应实验的熟练掌握，是教师指导学生学习和实验的关键．

第一节　感应起电机

一、韦氏感应起电机

1. 构造

韦氏感应起电机是利用静电感应原理制成的．其主要部件有：前后两块相互平行并贴有许多金属箔片的玻璃（或有机玻璃）圆盘，两把带有金属细丝的电刷，两把带有针尖电梳的集电梳，两头分别装有绝缘手柄和金属小球的放电杆，两个莱顿瓶及皮带传动系统等．整个装置安放在立有一根支柱和一个“A”型支架的木板底座上．如图 4-1 所示，为感应起电机的结构图．

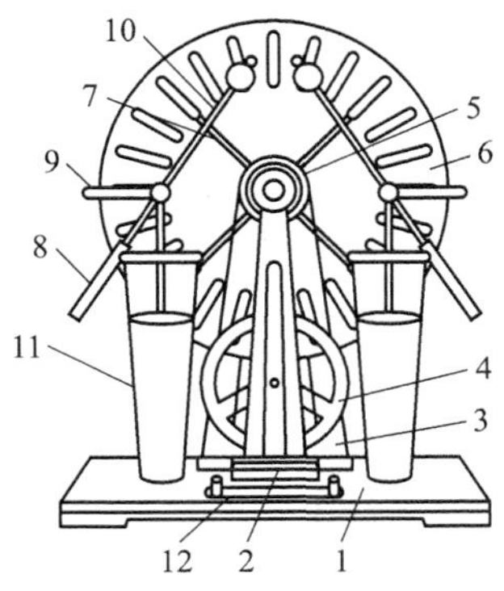

1—底板；2—前支架；3—后支架；4—手柄皮带轮；5—传动皮带轮；6—有机玻璃圆盘；
7—电刷及连杆；8—放电杆手柄；9—集电梳；10—放电杆；11—莱顿瓶；12—金属片

图 4-1　感应起电机结构图

2. 起电原理

站在起电机手柄一侧观察，靠近身体一侧的圆盘在图中用P′表示，外侧的圆盘用P表示，圆周上凸起的部分表示导电膜．n_1、n_2 是接触P′的电刷及连杆，n_3、n_4 是接触P的电刷及连杆，它们在圆盘运动时是静止不动的（图4-2）.

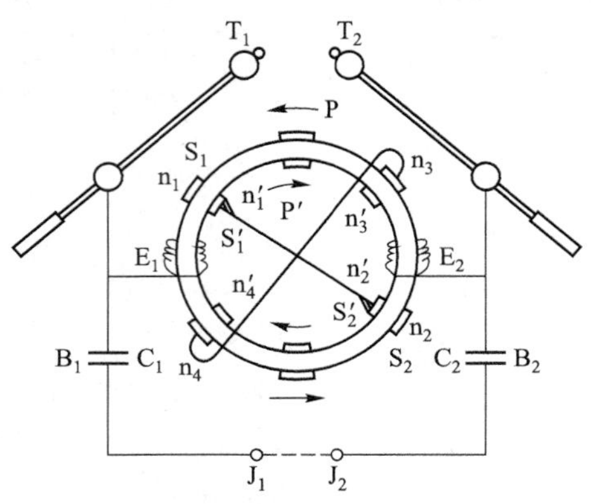

图4-2 感应起电机起电原理说明图

大气中有许多带电粒子（如宇宙射线粒子等），平均每立方厘米中多达五百余个．这些粒子与导电膜碰撞，就会使导电膜带上少量电荷．假设导电膜 S_1 带正电，由于静电感应，它就会把 S_2' 上的部分自由电子，通过 n_1、n_2 吸引到 S_1' 上来，使 S_1' 带负电，而 S_2' 带正电．

带正电的 S_1 随P逆时针旋转（同时P′顺时针旋转）到集电梳 E_1 位置，会使部分电子集中到 E_1 的许多尖端上，并在尖端部分形成较强电场，与 S_1 发生电晕放电．电子在电场力作用下逸出尖端，使 S_1 不显电性而 E_1（包括与之相连的导体部分）带正电．

S_1 继续转到 n_4 位置时（S_2到达 n_3），P′上的 S_2'、S_1' 正好转到相对应的 n_3'、n_4' 位置．S_2' 带正电，S_1' 带负电，通过 n_3、n_4 会在 S_1（n_4 位置）上感应出负电荷，在 S_2（n_3 位置）上感应出正电荷．

可以看到，P′上的带正电的导电膜顺时针转向 E_1，P上带正电的导电膜逆时针也转向 E_1，都使 E_1 带正电，而失去它们本身的电荷．它们又分别在 n_3、n_4 处感应到与原来相反的负电荷，接着向 E_2 转动．相反的过程在 E_2 处发生，使 E_2 带负电．E_1、E_2 所收集的电荷主要储存在莱顿瓶 C_1、C_2（即图4-1中的11）中．

如此循环，使 C_1 上的正电荷逐渐增多，C_2 上的负电荷逐渐增多．放电球 T_1 和 T_2 间的电压随之升高．当电压达到 T_1、T_2 间空气的击穿电压 U_{jc} 时，T_1、T_2 间就会产生火花放电．C_1、C_2 中储存的电荷瞬时释放，电流路径上的空气被加热至高温而产生火花，空气的骤然膨胀造成爆鸣．同时，T_1、T_2 间的电压也迅速降低．当余下的电能不足以维持放电时，火花即灭，放电停止，开始了下一次电荷的积累．

莱顿瓶 C_1、C_2 可以看成是极板 B_1 与 B_2 构成的一个电容器．当 J_1、J_2 接通时，B_1、B_2 间的介质就是莱顿瓶的瓶壁，电容C较大．J_1、J_2 断开时，B_1、B_2 间增加了一段空气介质，使 B_1、B_2 间距离拉大了，因此电容 C' 较小，$C'<C$.

T_1、T_2 间的距离不变时，击穿电压值 U_{jc} 不变．

J_1、J_2 接通 $U_{jc}=\dfrac{Q}{C}$，Q 为 C 中储存的电荷量．

J_1、J_2 断开 $U_{jc}=\dfrac{Q'}{C'}$，Q' 为 C' 中储存的电荷量．

比较两式，可知 $Q>Q'$（所以 $C>C'$）.

T_1、T_2 间电压达到击穿电压 U_{jc} 时，C 中储存的电荷较多，积累过程所需时间也较长；C' 中储存的电荷较少，积累过程所需时间就较短．

因此，J_1 与 J_2 接通时，放电火花较亮，声响较大，间隔时间较长；J_1 与 J_2 断开时，放电火花较暗，声响较小，间隔时间较短．

3. 使用韦氏感应起电机注意事项

（1）如果起电机不能起电，不能用加快转速或多转的方法使其带电，以免损坏仪器．必须查明原因，进行调整或修理再行使用．一般情况下，两圆盘有一盘不转或转得慢；莱顿瓶内有湿气，仪器表面潮湿或空气湿度过大等都有可能造成不起电．

（2）电刷的位置不能装错．正确的位置应是：两个电刷杆应互相垂直．当我们面向圆盘时，盘面必须顺时针旋转．电刷杆与盘面的水平直径成 45°角．

（3）电刷与盘面要有良好的接触，但不能过分压紧．

（4）两个金属电梳应尽量与盘面靠近，但要注意：不得使电梳在圆盘转动时与它相碰，以免擦伤锡箔．

二、范德格拉夫起电机

1. 构造

范德格拉夫起电机的构造如图 4-3 所示，它主要由电极、电极支柱、橡胶皮带、滚轮、集电极及干燥灯泡等构成．

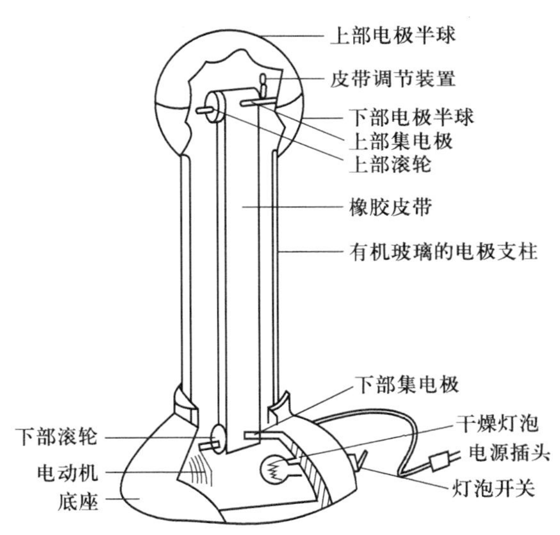

图 4-3　范德格拉夫起电机结构图

电极：电极是由上、下两个金属半球壳扣合而成的空球，上部电极半球根据需要可以取下来，球的外表面进行过电镀处理．

电极支柱：电极支柱是用绝缘性能良好的有机玻璃管制成的，用它把电极支撑起来，由于有机玻璃管是透明的，所以能清楚地看到内部的动作．

橡胶皮带：橡胶皮带挂在上、下两个滚轮上，皮带宽约 45 cm，厚约 2 cm，它是用特殊橡胶制成的．

滚轮：滚轮用合成树脂制成，滚轮中部略凸，使橡胶皮带不易向侧面滑动，上部滚轮表面覆有特殊膜层，下部滚轮的轴直接与电动机相接，转速为 3 000 r/min. 把橡胶皮带挂上，开启电动机，转动轮和皮带之间由于摩擦便可带电．

集电极：在电极和底座上直接固定有上、下两个集电极，为了接收橡胶皮带循环转动而输送的电荷，集电极与皮带的间隔为 1 ~ 15 mm，集电极朝向皮带一边磨成曲率半径很小的刀刃．

干燥灯泡：底座内装有干燥用的灯泡，在湿度大而难以起电时，把上部电极半球取下，打开灯泡开关，开动电动机，进行干燥处理，直到能够听到火花放电声时为止，即可使用．

2. 起电原理

开启电动机后，转动轮和皮带之间由于摩擦便可带电，下部滚轮带正电荷，皮带上升，向电极支柱上方不断地运送负电荷，达到上部集电极附近时，由于静电感应，使上部集电极感应出正电荷，当它们之间的电场足够强时就会使空气电离，负电荷跑向上部集电极．电机继续转动，传送带就不断地将负电荷从内部传送到电极上．皮带和表面覆有特殊膜层的上部滚轮摩擦时，上部滚轮带负电，皮带带正电．带正电荷的一侧皮带向下运动，正电荷就跑向下部集电极（接地）．这样，连续不断地输送电荷，使电极上的负电荷积累得越来越多，对地可产生很大的电势差．球形电极的电容随直径的增大而变大．球形电极直径无限增大的话，起电机的电势可达到无限大，这在理论上是可能的．

3. 使用范德格拉夫起电机应注意的问题

（1）保持皮带与皮带轮的干燥．这一因素对起电机的起电能力影响最大．可点亮灯泡来防止温度的增加．

（2）由于金属球带电后，电压非常高，所以人体不要在高压情况下靠近金属球，以免在人体与球壳之间产生放电现象，一般应保持两者之间有 50 cm 以上的距离．

（3）当电机停止转动后，也不能用手直接去接触球壳，因为此时球壳上仍有残留电荷．必须用接地棒放出残留电荷后，方能接触球壳．

（4）支撑球壳的有机玻璃电极支柱表面的电阻很高，若此表面被油脂、指纹、灰尘等污染，可能就会在此处发生放电现象，影响球壳电压的上升．当表面被污染时，可用纯酒精棉擦洗，待其干后用软布再擦拭一次．

（5）作为电极的金属球壳，要经常保持表面清洁，并且应注意不要使其受到磕碰．

第二节　演示电表

一、结构和原理

J0401 型演示电表属于磁电系外磁结构（图 4-4），表头主要由永磁铁、极靴、宝石轴承、轴尖、游丝和动圈等组成．其动圈采用无框架式，面板上有机械零位调钮、电阻调零旋钮、挡位转换开关、测量输入和连接通路板的接线柱，11 块通路板均固定于表壳底部的抽屉内．

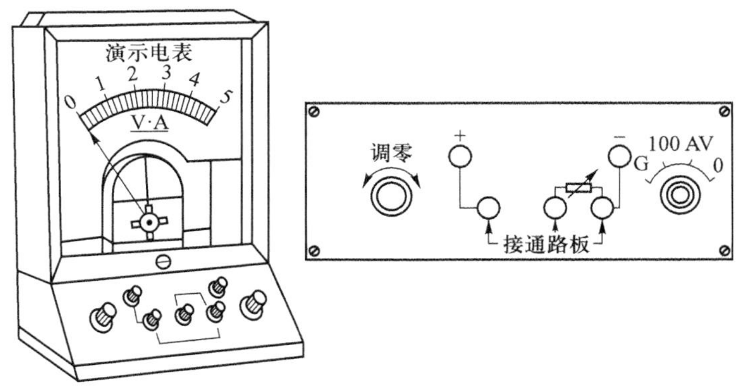

图 4-4　J0401 型演示电表

测量时与各通路板配合使用，当通入动圈的被测电流产生磁场，并与永磁铁相互作用，则使与动圈相连的指针一起偏转，直到转动力矩与游丝的反作用力矩平衡为止，偏转角度的大小与被测的量值成正比．测量电阻时，表内需装有 1.5 V 干电池．演示电表的电路如图 4-5 所示．

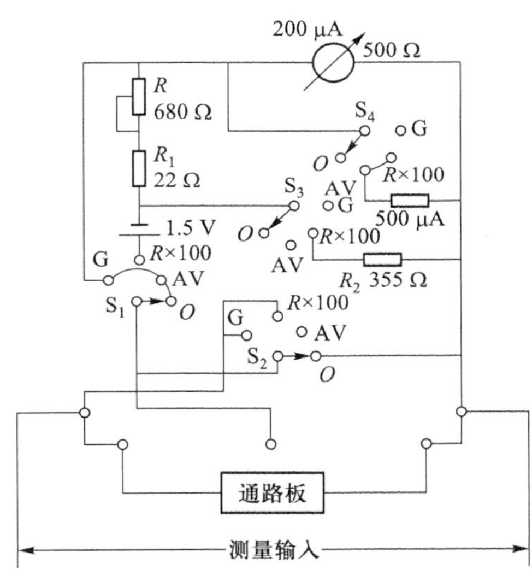

图 4-5　演示电表电路

二、演示电表的使用

J0401 型演示电表是一种通用教学仪器，它可以作为演示实验中的检流计，用以测量交直流电流、交直流电压、直流电阻和交流功率．由于该表精密度高，所以在使用和维护方面须多加注意．

1. 使用演示电表前首先要检查仪器的各部件是否完整，接线是否良好，工作是否正常．可用“Ω”挡调零旋钮进行核验．将转换开关拨至“R”挡，将输入端的两支表笔短路，看指针是否会偏转到零位，如果能偏转到零位则说明测量部件完好．如果指针不动或偏转很小，说明测量部件有故障．同时还应检查表内干电池是否有电．

2. 要正确地选择挡位，使转换开关拨至所要测量的挡位，否则不能进行测量．

3. 根据被测量的范围，正确地选择量程和通路板．如测量直流电流时，有五块通路板（0~500 μA，0~5 mA，0~100 mA，0~1 A，0~5 A），可根据测量需要适当地选用，并留有一定的余量．如果表的量程很大，而被测量很小，则指针的偏转角度变化不明显，这样不直观．如果表的量程很小，而被测量很大，会使指针迅速偏转打坏表针，严重的还会损坏表头．所以使用前需粗略地估计被测量的大小，选择适当量程，这样在演示中既直观又准确，还能起到保护电表的作用．

4. 根据所要测量的电学挡位，正确使用刻度面板，如果刻度面板选择不当，被测量的读数就不准确．

5. 上述工作准备完毕，还需对指针进行机械调零，方可进行测试．每换测一个挡位都要注意挡位是否正确，量程是否合适，刻度面板是否恰当，并注意机械调零．特别是测电阻更换“Ω”挡不同的挡位时，均须重新调零，否则会引起测量误差．

6. 在测量时将被测信号加到输入端，要注意“+”“-”极性不要接反，否则指针反向偏转会损坏指针或其他部件．

7. 仪表用毕或搬运时需将挡位转换开关置于“0”位，指针调到左边“0”位上使测量机构内部短路．当指针因某种原因摆动时，其在永磁铁的磁场中运动，由于这时线路是闭合的，即有电流通过动圈绕组，电流在磁场中受到的电磁力矩的方向与指针运动的方向是相反的，因此起到阻碍指针运动作用，使指针不偏转或偏转角度较小，从而起到保护表头的作用．长时间不用时，应将表内电池取出，以防电池漏液而腐蚀仪表零件．

第三节 常用电源

一、低压电源

低压电源主要用于演示实验和实验室，以获得低压交流、直流电．

J1201 型低压电源的交流输出电压范围为 2~24 V，每隔 2 V 一挡，共 12 挡，输出电流最大可达 6 A，有过载指示；直流输出电压范围为 2~24 V，每隔 2 V 一挡，共 12 挡，输出电流最大可达 6 A，有过载指示；直流稳压输出电压有 6 V、9 V、12 V 三挡，最大输出电流 1 A，电压稳定度在电源电压变化±10%时，空载输出电压各挡变化小于 0. 1 V，当电源电压在 220 V，输出电流在 0~1 A 变化时，输出电压各挡变化小于 0. 3 V，输出纹波电压≤15 mV，当各挡电流≥1. 5 A 或短路时，输出有过载保护．

使用时，连接电源，开启电源开关，指示灯亮，仪器开始工作．需要交流或直流输出时，将稳压选择旋钮置于“0 V”挡，把稳压直流选择开关拨向“直流”挡，调节电压选择旋钮可得到所需的交直流电压．交直流电可从所对应的接线柱上获得．如负载电流大于 6 A，过载指示灯亮，此时应立即切断电源开关，待负载正常后再开启．

作为直流稳压输出时，将稳压直流选择开关置于“稳压”挡，将电压选择旋钮分别置于“8 V”“10 V”“12 V”，稳压选择旋钮置于“6 V”“9 V”“12 V”，便可在直流输出端（+、-）

两接线柱上依次获得 6 V、9 V、12 V 的稳定电压，当负载电流大于 1.5 A 或不慎短路时，电路自动断开，排除故障后即可自行恢复正常工作.

二、学生电源

J1202 型学生电源是学生实验中必不可少的电源之一，它具有体积小、使用方便等特点，J1202 型学生电源具有下述几挡输出.

1. 交流输出：2~14 V，每 2 V 一挡，共 7 挡. 输出电流最大 2 A，有过载保护.

2. 直流输出：2~14 V，每 2 V 一挡，共 7 挡. 输出电流最大 2 A，有过载保护.

3. 直流稳压输出：6 V，输出最大电流 300 mA，电压稳定度在电源电压变化±10%时，输出电压变化≤0.3 V. 负载稳定度≤0.3 V，输出纹波电压≤20 mV.

使用时先接通电源，指示灯亮，将 2 V、4 V、8 V 三只开关作相应转换便可获得 7 挡交流或直流输出，如负载电流超过 2 A，过载指示灯亮，应立即关掉电源，故障排除后再开启电源.

直流稳压输出采用串联型稳压电路，并加有保护装置，若输出短路，则会自动断开.

三、铅蓄电池

铅蓄电池是中学物理实验中重要的低压直流电源，是将化学能转化为电能的一种实验装置. 铅蓄电池是由阴、阳两个极板浸在电解液中构成的，阳极板为过氧化铅（PbO_2），阴极板为海绵状金属铅（Pb），电解液为稀硫酸（硫酸 H_2SO_4+水 H_2O）.

1. 初充电

充电时把铅蓄电池接入直流电源，使铅蓄电池的正极与电源的正极相接，铅蓄电池的负极与电源的负极相接. 铅蓄电池第一次充电叫做初充电. 初充电如果不彻底会使极板部分有效物质不能还原，造成铅蓄电池以后永远不能充足电，即电池容量减小，寿命缩短.

一般的初充电程序和要求如下.

充电前将比重为 1.180 的电解液注入铅蓄电池内，为了使极板上干燥的有效物质完全被浸透，注入后还需过 4~6 h（小时），才可以充电. 充电程序如下：

（1）不间断地充电 25 h. 如果发现电池温度偏高，可按产品规定的电流要求减小 10%，但不能间断，最好是充电电流恒定不变.

（2）停止充电，静置 1 h，使电池内的化学反应物质均匀混合，降低温度.

（3）再继续充电，直至剧烈冒泡为止，充电时电池上方的小孔盖必须去掉.

（4）再停止充电 1 h，再进行充电，如此反复，直到间断 1 h 后充电立即发生沸腾现象时，可认为初充电可以结束.

铅蓄电池初充电，需要时间较长，通常不少于 80~90 h.

2. 平时充电

对于已经使用的铅蓄电池，由于电动势下降，需要重新提高其电动势和电源容量，因此需要充电. 充电电流通常以 10 h 率为标准，叫做正常充电率. 例如，实验室用的铅蓄电池的容量为 15 A · h 和 50 A · h 两种，它的正常充电率电流为 1.5 A 和 5 A.

充电时一般以两倍正常充电率电流来加速充电，充到铅蓄电池内冒泡，此时端电压为 2.4~2.5 V，再降低充电电流值至正常充电率电流．当正、负极上急剧释出气体，电解液比重增加到 1.200~1.210，端电压增高到 2.6~2.7 V（15 ℃），电解液比重和端电压在最后的 30~45 min 内保持稳定不变时，可认为充电结束．

充电时应注意以下事项．

在整个充电过程中通风必须良好，排出由铅蓄电池产生的氢和氧的混合气体，以免发生爆炸．

在充电过程中，不能中途停止充电，如果电解液温度超过 40 ℃，应立即减小充电电流，但不要减得太多，至少应大于正常充电的电流，如果充电电流减小后，温度仍很高，这是铅蓄电池存在故障，应查明原因．

将整个充电过程中示数的变化记录在表 4-1 中，并画出曲线．

表 4-1 铅蓄电池充电过程相关数据记录

时间/h	0	0.5	1.0	1.5	…
电压/V					
充电电流/A					
比重					
温度/℃					

将铅蓄电池编号，有何突变情况都要做详细记录，可随时进行研究，摸索延长铅蓄电池寿命的规律．

3. 正常放电

铅蓄电池作为直流电源工作时，就是铅蓄电池的放电过程．放电电流必须不超过规定的最大值，一般最大值就是正常充电电流．放电电流越小，铅蓄电池可以放出的电能越大，效率越高，反之，不仅效率低，还会损坏电池，缩短电池的使用寿命．放电到端电压降至 1.8~1.9 V，电解液比重降至 1.170~1.150 时，必须立即停止使用，并及时充电．

如果实验需要的电流较大，可将规格相同的几个铅蓄电池并联使用，一起放电，放电电流为并联电池只数的倍数，但电动势和单只相同．如果需要的电压值较高，可将规格相同的铅蓄电池串联起来，总电动势为串联电池只数的倍数，但是最大放电电流和单只相同．一般来说，电池串联，电动势升高，内阻增大，输出电流不得大于单只电池的最大放电电流值；电池并联，电动势不变，内阻减小，输出电流增大．

4. 铅蓄电池的保护

（1）电解液液面低落．电解液液面应经常保持高于极板上缘 10~20 mm，如果低于上缘 10 mm，应添加蒸馏水防止极板顶部干燥，不要随便加入稀硫酸．

（2）极板的硫化．如果经常充电不足、电解液液面低落、电解液不纯、电压低于 1.8 V 时仍有强电流放电，或长期搁置不进行补充充电、电解液比重过高及使用时电解液温度高于 45 ℃等，都会使极板硫化．

（3）自行放电．如果正极板弯曲、隔离板腐蚀或破裂、有效物质脱落过多、沉淀物质堆积过高触及极板下缘造成短路，或者蒸馏水不纯净、其他导电物质落入铅蓄电池内，都会导致自行放电．如果充好电的铅蓄电池在几小时内自行把电全部放完，但自行放电原因对于密封式电池较难判别．只能倒掉旧电解液，用蒸馏水多次冲洗，将脱落的有效物质、短路物质尽可能全部倒出，洗净后注入新的电解液，再按正常方法充电备用．

（4）过充电．对于过度放电使电压降到1.8 V以下，或放电电流过强，或放电后未能及时充电，或搁置很久，或经过内部检查修理等的铅蓄电池须进行过充电．过充电是在正常充电之后用较弱的电流继续充电，或者是每小时将电流减小一半，直到连续三次电压不再升高为止，或者充电1 h，停止1 h，直到最后一接通电源时，电解液立即冒泡为止．过充电是不得已而为之，尽可能少做，最好不做．

第四节 学生示波器

一、面板控制器介绍

J2459型学生示波器的外形结构如图4-6所示，其面板控制器的作用如下．

1. 仪器电源开关：当此开关拨向“开”时，指示灯发红光，经预热后，仪器即可正常工作．

2. “¤”辉度调节，顺时针方向转动，辉度加亮，反之减弱，直至光点消失．如果光点长期停留在屏幕上不动时，宜将辉度减弱或熄灭，以延长示波管的使用寿命．

3. “⊙”聚焦调节：用以调节示波管中电子束的焦距，使其焦点恰好会聚于屏幕上，此时呈现的光点应为清晰的圆点．

4. “○”辅助聚焦：用以控制光点在有效工作面内的任何位置上散焦最小，通常与“聚焦”配合使用．

5. “⇅”垂直位移：用以调节屏幕上光点或信号波形在垂直方向上的位置，顺时针方向转动时，光点或信号波形向上移，反之向下移．

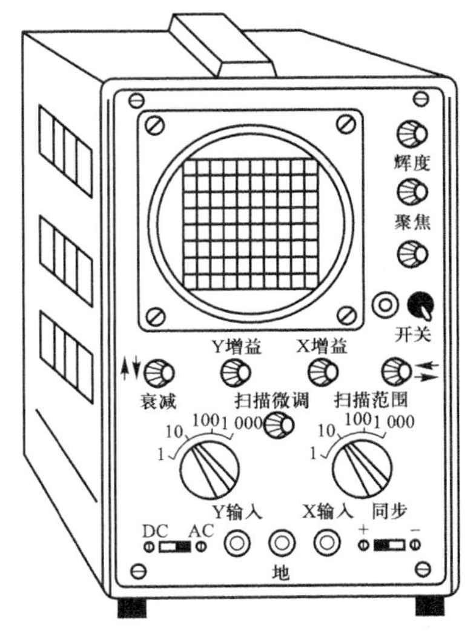

图4-6 J2459型学生示波器外型结构图

6. Y增益：垂直放大器增益微调．用以连续改变垂直放大器的增益，顺时针方向转动，增益增大，反之增益减小．当增益最大时，示波器灵敏度校准为50 mV/格．

7. Y衰减：Y输入信号衰减器．分“1”“10”“100”“1 000”及“∿”五挡．“1”挡不衰减．“10”“100”“1 000”分别衰减至$\frac{1}{10}$、$\frac{1}{100}$、$\frac{1}{1\,000}$．可根据被测信号的大小适当选择，使示波器荧光屏上得到合适的显示．当将其置于“∿”位置时，机内试验信号［波形为正弦50 Hz，幅度为250 mV（1±10%）］直接输送到垂直放大器，示波器荧光屏上显示正弦波形．

8. DC、AC：垂直放大器耦合选择开关．置于DC时，被测信号直接送到垂直放大器，适用于观察直流或缓慢变化的信号．置于AC时，被测信号经过电容器耦合到垂直放大器，它隔断被测信号中的直流分量，使屏幕上显示的信号波形位置不受直流电平影响，适用于观察各种变化的交流分量.

9. Y 输入：被测信号输入接线柱.

10. 扫描微调：扫描微调控制器. 顺时针旋转时，扫描频率连续增加，微调比≥10 倍.

11. X 增益：控制水平方向迹线的长度. 顺时针旋转时迹线增长，反之减短. 显示迹线长度应控制在 10 格内.

12. 扫描范围：扫描范围控制开关. 共分 10~100 Hz、100 Hz~1 kHz、1~10 kHz、10~100 kHz 及“外 X”五挡. 当置于“外 X”时，机内扫描发生器停止工作，外接信号可经“X 输入”接线柱直接送入水平放大器.

13. ⇄：水平位移. 用以调节示波器屏幕上的光点或信号波形在水平方向上左右移动，顺时针旋转时向右移，反之则向左移.

14. X 输入：被测信号输送到水平放大器的接线柱.

15. 地：公共地端接线柱.

16. 同步“+，-”：同步极性选择开关. 置“+”时扫描发生器由被测信号正半周同步，置“-”时由负半周同步.

二、使用方法

1. 了解面板控制器作用及使用和调整方法.

2. 仪器电源电压为 220 V，将电源连接线插入仪器后面的电源插座，开启前面板的电源开关，指示灯即发出亮光，预热 10 min，仪器即可使用. Y 衰减旋钮置于“∼”挡，开机后在示波管荧光屏上可以看到约五格幅度的正弦波形. 如波形显示不佳，可微调各控制器，使得到清晰稳定的正弦波形. 如果看不到波形，可转动垂直位移和水平位移旋钮⇅、⇄，再检查一下辉度调节旋钮¤是否在适中位置.

3. 观察波形. 被测信号从 Y 输入接线柱输入，将 Y 衰减旋钮置于“1 000”挡，观察示波管荧光屏水平方向显示，如没有显示或显示太小，则将 Y 衰减旋钮再置于“100”“10”“1”挡，使示波管荧光屏水平方向有 3~5 格显示即可. 并相应调节其他各控制器，示波管荧光屏即可显示出被测信号波形.

4. 波形幅度测量. 需要读出被测信号幅值时，可将 Y 增益旋钮顺时针旋到底，即 Y 增益为最大，当 Y 衰减旋钮置于“1”“10”“100”“1 000”时，荧光屏坐标片上每格分别表示为 50 mV、0. 5 V、5 V、50 V，可根据波形显示的格数读测波形幅值. 测试时先调扫描微调旋钮，使波形稳定.

5. Y-X 显示. 如果需要将示波器作为 Y-X 显示，例如观察李萨如图形，则可将扫描范围开关打到“外 X”，将信号发生器产生的正弦信号 $f(X)$ 引入 X 输入接线柱，Y 输入接线柱引入被测信号 $f(Y)$，调节 $f(X)$ 信号发生器的频率，示波器荧光屏上可显示李萨如图形，根据图形可以推算两信号之间频率及相位关系.

第五节　教学信号源

J2464 型教学信号源主要用于中学物理教学中的演示实验，它与示波器配合，可输出幅度连续变化的高频正弦波、低频和超低频正弦波、方波、锯齿波，如图 4-7 所示．

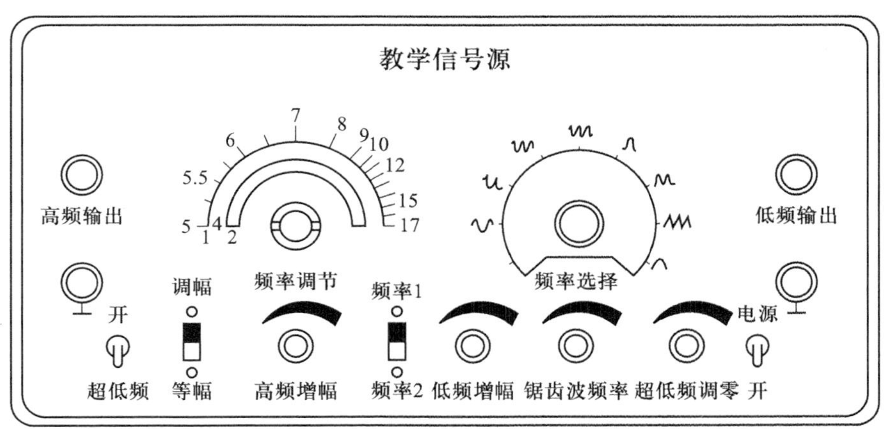

图 4-7　J2464 型教学信号源操控界面图

1. 频率范围

（1）高频输出分两个频段．Ⅰ频段：500～1 700 kHz 连续可调，误差±5%；Ⅱ频段：400～580 kHz 连续可调，误差±5%.

（2）低频输出分 9 挡．

正弦波（5 挡）：400 Hz、500 Hz、1 000 Hz、1 500 Hz、2 000 Hz，误差±5%.

方波（2 挡）：50 Hz，误差±2%；1 000 Hz，误差±5%.

锯齿波：600～3 000 Hz 连续可调，误差±10%.

超低频：0. 3～0. 5 Hz.

2. 输出电压

（1）正弦波（负载 300 Ω 时）：低频电压≥400 mV；高频电压≥200 mV.

（2）方波（负载 1 000 Ω 时）：50 Hz 时电压峰峰值≥1 V；1 000 Hz 时电压峰峰值≥3 V.

（3）锯齿波（负载 1 000 Ω 时）：电压峰峰值≥1 V.

（4）超低频（空载时）：电压峰峰值≥10 V.

3. 等幅和调幅

低频输出为等幅波，高频输出可做等幅波输出，亦可做调幅波输出．机内所有低频信号对高频都有调制作用，调幅度不小于 30%.

4. 使用注意

（1）接通电源，将电源开关拨向“开”的位置，指示灯亮；超低频开关拨向“关”的位置，除超低频外，其他部分都可工作．需要超低频时，除接通电源外，还须将超低频开关拨向“开”的位置．

（2）低频输出．低频输出 4 种波形，共分 9 挡；其中正弦波分 5 挡，方波分 2 挡，锯齿波 1 挡，超低频 1 挡．根据所需波形，将“频率选择”开关拨至所需挡位，信号从表面标有“低频输出”的两接线柱引出．

正弦波、方波、锯齿波的输出电压由“低频增幅”旋钮控制，顺时旋转幅度增大．

锯齿波的频率由“锯齿波频率”旋钮控制，顺时针旋转频率上升．

超低频需用 J0401 型“演示电流计”来显示．若指针摆动的中心位置不在“0”点，可调节“超低频调零”旋钮，使指针左右摆动对称．

（3）高频输出，共分Ⅰ、Ⅱ两挡，由频率拨动开关控制，从高频输出接线柱引出．旋动频率调节双连可变电容器，可得到所需频率．输出电压由“高频增幅”旋钮控制（顺时针旋转幅度增大）．

高频可做等幅波输出，亦可做正弦波、方波、锯齿波的调幅输出．分别由“等幅”“调幅”拨动开关和频率调节旋钮控制，调幅度由低频增幅旋钮调节．

第六节　可调内阻电池

可调内阻电池是一种教学中比较常用的直流电源，与中学物理实验中常用的干电池、铅蓄电池、低压电源等相比，它的主要特点是电池的内电阻较大，而且连续可调，具有一定的容量，电动势比较稳定，允许在短路情况下工作．在中学物理实验教学中，可用其来研究闭合电路欧姆定律、电源的输出功率，以及用来测定电池的电动势和内电阻等．

1. 结构

如图 4-8 所示，可调内阻电池是一个单体铅蓄电池．电池壳体为“H”形，正、负极板分别插在两端的电解液槽中，中间是一条狭长的电解液通道．通道里有一块活动闸板，上下移动活动闸板可以改变电解液通道的截面积，并以此来调节电池内电阻．当内电阻调节至某一定值时，用固定片固定活动闸板的位置．方形底盘与电池壳体连成一体，既能盛接偶然从电解液槽中溢出的电解液，同时又增加了仪器的稳定度．

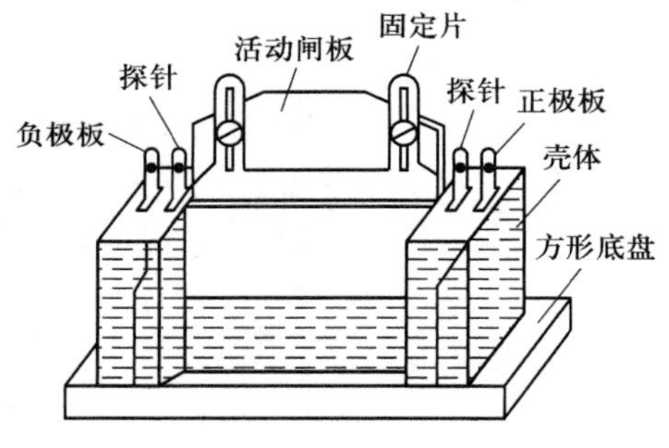

图 4-8　可调内阻电池结构图

可调内阻电池附有一对片状探针，探针压在塑料框里，使用时可方便地固定在电池内部．

2. 主要技术指标

（1）电池电动势 E 约为 2 V.

（2）电池内电阻 r 在 5~30 Ω 范围内连续可调．

（3）电池容量不小于 0.6 A · h，即当内电阻为 5 Ω 时，可连续短路工作（即放电电流为 0.4 A）1.5 h 以上．

（4）探针的极化电动势 $E_{极}<30$ mV.

（5）在验证闭合电路欧姆定律时，由电池本身所引入的相对误差≤5%.

3. 调节、测定内电阻的方法

可调内阻电池的内电阻与活动闸板的位置有关，调节活动闸板位置就可改变其内阻 r_0. 当闸板位置固定后，可用半电动势法来测定内电阻．

4. 可调内阻电池的使用及维护

（1）可调内阻电池所用的电解液是密度约为 1.28 g/cm^3 的硫酸溶液．初充电时，充电电流约为 100 mA，充电时间 60 h；正常充电时，充电电流约为 100 mA，充电时间为 20 h. 充电时，正负极板可插在同侧的电解液槽中．

（2）电池极板应浸没在电解液中，但电解液不要注得过多，以防活动闸板下移时电解液溢出．

（3）电池如长期不用，电极可以取出保存．但需做如下处理：先进行一次正常充电，充电结束后取出正负极板，分别在清水中浸泡 1～2 h，正极板晾干后即可用干净的塑料纸包好存放在通风干燥处．负极板晾干后，在松香酒精溶液中浸洗 1～2 min（松香酒精溶液配制方法：5 g 松香溶解在 100 mL 酒精中），待酒精挥发后再用干净的塑料纸包好存放．由于酒精会对二氧化铅产生不良影响，因此处理极板时，要避免正极板接触松香酒精溶液．

（4）重新使用可调内阻电池时，把正负极板插入电解液槽中，进行一次正常充电即可，负极板上的松香溶解在电解液中，不影响电池的性能．

（5）可调内阻电池由于使用不当，在电极板表面会形成一层白色的硫酸铅结晶，使电池容量降低，这种现象称为不可逆硫酸盐化．如出现这种现象，可用下述办法使极板恢复活性：将极板在清水中冲洗干净，放在密度约为 1.03 g/cm^3 的稀硫酸溶液中充电 48 h，充电电流控制在 100 mA 左右．

第七节　电子开关

电子开关与示波器配套使用，可以将一般的单踪示波器变成双踪示波器，这样就可以比较两个信号波形和它们之间的相位关系．图 4-9 为 J2460-1 型电子开关的面板示意图．该电子开关还可以当作一个方波信号发生器使用，它能输出频率为 50 Hz～50 kHz 且幅度连续可调的方波信号．

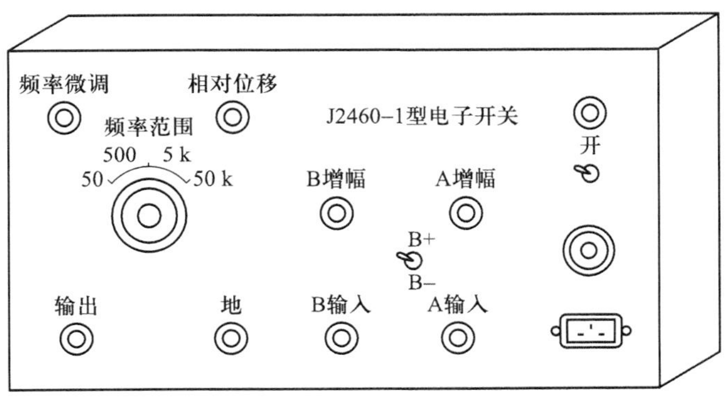

图 4-9　J2460-1 型电子开关操控界面图

一、面板控制器

J2460-1 型电子开关面板控制器作用如下．

1. 电源开关：仪器电源开关．当此开关扳向“开”时，其上指示灯将发出红光．开关下面为保险丝盒及电源插座．

2. A 输入：A 路被测信号输入接线柱．

3. B 输入：B 路被测信号输入接线柱．

4. A 增幅：A 路被测信号幅度微调控制器．通常应逆时针转到底，工作时慢慢顺时针旋转到示波器出现合适显示即可．切不可在其顺时针转到底时在输入端加入过大的信号，这样可能将仪器放大电路烧毁．仪器作方波信号发生器使用时，应将其逆时针旋转到底．

5. B 增幅：B 路被测信号幅度微调控制器．注意事项同 A 增幅．

6. B+、B-：B 信号倒相开关．当扳到 B+时，B 信号输入与输出同相，当扳到 B-时，B 信号输入与输出反相．

7. 频率细调：在一挡内连续改变开关频率，顺时针转时频率增加．

8. 频率范围：频率范围控制器．共分：50~500 Hz；500 Hz~5 kHz，5~50 kHz 三挡．

9. 相对位移：示波器上显示两路被测信号相对位置的控制器．置于中间位置时两个信号在示波器上重合，向两个方向转动时位置拉开，但向两个方向旋转时 A、B 两个信号上下位置也会发生交换．当用作方波发生器时即为方波幅度输出控制器，向两个方向旋转时方波幅度都增加，但相位相差 180°.

10. 地：公用的接地接线柱．

11. 输出：仪器的输出接线柱．当仪器作为电子开关使用时，将它接到示波器 Y 输入端．当仪器作方波发生器使用时即为方波信号输出端．

二、使用方法

1. 使用前应了解面板控制器的作用．

2. 仪器的电源电压为 220 V，将电源线接上，开启前面板上的电源开关，指示灯即发出红光．

3. 仪器作为电子开关使用时可按以下步骤进行：

（1）将仪器“输出”端接到示波器“Y 输入”端，“接地”端和示波器接地接线柱相连．

（2）根据被测信号的频率可参考表 4-2 调整电子开关的开关频率和示波器的扫描范围．

表 4-2　J2406-1 型电子开关的开关频率和示波器扫描范围

被测信号频率	开关频率	示波器扫描频率
10~200 Hz	5~50 kHz	10~100 Hz
200 Hz~2 kHz	50 kHz	100 Hz~1 kHz
2~10 kHz	50~500 Hz	100 Hz~1 kHz
10~100 kHz	5~50 kHz	10~100 kHz
100 kHz 以上	50 kHz	10~100 kHz

（3）示波器预热片刻后，在荧光屏上可以看到两根扫描线，旋转电子开关“相对位移”旋钮时，两扫描线可相对移动并调换位置．

（4）将电子开关面板上“A 增幅”“B 增幅”旋钮逆时针旋转到底．将欲同时观察比较的两个信号分别接至“A 输入”“B 输入”和“地”之间．当输入电压高于几十伏时，最好串接 1~10 MΩ 降压电阻降压后再接入．特别应注意下面几点．

① 由于两路信号接地端是公共的，因而两个被测信号地电势必须相等．否则必须将其中

一个接地线串联一个 0.1 μF 的电容再接地，以免因地电势不同而造成短路．

② 当被测信号接地点电压不等于零而接入时，切不要碰电子开关及示波器机壳，以免触电．

③ 被测信号大于 10 V 以上直接接入时，一定要注意先将“A 增幅”“B 增幅”逆时针旋转到底，在测试时再慢慢地顺时针转动．直到示波器上看到合适大小的波形即可．切不要一下顺时针旋转到底，以免输入信号过大烧毁电路．

（5）调节示波器的“扫描微调”旋钮，使扫描与被测信号同步，在示波器上就可以看到稳定的被测信号．

（6）被测信号幅度较小时，可将示波器“Y 衰减”旋钮置于 1，同时调节电子开关“相对位移”旋钮，使两扫描线显示合适的距离．再顺时针转动“A 增幅”“B 增幅”旋钮，使示波器上显示出合适的被测信号波形．

4. 仪器作为方波发生器使用时，应将“A 增幅”“B 增幅”逆时针旋转到底，这时，输出端可输出方波，方波频率由“频率细调”“频率范围”两个旋钮控制，方波幅度由“相对位移”旋钮控制．旋钮在中间位置时输出最小，向两边旋转时输出均增大，但相位相反．最大输出方波幅度大于 2 V.

第八节　多用电表

多用电表是由磁电系电流表、表盘、表箱、表笔、转换开关、电阻和整流器等构成的，是一种能够测量直流电流、直流电压、交流电压和电阻的携带式仪表，旋动转换开关，便可选择不同的测量项目及量程．

一、多用电表的合理使用

多用电表在使用前应注意水平放置时指针是否指向零位．若不指向零位，则应调整中间的胶木机械零位调节螺丝，使指针指在零位．

红色表笔应插在正极（+）插口，黑色表笔应插在负极（-）插口．

为了得到准确的测量结果，多用电表必须合理使用．若测试方法和选择的量程不合理，则测量的结果误差就会增大．所以多用电表的合理使用方法值得提及，以引起学生注意．

1. 直流电压的测量

将表笔跨接在电压两端，即并联接法如图 4-10 所示．并注意正负极性．如果不知道被测电压的极性和电压的大概数值，则将转换开关旋至直流电压最高量程上，然后将一根表笔接在被测部分的一端，再将另一根表笔在被测部分的另一端触一下，以试验极性，待极性找好后测定大概数值．此后将转换开关旋至适宜的电压量程上，使指针得到最大偏转度．例如被测电压为 45 V，在未知大概数值之前，可将转换开关旋至 500 V 挡，测得大概为四十几伏之后，旋至 50 V 挡，即能得到准确数值．因为电表的基本误差是以满标度（最大量度值）的百分数表示

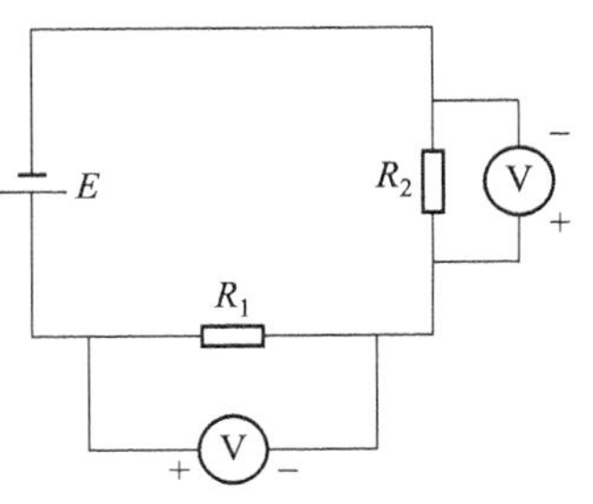

图 4-10　直流电压测量多用电表连接示意图

的，所以指针越接近满标度，误差越小．在上例中，只有 50 V 这一挡能使指针偏转最大，误差最小．

在测量直流电压时，应注意电源内阻与测量仪表内阻所造成的误差．

2. 直流电流的测量

在测量电路的电流时，电流表必须与电路串联，如图 4-11 所示．

由于电流表串接在电路中，所以它的内阻会使电路中本来的电流减小一些，引起测量误差．

从图 4-12 中可以看出，测量前电路的电流为

$$I=\frac{E}{R_0+R} \tag{4.1.1}$$

式中 R_0 为电源内阻，R 为负载电阻，E 为电源电压．

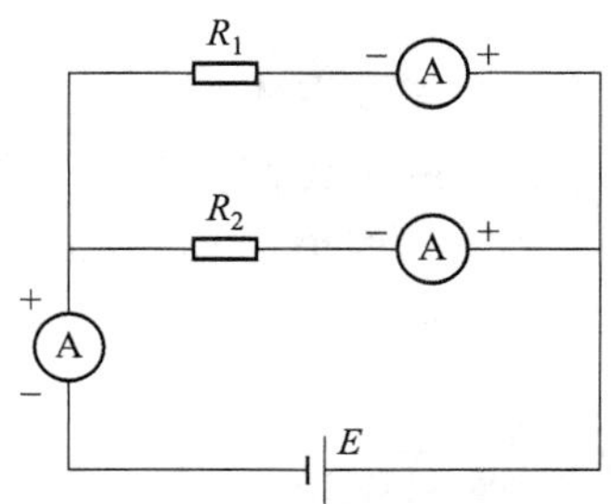

图 4-11 直流电流测量多用电表连接示意图

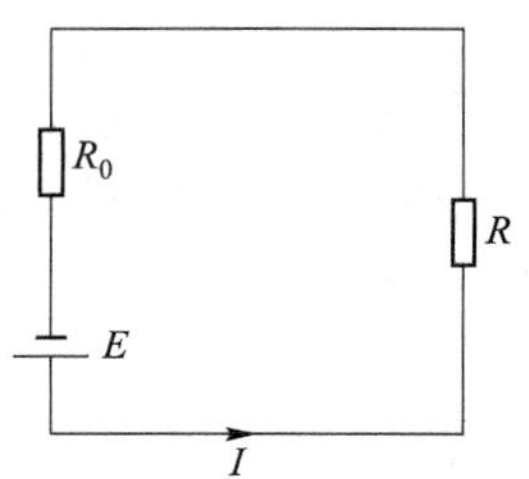

图 4-12 无万用表接入电路图

当电流表串联接入电路时，它的内阻 R_I 使电路中的总电阻增加，如图 4-13 所示，因而电路中电流减小至 I'，此时有

$$I'=\frac{E}{R_0+R+R_I} \tag{4.1.2}$$

由式（4.1.1）、式（4.1.2）得

$$I(R_0+R)=I'(R_0+R+R_I)$$

或

$$I'=\frac{R_0+R}{R_0+R+R_I}I \tag{4.1.3}$$

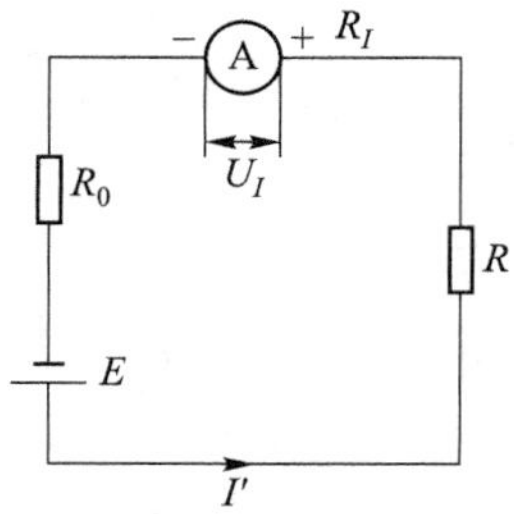

图 4-13 接入万用表电路图

当 $R_I \ll R$ 时，$I' \approx I$，测量误差较小，可以忽略，反之误差很大．为了减小测量误差，可将量程选得大一些，则电表的内阻 R_I 减小，测量误差就可以减小．但电表的指针偏转角度也减小了，相对误差有所增大，因此，必须按具体情况考虑．最好的办法是不增大量程而通过式（4.1.3）算出实际电流 I（电表读得电流为 I'）．

3. 交流电压的测量

测量交流电压的方法与测量直流电压相似．不同的地方有：

（1）一般来说，交流电源的内阻是比较小的，所以对多用电表的交流电压灵敏度要求不高．

（2）表盘上标度尺读数是交流电压的有效值，而经过整流器整流后得到的脉动直流电则反映它的平均值．在多用电表设计和计算时，是按正弦波平均值与有效值的比值、整流的模式（半波或全波）和整流器的整流效率三者的乘积来调整的．如果被测电源波形失真或不是正弦波时，误差则会增大．

(3) 表盘上都标有使用频率范围（45~1 000 Hz）. 如果交流电频率超过了这个范围，误差就会变大. 原因是倍压电阻有分布电容存在，当频率升高时，倍压电阻的总电阻降低使读数不准（图 4-14）. 所以，高级多用电表都接有补偿电容，且为防止谐振，表头上往往并联一只电解电容.

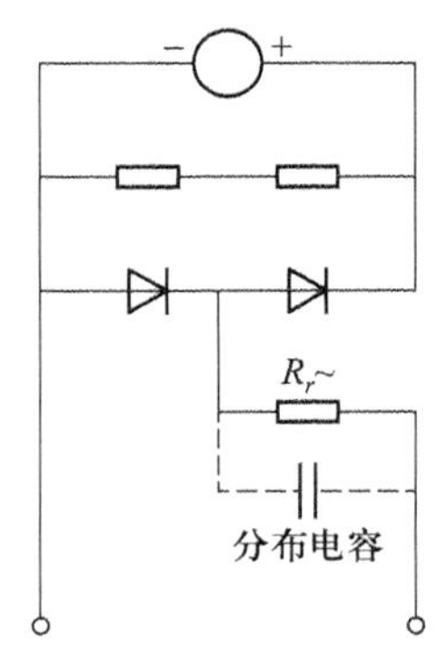

图 4-14　多用电表内部倍压电阻电路图

4. 音频电平的测量

在一定的负荷阻抗上（大部分多用电表为 0 dB = 1 mW、600 Ω），测得的音频电压称为电平. 它是用来测量放大级的增益和线路输送的损耗的. 单位用 dB 表示. 由于音频电压为交流成分，所以测量方法与交流电压相似，但需要注意以下几点：

(1) 如果被测电路带有直流电压，表笔一端必须串联一只电容 0.1 μF 以上、耐压 400 V 以上的电容器，用来隔断直流电压.

(2) 在用量程较高的交流电压挡测量电平时，切勿忘记加上调整值.

5. 电阻的测量

(1) 将转换开关旋至“Ω”适当量程上，并短路两支表笔，则指针向零欧姆方向偏转，调节欧姆挡调零旋钮，使指针恰好指示在 0 刻度上. 然后将表笔分开，去接触被测电阻的两端.

(2) 在测量电阻之前，应将电源切断，电路中有电容器时应该先放电. 否则等于用电阻挡去测量电阻两端的电压降，就会损坏电表.

(3) 在不能确定被测电阻是否有并联电阻存在时，应把电阻一端从电路中断开，然后再测量. 否则并联电阻会使被测电阻的测得值比实际数值要小.

(4) 在测试电阻时，应注意两手不应同时触及电阻两端，因为这样等于在被测电阻两端并上人体电阻，使测得值偏小，在测量高阻值时误差更大.

(5) 量程每变换一次，都必须调节欧姆挡调零旋钮，使指针指向 0 刻度.

(6) 为了提高测量准确度，选择欧姆挡倍率时，应使指针尽可能靠近表盘中心阻值. 这样读数较清楚. 这是由于当 R_x 接近中心阻值 R_z 时，指针随 R_x 变化的幅度较大. 当 $R_x \gg R_z$ 或 $R_x \ll R_z$ 时，R_x 略有变化，指针变化幅度不大或不太清楚，所以标度尺实际使用长度为 20%~80%.

6. 使用多用电表注意事项

(1) 每次测量前，必须核对转换开关的位置是否符合测量要求.

(2) 当电表正在测试高电压或大电流时，不能旋动转换开关. 因为这样做会使触点间产生电弧，损坏开关.

(3) 切不可用欧姆挡或电流挡测量电压，否则电表会烧毁.

(4) 电表使用完毕后，应将转换开关旋至最高电压挡上（交、直流均可）. 拔下表笔，放入盒子或用纸包好，置于干燥处.

(5) 电表应经常保持清洁干燥. 如果长期不用时，应把电池取出，以免日久电池变质，渗出电解液腐蚀电表.

(6) 为了防止表头在错误使用中烧毁，除装保险丝外，还可在表头正负两端并联两只二极管（见图 4-15）进行保护，一只正向并联，另一只反向并联. 由于硅二极管所通电压>0.5 V，所以在 0.5 V 以下二极管的正向电阻也很大，对表头原来的内阻影响极小，可以忽略不计．在误测时，电压升高会使二极管正向电阻降低，大部分电流被二极管分流，因而保护了表头．

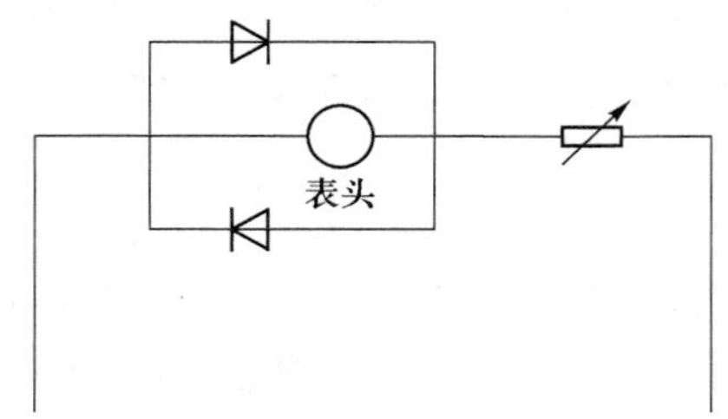

图 4-15 多用电表表头正负两端并联两只二极管示意图

二、多用电表的故障检修

1. 表头故障的检修

（1）将机械调零旋钮旋转一周，看指针是否在零位左右均衡地移动，再准确地调到零位．若调不到零位，可能是游丝黏圈、下调零杆转动或指针由于过负荷而打弯，需拆开修理．

（2）在水平位置调好零位，然后将电表突转一下（也可在电阻挡用表笔短路的方法来实现），看指针是否有卡轧现象，停下来时是否仍指向零位．若有卡轧现象或回零不准情况，需拆开检查卡轧原因并修理．

（3）将电表竖立，再按指针在水平及垂直两方向上观察平衡情况，若与零位有较大差距（大于一格——表面以 50 格计算），则表示指针已大弯变形，需拆开修理．

2. 电气故障检修

（1）直流电流挡的检修

用串联标准表的方法来测定．若读数比标准值大得多，则为分流电阻断路．无标准表时可将转换开关旋至直流电流最小挡，然后用一节新干电池串联一只电阻（阻值见表 4-3）去测量其电流（所串电阻的阻值由公式 $R=E/I$ 算出，式中 E 为一节新干电池的电压，I 为直流电流最小挡的满量程电流），正常情况下指针应该接近满刻度．

表 4-3 直流电流挡检验时串联电阻的阻值（$E=1.5$ V）

直流电流最小挡的满偏电流	串接电阻的阻值
50 μA	30 kΩ
100 μA	15 kΩ
200 μA	7.5 kΩ
500 μA	3 kΩ
1 000 μA	1.5 kΩ

① 若测得值超出满标度值，则为分流电阻断路．

若无读数，将转换开关旋至直流电压最小挡，直接测量一节新干电池的电压，如仍无读数，则为表头线路断路（包括动圈断路、游丝断路或脱焊、接线断路）．若有读数而指示值大于 1.6 V，则为分流电阻断路．

② 若读数偏低，其他各挡电流也偏低，而且误差接近，则表明表头灵敏度下降．可能是因为永磁铁磁性减弱、游丝倾轧或动圈线圈部分短路等．

③ 若读数不稳定，时大时小，则因接触不良所致，例如开关片或表笔插口松动、电阻开焊等．

（2）直流电压挡的检修

① 各挡读数偏大，量程越高，偏差越大．则因电表受潮，使电阻阻值变小所致．严重受潮的表壳可能漏电，必须注意防潮．

② 各挡读数偏小，量程越高，偏小越多，多为电阻变质所致．

（3）交流电压挡的检修

① 各挡都无读数，则因整流元件断路、短路或交流输出端调整旋钮触点断开所致．

② 各挡都有读数而读数都接近一半，则因全波整流器一片失效成为半波所致．

③ 有读数而各挡误差接近，则因交流输出端调整旋钮的触点位移所致．

（4）电阻挡的检修

① 欧姆挡调零旋钮调不到零刻度处，$R\times1$ 挡最甚，说明电池电压不足．若更换新电池后 $R\times1$ 挡仍调不到零刻度处，则因电池触片或表笔插口间有接触电阻或限流电阻变质、阻值增大所致.

② 零刻度指示值不稳定，则因开关接触不良所致．在不稳定的同时，如果在转换开关由 $R\times1$ K 向 $R\times1$ 逐渐过渡时，指针不是依次渐离零刻度处，而是有参差现象，则在出现参差现象的一挡，开关有接触电阻．

③ 欧姆挡调零旋钮失调或调整过程中某处有跳动，则因旋钮弄脏、动片太松或旋钮断路所致．用棉花沾汽油擦拭，压紧动片触点或更换新旋钮，可解决该问题．

④ 某挡测得值比标准值大了 10 倍、100 倍或 1 000 倍，则因此挡分流电阻断路所致．

⑤ 个别挡读数不准，则因此挡分流电阻变质所致．

⑥ 无读数或虽有读数而各挡都不准，则因电池线路不通、限流电阻断路或变质所致．

第二章

电磁学实验训练与研究

实验一　静电实验研究

【实验目的】

1. 掌握静电学主要实验的演示方法；熟练掌握静电实验器材的构造、操作方法及使用注意事项；加深对静电现象及其原理的理解；分析研究静电演示实验成功的关键，学会指导学生进行实验操作，并能通过演示实验、学生实验促进学生物理观念、科学思维、探究能力、科学态度和责任意识的形成.

2. 学会通过静电实验引导学生了解静电现象，熟知两个点电荷间相互作用的规律，了解静电屏蔽现象，了解避雷针的结构和基本原理，了解生产、生活中关于静电利用与静电危害的防护常识；熟知电容器的电容.

3. 学会引导学生观察实验现象、记录实验结果、分析实验内容，熟知点电荷、匀强电场等是一种模型，知道将带电体抽象为点电荷的条件；会分析静电现象，会用科学推理的思维方法，归纳、总结电荷之间的相互作用规律，会用物理方法分析静电在激光打印、静电喷雾和静电除尘等技术中的应用原理；能设计多种静电应用实验装置，能够对各种实验现象提出不同见解.

4. 能够指导学生通过点电荷间的相互作用等实验现象发现问题，提出问题，形成科学猜想；能够引导学生设计和改进实验方案，会用控制变量法等思想方法探究影响平行板电容器电容大小的因素，能选用合适的器材和方式获取证据；能够培养学生反思和评估实验过程和结果，写出合格的实验报告.

5. 了解静电规律在生产、生活中的广泛应用，知道有些静电现象也可能给环境带来危害，学会如何利用静电现象、如何预防静电的危害，体会知识从诞生到应用的实现路径，尝试运用物理原理和研究方法解决实际问题，增强对科学的好奇心和求知欲；经历探究过程，培养学生主动性、创新意识和严谨认真的科学态度；了解物理规律在生产、生活中的应用及其在推动人类社会发展过程中的作用.

【实验器材】

韦氏感应起电机、范德格拉夫起电机、验电器、静电计、平行板电容器、验电羽、金属网罩、尖形布电器、枕形导体、球形导体、起电盘、静电除尘装置以及几种绝缘体等.

【仪器介绍】

一、验电器

在一个顶端呈球状的金属杆的下端悬挂两片金属箔片（简称金箔），把它通过绝缘塞固定在玻璃瓶内，如图 4-16 所示．这就构成了一个验电器．

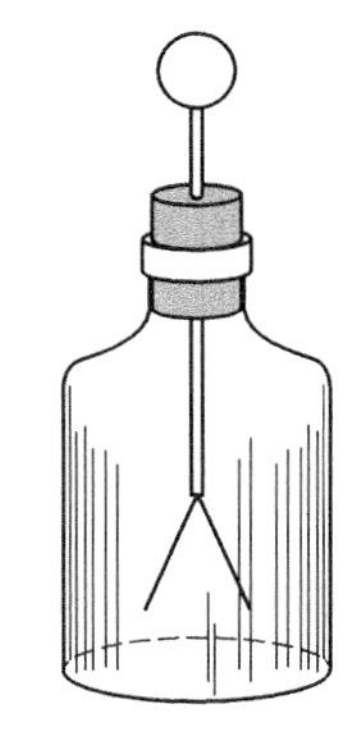

图 4-16　箔片式验电器

用验电器可以检验物体是否带电，并可定性演示其带电荷量的多少．当验电器的金属杆不带电时，金箔合拢．若被检验物体带电，与杆顶金属球接触后，则有同种电荷传至金箔，根据同种电荷相斥的原理，金箔将张开．电荷越多则张角越大．用验电器还可判断两个带电体的电性是否相同．办法是先以一个带电体与验电器金属球接触，金箔张开，再以另一带电体接近验电器金属球，由静电感应可知，若金箔张角增大，则两带电体带同种电荷；反之带异种电荷．

中学物理实验中常用的验电器是将玻璃瓶改成金属盒，盒上留有观察用的玻璃窗．盒与金属杆间用绝缘塞隔开，如图 4-17 所示．

二、静电计

将图 4-17 中验电器的金属箔片改为一个可活动的金属指针，与金属杆相连，指针背后的玻璃上刻有刻度．这就构成一个静电计，如图 4-18 所示．用静电计可测量静电的电势差、电势、电荷量等．

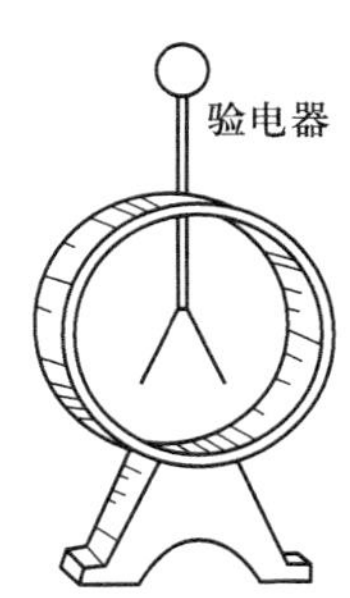

图 4-17　箔片式验电器

图 4-18　指针式验电器（静电计）

测量两个导体间的电势差时，将两导体分别与静电计的金属盒及金属杆相连（静电计的金属盒下方有一接线柱），盒与杆间便产生电场．指针表面的电荷受到电场力的作用，指针将发生偏转．电势差越大时，指针偏角也越大，因此可由指针偏转的角度测量电势差．若将被测导体接指针，并将静电计的金属盒接地，则指针指示的就是该导体的电势．

【实验研究】

要做好静电实验或自制静电仪器必须懂得静电的特点．静电的电压高，电荷量少，电荷分布在导体的表面上．丝绸摩擦过的带静电的玻璃棒对地电压一般可达数千伏特，起电机的静电电压可达上万伏特甚至几十万伏特．把长丝线两端各黏上一张直径为 1 cm 的圆纸片，使圆纸片带同种电荷，直到两圆纸片能相斥，其所带的电荷量为 $10^{-9} \sim 10^{-10}$ C，而一个手电筒的小电珠上，通电时每秒钟流过的电荷量约为 1/3 C．这个电荷量是圆纸片所带电荷量的 10^{9} 倍以上，可见圆纸片上所带的电荷量是很少的．

根据以上特点，对静电实验有一些特殊的要求．由于电压高，使得在动电中的绝缘体如棉线、纸板等，可能变成导体．当带静电物体周围的空气湿度较大时，空气容易被电离而产生击穿的现象，静电的电荷量一般又很少，很快就会漏光．因此，静电仪器和静电实验中对所使用的绝缘材料的绝缘性能要求比较高．静电实验中常用的绝缘材料有：玻璃、有机玻璃、塑料、硫黄、火漆、硬橡胶、石蜡等．另外，做静电实验要求仪器的表面要清洁、光滑、干燥，实验环境要干燥通风（在阴雨天气最好对仪器进行适当烘烤）．实验时，动作要快，以免电荷漏掉．

一、各种起电方法与电荷种类的判断

1. 摩擦起电

（1）用丝绸摩擦过的玻璃棒，使玻璃棒带正电．用毛皮摩擦过的橡胶棒，使橡胶棒上所带的电荷是正电还是负电？用验电器检验．

（2）同一种物体与不同物体进行摩擦时，所带电荷种类也不一定相同．试用干燥的薄纸去摩擦有机玻璃，跟用薄纸去摩擦塑料棒，薄纸上所带电荷种类是否相同？

（3）用验电器做测试工具，检验你所使用的各种物质之间摩擦后是否带电．它们分别带哪种电荷？

2. 感应起电

（1）利用静电感应使验电器带电

把一带电体（例如带正电的有机玻璃棒）移近验电器顶端的金属球，金属球上因感应而获得负电荷，远端金箔上就获得正电荷［图 4-19（a）］.

在带电棒未移开前，用手指接触一下验电器的金属球，使其接地，金箔上的正电荷经人体入地（或者说正电荷被从地上经人体而导入的负电荷所中和），验电器的金箔合拢［图 4-19（b）］.把手指移开［图 4-19（c）］，这时金箔仍然合拢．最后，移开带电体，验电器金属球上的负电荷重新分布在金箔和球上，金箔又张开［图 4-19（d）］．感应使验电器带上了与原带电体相反的电荷．

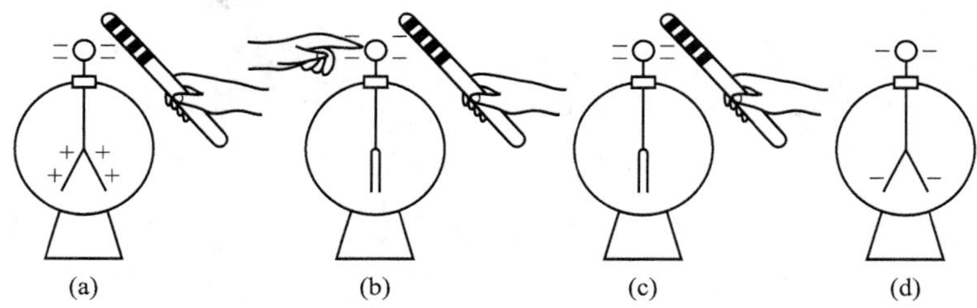

图 4-19　利用静电感应使验电器带电原理说明图

（2）利用静电感应现象使枕形导体带电

将两只静电计分别与一对枕形导体的两端连接起来，开始时，枕形导体彼此接触，且不带电．当把一个带电金属球移近时（图 4-20），发现由于静电感应，两只静电计指针都张开到相同的角度．移开带电金属球后，静电计指针又都合拢．若先将两枕形导体分开，然后再移去带电金属球，则两个静电计上的感应电荷就不能中和，仍张开相同的角度，此时两只静电计上带异种电荷．

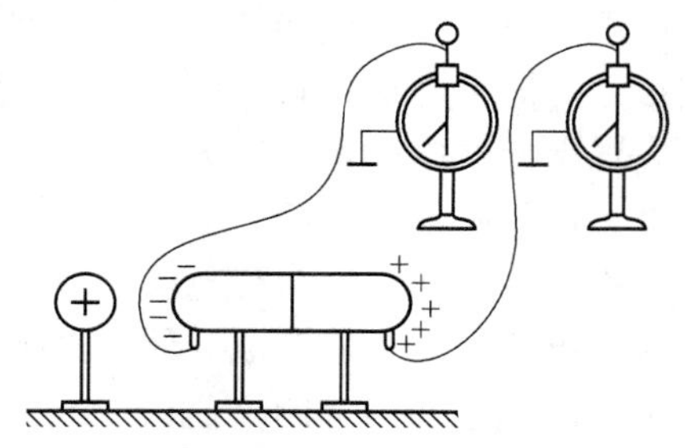
图 4-20　利用静电感应现象使枕形导体带电实验装置图

（3）起电盘感应起电

起电盘是用感应起电的方法来取得电荷的一种装置，相比摩擦起电，感应起电能得到更多的电荷．方法是：用一块绸子或毛皮，急剧地摩擦绝缘圆板，摩擦的时间要比用起电棒稍长些，这时绝缘板便带电，例如带正电．然后手持铝圆板的绝缘立杆，将铝圆板尽可能近地靠近绝缘圆板的上方，由于静电感应作用，铝圆板靠近绝缘板的一面带负电，向外的一面带正电，如图 4-21（a）所示．这时用手接触一下铝圆板向外的一面，它的正电荷就被中和［图 4-21（b）］．移开手指，再将铝板提起，铝板就带上负电［图 4-21（c）］．实验前应先确定绝缘板所带电荷的正负．

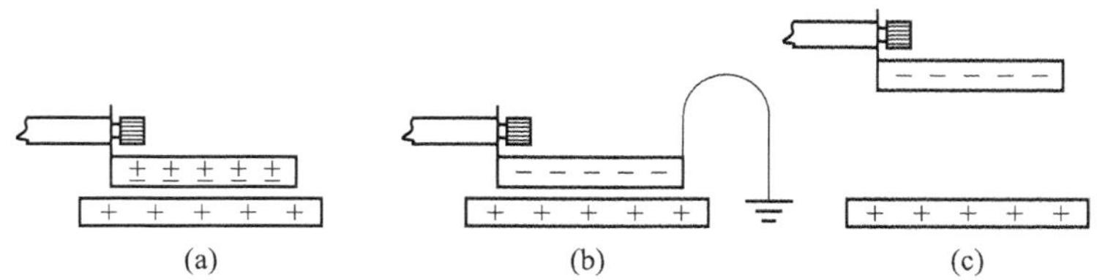

图 4-21　起电盘感应起电原理图

二、演示电场线形状

1. 演示点电荷电场线的形状

用导线将验电羽的金属杆与感应起电机的一根放电杆连接起来，起电后，丝线因带同种电荷互相排斥而散开［图 4-22（a）］．验电羽可就地取材，自己制作．利用电容器中的绝缘纸甚至普通的彩色纸，剪成宽约 5 mm、长约 10 cm 的细条，或者用尼龙丝线把它们固定在有绝缘支座的金属杆上，即做成验电羽．

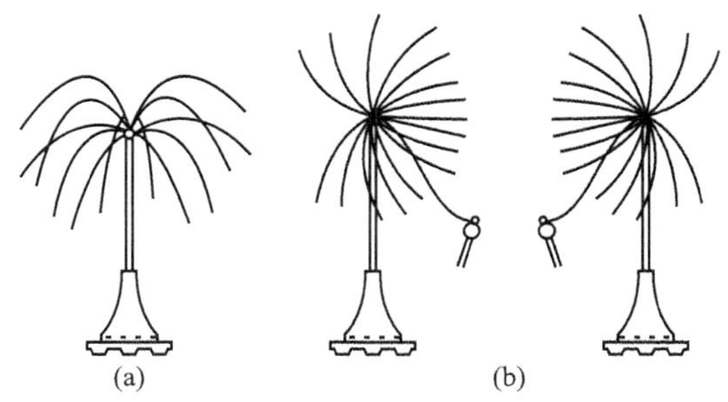

图 4-22　点电荷电场线演示现象图

2. 演示两个异种电荷的电场线形状

将两个验电羽分别用导线连接到感应起电机的两根放电杆上．摇动起电机手柄，起电后，两验电羽的丝线就散开而且相互吸引［图 4-22（b）］．

3. 演示两个同种点电荷的电场线形状（略）

演示电场线形状的另一种方法是将头发屑撒入盛有蓖麻油的玻璃（或有机玻璃）容器中，并置入所需形状的电极．用起电机使电极带电，头发屑将在电场中排列，显示出电场线的形状．如果再配合使用投影仪效果更好，现在多采用封闭式的有机玻璃盒子（见“投影技术”）演示电场线形状．

三、静电平衡时导体上电荷的分布

1. 用球缺导体和验电器演示导体上的电荷只能分布在外表面

实验装置如图 4-23 所示，用硬橡胶棒起电后，使导体带电．重复几次，使导体带电荷量多一些．用不带电的验电球与导体的内表面接触，然后接触验电器上的金属球，可看到验电器金箔不张开，说明导体内部没有电荷．用验电球接触导体的外表面，然后再接触验电器，则发现验电器金箔张开．证明导体处于静电平衡状态时，电荷分布在外表面上．

2. 用尖形布电器和验电器演示孤立导体电荷分布与曲率的关系

用验电球接触带电导体的外表面，再与验电器接触，则可看出，验电球接触尖形布电器不同曲率处，验电器金箔张开的角度不同．说明同一导体表面曲率较大处，比表面曲率较小处电荷分布更密集（图 4-24）．

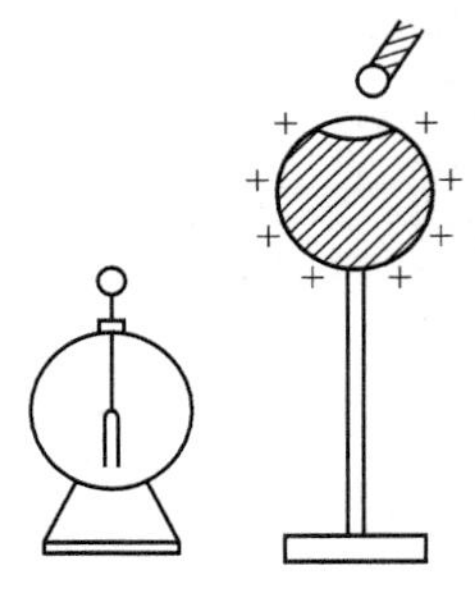

图 4-23 球缺导体电荷分布演示实验图

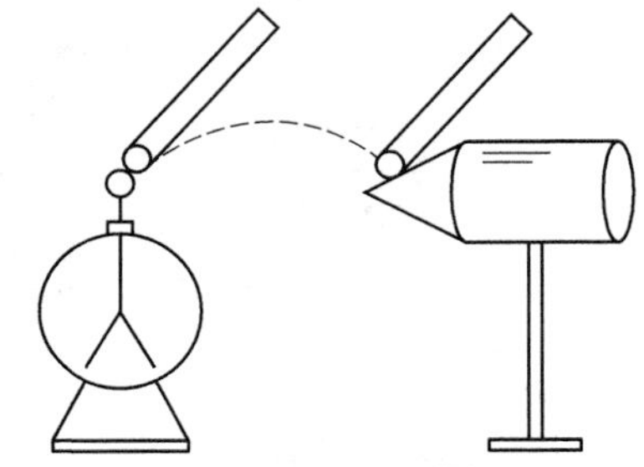

图 4-24 尖形布电器演示孤立导体电荷分布与曲率的关系实验图

该实验还可以用验电帆进行演示．

3. 尖端放电现象

用导线使尖形布电器与起电机的一杆相连，在尖端的前方放一支燃着的蜡烛，摇动起电机手柄，可看到蜡烛的火焰被吹向一边，如图 4-25 所示．

4. 演示静电平衡时，导体外表面各处电势相等．实验装置如图 4-26 所示，将验电球和静电计用导线连接，并将静电计外壳接地．用验电球接触尖形布电器，待静电计指针偏转角度稳定后，将验电球沿尖形布电器表面任意滑动，静电计的指针偏角不变．这证明了导体表面电势处处相等．

图 4-25 尖端放电演示实验图

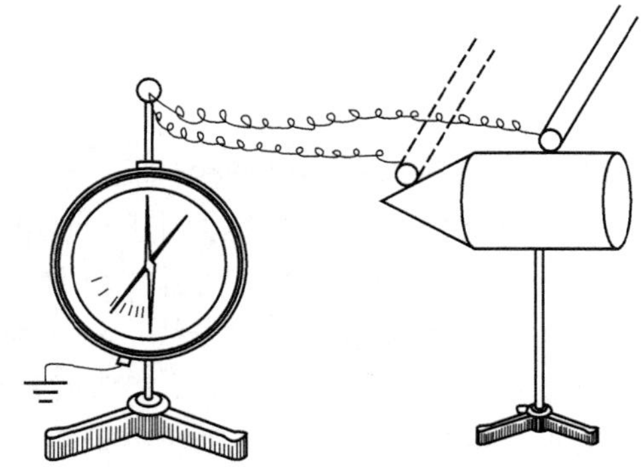

图 4-26 静电平衡时导体外表面电势分布情况实验图

四、静电屏蔽的原理演示

在电荷平衡时，导体内部的电场强度等于零．

实验装置如图 4-27 所示．当金属网罩带电时，罩外边的验电羽的丝线散开成辐射状，而罩内的验电羽的丝线仍旧下垂．实验时，必须用感应起电机不断给网罩补充电荷．

在带电球旁放一验电器，用金属网罩也可以演示静电屏蔽现象．

五、探究影响平行板电容器电容大小的因素

实验前，要先将仪器充分干燥和清洁，然后用绝缘导线把一块金属板与静电计的导体棒连接，另一块金属板与静电计的金属外壳连接（图 4-28）. 我们知道若平行板电容器（极板面的线度远大于它们之间的距离）两板的相对面积为 S，两板间距离为 d，电介质的介电常量为 ε，则平行板电容器的电容为 $C=\dfrac{\varepsilon S}{d}$.

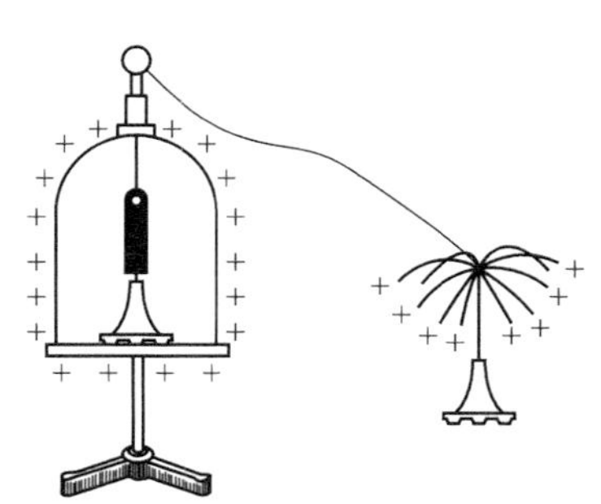

图 4-27　静电屏蔽演示实验图

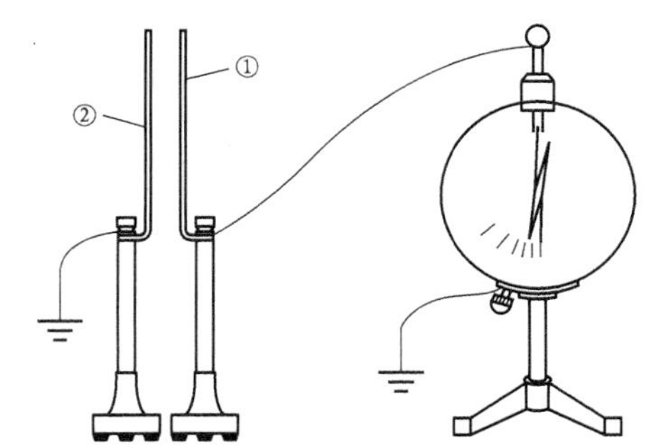

图 4-28　探究影响平行板电容器电容大小的实验图

1. 探究平行板电容器所带的电荷量 Q 与两板间电势差 U 的关系 .

起电后，指针偏转一角度 . 保持两板间距离不变，给①板逐渐增加同种电荷，则静电计指针张角随之增大 . 定性说明 Q 与 U 成正比 .

2. 探究平行板电容器的电容 C 与两板间距离 d 的关系 .

调节两个铝圆板的相对位置，保持板上所带电荷量 Q 不变 . 可定性说明 C 与 d 成反比 .

3. 探究平行板电容器的电容 C 与两板间的相对面积 S 的关系 .

保持 Q 和 d 不变，将其中一块圆板沿平行面推开些，以改变两板间的相对面积 . 可定性说明 C 与两板间相对面积 S 成正比 .

4. 探究平行板电容器的电容 C 与两板间电介质的关系 .

保持圆板所带的电荷量、两板间距离和相对面积不变，在两板间插入绝缘板，静电计指针张角减小 . 插入不同的电介质，静电计指针张角的变化不同 . 做此实验时，不能使电介质带电（例如不要用丝绸或干燥的手擦拭）.

如果铝圆板上带有丝线，还可演示匀强电场中电场线的形状 .

六、静电除尘

静电有着广泛的应用 . 这里用一简单装置说明工业上的除尘器的原理 . 除尘演示装置是用金属壳验电器改装而成的 . 中间金属杆作为一个电极，金属壳作为另一个电极 . 将两电极分别接到起电机放电杆上（图 4-29），点燃香头，放在底座上，待烟较浓时，摇起电机手柄，浓烟迅速消失 .

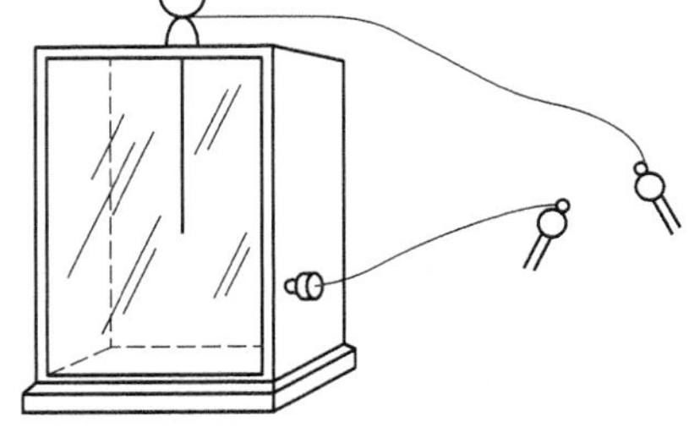

图 4-29　静电除尘实验装置图

七、范德格拉夫起电机的使用

了解范德格拉夫起电机的结构和使用方法 . 参见本篇实验基本仪器 .

站在绝缘凳上，手持一个验电羽，另一只手与起电机接触，打开起电机，验电羽就会张开.

实验中应注意安全，起电过程中，手不能离开起电机，以保证人体与起电机等势，关闭起电机后，才可以脱离起电机，并迅速走下绝缘凳，将人体所带电荷释放掉．

注意事项

1. 静电学中可做的演示实验很多，究竟选择哪几个实验，在考虑时要紧密配合教学．

2. 静电学的演示实验受环境影响较大，准备演示实验时要充分考虑当时、当地条件，特别是清洁及干燥程度，并反复操作确保成功．

3. 对实验中可能出现的似乎“反常”的现象应有所准备．例如，在将电介质插入到平行板电容器的两板间时，可能会出现相反的现象：静电计指针张角反而增大；另外，在“电风”实验中可能会出现蜡烛火焰被“吸”过来的现象，怎样解释？为避免给学生讲得过于复杂，应注意什么？实验中对可能出现的困难，应有方法排除（如环境较潮湿时要设法烘烤，使仪器干燥）．

4. 使用范德格拉夫起电机时，要注意安全．

思考题

1. 你认为做好静电实验的关键步骤是什么？

2. 选择其中一个演示实验，配合课本说明怎样演示，怎样边演示边讲解．

3. 如何检查尖形布电器的电荷分布？用验电球把电荷移到验电器上来检查的办法有什么缺点？如何改进？

4. 为什么根据静电计指针张角的变化可测出电容器两板间电压的变化？画电路图说明之．

实验二　观察电容器的充、放电现象

【实验目的】

1. 熟练掌握演示电容器充、放电的实验操作方法；分析研究电容器充、放电实验成功的关键，学会指导学生进行实验操作，并能通过实验促进学生物理观念、科学思维、探究能力、科学态度和责任意识的形成．

2. 通过实验引导学生加深对电容器的电容的理解，了解电容器在充、放电过程中的能量变化，理解电容器充、放电的原理，知道电容器的作用．

3. 明确电容器充、放电现象不能通过直接观察获得，学会引导学生选择合适的方法观察实验现象、记录实验结果、分析实验内容．

4. 学会选用合适的器材和方式获取证据；总结归纳电容器充、放电现象的特点，对证据进行解释与讨论；能够反思和评估实验过程和结果，写出合格的实验报告．

【实验器材】

平行板电容器、6 V 直流电源、电流表、电压表、单刀双掷开关、小灯泡．

【实验研究】

电容器的充电和放电是不能通过人眼直接观察到的，因此需要选择合适的方法进行观察．

选择方法前，先来分析一下电容器充电和放电的过程．

如图4-30所示，用导线把电容器、电阻、直流电源、电压表、电流表和单刀双掷开关连接成实验电路．

将图4-30中的开关S掷向1，等效电路如图4-31所示，此时电源、电容器组成串联电路，电压表测量电容器的电压．当电容器接通电源时，在静电力的作用下，自由电子从正极板经过电源向负极板移动，正极板因失去电子而带正电，负极板因获得电子而带负电．正、负极板带等量异号电荷．电荷在定向移动的过程中形成电流，刚开始充电时，电流较大，电压表示数较小，随着极板上电荷的增多，电流逐渐减小，电压逐渐增大，直到电容器两极板间电压等于电源电压时，电荷停止移动，电流减小为0，电压也趋于稳定，此时，及时断开电源，两极板上的电荷由于相互吸引仍被保存在电容器中．

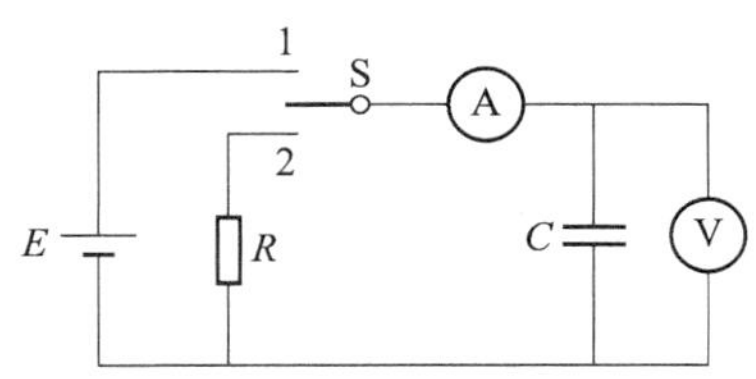

图4-30　电容器充电电路图

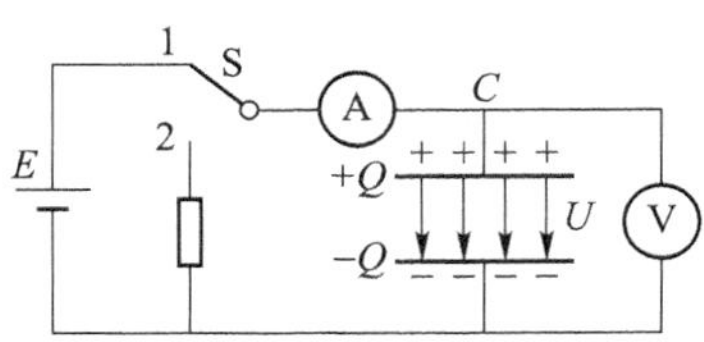

图4-31　电容器充电等效电路图

将图4-30中的开关S掷向2，等效电路如图4-32所示，电容器和电阻组成串联电路，电压表测量电容器两端的电压．此时相当于用导线将电容器两极板连接起来，电流由电容器的正极板经过电阻R流向电容器负极板，正、负电荷发生了中和，电子发生定向移动，形成电流．放电开始时，电流较大，随着两极板上电荷量的减小，电路中的电流逐渐减小，同时两极板间的电压也逐渐减小至0.

通过对电容器充、放电的分析，可知可以通过电流表判断充、放电时电流的流动方向；可以通过灯泡的亮暗变化情况反映电容器在充、放电过程中的变化，可以通过电压表观察两极板间是否存在电势差．

1. 按照图4-33连接电路图．

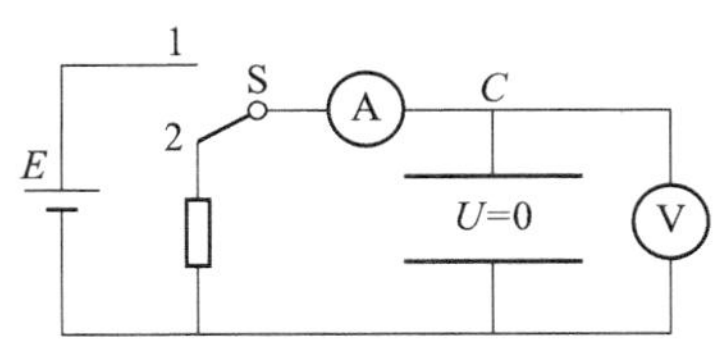

图4-32　电容器放电电路图

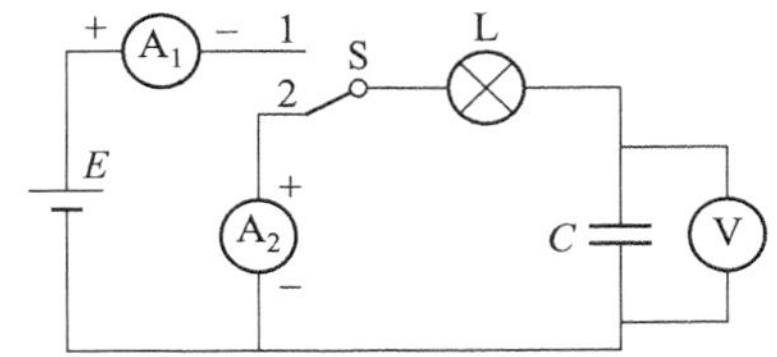

图4-33　小灯泡观察电容器充、放电电路图

2. 将单刀双掷开关S与1连接，观察电容器的充电现象，并记录数据．

3. 将单刀双掷开关S与2连接，观察电容器的放电现象，并在表4-4中记录实验结果．

4. 分析实验结果，收拾好实验仪器．

总结：电容器充电过程中，由于两极板的电荷量增加，极板间的电场强度也随之增大，电源的能量不断地存储在电容器中；放电的过程中，存储在电容器中的能量通过电流做功的方式转化为电路中其他形式的能量．

表 4-4 小灯泡观察电容器充、放电实验现象

实验内容		实验现象
电容器充电	灯泡	
	电流表 1	
	电压表	
电容器放电	灯泡	
	电流表 2	
	电压表	

注意事项

1. 电流表最好选用量程较小的检流计进行实验.
2. 本实验中最好选用大容量的电容器.
3. 实验需要在干燥的环境中进行.
4. 在放电过程中，电路中串联一个电阻，以避免电流表被烧坏.

思考题

1. 电容器在充电的过程中，电子如何运动？在充电过程中，电流和电压的大小如何变化？
2. 电容器在放电的过程中，电子如何运动？在放电过程中，电流和电压的大小如何变化？
3. 如何通过电流表指针的偏转方向，判断电流的方向？

实验三 用多用电表测量电学中的物理量

【实验目的】

1. 了解多用电表的外形和结构，熟练掌握多用电表的使用方法，学会用多用电表测量电压、电流、定值电阻的大小；学会用多用电表测量二极管的正、反向电阻，并据此判断二极管的正、负极；学会用多用电表探测简单黑箱中的电学元件.

2. 学会通过实验帮助学生了解多用电表的性能和结构，使其知道多用电表的原理和用途.

3. 学习和总结有效指导学生使用多用电表测量电压、电流、定值电阻、二极管正、反向电阻的方法，使其能够判断二极管正、负极，并能探测简单黑箱中的电学元件.

【实验器材】

多用电表、小灯泡、定值电阻（大、中、小）3 个、滑动变阻器、电阻箱、电学黑箱、单刀开关、单刀双掷开关、导线若干.

【实验研究】

一、认真观察多用电表的外形与结构，熟悉各旋钮的测量项目及量程.

多用电表作为一种多功能测量仪表可以用来测量直流电流、交变电流、直流电压、交变电压以及电阻.

1. 直流电流挡：直流电流挡的不同挡位实际是由同一个表头并联不同电阻改装而成的不同量程的电流表.

2. 直流电压挡：直流电压挡的不同挡位实际是由同一个表头串联不同电阻改装而成的不同量程的电压表.

3. 二极管的单向导电性

二极管是用半导体材料制作而成的电子元件，它有两根引线，一根是正极，另一根是负极，二极管用符号⊳|表示，二极管具有单向导通性. 当二极管正极与高电势相接，负极与低电势相接，即在二极管两端加正向电压时，二极管电阻较小（与加反向电压时比较），处于导通状态，相当于一个接通的开关；当给二极管加反向电压时，二极管的电阻无穷大，相当于一个断开的开关.

4. 欧姆表的原理及使用

如图 4-34（a）所示，指针指向的刻度标注为“0”. 当红黑表笔短接时，相当于被测电阻 $R_x=0$，调节 R 的阻值，使$\dfrac{\varepsilon}{r+R_g+R}=I_g$，此时表头的指针指到满刻度，刻度盘上指针在满偏处确定为欧姆表刻度的零点. 注意此时欧姆表的内阻为 $r+R_g+R$.

如图 4-34（b）所示，指针指向的刻度标注为“中值”. 保持 R 不变，将电阻 R_x 接入两表笔之间，使电流表指针恰好指到满刻度的一半处，即 $I=\dfrac{I_g}{2}$处，则此时 $R_x=R_g+R+r$，称为中值电阻，中值电阻等于欧姆表内阻.

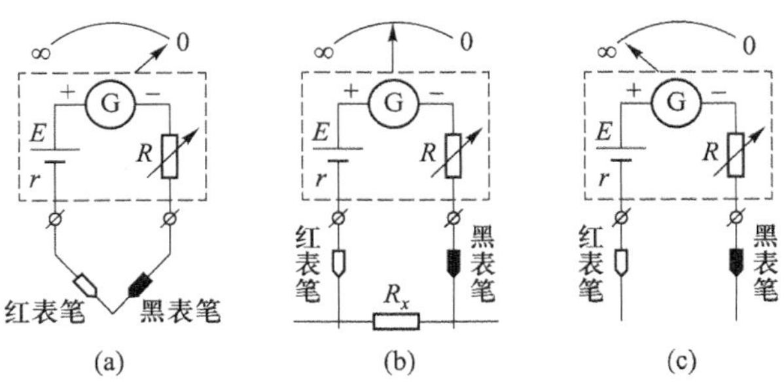

图 4-34 欧姆表原理及使用说明图

如图 4-34（c）所示，指针指向的刻度标注为“∞”. 当两表笔不接触时，相当于被测电阻 $R_x\to\infty$，电流表中没有电流通过，表头指针不偏转，此时指针所指的位置是欧姆表刻度的“∞”标注处.

一般标注位置的电阻值：由闭合电路欧姆定律 $I=\dfrac{\mathscr{E}}{R_g+r+R+R_x}$可知，每一电流值都对应一个电阻值 R_x，将电流刻度换成对应的电阻刻度，就可以直接读出电阻阻值了.

注：欧姆表刻度盘上的刻度不是均匀分布的，原因为 R_x 和 I 不成正比，在表盘上，越靠近左侧，电阻值的刻度线就越密集.

5. 红、黑表笔的接线规则

（1）电流挡串联接入电路中，红表笔接正极，黑表笔接负极，即“红进黑出”.

（2）电压挡并联接入电路中，红表笔接高电势点，黑表笔接低电势点，电流仍然是“红进黑出”.

（3）使用欧姆挡测量电阻时，红表笔接内电源负极，黑表笔接内电源正极，电流仍然是“红进黑出”.

二、机械调零：使用前应先检查多用电表指针是否指在表盘刻度左端的 0 刻度处，若不指在 0 刻度处，则用螺丝刀调整指针定位螺丝进行机械调零 .

三、将红、黑表笔分别插入“+”“-”插孔 .

四、测量小灯泡的电压和电流

1. 练习用电流挡测量小灯泡的电流

如图 4-35 所示，连接电路，使小灯泡正常工作，断开开关，将小灯泡的一个接线柱上的导线卸下，将多用电表的旋钮旋至直流电流挡，注意选择大于通过小灯泡电流估计值的量程 . 将多用电表按照图示串联在电路中，注意电流应该由红表笔流入多用电表 . 闭合开关，确定表盘上对应量程的直流电流刻度，并读出示数，记录通过小灯泡的电流值的大小 .

2. 练习用电压挡测量小灯泡的电压

如图 4-36 所示，连接电路，使小灯泡正常工作，将多用电表的旋钮旋至直流电压挡，注意选择大于小灯泡两端电压的估测值的量程 . 将多用电表两端接在小灯泡两端的接线柱上，注意红表笔接在高电势端 . 闭合开关，确定表盘上对应量程的直流电压刻度，并读出示数，记录小灯泡两端的电压值的大小 .

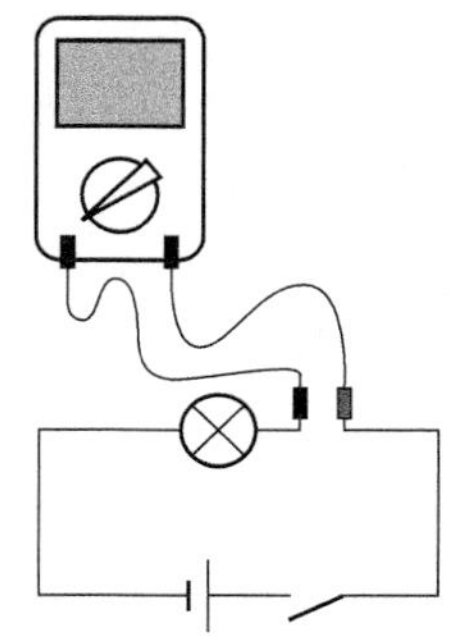
图 4-35　用电流挡测量小灯泡的电流实验电路图

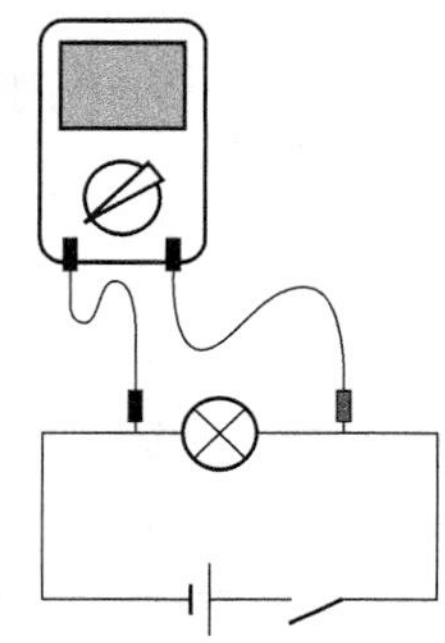
图 4-36　用电压挡测量小灯泡的电压实验电路图

五、练习用多用电表测量电阻

1. 估计被测电阻大小，选择合适挡位，将两只表笔短接（直接接触），观察指针是否指在欧姆表的 0 刻度处，若没有指 0 刻度处，调整欧姆表的调零旋钮，使指针指向 0 刻度处 .（注：改变欧姆挡的倍率时，必须重复这一步骤 .）

2. 将被测电阻接在两表笔之间，待指针稳定后读取电阻阻值 .

3. 读出指针在刻度盘上所对应的数值，观察旋钮对应的欧姆挡的倍率，用读数乘以倍率，即得被测电阻阻值 .

4. 测量结束后，将旋钮旋至交流电压最高挡或“OFF”挡 .

注：使用多用电表的欧姆挡测量电阻时，若指针偏转过大或过小，读数的误差都会比较大 . 所以，若能估测电阻的大致阻值，选择适当倍率的电阻挡，使测量时表针落在刻度盘的中间区域 . 若不能估测被测电阻的大小，可以先用中等倍率的某个欧姆挡试测，然后根据读取数据的大小选择合适的挡位再次测量，电阻值的大小等于读数乘以倍率 .

六、研究二极管的单向导电性

1. 如图 4-37（a）所示，将二极管、小灯泡、开关、直流电源连接起来，闭合开关 S 后，小灯泡正常发光 .

2. 如图 4-37（b）所示，将二极管、小灯泡、开关、直流电源连接起来，闭合开关 S 后，小灯泡不发光 .

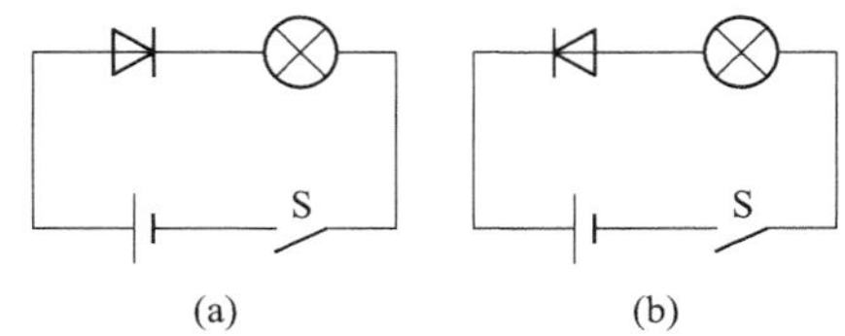

图 4-37 研究二极管的单向导电性电路图

七、数据处理

1. 测量电流和电压时，若所读表盘的最小刻度分别为 1、0.1、0.01 等，读数时应读到最小刻度的下一位，若表盘的最小刻度为 0.2、0.02、0.5、0.05 等，读数时只读到与最小刻度位数相同即可 .

2. 测量电阻时，电阻值等于指针的示数与倍率的乘积，指针示数的读数一般读 2 位有效数字 .

八、用多用电表判断电路的故障

1. 故障类型判断及分析

短路故障的判断：首先将电压表与电源并联，若有电压，再逐段与电路并联：如果电压表的示数为零，则该段被并联的电路被短路；若电压表示数不为零，则该段被并联的电路没有被短路或不完全被短路 .

断路故障分析：首先将电压表与电源并联，若有电压，再逐段与电路并联，如果电压表指针发生偏转，则该段被并联电路中存在断路 .

2. 使用多用电表测量故障注意事项

检测电路时，选择的多用电表量程应大于电源电动势；使用多用电表判断电路故障时，应采用“试触法”，以免损坏电表 .

实验四 测量金属丝的电阻率

【实验目的】

1. 通过本实验学习控制电路的连接方法，学会熟练使用电流表、电压表和滑动变阻器；学习基本测量工具的使用和选择，学会螺旋测微器的使用方法和读数方法；学会使用伏安法测量电阻，并应用它测定金属的电阻率 .

2. 学会指导学生通过观察和使用实验器材，了解游标卡尺和螺旋测微器的结构，知道其用途及用法；通过实验操作了解伏安法测量电阻的原理，并会应用伏安法测定金属的电阻率 .

3. 通过对实验器材的观察，学会在教学中使学生从某一分度的长度测量工具工作原理推出其他分度的长度测量工具工作原理，能将知识迁移到其他原理类似的测量工具上 . 学会通过实验探究让学生体会科学实验方法——控制变量法，并分析如何进行金属导体与金属长度、横截面积和材料的定量关系研究．

4. 学会通过对毫米刻度尺、游标卡尺、螺旋测微器的比较，进一步认识高精度的测量工具，感受科技给生活带来的变化和便利，激发学生的自主创新意识．

【实验器材】

待测金属丝、螺旋测微器、毫米刻度尺、电池组、电流表、电压表、滑动变阻器、开关、导线若干．

【实验研究】

一、长度的测量及测量工具的选用

初中时我们就已经学习过长度的测量，知道长度是基本物理量，长度测量是最基本的测量．常用的长度测量工具是毫米刻度尺，精度更高的测量工具有游标卡尺和螺旋测微器，每种测量工具有不同的使用方法和规则，根据测量要求的不同，选择不同的测量工具（相关测量工具介绍请见第二篇第一章）．请根据本实验所需，并结合所学知识选择合适的实验测量工具．

（1）使用毫米刻度尺、游标卡尺和螺旋测微器测量头发丝的直径，体会粗调和微调．

（2）使用毫米刻度尺、游标卡尺和螺旋测微器测量课本的厚度．

（3）使用毫米刻度尺、游标卡尺和螺旋测微器测量其他附件．

（4）自行设计表格进行数据记录，对比每次测量的结果，体会和总结选择最佳长度测量工具的原则．

二、测量金属丝的电阻率

电阻率是反映材料导电性能（即材料对电流的阻碍作用）的物理量．测量导体电阻率的大小，是根据电阻定律 $R=\rho\dfrac{l}{S}$ 进行的．由公式 $\rho=R\dfrac{S}{l}$ 可知，测得导体的电阻、长度和横截面积就可以求得电阻率．需要分为两大步骤完成实验：第一步为长度的测量，涉及测量工具的选择和使用；第二步为使用伏安法测量导体电阻．

测得电阻丝的电阻为 R、长度为 l 和直径为 d，则电阻丝的横截面积为 $S=\dfrac{\pi d^2}{4}$，可以计算出该电阻丝所用材料的电阻率为 $\rho=\dfrac{SR}{l}=\dfrac{\pi d^2 R}{4l}$．实验电路如图 4-38 所示．

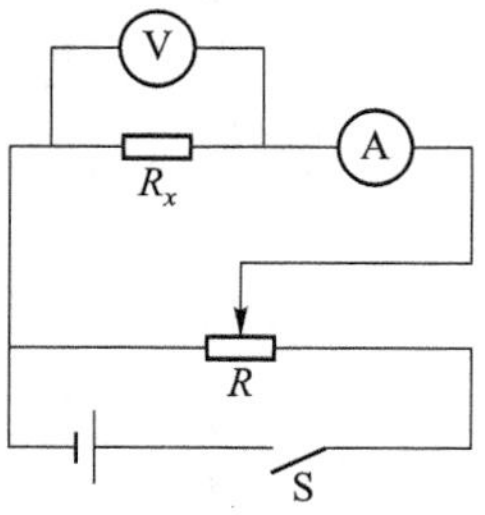

图 4-38

1. 按照图 4-38 连接电路．改变滑动变阻器滑片的位置（即改变滑动变阻器阻值的大小），分别读取对应电压值、电流值，采用图像法求得电阻 R.

2. 测量电阻丝的有效长度，根据测量长度和精度要求，选择毫米刻度尺进行测量．测量电阻丝长度时，要注意测量的并不是电阻丝的总长度，而是接入电路的有效长度．反复测量多次，取平均值即为电阻丝的有效长度．

3. 测量电阻丝的直径，因为电阻丝较细，需要采用精度比较高的测量工具，实验中选择螺旋测微器测量电阻丝的直径．分别在电阻丝不同位置，沿不同方向多次测量，取平均值即为电阻丝的直径．

4. 将电阻、电阻丝有效长度、电阻丝直径代入公式，计算出导体的电阻率．

5. 误差分析

（1）金属丝横截面积是利用直径计算得出的，直径的测量是本实验产生误差的主要来源之一.

（2）本实验采用电流表外接的方法进行测量，测量值小于真实值，使电阻率的测量值偏小.

（3）金属丝有效长度的测量、电流表和电压表的读数是产生偶然误差的原因.

（4）金属丝阻值的大小受温度影响，金属丝通电后会发热、升温，使电阻丝的电阻率变大，从而产生误差.

注意事项

1. 伏安法测电阻的方法有两种，电流表内接法和电流表外接法，实验中所选被测金属丝的电阻值较小，因此本次实验一般采用电流表外接法.

2. 被测金属导体的有效长度指接入电路两个端点之间的长度，并不是金属导体的长度.

3. 测量金属导体直径时，一定要选择不同位置、沿不同方向进行测量.

4. 接通电路前，要把滑动变阻器的滑片滑至阻值最大处.

5. 用伏安法测电阻时，通过待测金属导体的电流不宜过大（电流表用 0~0.6 A 量程），通电时间不宜过长，避免金属导体温度升高过大，对电阻测量带来影响，使电阻率在实验过程中逐渐增大.

思考题

1. 本实验中，如何选择合适量程的实验器材，如何选择合适测量精度的实验器材?

2. 本实验中，电流表和电压表应选择内接还是外接，滑动变阻器应选择限流法还是分压法，应该如何判定?

3. 米尺、螺旋测微器、游标卡尺在测量长度方面有什么区别，应如何选择合适的实验器材进行长度的测量?

实验五　演示电表的使用与改装

【实验目的】

1. 熟练掌握演示电表的使用方法及操作步骤，学会测量表头内阻的方法及电表的改装方法.

2. 能够指导学生通过观察和使用实验器材，掌握将小量程电流表改装成大量程电压表和大量程电流表的原理.

3. 能通过分析得出将小量程电流表改装成大量程电压表和大量程电流表的方法，提高学生分析与推理能力.

【实验器材】

J0401 型演示电表、直流电压表（0.5 级，有 1 V、2 V 挡）、直流电流表（0.5 级，有 1 A 挡）、滑动变阻器、电阻箱、直流电源、单刀开关、双刀开关、导线若干、多用电表.

【实验研究】

一、认真观察演示电表的外形与结构，熟悉各旋钮的使用方法.

二、三种测量表头内阻的方法

1. 测量检流计表头的满偏电压 U_g，算出内阻 R_g.

将电流表按图 4-39 接好，电流表 G 和毫伏表并联. R_r 为保护电阻，R_0 为滑动变阻器. 测量时，R_r 先置于最大值，闭合开关 S 后调节 R_r 及 R_0，使电流表指针达到满偏. 此时毫伏表上的读数就是电流表的满偏电压 U_g，则电流表的内电阻为

$$R_g=\frac{U_g}{I_g}$$

I_g 为电流表的满刻度值，也就是电流表的量程.

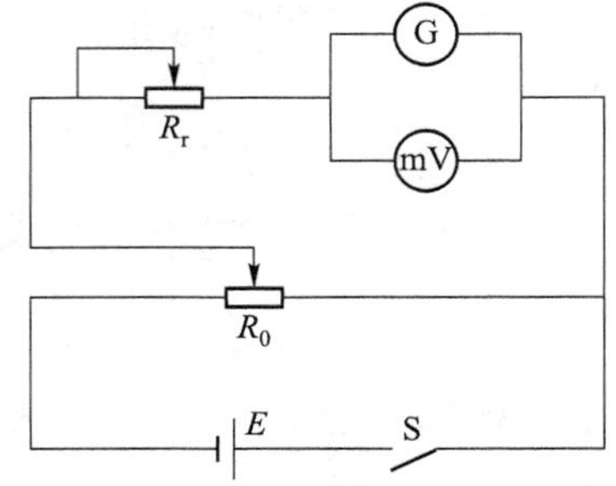

图 4-39 测量检流计表头的满偏电压测量内阻电路图

2. 替代法

按图 4-40 所示线路接好电路，G 为待测电流表. G_0 为辅助电流表，量程与 G 相同或稍大一些. R_r 为保护电阻. R_0 为滑动变阻器. S_1为单刀开关，S_2为单刀双掷开关. 测量时，R_r 先置于最大值. 闭合开关 S_1，S_2扳到 1 端接通 G 表，调节 R_0 及 R_r，使辅助电流表 G_0 的指针到达接近满量程的某一刻度 I（注意 I 不能大于 G 表的量程）. 然后把电阻箱 R 的阻值置于最大值. S_2扳到 2 端接通电阻箱，逐渐减小电阻箱的阻值，当调节使 G_0 的指针仍指向原来的刻度值 I 时，电阻箱指示的阻值 R 就等于电流表 G 的内电阻 R_g，即

$$R_g=R$$

3. 半偏法

线路如图 4-41 所示. 待测电流表 G 与电阻箱 R 串联后再与毫伏表并联. R_r 为保护电阻，R_0 为滑动变阻器电阻. 测量时，R_r 先置于最大值，电阻箱 R 的阻值调节在一个较小的数值 R_1. 闭合 S，调节 R_0 及 R_r，使电流表指针达到满偏，即通过电流表的电流为 I_g，记下此时毫伏表读数 U_{AB}. 根据部分电路欧姆定律：

$$U_{AB}=I_g(R_1+R_g) \tag{4.2.1}$$

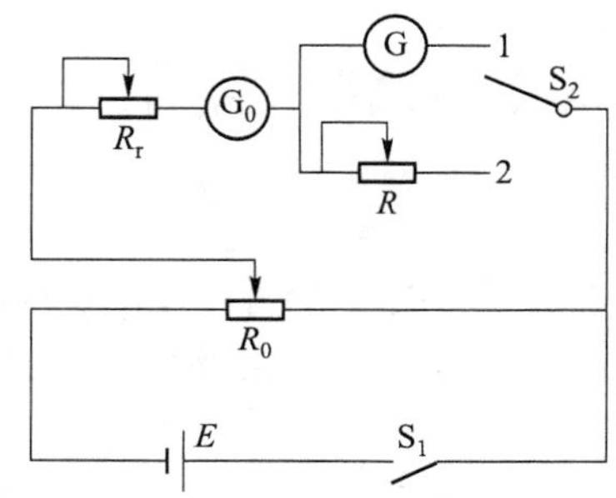

图 4-40 替代法测量表头内阻电路图

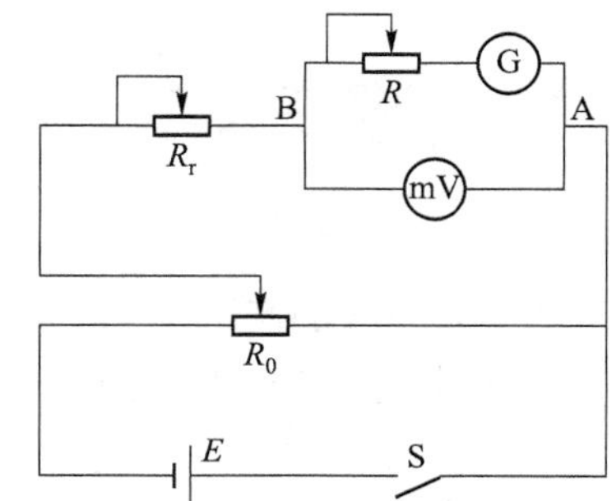

图 4-41 半偏法测量表头内阻电路图

然后交替调节电阻箱 R 的阻值和变阻器 R_0 的滑动触头，使电流表指针达到半偏，而毫伏表上的读数 U_{AB}保持不变（即 A、B 两点间的电压不变）. 此时电阻箱上指示的阻值为 R_2，则有

$$U_{AB}=\frac{1}{2}I_g(R_2+R_g) \tag{4.2.2}$$

从式（4.2.1）、式（4.2.2）得到

$$R_g=R_2-2R_1$$

若在开始调节电流表指针达满偏时，电阻箱的阻值置零，即 $R_1=0$，那么电流表指针达半偏时，电阻箱的阻值 R_2 就等于电流表的内电阻 R_g，即 $R_g=R_2$. 这样测得的内电阻 R_g 的误差比 R_1 不为零时测得的要小.

三、把检流计改装成电压表

电表指针偏转到最大刻度值时称为满偏，这时通过电表的电流 I_g 称为满偏电流. 满偏时电表两端的压降 U_g 称为满偏电压或表头压降. 满偏电流相同的电表，由于内电阻 R_g 不同，表头压降 U_g 也不相同. 满偏电流 I_g、表头压降 U_g 及内阻 R_g 是电表的三个主要参量，它们之间的关系为 $I_g=\frac{U_g}{R_g}$或 $U_g=I_gR_g$. 所以一只电表，可作电流表，也可作电压表. 当刻度盘标成满量程为 I_g 的电流值时，即为电流表. 如果电表刻度盘标成满量程为 U_g 的电压值时，即为电压表. 电流表使用时是串联在电路中的，为减小对被测电路的影响，表头压降都比较小，一般只有几十毫伏到几百毫伏. 所以不能直接用电流表来测量较大的电压，否则通过电流表的电流将超过满偏电流而将电流表烧毁. 如果给电流表串联一只分压电阻，就可以测量较大的电压了，如图 4-42 所示. 假定电流表的表头压降为 U_g，串联了分压电阻 R_V 后，量程为 U，此时，电流表本身的压降仍为 U_g，分压电阻 R_V 上的压降 $U_{R_V}=U-U_g$. 根据串联电路中电压与电阻成正比的关系，有

$$\frac{U_{R_V}}{R_V}=\frac{U_g}{R_g}$$

所以

$$R_V=\frac{U_{R_V}R_g}{U_g}=\frac{(U-U_g)R_g}{U_g}=\left(\frac{U}{U_g}-1\right)R_g$$

把 $U_g=I_gR_g$代入上式，则

$$R_V=\left(\frac{U}{I_gR_g}-1\right)R_g=\frac{U}{I_g}-R_g$$

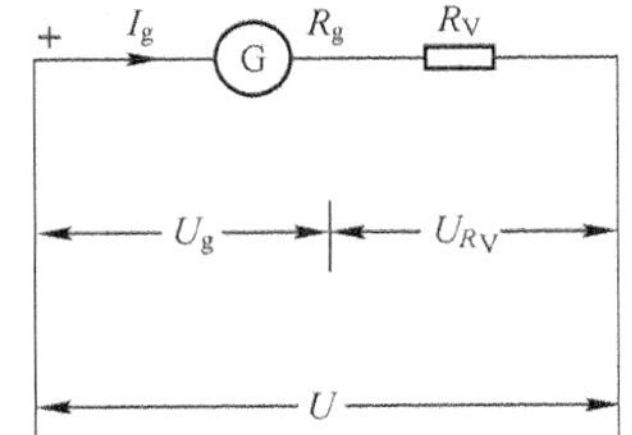

图 4-42　检流计改装电压表原理图

满偏电流 I_g 可从电流表的刻度盘上直接读出，若测出电流表的内阻 R_g，就可以计算出改装成量程为 U 的电压表所需串接的分压电阻 R_V，把电流表和 R_V 串联在一起就是一只电压表了.

算出将表头改装成满量程为 1 V 和 2 V 的电压表时，所需要的分压电阻 R_V（表头满偏电流为200 μA).

四、把检流计改装成电流表

将 200 μA 的表头改装成电流表，就必须将表头并联一个低阻值的电阻作为分路（称分流器），这是因为表头所容许通过的最大电流不能超过 200 μA. 而实际中，常用电流都大于它，当将表头并联一个低值电阻后，大部分电流就可从分路而过，表头中容许通过电流的最大值仍保持在 200 μA，这样就能将表头改装成电流表，而且用这种方法可将表头改装成量程为任一值的电流表. 如图 4-43 所示.

从图上可见 R_g 与 R_s 并联，则其两端电压相等，即

$$I_gR_g=I_sR_s$$

但因

$$I_s=I_T-I_g$$

所以有

$$R_s=\frac{I_gR_g}{I_T-I_g}$$

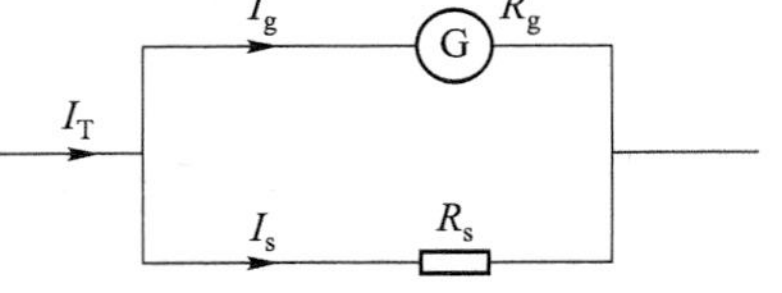

图 4-43 检流计改装电流表原理图

式中 I_T 为扩大的电流，I_g 为表头的最大容许电流，R_g 为表头内阻．

算出将表头改装成满量程为 1 A 的电流表时，所需要的分流电阻 R_s.

五、校准改装后的电压表、电流表

1．直流电压表的实验校准

将检流计 G 串联一电阻值为 R_r 的电阻（近似符合要求且可以调节的电阻），使之成为一个待校测的电压表．然后再将这个待校测的电表与一标准电压表 V 并联至分压器 AB 段上（见图 4-44）．分压器由一可变电阻与电源 E、开关 S 所组成．

假如把检流计改装成量程为 0~2 V 的电压表，只要改变 A 的位置．先使标准表的读数为 2 V，使 R_r 从最大值逐渐减小，直到 G 为满刻度．这时串联的电阻就是改装成 2 V 的电压表所应串联的电阻．这样取定的电阻在焊接到通路板上后，应再进行一次校验．

2．直流电流表的实验校准

（1）分流器单独使用的电流表

取一个电阻值近乎符合要求的电阻丝 R_r（或是已经计算好的分流电阻）．并联于检流计上，再与标准电流表 I 组成串联电路（图 4-45），然后使电路中通过电流，调节可变电阻 R 来改变电流，使标准电流表达到某一读数，再看被改装的表头上所指示的数字为多少，一直调节到被改装的电流表跟标准读数相同为止．

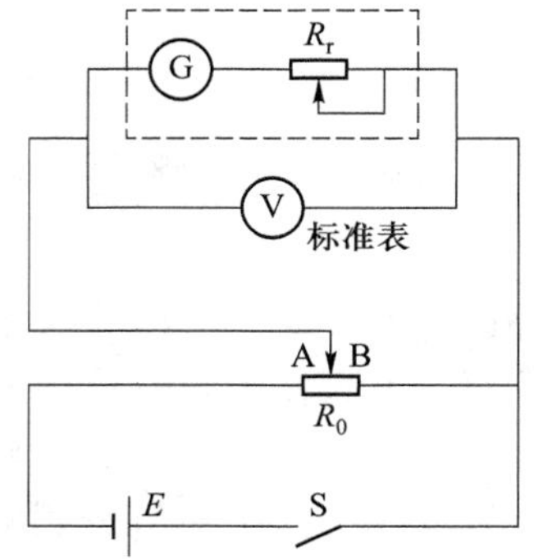

图 4-44 直流电压表的实验校准电路图

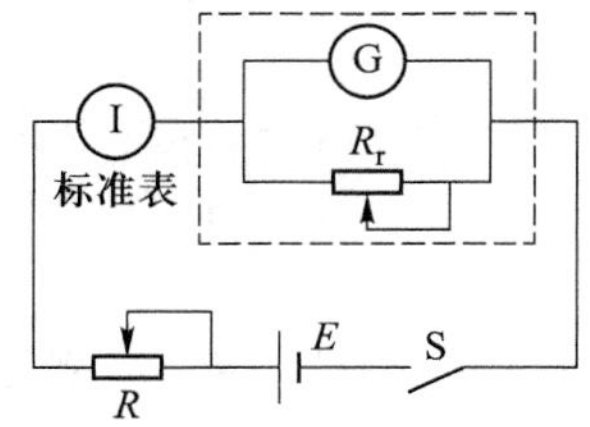

图 4-45 分流器单独使用的直流电流表实验校准电路图

为了防止检流计在校准时被烧坏，校正改装后的电流表时，应从小电流开始，使电路中电流逐渐加大．

（2）分流器联合使用的电流表

校准分流器联合使用的电流表的办法与校准分流器单独使用的电流表相似．但因有几挡电阻，所以校测时应从最小量程开始．假如被校表有 1 mA、100 mA、1 000 mA 三挡，要先决

定量程是 1 mA 的电阻，再决定 100 mA 的，最后决定 1 000 mA 的 .

注意事项

1. 在教学的过程中，注意引导学生理解将小量程电流表 G 改装成大量程电压表和大量程电流表的原理，而不是单纯学习如何操作 .

2. 在指导学生实验的过程中，要注意提醒学生对改装后的电表进行校准 .

思考题

1. 校准电流表时，若发现改装表的读数相对于标准表偏高，试问要达到标准表的数值，改装表的分流电阻应调大还是调小？为什么？

2. 校准电压表时，若发现改装表的读数相对于标准表都偏低，试问要达到标准表的数值，改装表的分压电阻应调大还是调小？为什么？

实验六　电路综合实验

【实验目的】

1. 熟练掌握电路实验常用器材的构造、操作方法及使用注意事项；分析研究电路演示实验成功的关键，学会引导学生正确观察电路实验中的现象，分析实验产生误差的原因；进行实验操作，并能通过演示实验、学生实验促进学生物理观念、科学思维、探究能力、科学态度和责任意识的形成 .

2. 学会通过实验操作帮助学生了解伏安法测量电阻的原理，理解欧姆定律，知晓影响闭合回路中电流大小的因素 .

3. 学会指导学生分析实验结果，熟悉闭合电路欧姆定律的推导过程，能通过图像法分析了解材料的电阻特性，提高其分析与推理能力；体会等效替代法、控制变量法等思想方法在探究电热影响因素中的重要作用，能够通过理论分析和实验现象判断电路的通路、短路和断路状态；能设计多种实验电路，能够对各种实验现象提出不同的见解 .

4. 学会通过实验探究，教会学生基于实际情境和实验现象发现问题、提出问题；设计实验方案，选用合适的测量工具，合理选择电压表、电流表的量程以及滑动变阻器的阻值等；能对测量过程和结果进行分析和处理；能够反思和评估实验过程和结果，写出合格的实验报告 .

5. 学习通过实验探究、数据处理，培养学生严谨认真、实事求是的科学态度；能够通过对电路应用的学习，向学生普及安全用电和节约用电知识，并使学生能够将其应用到生活实际中，树立安全用电和节约用电的意识 .

【实验器材】

J0401 型演示电表、滑动变阻器、铅板电极、铜片、锌板电极、碳棒、硫酸及容器、盐水及容器、直流电源、铅蓄电池、可变内阻电池、棉线、小灯泡、定值电阻若干、电阻箱、开关及导线若干等 .

【实验研究】

一、部分电路欧姆定律的演示

首先将 J0401 型演示电表改装成量程为 10 V 的直流电压表和量程为 1 A 的直流电流表，改装方法见实验五（演示电表的使用与改装）. 在以后的实验中，请同学根据需要，自己选定量程并加以改装，这里不再赘述.

按图 4–46 所示接好电路，在负载 R 处接入 30 Ω 定值电阻不变，调节滑动变阻器，可以看到电流表 A 的读数 I 随着电压表的读数 U 成正比变化. 然后使电压表 V 的读数不变，为某一固定值（通过调节滑动变阻器可以做到），在 R 处先后接入 30 Ω 和 15 Ω 等不同阻值的定值电阻，从电流表 A 的读数 I 中可以看出，I 与 R 成反比，从而验证欧姆定律.

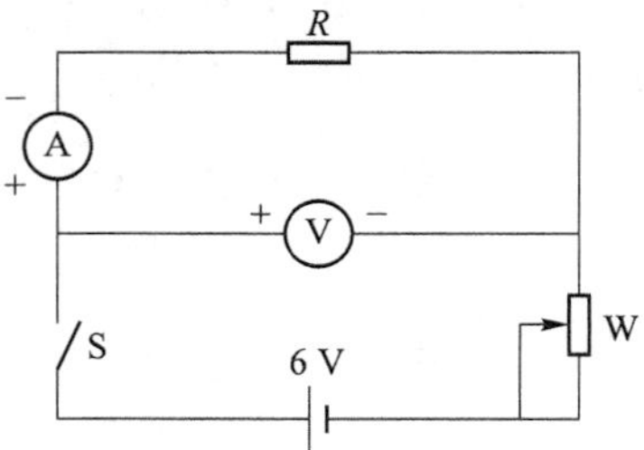

图 4–46　部分电路欧姆定律演示实验电路图

自己设计记录表格，通过实验数据加以说明.

① 从实验数据可以看出，I 和 U、I 和 R 不是严格的正比关系，分析其原因.

② 结合教材，根据实验现象总结出欧姆定律.

二、闭合电路欧姆定律的演示

闭合电路欧姆定律：电路中的电流，跟电源的电动势成正比，跟整个电路中的电阻成反比. 在图 4–47 中，闭合电路欧姆定律可表示为

$$I=\frac{\mathscr{E}}{R+R_{\mathrm{r}}} \quad \text{或} \quad \mathscr{E}=IR+IR_{\mathrm{r}}$$

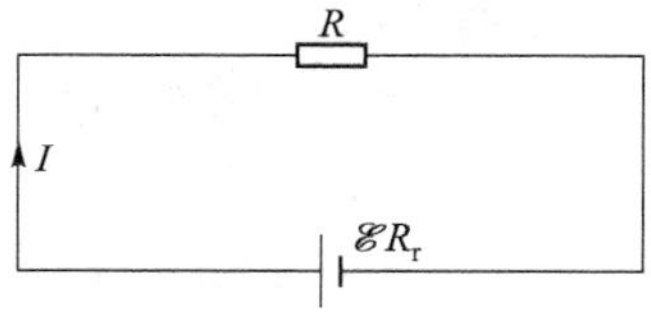

图 4–47

由于 $IR=U$ 是外电路上的电势降落（或称路端电压），$IR_{\mathrm{r}}=U'$ 是内电路上的电势降落，所以定律又可写成

$$\mathscr{E}=U+U'$$

即电源的电动势等于内、外电路的电势降落之和.

闭合电路欧姆定律是电学的重要定律之一，在物理教学中做好该定律的演示实验是教学成败的关键. 做该演示实验，如果使用实验室常用的化学电源（干电池等），由于电源内阻很小，用大型演示电流计无法测定电源的内电压；如果采用自制的盐水电池，由于电极板的极化作用等影响，造成电源电动势不稳定，常常是实验未完，电动势已经明显下降，不能使学生看到内、外电路的电压降之和为一常量. 因此，选择电动势稳定，内阻又较大的电源，成为做好本实验的关键.

1. 用加大内阻的铅蓄电池演示

加大内阻的铅蓄电池一般是用减小电池内离子通道截面积的方法来加大电池内阻的. 实验装置如图 4–48 所示：在两玻璃缸中，装入稀硫酸，并在 U 形管内装满稀硫酸，将其倒插入玻璃缸中，使两玻璃缸相通. 在两缸中分别插入一块铅板和二氧化铅板，这样就构成了一个铅蓄电池. 再在靠近每一极板的内侧，放置一铜片（或炭棒），在两铜片间接一电压表 V_2，用来测量内电路上的电压降. 改变 U 形管的粗细，或用滤纸或棉线代替，就可改变电源内阻. 外电路两端的电压由电压表 V_1 测出.

实验前，先对上述电池进行充电. 演示时，先将开关 S 断开，这时 V_2 读数近似为零，V_1 上的读数近似等于电池的电动势. 再接通开关 S，改变滑动变阻器 R 的阻值，电路中电流 I 发

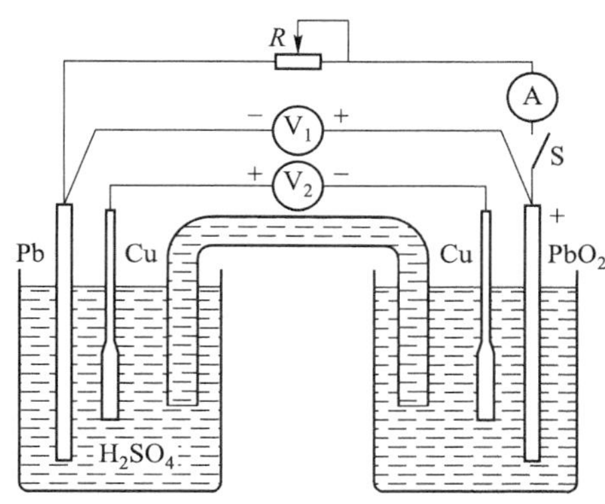

图 4-48　加大内阻的铅蓄电池结构和原理说明图

生改变，使外电路上的电压 U_1 减小 0.4 V，这时观察到 V_2 读数相应增大了 0.4 V；再改变 R 的阻值，使 U_1 再减小 0.4 V，则 U_2 又相应增大 0.4 V. 如此重复 n 次，将每次内外电压读数相加，其和近似不变，即等于电源的电动势.

改变铜片与极板间的距离，观察电压表 V_2 的读数有没有明显的变化，研究铜片位置对实验结果的影响.

试用内阻较小的电池做上述实验，即将两块极板放在同一个玻璃缸中组成电池. 研究其效果如何. 再改变铜片与极板间的距离，观察电压表的读数有没有明显的变化，并研究产生这种现象的原因.

按以上方法试做两次，每次记取与四个不同的电阻值相对应的 U_1+U_2 的值，作为实验记录.

2. 用盐水电池演示

使用铅蓄电池实验效果较好，但必须事先充电，而且有腐蚀性的酸液. 而使用盐水电池进行实验虽然稳定性不及铅蓄电池，但却方便和安全得多.

实验装置与图 4-48 相同，电解液是相对密度为 1.02 g/cm³、浓度约 4% 的食盐水，最好用精盐溶于开水中制成. 负极用锌板，正极用废旧电池中取出的碳棒，去极剂由二氧化锰和炭粉各一半配成，装在用双层纱布缝制的去极袋中，然后将碳棒放入袋中，用棉线裹好后浸入电解液中. 这样做成的电池的电动势约为 1.1 V. 演示电路中滑动变阻器使用 1 000 Ω，演示方法同一.

附：在没有二氧化锰的情况下，也可以不用去极袋，但在演示过程中每测一两个数据后，必须将电极从电解液中取出，休息 30~60 s 后继续实验，同样可以得到较好效果.

3. 用可调内阻电池演示

实验按图 4-49 或图 4-50 所示连接电路. 虚线框出部分为可调内阻电池. aa' 为探针，插在电池极板的内侧. 靠近正极板的探针与电压表负极相连.

如按图 4-49 所示电路进行实验，可以少用一只电压表，且能避免由于两只电表的精度不等而给实验引入的系统误差. 闭合 S_1，当 S 分别倒向“1”端和“2”端时，电压表上的读数即为内外电路上的电势降落 $U_{内}$ 和 $U_{外}$. 实验时，外负载电阻 R 的值从零开始逐渐增大，并测出相应的 $U_{内}$ 和 $U_{外}$. 最后，断开 S_1，测出开路电压 U'. 根据各次测量数据计算出内外电路上的电势降落之和，并与电池电动势进行比较. 在该实验中，所用电压表的内阻 R_g 比较大，开路电压 U' 可视作电池的电动势 $\mathscr{E}$.

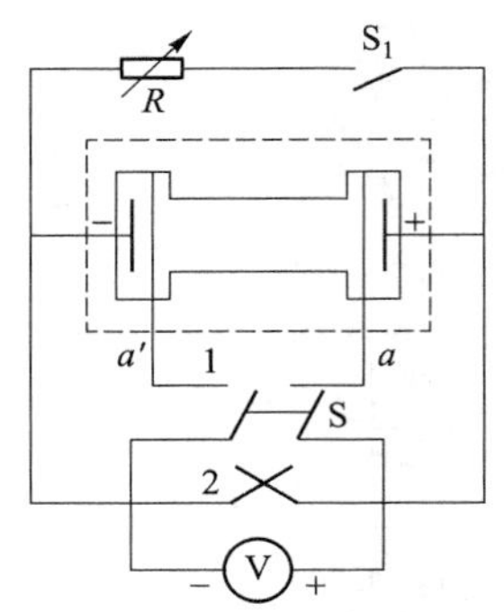

图 4-49　用可调内阻电池演示闭合电路欧姆定律电路图（一）

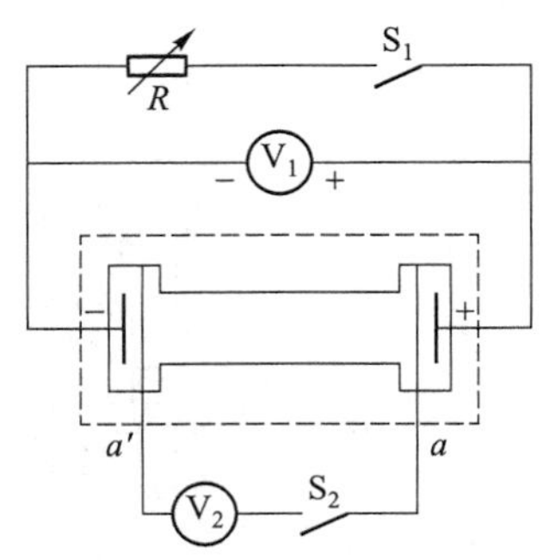

图 4-50　用可调内阻电池演示闭合电路欧姆定律电路图（二）

如按图 4-50 所示电路进行实验，当 S_1 和 S_2 都为开路时，V_1 所示的读数可视为电源的电动势 $\mathscr{E}$. 将 S_1 和 S_2 都闭合，则 V_1 和 V_2 的读数分别为内外电路上的电势降落．实验时，外负载电阻 R 的值从零开始逐渐增大，并测出对应的 U_1 和 U_2，根据各次测量数据算出内外电路上的电势降落之和，并与电池电动势进行比较．

由于可调内阻电池的电动势为 2 V 左右，而 J0401 型演示电表的最小电压量程为 10 V，实验时最好把电表的量程改为 0～2.5 V，请参阅实验五（演示电表的使用与改装）. 实验时，电池内电阻应调至 25 Ω 以上．内阻太小会增大实验误差．探针应尽量靠近极板，但不能碰到极板，增大探针与极板之间的距离，会增大实验误差，探针碰到极板后，极化电动势将会增大，将导致误差增大．同时应注意：探针刚插入电池内部时，由于表面状况（如氧化等）不同，极化电动势可能比较大．若探针的极化电动势过大，可用下列方法去除：断开 S_1，即外电路断开，探针 aa' 短路连接 5 分钟左右，或者 aa' 接上 4 V 交流电通电 30 s 即可．

4. 用模拟法演示

用一段镍铬电阻 R' 做成模拟电路，进行演示．用两个内阻较小的 2 V 铅蓄电池和电阻 R 接成如图 4-51 所示的电路，将两个电池整体（虚线框起部分）当作一个电源看待．V_1 测外电路两端的电压，V_2 测出的电压近似于“内”电路两端的电压．与第一种演示方法相似，改变 R，可以得出 V_1、V_2 测得电压之和近似不变．

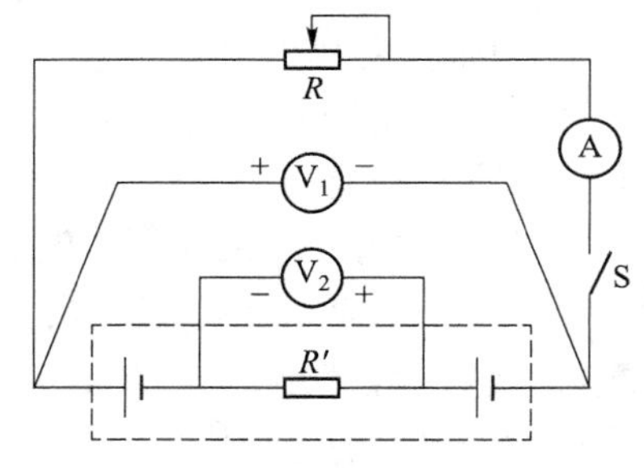

图 4-51　用模拟法演示闭合电路欧姆定律电路图

三、测电源的电动势和内电阻

应用电流表和电压表测出电流和路端电压，再用闭合电路欧姆定律求出电动势和内电阻，电路如图 4-52 所示．只要改变 R 的阻值，测出两组 I、U 的数据，代入方程组：

$$\mathscr{E}=U_1+I_1R_r$$
$$\mathscr{E}=U_2+I_2R_r$$

就可以求出电动势 $\mathscr{E}$ 和内电阻 R_r. 实验采用的直流电源为干电池、铅蓄电池等．由于新电池的内阻太小，实验测量及数据处理均较困难，可以考虑用替代法加大内阻，即把一个外接的小电阻看成电池的内阻．

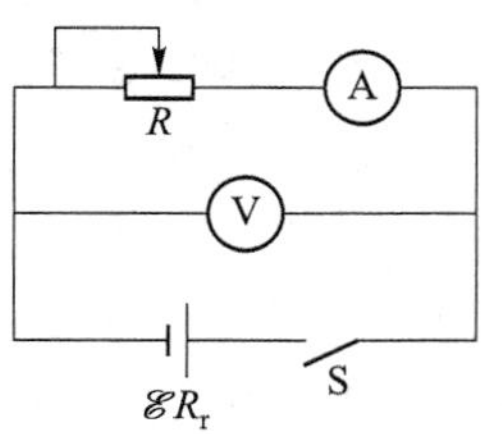

图 4-52　测电源的电动势和内阻实验电路图

自己设计实验电路及实验数据记录表格．

数据处理方法采用以下几种：

1. 根据方程组求出 $\mathscr{E}$、R_r．要求至少解三个方程组，取平均值．

2. 用图线法求出 $\mathscr{E}$、R_r．做出 $U-I$ 图线．图线在纵坐标上的截距就是电源的电动势 $\mathscr{E}$，斜率的负值等于电池内电阻．要求 U、I 数据不少于 10 组．并用 Excel 软件处理数据．

3. 短路法

根据闭合电路欧姆定律，当外电路短路，即 $R=0$，$U_{外}=0$ 时，测得电池的内电阻为

$$R_r=\frac{\mathscr{E}}{I_0}\quad（I_0 \text{ 为短路电流}）$$

4. 半电动势法

此方法不需用电流表，实验电路如图 4-53 所示，S_1、S_2 均闭合，则 $\mathscr{E}=IR+IR_r$，若 $IR=\frac{1}{2}\mathscr{E}$，则 $IR=IR_r$，亦即 $R=R_r$．实验时先闭合 S_2，断开 S_1，测出电源的电动势 $\mathscr{E}$（即开路电压）．

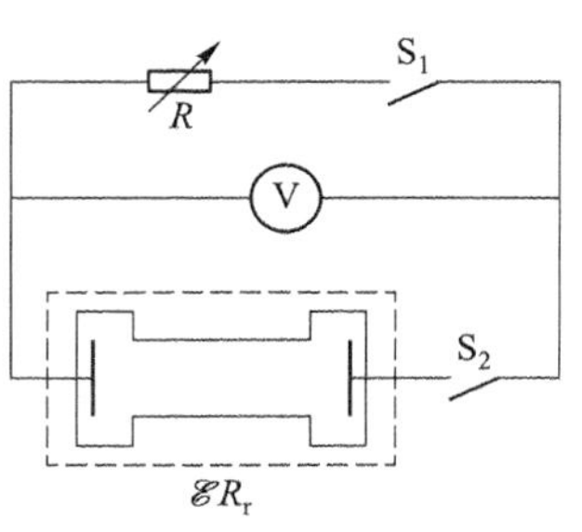

图 4-53　半电动势法测电源电动势和内阻实验电路图

然后闭合 S_1，并调节电阻箱 R，直到电压表读数 $U=\frac{1}{2}\mathscr{E}$，此时外负载电阻 R 的值就等于电池的内电阻 R_r．

四、研究电源的输出功率与外负载的关系

实验中所用电源仍采用前面所述的四种电源．实验电路如图 4-54 所示．图中虚线框内为电源．

1. 依次改变外负载电阻 R 的电阻值，测量出相应的电流 I 及终端电压 U，记下 I、U、R 的值．数据不少于 20 组．

2. 根据测量数据，依次计算出电源的输出功率 $P_{出}=IU$，绘制 $P_{出}-R$ 图线．在图线上找出与电源输出功率最大值所对应的外负载 R 的电阻值．与前面求出的电源内电阻 R_r 相比较．

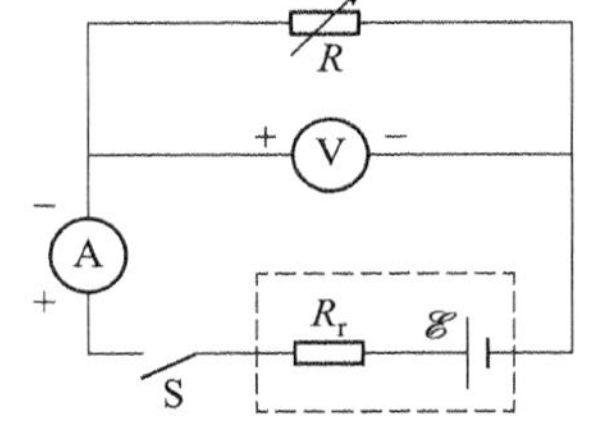

图 4-54　研究电源的输出功率与外负载的关系实验电路图

3. 根据 $\eta=\frac{P_{出}}{P_{总}}$，$P_{总}=IE$，计算出外负载电阻 R 改变时所对应的电源效率，绘制 $\eta-R$ 图线．从图线上求出 $\eta=50\%$ 时，所对应 R 的电阻值．比较一下是否与 R_r 相等．

4. 通过实验验证：当外负载电阻等于电源内电阻时，电源的输出功率最大；当电源的输出功率最大时，电源的效率为 50%.

注意事项

1. 在进行闭合电路欧姆定律实验时，要注意选择电动势稳定，内阻又较大的电源．学习中注意分析铅蓄电池、盐水电池、可调内阻电池的特点，明确选择不同电池的操作注意事项，以保证良好的实验效果．

2. 测量电源电动势和内电阻时，注意分析对比几种数据处理的方法．

思考题

1. 闭合电路欧姆定律演示的程序如何？外电阻应按怎样的程序变化才合理？为什么？就你所得的实验数据，安排教学程序.

2. 能否用干电池做这几个实验？电路如何？电池的性能有无特殊要求？试说明理由.

3. 结合教材，说明如何根据实验较好地讲述电源的输出功率这一内容？

4. 提出本实验的改进方案.

实验七 电磁学实验研究

【实验目的】

1. 学习电磁部分一些重要实验的演示方法，学会根据需要选择“变压器原理说明器”中的恰当部件与其他仪器配合演示电磁实验，研究电磁演示实验与课堂讲解相配合的关键点，分析学生实验中学生易出现的问题并总结解决方案.

2. 学会通过实验让学生认识安培力，使其知晓通电导体在磁场中受到安培力的作用，掌握安培力的大小与哪些因素有关，会判断安培力的方向；理解法拉第电磁感应定律的内容和表达式，理解楞次定律的内容，能运用楞次定律判断感应电流的方向；能正确区分并运用安培定则、左手定则和右手定则来解决物理问题；知晓互感和自感是特殊的电磁感应现象，知晓影响自感电动势大小的因素，了解涡流及其产生原理，了解电磁阻尼和电磁驱动的工作原理，知晓交变电流是如何产生的，理解交流电路的特性，知晓常见变压器的基本结构，理解变压器的工作原理，理解理想变压器电压、电流及功率的关系；会分析电磁振荡过程中电荷量、电流、电场强度、磁感应强度的变化规律及电场能和磁场能的转化情况.

3. 学会在实验过程中指导学生根据左手定则，判断在电流或磁场方向发生变化时，导体所受安培力的方向；通过设计探究方案，体会控制变量法对研究物理规律的重要性，理解类比法在物理中的应用；经历由安培力公式推导出洛伦兹力的过程，提高分析推理能力，体会宏观与微观之间的相互联系；能运用电磁感应的相关规律分析互感现象、通电和断电自感现象产生的原因；依据从特殊到一般的归纳与分析方法，探究交变电流的方向和大小变化规律；学会应用变压器的变压规律，能通过理论推导，明确远距离输电过程中需要解决的问题.

4. 能设计多种实验方案，能够对各种实验现象提出不同的见解，同时能引导学生进行不同方案的设计与操作；能够引领学生正确观察演示实验，培养学生观察能力、逻辑推理能力、分析能力和比较、概括的能力；培养学生科学探究能力，使其能够反思和评估实验过程和结果，指导学生写出合格的实验报告.

5. 学会通过实验探究，引导学生体会科学探索过程，激发其探究物理规律的兴趣；培养学生客观、全面认识事物的科学态度；帮助学生深刻理解科学、技术与社会生活之间的密切联系，注意对学生思政素养进行提升，能够通过社会生产、生活实例，激发学生的爱国热情.

【实验器材】

通电导体在磁场中受力演示器、方形线框、原线圈、副线圈、条形磁铁、蹄形磁铁、楞次定律演示器、变压器原理说明器、灵敏电流计、学生电源、滑动变阻器、开关、导线若干.

【仪器介绍】

变压器原理说明器的结构如下.

1. 铁芯：U 形铁芯及条形铁轭各一件. 用 0.35 mm 厚的电工硅钢片叠制. U 形铁芯上方的两端面，条形铁轭的一个底面及一个侧面均磨平，作为磁路中的接触面，以减少磁阻. 两个条形铁轭压板上装有压紧螺丝和螺母（图 4-55）.

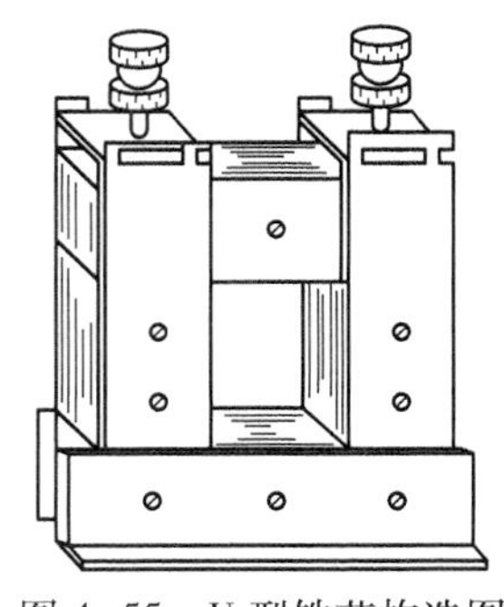

图 4-55 U 型铁芯构造图

2. 线圈（两个）：红、绿两色塑料框架，中间方孔可套入 U 形铁芯或条形铁轭. 两只线圈均用漆包铜线绕制. 红色线圈共绕 1 600 匝. 在 200 匝及 800 匝处抽头，绿色线圈共绕 400 匝，在 100 匝处抽头. 各引线端均标出匝数的百位以上数字，如 1 600 匝用“16”表示. 线圈的最外层有数圈颜色鲜明的绕线，以表示绕线方向（图 4-56）.

3. 极掌（两个）：纵截面为直角梯形的方铁（图 4-57）.

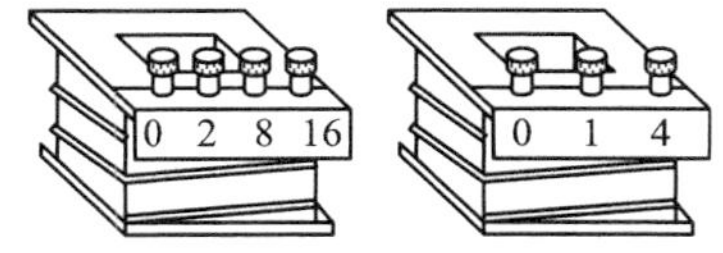

图 4-56 线圈结构图

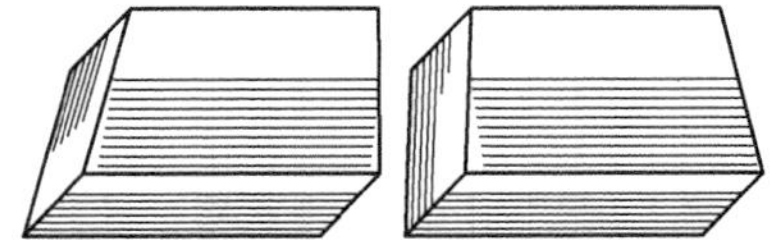

图 4-57 极掌简图

4. 强阻尼摆：扇形铝板上接一摆杆及硬黄铜制的刀刃 [图 4-58（a）].

5. 弱阻尼摆：外形及结构与强阻尼摆相似. 摆片上开有七条断槽 [图 4-58（b）].

6. 摆架：铁制支架，下端有缺口，上端装有硬黄铜板制的刀承 [图 4-58（c）].

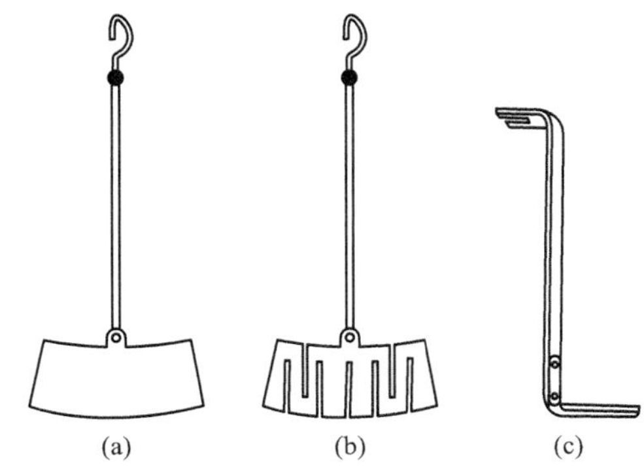

图 4-58 强、弱阻尼摆及摆架简图

7. 自感现象示教板：塑料底板上装有染色铝片的电路接线，并附有小灯座等（图 4-59）.

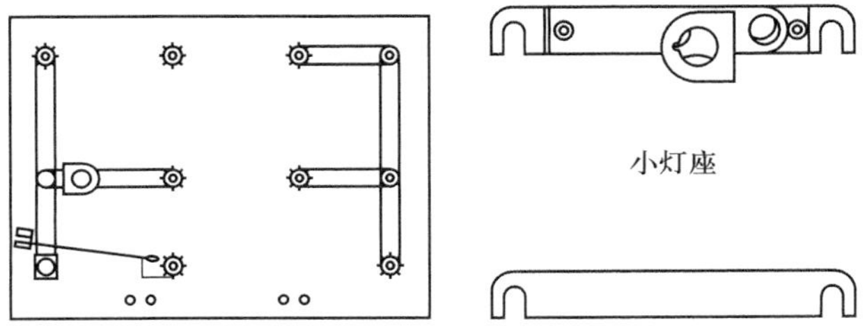

图 4-59 自感现象示教板结构图

8. 铝环：可套在条形铁轭上的铝环（图 4-60）.

9. 感应灯：矩形线圈上装有灯座和接线旋钮，可用小灯泡或外接交流电压表做指示（图 4-61）.

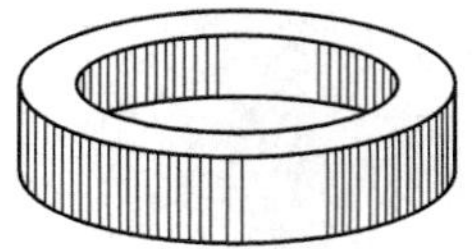
图 4-60　铝环简图

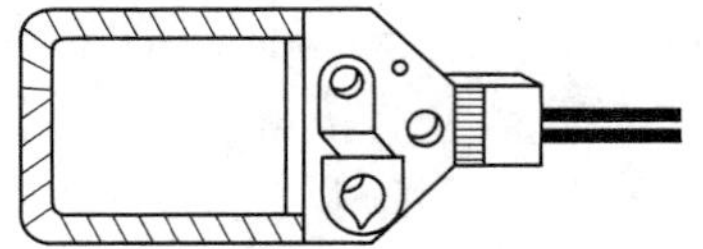
图 4-61　感应灯结构图

【实验研究】

一、电磁部分几个重要实验

1. 演示左、右手定则

所用仪器为 75 mm×75 mm 方形线框，它是由直径为 0.41 mm 的漆包线绕 150 匝制成的．线框两端通过引线与接线柱相接（图 4-62）.

（1）演示和说明“左手定则”

线框电源 6 V，由蹄形磁铁提供磁场．当处在磁场中的线框通电后，就会因受力而摆动或扭转，改变线框中电流方向或改变磁场方向都会使线框受力方向发生变化．它们间的关系符合“左手定则”.

（2）演示和说明“右手定则”

将所用线框两端接演示用检流计，由蹄形磁铁提供磁场．当线框的某部分迅速切割磁感线运动时，线框中就有感生电流产生，使检流计指针偏转．改变磁场方向或改变线框的运动方向都会使感生电流的方向改变（从检流计的偏转方向可看出）．其关系符合“右手定则”.

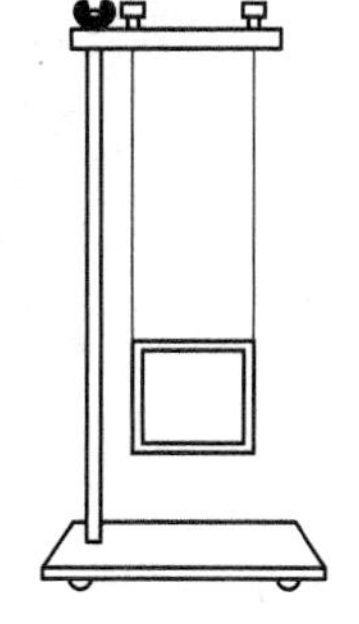
图 4-62　左、右手定则实验装置图

2. 演示楞次定律

将螺线管的始末端头与电流计相接成闭合回路，闭合回路的导线和磁场发生相对运动时，导线切割磁感线，电路中就有感生电流产生，感生电流周围产生磁场的方向与原来磁场的关系遵从楞次定律：感生电流的方向总是使它产生的磁场阻碍施感磁场的变化.

（1）将条形磁铁竖直提在手中，N 极向下，从上向下插入螺线管，如图 4-63（a）所示，由电流计指针摆动方向可知螺线管中电流的方向，将电流方向标在图中［图 4-63（a）中螺线管上已标出］，再由右手螺旋定则判断出螺线管中感生电流所产生磁场的方向［图 4-63（a）中螺线管中感生电流产生的磁场为上端 N 极］．分析螺线管中感生电流的磁场与条形磁铁磁场

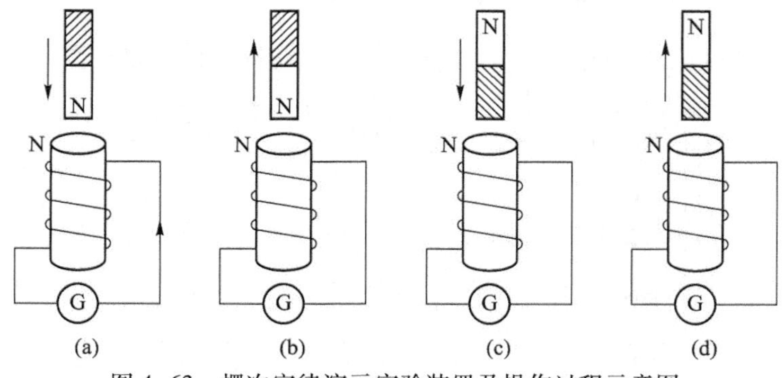

图 4-63　楞次定律演示实验装置及操作过程示意图

的关系．条形磁铁 N 极要向下运动，于是在螺线管中产生的感生电流形成的磁场上端是 N 极，正好阻碍条形磁铁 N 极向下运动．

依照上述方法，按图 4-63 中（b）、（c）、（d）所示条形磁铁运动方向和磁极方向，分别标出螺线管上感生电流方向和感生电流所决定的磁极极性．

分析上述实验结果，总结感生电流周围的磁场与施感磁场间的关系，从而验证（或归纳）楞次定律．

（2）用图 4-64 所示的原、副线圈装置，将上述实验的条形磁铁换成电磁铁，通、断电，并改变电磁铁的电流方向．画图记录实验结果，与上述实验结果进行对比分析．

（3）用楞次定律演示器做此实验

将楞次定律演示器如图 4-65 所示放置好，用条形磁铁的任意一极迅速插入闭合铝环（注意不能碰）．这时可看到铝环随插入闭合铝环内的磁铁运动方向移动，待铝环停止不动时，把磁铁从环内迅速抽出，又可看到铝环随磁铁抽出方向转动．再用开口的铝环重复上述做法，有什么现象？试用楞次定律解释此实验．磁铁的磁性强弱，对演示效果有何影响？

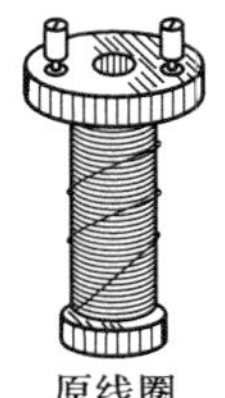

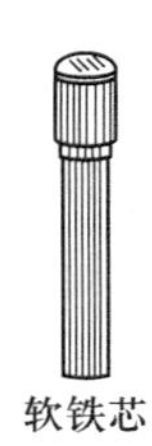
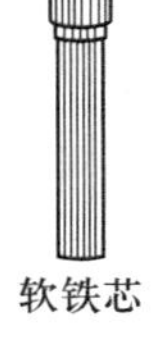

图 4-64　原、副线圈结构图

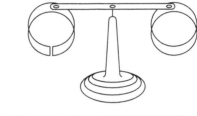

图 4-65　楞次定律演示器实验装置图

二、变压器原理说明器的使用

1. 演示电压与线圈匝数的关系

将两个线圈套在 U 形铁芯的芯柱上，再将条形铁轭（磨光面向下）搁在芯柱上，用压板固定．取绿色线圈 0~400 匝接低压电源交流输出挡（16~24 V）作为初级（用滑动变阻器分压），红色线圈 0~200 匝（降压）及 0~800 匝（升压）为次级（电路如图 4-66 所示）．

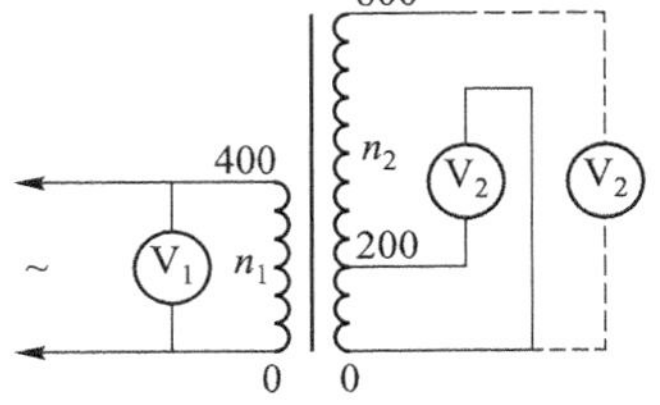

图 4-66　演示电压与线圈匝数关系电路图

图中电压表均用演示电表的交流 15 V 挡（或其他演示用电表的相近量程），两个电压表应对同一交流电压的测量读数尽量接近，以减少误差．

调节滑动变阻器，使电压逐渐升高，选取几组 U_1 及 U_2 的对应读数，可计算、验证公式 $\frac{U_2}{U_1}=\frac{n_2}{n_1}$ 的定量关系．

2. 演示电流与线圈匝数的关系

装置要求与变压演示实验相同，取红色线圈 0~200 匝接低压电源交流挡（16~24 V）作为初级，绿色线圈 0~100 匝（升流）及 0~400 匝（降流）为次级（电路如图 4-67 所示，次级用滑动变阻器限流）．

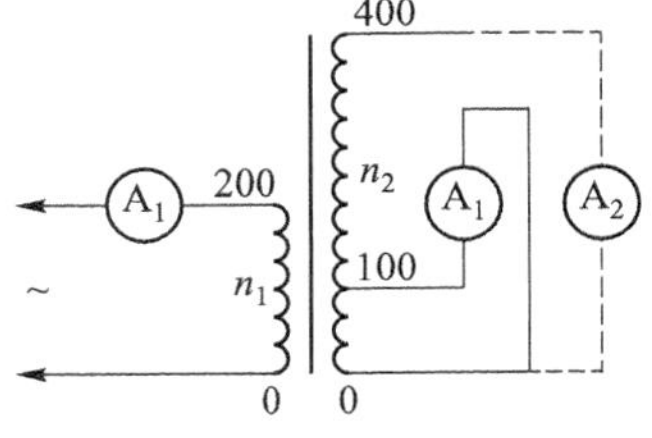

图 4-67　演示电流与线圈匝数关系电路图

图中电流表均用演示电流计的交流 2 A 挡（或其他演示用电表的相近量程）．两电表对同一交流电流的测量读数应尽量接近．

实验步骤与变压实验相同，最初要将滑动变阻器滑到合适位置，以便逐渐加大选取 A_1 及 A_2 的几组读数，验证公式：$\frac{I_2}{I_1}=\frac{n_1}{n_2}$. 为减小误差，$A_1$ 及 A_2 的读数不应低于 0.25 A.

3. 演示通电自感

实验电路如图 4-68 所示，在自感现象演示板上接入装在闭合铁芯内的红色线圈（0~1 600 匝），作为电感 L. 将示教板插入铁轭压板，并用压紧螺母固定．电源为直流 12 V（恒定直流）.

演示前，先将可变电阻 R 值调到最大，闭合开关 S，再调节 R 值，使 D_1、D_2 两小灯泡亮度相同后，将 S 打开．

演示时，闭合开关 S，电路接通．电路中电流增加，穿过线圈 L 的磁通量增加，产生感生电动势．感生电动势阻碍线圈电流增大，使灯泡 D_2 电路中的电流增加速度变慢．因此，可以明显地看到，D_2 比 D_1 发亮的时间推后．重复上述实验，最好将 a、b 两点的电源接线互换极性，以减少铁芯剩磁对实验效果的影响．

4. 演示断电自感

将自感示教板电路装置成如图 4-69 所示，电感 L 用红色线圈 0~200 匝或绿色线圈 0~400 匝加铁芯制成．a、b 两端接直流 6 V（恒定电流）电源．

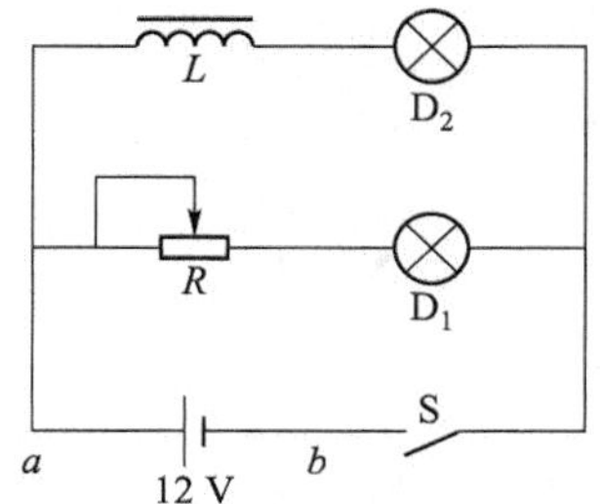

图 4-68　通电自感演示实验电路图

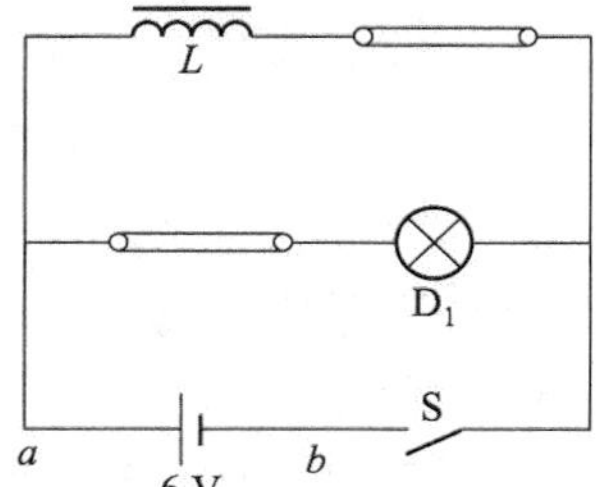

图 4-69　断电自感演示实验电路图

演示时，闭合开关 S，小灯泡 D_1 发光（亮度不宜过亮）. 当断开 S 时，线圈 L 中电流迅速减弱并消失，引起磁通量的急剧变化，使线圈中产生感生电动势．这个感生电动势的方向跟线圈中的电流方向相同，阻碍电路中电流减弱，使电流仍能沿原来方向继续流动一瞬间，若线圈有一定大小的自感系数、且直流电阻远小于灯泡的电阻，则使灯泡 D_1 在切断电源的一瞬间发出强光而后熄灭．分析切断电源时线圈上的电流是否有突变？通过灯泡的电流是否有突变？方向是否也改变？从而说明保证实验成功的条件．

5. 演示跳环

装置如图 4-70 所示，将条形铁轭竖直（磨光面向下）放在 U 形铁芯的一个立柱上．套上红色线圈及铝圈．将线圈 0~1 600 匝的两端接 220 V 交流电源．

演示时，接通电源，由于线圈中有交变电流通过，在铝环中也产生交变的感生电动势和感生电流．但感生电动势和感生电流之间有一相位差，使得铝环受力在一个周期内是平均向上的，正是这个平均的磁场力与铝环的重力平衡而使它悬浮于铁芯的上空．

为防止铝环跳出，可在条形铁轭顶上放一本书或用手挡住．

由于本实验通过线圈的电流较大，使用时不要超过 30 s.

6. 演示阻尼摆

装置如图 4-71 所示，将绿色线圈套入 U 形铁芯内，两极掌分别放在两立柱上方，并使其垂直端面相对，距离约 20 mm，用铁轭板压紧．把摆架装在压板上，使摆架的刀承与极掌的相对面垂直．分别将强、弱阻尼摆的刀口搁在刀承上，使两摆能在极掌的空隙间自由摆动，且不互相碰撞．线圈使用 0～400 匝，直流电源为 12～16 V.

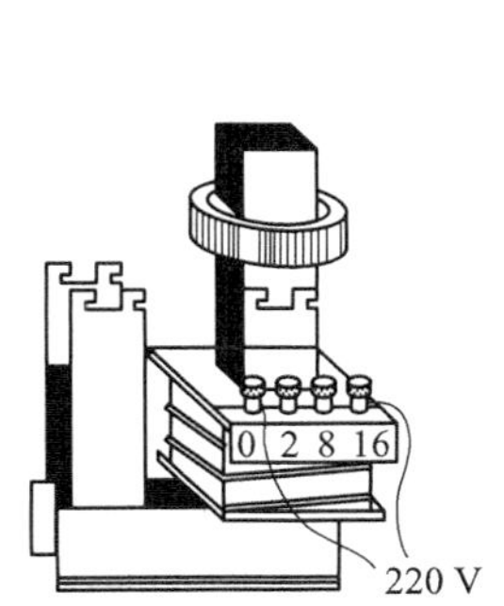

图 4-70　跳环演示实验操作示意图

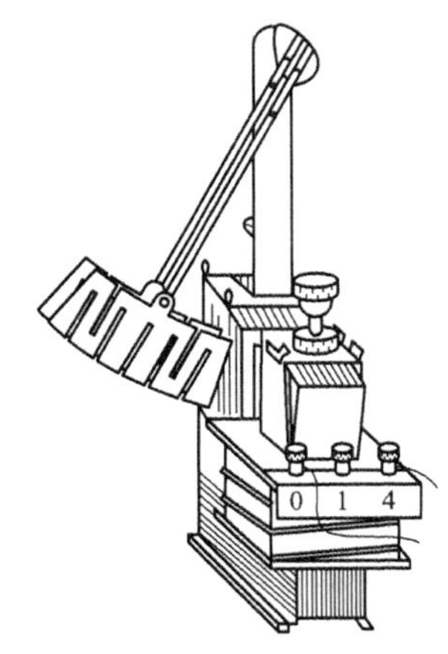

图 4-71　阻尼摆演示实验操作示意图

演示时，线圈先不通电，将两摆偏离平衡位置约 20°，同时释放，任其自由摆动．这时，可看到两摆不仅衰减很慢而且衰减幅度基本相同．在给线圈通电的情况下重新使两摆一起摆动，可看到强阻尼摆迅速衰减至停摆，而弱阻尼摆则衰减较慢．

通过演示说明，阻尼摆的铝片在摆动中切割磁感线产生涡流．涡流使摆在磁场中受到阻力作用．弱阻尼摆上面有断槽，使涡流回路的截面积减小，电阻增大．在与强阻尼摆同样起摆的情况下，弱阻尼摆的涡流强度很小，因而阻尼作用也小，摆幅的衰减就比较慢．

7. 演示感应灯

（1）装置与跳环演示相同，只是以感应灯线圈代替铝环．用红色线圈 0～1 600 匝，接 220 V 交流电源．将感应灯从条形铁轭的上方逐步套入轭中，小灯泡的亮度逐渐增强．

（2）将两极掌装配成与阻尼摆演示相同的装置，使两极掌间的距离略大于感应灯线圈的口径．接通电源（交流 220 V），把感应灯线圈从上方插入极掌空隙内．当线圈平面与极掌端面平行时，小灯泡最亮，当线圈平面与极掌端面垂直时，小灯泡最暗直至完全熄灭．

如将小灯泡两端用导线外接演示电表（交流 15 V 或 25 V 挡），指示更为灵敏．

注意：感应灯演示实验中，通过线圈的电流较大，使用时不要超过 1 min，灯泡也不宜过亮.

注意事项

1. 使用大型演示电表，要会正确选挡，使实验效果明显，且不损坏仪器．
2. 实验中需用较大电流时，接通时间要短．
3. 做“跳环”实验时，要注意安全．

思考题

1. 在验证右手定则实验中，如何用线圈中磁通变化来解释感生电流的产生和方向？线圈与磁铁的相对位置如何放置效果最好？

2. 通电导体在磁场中受力的演示实验中，关键是什么？

3. 楞次定律的演示实验如何边演示、边讲解？如何介绍实验装置，引导学生观察？如何说明实验现象，归纳出结论？

4. 在断电自感实验中，灯泡骤然增亮的实验本质是什么？

实验八　示波器在中学物理实验中的应用

【实验目的】

1. 熟悉学生示波器的使用，能够为学生讲解示波器的原理及使用方法；学习使用电子开关的方法，并会应用电子开关配合示波器进行实验研究．

2. 学会用示波器研究电感、电容对交流电路的影响，通过实验为学生演示电感、电容的特点，让学生体会其对交流电路的影响；能够引导学生通过示波器观察相位差，并正确记录实验现象，推导出实验结论，以培养学生观察、逻辑推理、分析、比较、概括的能力．

3. 学会引导学生用示波器研究整流滤波电路，了解整流滤波的作用和应用，设计实验方案.

【实验器材】

学生示波器、低频信号发生器、整流滤波与阻容感现象演示仪、电子开关、电池、滑动变阻器、开关等．

【实验研究】

一、调整和较准学生示波器．参见实验仪器介绍．

二、直流电压测量

将示波器调试至待工作状态，再将“DC、AC”垂直放大器耦合选择开关置于“DC”，使输入端处于直流耦合状态．

将直流电压测量电路按图 4-72 所示连接，Y 输入端正极接在电阻器的中间滑动端，另一端接在电池的负极，此时调节滑动端就可以观察到荧光屏上的亮线上移或下移．当调节到使示波器输入端获得最大电压时，荧光屏上亮线的位置为所测干电池的电压数值，并测出所用干电池的电压．

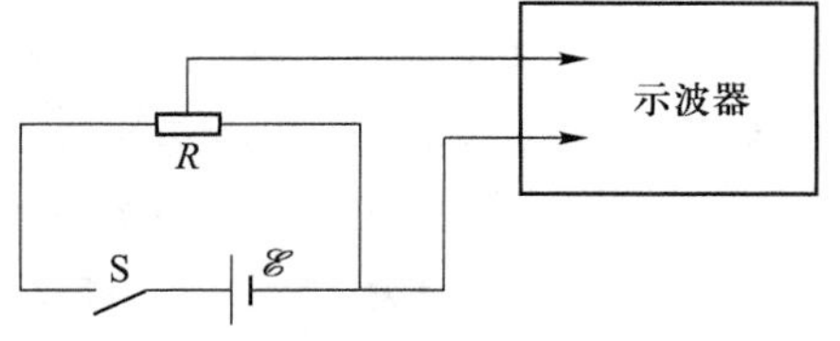

图 4-72　直流电压测量电路图

注：如扫描线上有交流电压干扰，可在输入端并上一个电容．

三、交流电压的测量

示波器可以测量交流电压的峰峰值或波形任何两点间的电势差大小．测量时需注意：

1. 将“DC、AC”垂直放大器耦合选择开关置于“AC”，选择合适的衰减挡，并将被测信号（取自信号发生器的正弦波）直接输入仪器 Y 输入端，调节“扫描微调”使波形稳定．

2. 根据屏幕的坐标刻度，读出显示信号波形的峰峰值电压值和信号的有效值．

四、时间测量

通过较准示波器，可以知道 x 轴方向的扫描时间，输入正弦波，读出正弦波的周期，进而计算出正弦波的频率．

五、研究整流滤波电路

图 4-73 为演示交流整流滤波电路板．D 为整流二极管，S 为交流电源总开关，C_1、C_2 为滤波电容，R_L 为负载电阻．

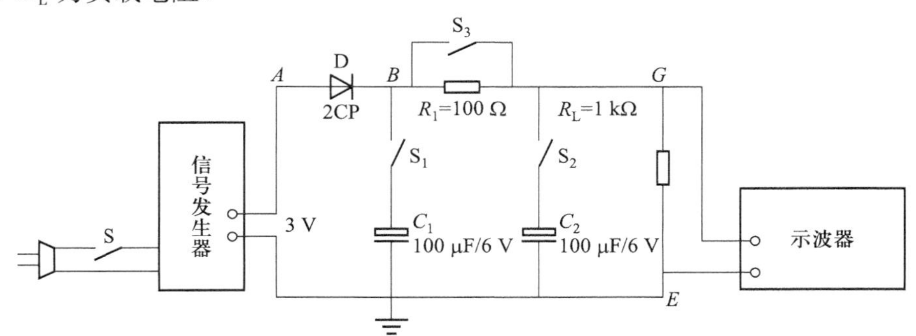

图 4-73 交流整流滤波电路板

1. 将 S 及 S_3 接通，用示波器观察 G 点及 E 点的波形，即交流信号经过整流后的波形，并记录之．

2. 将 S、S_2、S_3 接通，观察滤波电容 C_2 对 R_L 上波形的影响，即整流后且经过一个电容滤波后的波形，并记录之．

3. 将 S、S_1、S_2 和 S_3 都接通，增大滤波电容，比较 R_L 上波形（即整流后且经过两个电容滤波后的波形）与只用 C_2 来滤波有什么不同．

4. 将 S、S_1 和 S_2 接通，断开 S_3，使之成为 π 型滤波器，观察 R_L 上的波形．并求出交流成分与直流成分的比值，由此来判断滤波器的好坏．

六、用电子开关和示波器演示电感对交流电相位的影响

电子开关的使用请参阅实验仪器介绍．

将示波器调好，电子开关的“A”“B”输入端分别接在图 4-74 的 A、B 两点，C 点接电子开关的“地”．再把电子开关的输出端接入示波器．

1. 合上开关 S_1，观察电流与电压的相位关系．

2. 打开 S_1，合上 S_2，观察电流与电压的相位关系．

电感使交流电的电流相位落后于电压一角度．

七、用电子开关和示波器演示电容对交流电相位的影响

示波器的调试同前，电子开关的“A”“B”输入端分别接在图 4-75 的 A、B 两点，C 点接电子开关的“地”．再把电子开关的输出端接入示波器．

1. 合上 S_1，观察电路中电流、电压的相位关系．

2. 打开 S_1，合上 S_2，观察电路中电流、电压的相位关系．

对电流和电压相位的演示，可采用更直观的方法，就是使用周期仅数秒的超低频交流电源供电，用中间为零的直流电压表和直流电流表分别测量元件上的电压和电流，由电表的指针摆动，显示元件上电流和电压的相位差．

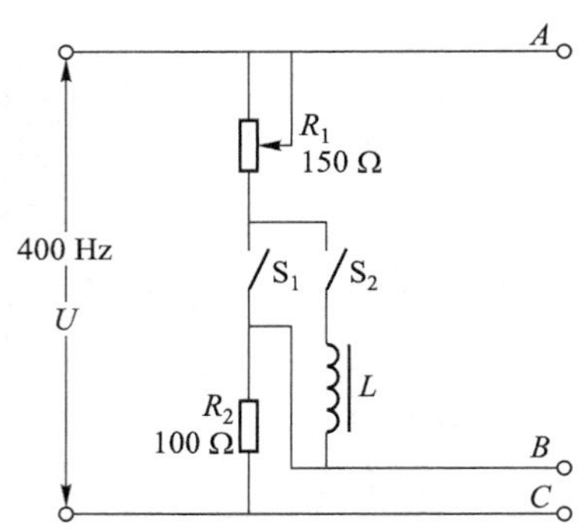

图 4-74 电感对交流电相位影响演示实验电路图

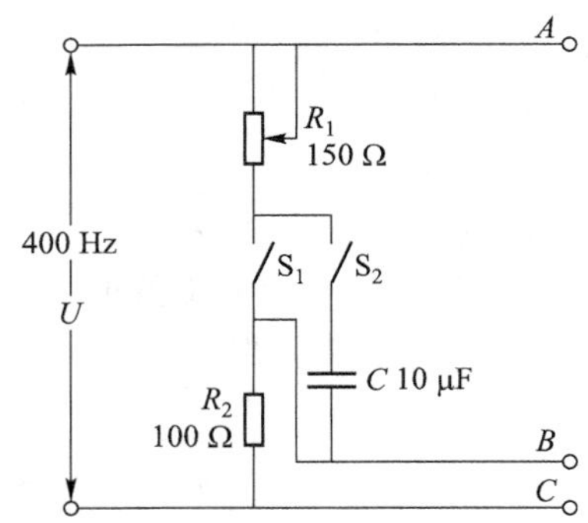

图 4-75 电容对交流电相位影响演示实验电路图

注意事项

1. 实验前，要引导学生学习示波器的工作原理．

2. 在使用示波器进行实验时，注意让学生在实验前对示波器的各个旋钮进行操作，以便了解每个旋钮的作用和调节方法．

思考题

1. 在验证右手定则实验中，如何用线圈中磁通量的变化来解释感生电流的产生和方向？线圈与磁铁的相对位置如何放置效果最好？

2. 通电导体在磁场中受力的演示实验中，关键是什么？

3. 楞次定律的演示实验如何边演示边讲解？如何介绍实验装置，引导学生观察？如何说明实验现象，并归纳出结论？

4. 在断电自感实验中，灯泡骤然增亮，其实验的本质是什么？

5. 在半波整流和滤波电路中以纯电阻作为负载时，整流前后的波形有什么区别？加滤波电容后波形如何改变？画出这些波形．

6. 试说明取样电阻的作用，其阻值的大小对实验有哪些影响？

7. 试述通过示波器利用李萨如图形测量相位差和测量频率的演示步骤．

实验九 初中电路部分探究实验

【实验目的】

1. 学会探究实验的基本步骤，知道如何引导学生正确地进行实验探究，并通过实验探究过程培养学生的核心素养．

2. 学会通过探究实验，让学生知晓简单电路的组成和特点，了解电路的应用，从能量转化的角度认识电源及用电器的作用；知晓串、并联电路电流和电压的特点．

3. 学会在进行探究实验的过程中，引导学生正确地运用科学思维方法，对电路中电流与电压、电阻的关系进行科学推理，总结出规律，并形成结论．会构建简单模型，测量电阻、电功率．

4. 学会引导学生通过探究电路中电流与电压、电阻关系的实验，提出电路的探究问题，形成猜想；设计实验，选用合适器材获取数据；分析数据，得出合理的结论；撰写实验报告，对探究过程及结果进行交流和反思．

【实验器材】

小灯泡、定值电阻（5 Ω、10 Ω、15 Ω）、滑动变阻器、干电池、电池盒、电源、电压表、电流表、开关、导线若干．

【实验研究】

一、探究串、并联电路中电流和电压的特点

在进行“串、并联电路中电流和电压特点”的实验研究时，首先回忆实验内容：在小灯泡、电源和开关组成的闭合回路中，将电流表放在小灯泡左右两端时，电流表的示数相等．因此，测量流过小灯泡的电流时，可以把电流表串联在小灯泡的任意一侧．

实际电路中，有些用电器是串联的，有些用电器是并联的．那么流过各个用电器的电流有什么样的关系？在研究的过程中，可以从最简单的两个用电器的串联和并联电路开始．通过分析只有一个用电器的电路中电流的特点猜想串联电路中电流的特点．在串、并联电路中，加在不同用电器两端的电压又有什么特点呢？只有一个用电器的电路，用电器两端的电压等于电源电压，猜想串、并联电路电压的特点．

1. 探究串联电路中的电流关系

（1）问题：串联电路中各处的电流有什么关系？

（2）证据：

猜想与假设：

① 从电源的正极出发，电流由大到小，电流每经过一个小灯泡就消耗一部分电能，电流回到负极时就小了．

② 电路中各处的电流相等，小灯泡一样亮．

③ 电流的大小与电源的位置有关，越靠近电源正负极的地方电流越大．

④ 电流的大小与用电器有关，有的小灯泡较亮，电流就大；有的小灯泡较暗，电流就小．

设计实验：设计如图 4-76 所示的电路．将电流表分别接在 A、B、C 三点测量电流的大小．

进行实验操作：

① 按照图 4-76 所示连接实物．

② 将电流表分别串联在电路中的 A、B、C 三点，闭合开关分别记录测量的电流值，并记录在表 4-5 中．

③ 更换另外两个小灯泡重复上述实验操作．

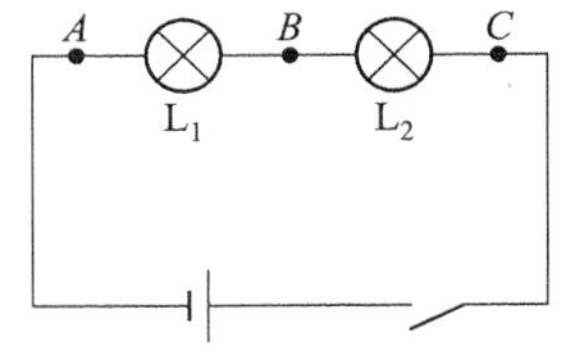

图 4-76　探究串、并联电路中电流和电压特点实验电路图

表 4-5　探究串、并联电路中电流和电压的特点

	A 点电流 I_A/A	B 点电流 I_B/A	C 点电流 I_C/A
第一次测量			
第二次测量			
第三次测量			

（3）解释、交流

串联电路中，电流处处相等．

2. 探究并联电路中的电流关系

（1）问题：并联电路中各处的电流有什么关系？

（2）证据：

猜想与假设：

① 电流的大小与电源的位置有关，越靠近电源正负极的地方电流越大．

② 电路中各处的电流相等，小灯泡一样亮．

③ 电路各支路的电流之和等于干路电流大小．

④ 电流的大小与用电器有关，有的小灯泡较亮，电流就大；有的小灯泡较暗，电流就小．

设计实验：设计如图 4-77 所示的电路．将电流表分别接在 A、B、C 三点测量电流的大小．

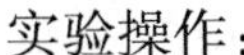

实验操作：

① 按照图 4-77 所示连接实物．

② 将电流表分别串联在电路中的 A、B、C 三点，闭合开关分别记录测量的电流值，并记录在表 4-6 中．

③ 更换另外两个小灯泡重复上述实验操作．

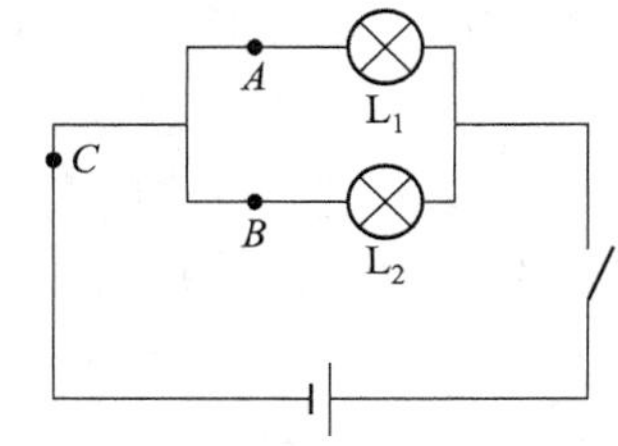

图 4-77　探究并联电路中的电流关系实验电路图

表 4-6　探究并联电路的电流关系

	A 点电流 I_A/A	B 点电流 I_B/A	C 点电流 I_C/A
第一次测量			
第二次测量			
第三次测量			

（3）解释、交流

并联电路中，干路电流等于各支路电流之和．

3. 探究串联电路中的电压规律

（1）问题：串联电路中，电路两端的总电压与各部分电路两端的电压有什么关系？

（2）证据：

猜想与假设：

① 每个用电器两端电压相等，都等于电源电压．

② 每个用电器两端的电压之和可能等于电源两端的电压．

设计实验：设计如图 4-76 所示的电路．使电压表分别测量两个用电器两端的电压和电源电压．

进行实验操作：

① 按照图 4-76 所示连接实物．

② 将电压表分别并联在电路中的 AB 两端、BC 两端和 AC 两端，分别测量两个灯泡和电源两端的电压值，并记录在表 4-7 中．

③ 更换另外两个小灯泡重复上述实验操作 .

表 4-7　探究串联电路中的电压关系

	L_1两端电压 U_{AB}/V	L_2两端电压 U_{BC}/V	电源两端电压 U_{AC}/V
第一次测量			
第二次测量			
第三次测量			

（3）解释、交流

串联电路中，电源两端电压等于各用电器两端电压之和 .

4. 探究并联电路中的电压规律

（1）问题：并联电路中，电路两端的总电压与各支路两端的电压有什么关系？

（2）证据：

猜想与假设：

① 各支路用电器两端的电压可能都相等，且等于电源两端电压 .

② 各支路用电器两端电压可能不相等，它们的和等于电源两端电压 .

设计实验：设计如图 4-77 所示的电路 . 将电压表分别并联在两个支路的用电器两端，分别测量支路电压，再将电压表并联在电源两端测量电压 .

进行实验操作：

① 按照图 4-77 所示连接实物 .

② 将电压表分别并联在两支路中的用电器 L_1、L_2和电源两端测量电压值，并记录在表 4-8 中 .

③ 更换另外两个小灯泡重复上述实验操作 .

表 4-8　探究并联电路中的电压规律

	L_1两端电压 U_A/V	L_2两端电压 U_B/V	电源两端电压 U_C/V
第一次测量			
第二次测量			
第三次测量			

（3）解释、交流

并联电路中，各支路中用电器两端的电压等于电源两端电压 .

二、探究电流与电压、电阻的关系

电压是产生电流的原因，由此可以推断，电压越大，电流可能越大；电阻表示导体对电流的阻碍作用，由此可以推断，电阻越大，电流可能越小 . 那么，流过导体的电流和导体的电阻及加在导体两端的电压又存在着什么样的关系呢？我们应该通过什么样的方法来探究这三个物理量的关系呢？这里采用控制变量法进行实验探究 . 首先控制电阻阻值不变，探究电流与电压的关系；其次控制电压大小不变，探究电流与电阻的关系 .

1. 探究电流和电压的关系

（1）问题：电阻一定时，通过导体的电流和导体两端的电压是什么关系？

（2）证据：

猜想与假设：

① 导体两端的电压越大通过导体的电流越大．

② 通过导体的电流与导体两端的电压成正比．

设计实验：设计如图 4-78 所示的电路．运用控制变量法，控制电阻 R 的阻值不变，调节滑动变阻器阻值的大小，改变电阻 R 两端的电压，通过电阻的电流也会随之改变，记录电流表的数值，分析电流随电压的变化规律．

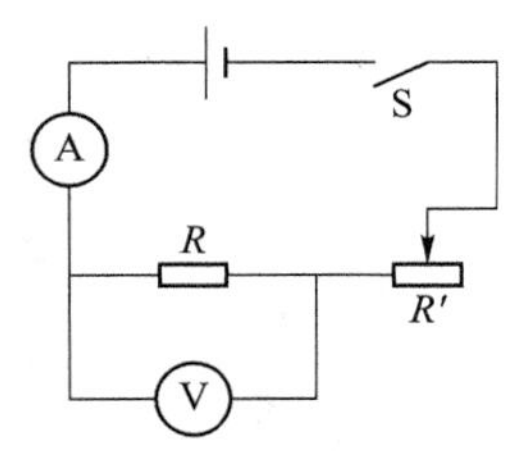

图 4-78　探究电流、电压关系及电流、电阻关系实验电路图

进行实验操作：

① 按照图 4-78 所示连接实物，开关要断开，滑动变阻器滑片移至阻值最大处，电压表和电流表要选择合适的量程，正负接线柱要正确连接．

② 检查电路无误后，闭合开关，移动滑动变阻器，观察电流表和电压表的变化情况，并将数值记录在表 4-9 中．

③ 移动滑动变阻器滑片，重复实验步骤．

④ 整理实验器材．

表 4-9　探究电流和电压的关系

电阻 R/Ω					
电压 U/V					
电流 I/A					

（3）解释、交流

采用坐标法进行数据处理，建立直角坐标系 $I-U$，根据电流和对应的电压描点，用平滑的曲线连接各点，画出图像，进行分析论证得出结论．

2. 探究电流和电阻的关系

（1）问题：电压一定时，通过导体的电流与导体的电阻存在什么关系？

（2）证据：

猜想与假设：

① 导体电阻越大，通过导体的电流越小．

② 通过导体的电流与电阻可能成反比．

设计实验：设计如图 4-78 所示的电路．运用控制变量法，通过在电路中放置滑动变阻器控制不同电阻两端的电压不变，调节滑动变阻器阻值的大小，观察通过电阻的电流的大小，分析通过导体的电流和导体电阻之间的关系．

进行实验操作：

① 按照图 4-78 所示连接实物，开关要断开，滑动变阻器滑片移至阻值最大处，电压表和电流表要选择合适的量程，正负接线柱要正确连接．

② 移动滑动变阻器，记录一个电压值．

③ 断开开关，将阻值为 5 Ω 的定值电阻分别更换为 10 Ω、15 Ω 的定值电阻，调节滑动变阻器的滑片，使电压表的示数保持不变，分别读出对应电流表示数并填入表 4-10 中．

表 4-10　探究电流和电阻关系

电压 U/V			
电阻 R/Ω	5	10	15
电流 I/A			

④ 整理实验器材 .

（3）解释、交流

采用坐标法进行数据处理，建立直角坐标系 $I-R$，根据电流值和对应的电压值描点，用平滑的曲线连接各点，画出图像，进行分析论证得出结论 .

注意事项

在教学过程中，要注意引导学生思考为确保实验结论的普遍性和准确性，实验设计时应注意哪些问题，采用哪些方法 . 引导学生做出如下实验设计：

1. 重复几次实验操作 .
2. 每次实验选择不同规格的小灯泡或用电器 .
3. 增加用电器的个数 .
4. 改变电源电压的大小 .

思考题

1. 如何引导学生学会正确使用电流表和电压表？
2. 如何引导学生针对研究内容，进行实验猜想、设计实验方案？
3. 如何引导学生在实验过程中进行交流讨论，收集分析实验数据，初步领会科学实验方法？
4. 如何引导学生猜想电流、电压和电阻的关系？
5. 如何通过实验探究出电流、电压和电阻的定量关系？
6. 实验中采用了哪些科学研究方法进行探究？

实验十　初中电磁部分探究实验

【实验目的】

1. 进一步学习探究实验的基本步骤、流程，能够有效地引导学生自主完成实验探究，培养学生正确提出问题、找出解决问题的关键点、选择恰当的科学研究方法、完整地搜集证据并根据实验结果分析解决问题的能力 .

2. 加深对电磁感应现象的理解，能够正确引导学生了解电和磁之间的相互联系，通过实验建构学生对电与磁的统一概念 .

3. 学会引导学生正确观察实验现象，使其能选择恰当的方法对实验现象和结果进行比较、分析和概括，并能应用所学解决生活中常见的电磁问题 .

4. 学会引导学生对感应电流产生条件提出探究性问题，并作出科学、合理的猜想；学会指导学生制定实验方案，使其能选用合适的器材获取证据；学会提升学生分析现象、发现规律、形成合理结论的能力的方法．最后帮助学生形成撰写报告的能力，并对探究过程及结果进行交流和反思．

【实验器材】

干电池（或铅蓄电池），原、副线圈一套（能够看出明确绕向的线圈），检流计，滑动变阻器，条形磁铁，蹄形磁铁，通电螺线管磁场演示器，不同绕向的螺线管，菱形小磁针，铁粉，开关，导线．

【实验研究】

一、探究影响感应电流方向的因素

穿过闭合电路的磁通量发生变化时，闭合电路中就有感应电流产生．要探究影响感应电流方向的因素，就必须观察和分析：各种情况下闭合线圈内的磁通量情况及其对应的感应电流的方向变化．电流变化方向是通过检流计指针的偏转方向判断的，判断方法如下：

如图 4-79 所示，通过将干电池和检流计连接的方法查明电流方向与电流表指针偏转方向的关系．通过观察可知，一般情况下电流从哪个接线柱流入，指针就偏向哪个接线柱（注意：开关闭合前，滑动变阻器的滑片滑到电阻最大阻值处）．

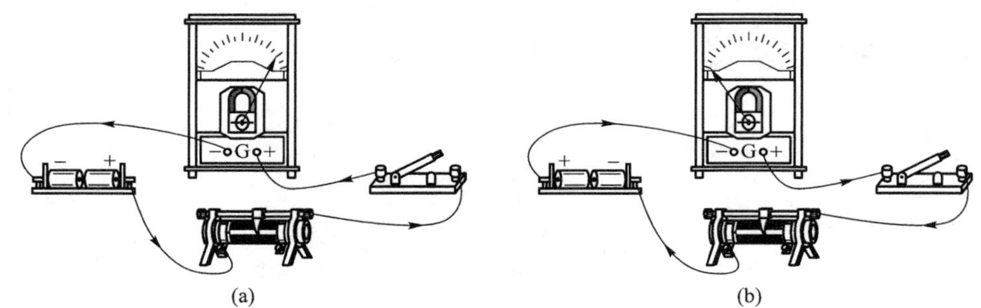

图 4-79　研究电流方向与电流表指针偏转方向关系实验装置及操作示意图

此外，在实验前要先弄清楚线圈导线的绕向，如图 4-80 所示．

方法一：

1. 如图 4-81 所示，将螺线管与检流计组成闭合电路．

图 4-80　线圈导线绕向示意图　　图 4-81　探究影响感应电流方向因素实验装置图（方法一）

2. 如图 4-82 所示，分别按照（a）、（b）、（c）、（d）所示依次进行操作．

（1）如图 4-82（a）所示，N 级向下，磁铁插入线圈，观察检流计指针偏转方向并记录于表 4-11 中．

（2）如图 4-82（b）所示，S 级向下，磁铁插入线圈，观察检流计指针偏转方向并记录于表 4-11 中．

（3）如图 4-82（c）所示，N 级向下，磁铁拔出线圈，观察检流计指针偏转方向并记录于表 4-11 中．

（4）如图 4-82（d）所示，S 级向下，磁铁拔出线圈，观察检流计指针偏转方向并记录于表 4-11 中．

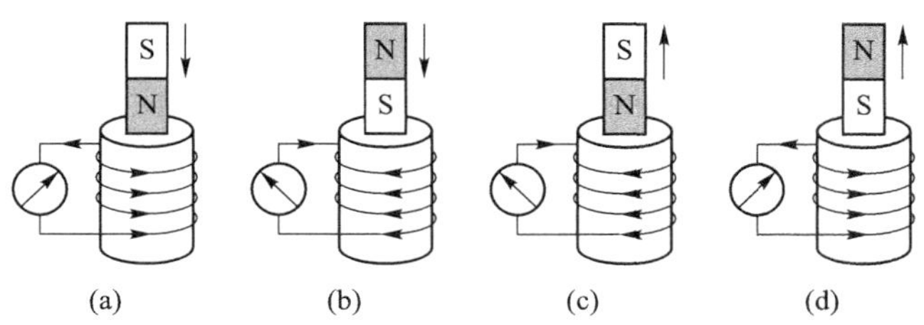

图 4-82　探究影响感应电流方向因素实验操作流程图

表 4-11　探究影响感应电流方向的因素（方法一）

磁体动作	原磁场方向	磁通量增减情况	感应电流方向（俯视）	感应电流的磁场方向
N 极插入	向下	增大	逆时针	向上
S 极插入	向上	增大	顺时针	向下
N 极拔出	向下	减小	顺时针	向下
S 极拔出	向上	减小	逆时针	向上

3. 实验结论：感应电流的磁场总是阻碍引起感应电流的磁通量的变化．

方法二：

1. 如图 4-83 所示，连接电路，记录用连接变阻器的导线自由端试触电流表“-”接线柱时电流表指针的偏转情况．

2. 仔细观察带铁芯的线圈 A、线圈 B 的绕线情况．

3. 如图 4-84 所示，将带铁芯的线圈 A、线圈 B 连入电路中．

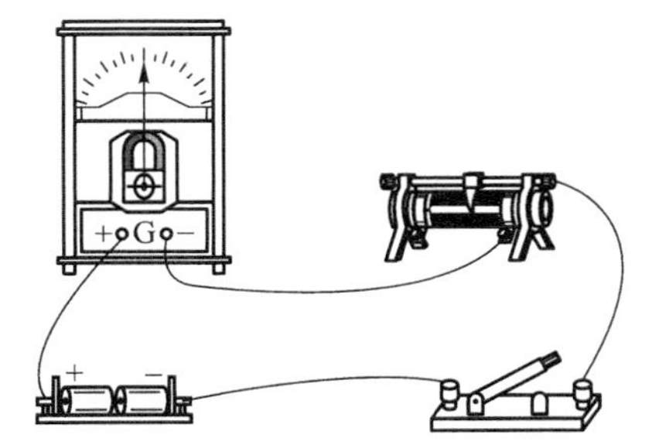

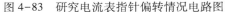

图 4-83　研究电流表指针偏转情况电路图

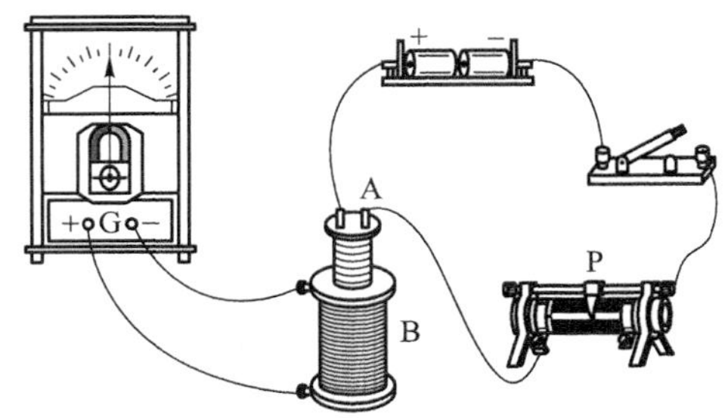

图 4-84　探究影响感应电流方向的因素实验装置图（方法二）

4. 闭合和断开开关的瞬间，观察检流计指针的偏转并记录在表 4-12 中．

5. 将滑动变阻器的滑片 P 从左向右滑动，观察检流计指针偏转方向并记录在表 4-12 中．

表 4-12 探究影响感应电流方向的因素（方法二）

实验操作	磁场方向	检流计指针偏转方向	感应电流的磁场方向
开关闭合的瞬间	向上	向左偏转	向下
开关断开的瞬间	向上	向右偏转	向上
滑动变阻器滑片向左滑动	向上	向左偏转	向下
滑动变阻器滑片向右滑动	向上	向右偏转	向上

开关闭合或滑动变阻器滑片向左滑动时，线圈内磁通量增加，感应电流的磁场阻碍磁通量的增加；开关断开或滑动变阻器滑片向右滑动时，线圈内磁通量减少，感应电流的磁场阻碍磁通量的减少．即感应电流的磁场总要阻碍引起感应电流的磁通量的变化．

二、探究通电螺线管外部磁场的方向

1. 探究通电螺线管磁场方向与电流方向的关系

如图 4-85 所示，连接电路图．在螺线管附近不同位置摆放小磁针，给螺线管通电，记录下小磁针在各个位置 N 极的指向．改变电流方向，再次观察并记录现象．

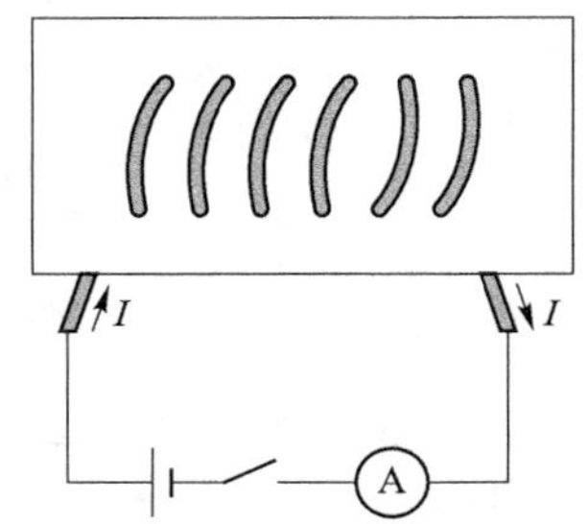

图 4-85 探究通电螺线管外部磁场方向的实验装置图

2. 通电螺线管外部磁场的分布特征

在螺线管四周撒上铁屑，给螺线管通电，轻轻敲击纸板，观察铁屑的分布情况．与条形磁铁的磁场对比分析，进行研究．

3. 通电螺线管的极性与螺线管中电流方向的关系

取绕向不同的螺线管，并依次通入不同方向的电流，用小磁针验证通电螺线管的 N 极和 S 极（图 4-86）．

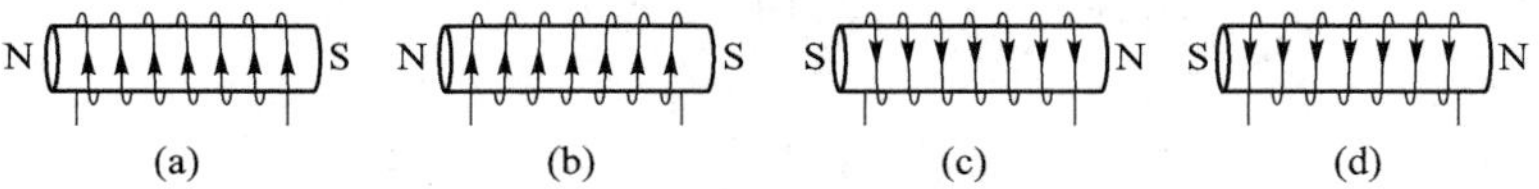

图 4-86 通电螺线管的极性与螺线管中电流方向关系的示意图

三、探究导体在磁场中运动时产生感应电流的条件

1. 探究导体在磁场中运动时产生感应电流的条件

（1）如图 4-87 所示，连接导线和电流表组成闭合回路．将部分导体置于磁场中静止，观察检流计指针的变化情况，导体在磁场中会有电流吗？

（2）再增加一块磁铁重复进行实验，观察检流计指针变化情况，此时导体在磁场中会有电流吗？

（3）换用多匝数的线圈代替导线进行操作，观察检流计指针变化情况，此时导体在磁场中会有电流吗？

（4）将部分导体放在磁场中并分别让导体沿磁感线运动、与磁感线垂直或斜向切割运动，观察检流计指针变化情况，此时导体在磁场中会有电流吗？

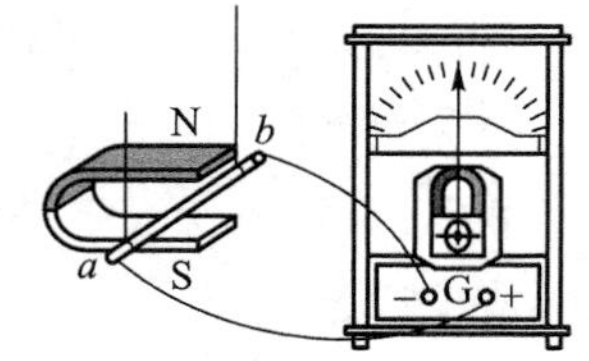

图 4-87 探究导体在磁场中运动时产生感应电流条件的实验装置图

（5）将电路断开，让导线与磁感线垂直或斜向切割运动，观察检流计指针变化情况，此时导体在磁场中会有电流吗？将数据填入表 4-13 中．

表 4-13　探究导体在磁场中运动时产生感应电流的条件

电路状态	导体在磁场中运动情况	感应电流（有/无）
电路闭合	静止	
	静止、增加磁铁	
	静止、增加线圈匝数	
	沿磁感线运动	
	与磁感线垂直或斜向运动	
电路断开	与磁感线垂直或斜向运动	

2. 探究感应电流的方向与什么因素有关

（1）将磁铁 N 极朝上、S 极朝下放置，让导体向右运动，观察指针偏转方向并记录于表 4-14 中 .

（2）将磁铁 N 极朝上、S 极朝下放置，让导体向左运动，观察指针偏转方向并记录于表 4-14 中 .

（3）将磁铁 S 极朝上、N 极朝下放置，让导体向右运动，观察指针偏转方向并记录于表 4-14 中 .

（4）将磁铁 S 极朝上、N 极朝下放置，让导体向左运动，观察指针偏转方向并记录于表 4-14 中 .

表 4-14　探究导体在磁场中运动时影响感应电流方向的因素

序号	磁场方向	导体的运动方向	指针的偏转方向
1	向下（N 上 S 下）	向右	
2	向下（N 上 S 下）	向左	
3	向上（S 上 N 下）	向右	
4	向上（S 上 N 下）	向左	

注意事项

1. 在教学过程中，注意选择恰当的方法和语言引导学生自主完成问题的提出、实验的设计与操作 .

2. 电源要选择干电池或铅蓄电池 .

3. 探究导体在磁场中运动并产生感应电流的条件时，要注意导体的选择 .

思考题

1. 在实验的操作过程中，在磁铁不改变磁极的情况下，“快速”和“缓慢”插入或拔出线圈，对感应电流的方向是否有影响？

2. 实验结论中“感应电流的磁场总是阻碍引起感应电流的磁通量的变化”中的“阻碍”该如何理解？

3. 模拟法拉第实验，观察实验现象.

4. 通过观察、分析通电螺线管周围和条形磁铁周围铁屑的排列情况，比较可知，通电螺线管外部的磁场与条形磁铁的磁场有什么差异？

5. 通电螺线管外部磁场的方向跟哪些因素有关？

6. 如果是因为电路中产生的电流太小，你有什么办法改进实验？

7. 电磁感应现象中，靠外力使导体切割磁感线，消耗了什么能？得到了什么能？

8. 电磁感应现象中实现了什么能向什么能的转化？

参考文献

[1] 阎金铎，等. 物理教学论 [M]. 南京：江苏教育出版社，1991.

[2] 曾贻伟，等. 普通物理实验教程 [M]. 北京：北京师范大学出版社，1989.

[3] 彭前程. 义务教育课程标准实验教科书《物理》系列教材 [M]. 北京：人民教育出版社，2012.

[4] 张大昌. 普通高中课程标准实验教科书《物理》系列教材 [M]. 北京：人民教育出版社，2019.

[5] 阎金铎，等. 中学物理教材教法 [M]. 北京：北京师范大学出版社，1998.

[6] 毛骏健，等. 大学物理学（简明版）（上册）[M]. 北京：高等教育出版社，2016.

[7] 倪光炯，王炎森. 物理与文化 [M]. 北京：高等教育出版社，2017.

[8] 梁灿彬，等. 电磁学 [M]. 北京：高等教育出版社，1994.

第五篇

光学实验技能训练

光学是研究光的行为和性质的学科．光学的研究起源于人们对自然界的认识和观察，因此它是物理学中最古老的基础学科，也是物理学重要的组成部分，通常人们把光学分为四个分支，即几何光学、波动光学、量子光学和现代光学．光学的研究经历了由浅入深、由简单到复杂的过程，随着人类对光学研究的不断深入，光学的研究促进了物理学多门学科的发展，光本性的确立推动了量子力学的研究；光是一种电磁波的确认，完善了电动力学的研究；光学器件及光学测量方法的发展促进了天文学、力学、电磁学研究的进步．光学作为当前科学研究中最活跃的学科之一，不仅为科学研究提供理论依据，还为生产技术的发展提供精密的仪器和科学的实验手段，这是其在物理学发展中的主要贡献．

光学的发展大致分为以下五个时期：萌芽时期、几何光学时期、波动光学时期、量子光学时期和现代光学时期．萌芽时期主要是对生活中基本光学现象的研究，在大量实验的基础上提出了基础光学原理，制成了简单的光学元件．世界上最早的关于光学的研究，是两千四百多年前我国《墨经》中记载的关于光的直线传播、光的反射、平面镜和球面镜成像等内容的研究．随着应用透镜、平面镜等各种光学元件的出现，光学的研究迎来了它的第一个转折点——几何光学．在几何光学时期，人们在研究光的直线传播的过程中，发现了与其不完全符合的实验现象，如光的衍射现象、薄膜干涉等．人们开始对光的本性进行激烈的探讨．牛顿通过著名的三棱镜色散实验提出了光的微粒说，并应用此观点解释了光的反射定律和折射定律，使光的微粒说在相当长的时间内占据统治地位．但光的微粒说不能解释光衍射等现象，对光的衍射、薄膜干涉及牛顿环现象的研究促进了光的波动理论的产生．托马斯·杨的“双缝干涉实验”的出现，使光学研究进入波动光学时期．杨氏双缝干涉实验彻底证明了光的波动性，后惠更斯–菲涅耳原理的提出圆满地解释了薄膜颜色、干涉现象、衍射现象和光的直线传播．随后，赫兹通过实验证明了麦克斯韦所指出的——光是一种电磁现象，洛伦兹完善了发光、物质吸收光现象及光在物质中传播特点等相关理论．就在人们认为光学知识体系已建立完成后，黑体辐射现象的出现又一次开启了光学研究的新阶段——量子光学时期．爱因斯坦通过对光电效应的研究提出了新的粒子说（光量子假说），提出并证明了光具有波粒二象性，明确了光的本性．这对于物理学的发展具有深远的意义，尤其是对物质波的提出和量子力学的建立和发展起到了推动作用．此后，随着激光的问世，光学进入了现代光学时代，发展了光学信息处理技术，光纤通信就此产生，同时全息实验技术的完善也使图像和影像技术的发展达到了一个新的高度．光学的五个发展时期，是在实验技术手段不断提升的基础上完成的，实验在光学的研究中具有至关重要的作用，同时光学元件精密度的提升、光学测量方法的完善和理论的进展也促进了物理学的发展．

在日常生活中，光属于不可或缺的存在，且光学在生活中也得到了广泛应用．例如，常接触的激光、望远镜、照相机、摄像机等．因此，中学生在进行光学知识学习时要充分将理论知识与生活实际相结合，对生活中的光学现象留心观察，从而促进对光学知识的有效掌握．高中物理将光学知识分为几何光学和波动光学两大部分．几何光学以光学实验为基础，得出光线的概念并总结、归纳光线的折射、反射定律，以及全反射定律；而波动光学则包括光的干涉、衍射、偏振和色散等内容．学生可以通过动手操作，理解光学知识，并更好地解决生活中的实际问题，理解一些特殊的光学现象．例如，通过学习光的直线传播，可以解释日食、月食等天文现象；利用光的反射和折射原理解释镜面成像、视觉偏移、“海市蜃楼”现象；初步了解光导纤维的工作原理和光纤在生产、生活中的应用，认识光通信技术对经济、社会生活的重大影响；通过对光的色散的学习，解释复色光与单色光间的奇妙联系；通过对光的干涉与衍射的学习，理解和学会使用光谱仪；了解激光的特性和应用，用激光观察全息照相；等等．学生通过对光学知识的良好掌握，可以促进其对实际生活中光学现象的理解，使生产、生活更便捷．

光学实验操作的难点在于实验之前对实验系统的调节，因此在对本部分实验进行学习时，要特别注意熟悉调节光学实验器材，总结调节实验系统的关键点和操作技巧，以保证完满地完成演示实验和有效地指导学生实验．光学实验的完成对实验环境的要求较高，尤其在进行演示实验时，要注意所处实验环境能够保障所有学生都能清晰地观察到实验现象．本章中学生自主探究实验内容较多，如平面镜反射定律、平面镜成像、光的折射率测定等实验．需要在学习的过程中掌握实验成功的关键，如平面镜成像实验中代替平面镜玻璃板的选择，平面镜反射实验中硬纸板的摆放，光的折射率测定实验中光线入射角的选择等是学习的关键．在学生实验部分，要注意学习如何指导学生对光学实验系统进行调节以及对数据进行处理．例如，透镜成像特点实验和杨氏双缝干涉实验，它们是帮助学生总结光学基本规律的重要实验．在实验前对仪器要进行等高、共轴调节，调节情况的好坏是直接影响数据结果和测量准确性的关键，数据处理是总结、归纳透镜成像特点和双缝干涉成像特点的关键．此外，光学实验最特殊的地方在于对于光源的选择和使用，如通过光具盘的光源灯泡的电流较大，灯口耐热能力有限，其连续使用最好不超过 15 分钟；如在暗室中进行实验，在保证可见度的情况下，可适当降低光源的额定电压，以延长灯泡寿命；接通电源之前，电源电压应放至最低挡，然后逐挡升高到额定电压，切不可一开始通电就放在额定电压挡，容易损坏电源；光学实验大部分用激光作为光源，容易造成视力损伤，须教育学生不要把激光正对自己或其他同学的眼睛．

第一章

实验基本仪器

几何光学和波动光学在进行实验研究的过程中，涉及的定量测量主要是长度的测量．常见的演示实验和学生实验器材有光源（灯泡、激光器等）、感应圈、分光镜、投影仪等．中学物理中光学部分的学习是在大量学生实验的基础上进行的，因此在本章的学习中，要特别注意对学生实验的学习，分析每一个实验指导学生的关键所在．

第一节　激　光　器

激光器是由工作物质（激活物质）、谐振腔和激光电源所组成的发射激光的装置．利用氦氖激光（波长 6 328 Å）方向性强、单色性强、相干性好、亮度高等优势，为经典光学实验提供全新的实验手段，使普通光源难以做成的许多光学实验简而易就，并达到直观性强、可见度高、重复性好等良好效果．激光器的种类很多，目前在教学中常用的是氦氖激光器，它的工作物质是氦氖的混合气体，发射激光的是氖原子．通常激发能源是采用连续供给的方式，所以这种激光器是连续输出式的．

一、构造

氦氖激光管产生激光的原理：氦氖混合气体的能级如图 5-1 所示．当激光管接到高压电源上时，管中就有电流通过，这时放电管中的高能电子冲击氦原子，使氦原子从能量最小的基态 1^1S_0 激发到亚稳态 2^3S_1 及 2^1S_0 能级上．氦的这两个能级很接近氖的 $2S_2$ 和 $3S_2$ 能级．当处于能态 2^1S_0 和 2^3S_1 的氦原子与处于基态的氖原子发生碰撞时，氦原子就会把它们的能量传递给氖原子，使氖原子跃迁到激发能级 $2S_2$ 和 $3S_2$ 上．而氦原子在失去能量后就跃迁回到基态 1^1S_0 上．这样可使氖原子在 $3S_2$ 和 2P、$3S_2$ 和 3P、以及 $2S_2$ 和 2P 之间，形成粒子数反转的分布状态．于是，在谐振腔中通过受激发射过程，产生了波长为 3 391 Å、6 328 Å 及 11 520 Å 的激光．由于氦氖激光管反射镜的反射率是配合波长 6 328 Å 而出现峰值的，同时，对其他波长的激光则起到抑制作用，所以，波长为 6 328 Å 的激光束输出最强．

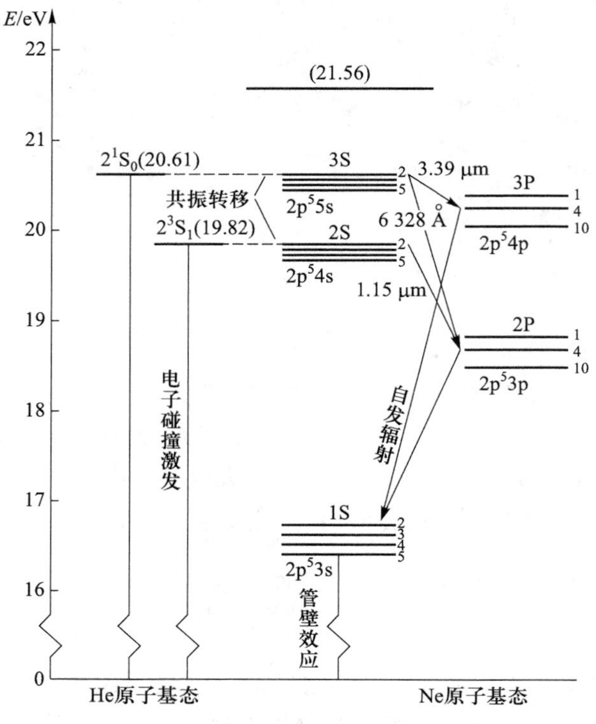

图 5-1 氦氖混合气体能级图

二、使用注意事项

激光电源与激光管工作电压较高，通电时不要接触．不要让激光束直射眼睛．要尽量降低激光器的振动．

第二节 感 应 圈

一、用途和构造

感应圈相当于一个小功率的升压变压器，它是互感现象的重要应用之一，它能将十几伏的直流低压变成数万伏的高压，是科学实验中经常用来取得高压的一种电源设备，多用于实验室内需高压或放电的物理实验．一般用于低压放电管、光谱管、阴极射线管、伦琴射线管、电谐振及空气中火花放电产生臭氧等实验．

感应圈利用 10～12 V 的直流电源供电，工作电流为 0.8～1.2 A，可产生 50 000～60 000 V 的脉冲电压，一般火花距离为 80 mm，连续工作时间为 15 min.

感应圈的中心是一个由一束细铁丝制成的铁芯，在铁芯外用较粗的绝缘导线绕成一组匝数不多的初级线圈，在初级线圈的外层套有一个由几千匝绝缘良好的细金属丝绕制成的次级线圈，次级线圈经过良好的绝缘处理，固定在一层绝缘蜡中．线圈外部套着胶木外壳，胶木外壳固定在木底座上，上面装有一对金属接头，分别与次级线圈的两端相连接，每个接头上都插有一个可拆卸的放电柱，用来插置火花放电杆和放电圆盘．在木底座的一端装有一个断续装置，它主要由衔铁、弹性振动片和螺旋调节器等组成，断续器与初级线圈的一端相连接，另外还与一个电容器并联，电容器装在底座箱内．在木底座上还装有一对接线柱和转换开关，转动转换开关可以使电路接通或断开，而且还可以改变输入的电流方向．感应圈的结构如图 5-2 所示．

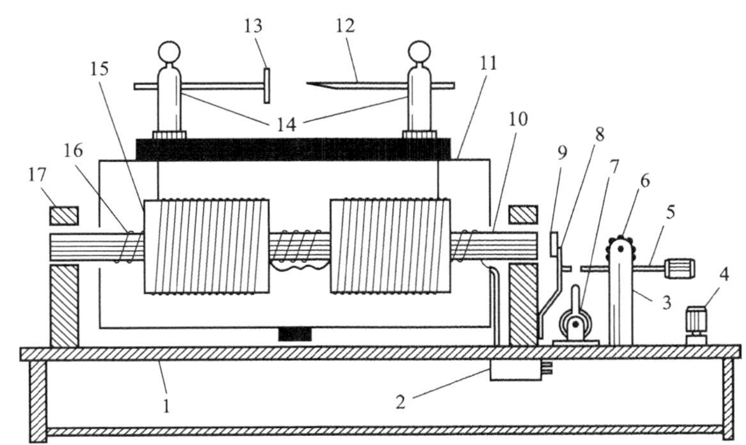

1—木底座；2—电容器；3—立柱；4—接线柱；5—调节螺丝；6—固紧螺丝；
7—转换开关；8—弹性振动片；9—衔铁；10—铁芯；11—胶木外壳；12—火花放电杆；
13—放电圆盘；14—放电柱；15—次级线圈；16—初级线圈；17—支板

图 5-2　感应圈的结构图

二、感应圈的工作原理

电流是通过断续器的触点通入初级线圈的，当触点接触时，电路接通，铁芯磁化，吸引衔铁，于是电路断开，铁芯退磁，弹片弹回，触点接触，电路又接通．这样，借断续器的作用，在初级线圈里出现断续的电流，引起铁芯磁通量的变化，使次级线圈里产生感生电动势．当电路接通时，由于初级线圈的自感作用，电流增加较慢，铁芯磁通量变化也不快，因而次级线圈感生的电动势较小，不足以产生火花．但当电路断开时，初级线圈中电流瞬间消失，铁芯的磁通量变化极快，次级线圈即产生很高的感生电动势，断电越快，则在次级线圈中产生的感生电动势也就越高，可见只有在触点断开时才能产生火花．由于初级线路时断时续，因而在次级线圈中产生的电流不是交流的，而是呈现正负极性的脉冲电流．

另外，触点断开时，初级线圈也产生较大的自感电动势，足以在两触点缝隙中产生电弧，使电流继续流通，而不能迅速减小，次级线圈也就不能产生大的电动势．因此在触点两端并联一电容器，触点断开时，电容器充电，从而降低了两触点间因自感而产生的电压，减小了电弧，使初级线圈中电流迅速消失．感应圈工作原理见图 5-3.

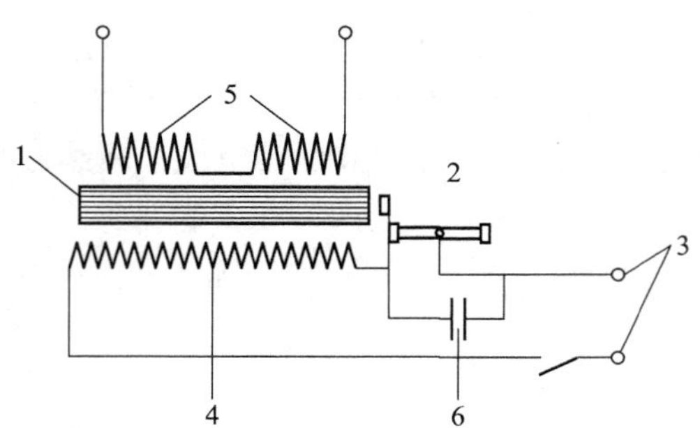

1—铁芯；2—触点；3—接线柱；4—初级线圈；5—次级线圈；6—电容器

图 5-3　感应圈工作原理图

三、使用注意事项

1. 先使转换开关的手柄向上，用绝缘导线将电源接在接线端上．

2. 将转换开关转 90°接通电源，转动调节螺丝，引起断续器工作，选择断续器在火花最小的位置工作．调节螺丝时，最好由松向紧调节，以免太紧不能断开烧坏电源．

3. 正确的装置是放电板为阴极、尖端为阳极，电流的方向可由火花形状判断．若火花由尖端聚向圆盘中心，则圆盘为负极（阴极），若火花由尖端扩散向圆盘边缘，则圆盘为正极（阳极）．可用转换开关来改变放电极的极性．

4. 用两个尖针放电时，火花距离不能超过 80 mm；用放电盘和尖针放电时，火花距离不能超过 50 mm. 连续工作时间不要超过 15 分钟，否则线圈内部绝缘部分有可能被击穿．

5. 不要用手碰放电器及金属放电柱，同时也不要碰由导线接出的另一仪器．操作时，手部距放电柱的距离应大于 80 mm，以防电击．

第三节　分　光　镜

分光镜可用来定性地观察和研究：由炽热的固体或液体发出的光所生成的连续光谱；由通常气压下的炽热的金属蒸气或气体发出的光所生成的明线光谱；由温度很高的光源发出的炽热白光，通过温度较低的气体后所生成的吸收光谱；太阳光谱．

一、分光镜的构造及工作原理

分光镜的外形如图 5-4 所示．它主要由平行光管 A、望远镜 B、标度管 C 和三棱镜 D 组成．平行光管 A 是一个固定在分光镜上的圆筒，它的前端是一个可以前后移动的可变狭缝，其后端是一准直透镜 L_1（焦距为 $f_1=130\pm5$ mm）．狭缝 S 置于透镜 L_1 的焦平面处．望远镜筒的支架是独立的，可绕竖直轴旋转，在需要将它的位置固定时，可旋紧镜筒下面的紧固螺丝．标度管靠近棱镜的一端是一凸透镜 L_3（焦距为 $f_3=120\pm5$ mm），另一端在 L_3 的焦平面上放有一精细的刻度尺，其在 1 cm 内细分了 250 分度．调节标度尺相对于凸透镜 L_3 的位置可获得标尺清晰的像．标度管还可以绕自己的轴线转动，下面也有紧固螺丝，调节紧固螺丝还可以改变标尺高度．

分光镜的光路如图 5-5 所示．由平行光管的狭缝 S 射入的光束，经准直透镜 L_1 折射后，成为平行光线射到三棱镜 D 上，不同频率的光经过三棱镜折射后沿不同的方向射出并发生色散．不同频率的光射出的方向虽然不同，但相同频率的光仍然互相平行，这些平行的单色光射入望远镜中经物镜 L_2 后会聚在 L_2 焦平面 MN 上，在 MN 上形成了不同颜色的狭缝 S 的实像，通过望远镜筒下的目镜观察时，就可以看到这些彩色的像所排列成的光谱．如果在 MN 处放上照相底片，就可以记录下光谱的像．

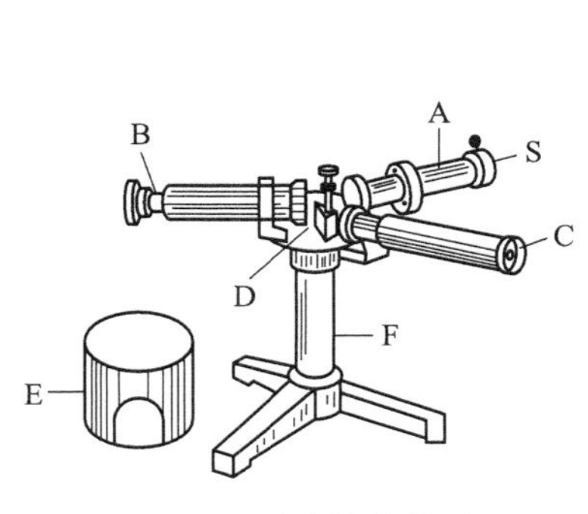

图 5-4　分光镜结构图

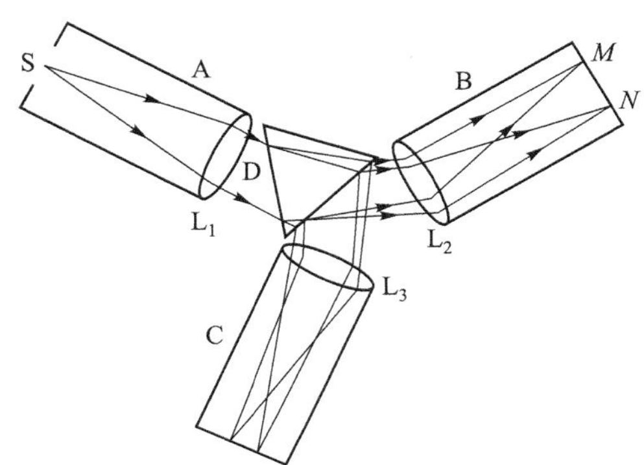

图 5-5　分光镜光路图

为了能够标出谱线所在的位置，分光镜附有标度管 C，当标度管的标尺被灯泡照亮后，标尺上发出的光线经 L_3 透镜折射后也成为平行光，这些平行光经三棱镜的表面反射后仍保持平行并射向望远镜筒，也在焦平面 MN 处获得标尺的实像，因此通过望远镜的目镜既可以看到光谱，又可以看到标度尺．

二、分光镜的调节方法

1. 取下三棱镜，将望远镜对着远处的物体，前后调节目镜的位置，使能看到此物体清晰的像，而且稍稍前后移动眼睛的位置，远处物体的像仍很清楚．记下此时望远镜的目镜位置，以后不再移动．

2. 把望远镜、平行光管及照亮狭缝的光源（用 6 V、15 W 小灯）大致调节在同一水平高度，转动望远镜筒，对准平行光管，使光源、狭缝、平行光管的轴线和望远镜筒的轴线在同一直线上，通过望远镜观察狭缝 S 的像，移动狭缝相对于平行光管中透镜 L_1 的位置，使望远镜中所看到的狭缝的像最清楚，这时狭缝必在透镜 L_1 的焦平面上．转动狭缝，使狭缝的像垂直于棱镜台．

3. 把三棱镜 D 放在棱镜台上，使三棱镜的毛面靠近夹子的一面．向由狭缝光源发出又被三棱镜折射后的出射方向旋转望远镜，直至在目镜中能清楚地看到光源的连续光谱（此时须注意不要把杂散白光的连续光谱误认为狭缝光源的光谱，杂散光的连续光谱比较暗，且加上分光镜罩后即消失）．选择光谱中某种单色光（如黄色光），使其处于视场的中央，再缓慢地向一个方向旋转三棱镜，可以看到该光谱的位置也会随着发生偏移，这时使望远镜跟随该光谱一起转动，保持黄色出现在视场的中心．当黄色光谱线转到某一位置后，若再向前连续转动三棱镜，谱线反而向相反的方向偏移，这时三棱镜的位置就可固定下来．

三棱镜的位置还可以用分立光谱调节：用感应圈做电源点燃光谱管，将光谱管对准狭缝并紧贴狭缝，使平行光管和望远镜共线时，调整望远镜目镜的位置，使从中可看到清楚的狭缝的单色光像．加三棱镜后，旋转望远镜，直到从目镜中可看全该光谱管的光谱．这种方法比较简单，但须选择亮度较强的材料，并需了解该材料的分立光谱主线系的谱线数目．实践中可使用氢光谱管（谱线为红、蓝）或氦光谱管（谱线自左至右为红、黄、绿、蓝）．

4. 点亮标度管的标度尺照明灯将标度尺照亮，标度尺照明灯不宜太亮，否则会使分立光谱变得不清楚．调节标度管的方位，标度尺经三棱镜的一个面反射后再射入望远镜中的光线在视场中形成一个光斑或像．这时调节标度尺相对标度管中透镜 L_3 的位置，使标度尺的像达到最清晰．最后调节标度尺的倾斜度，使标度尺的像在光谱的上方或下方，将紧固螺丝旋到适当的松紧程度，使标度管固定在一定的位置．

若标度管在任何方位都不能看到标度尺的像，可移动一下三棱镜，并重新微调一下望远镜位置．一般两三次即可确定兼顾光谱和标度尺的三棱镜位置．

三、用附加透镜提高光谱线的亮度

为了充分利用光源发出的光，提高光谱线的亮度，可以在光源与平行光管的狭缝之间加一附加透镜 L_4，如图 5-6 所示．

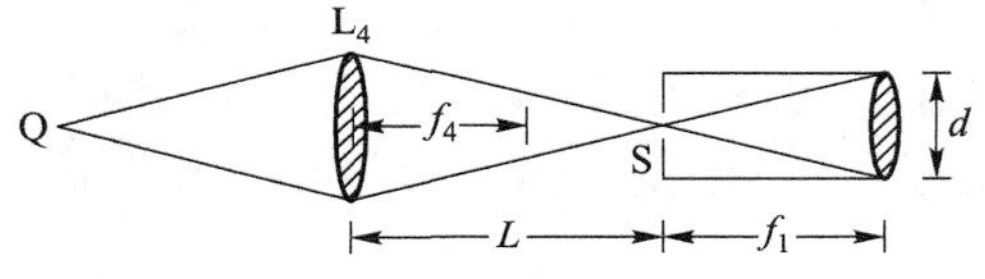

图 5-6 加入附加透镜光路图

这个附加透镜应选择直径较大、焦距较短的凸透镜．先将附加凸透镜放在平行光管的轴线上，并使之与平行光管中的准直透镜 L_1 共轴，然后调节附加透镜与狭缝 S 之间的距离 L，使附加凸透镜的直径口对准狭缝 S 的张角．即达到$\frac{d}{f_1} \geqslant \frac{D}{L}$. 最后，将光源 Q 前后移动，调节光源的位置使 Q 在狭缝处的光斑最小，这时谱线的亮度就得到了加强．

四、增大分光镜的色分辨本领的方法

1. 选择由色散较大的材料制成的三棱镜，一般是选用火石玻璃或重火石玻璃制成的三棱镜．

2. 制作分光镜时适当增加三棱镜的底面宽度及望远镜的放大率．

3. 增加三棱镜的个数，使入射光顺次经过多个三棱镜以后再进行观察．

采用经过多个三棱镜的方法，要用两架分光镜，如图 5-7 所示．A_1 为第一台分光镜的平行光管，S_1 为狭缝．在三棱镜 D_1 的出射光线上将望远镜移去，改放一个三棱镜 D_2，再在 D_2

的出射光路中，放上第二台分光镜的棱镜 D_3，并将第二台分光镜的平行光管中的狭缝和准直透镜移去；再在 D_3 的出射光路上放置望远镜 B_2 进行观测．第二台分光镜的标度管 C 仍保留．

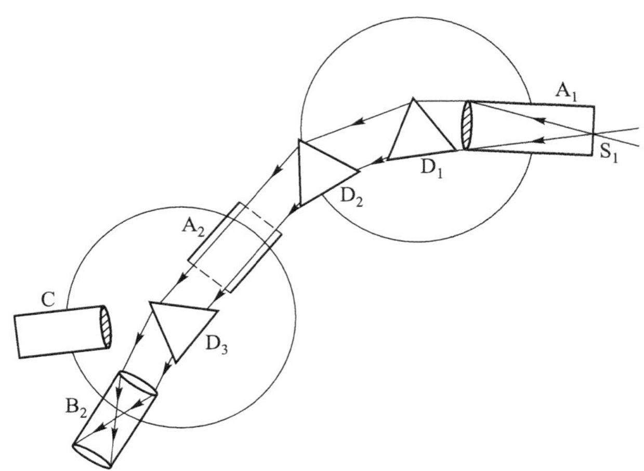

图 5-7　增大分光镜色分辨本领光路图

这种装置的调节方法是逐级调节，先不加棱镜 D_2、D_3. 以 A_1、D_1 和 B_2 作为一台分光镜，按照分光镜的调节方法调好 B_2 和 A_1. 记下 B_2 的方位，再在 B_2的方位上放上棱镜 D_2，使通过 D_2 的光束射入望远镜 B_2. 再在这台望远镜轴线的方向上，放上第二台分光镜的平行光管，移去狭缝和准直透镜，最后放上 D_3. 改变 D_3 和 B_2 的相对方向，就可以从目镜中观察到光谱．

第二章
光学实验训练与研究

实验一　几何光学实验研究

【实验目的】

1. 熟练掌握光具盘的使用方法，学会利用光具盘演示几何光学实验．

2. 通过演示实验引导学生形成对光的反射概念和规律、光的折射概念和规律的基本认识，使其了解白光的组成，知晓光现象和规律，能从物理学视角正确描述和解释自然现象，能综合应用所学知识解决实际问题．

3. 学会通过演示实验培养学生的科学思维：能对光反射实验进行观察、比较、分析和概括；会用控制变量法探究光的折射规律及凸透镜成像规律；能用科学推理的思维方法分析、归纳、总结实验中白光的色散与合成规律；能对光现象进行观察、比较、分析和概括，能对生活中的光现象进行合理解释．

4. 学会引导学生探究光的反射规律、平面镜成像时像与物的关系、光的折射现象等，使其能提出探究问题，形成猜想；制定实验方案，通过合适的器材获取数据；分析数据，发现其中规律，形成合理的结论；能对探究结果进行交流和反思．

【实验器材】

光具盘一套、晶体管直流稳压电源一台、红色激光笔、硬纸板、平面镜、水彩笔、铅笔、量角器、薄平板玻璃、两支完全相同的蜡烛、一张白纸（或坐标纸）、刻度尺、支架、光具座（刻度尺）、凸透镜、光屏、火柴．

【仪器介绍】

光具盘为磁吸附分离式结构，全套仪器由矩形光盘、狭缝板、圆形光盘、平行光源和光学元件组成，如图 5-8 所示．

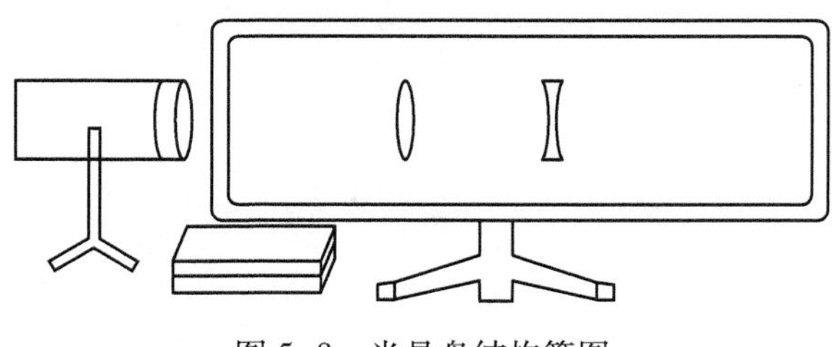

图 5-8　光具盘结构简图

1. 矩形光盘和狭缝板

（1）矩形光盘为 734 mm×244 mm 的铝合金板，固定型背面沿光轴方向装有永磁铁，活动型可在背面任何位置装配永磁铁．其后部喷黑漆，正面边缘有黑色刻线，两线间距为 50 mm. 方盘右端中央有一黑线标志，供对标主光轴用，在主光轴上有一直径 7.5 mm 的圆孔，供装配圆形光盘用．光盘左端装有狭缝架和可抽出的狭缝板．

（2）狭缝架固定在方盘左端中部，中间开一个方孔，方孔两边焊有滑槽，供插入狭缝用，也可换用一字屏．狭缝板上有 7 条 3 mm×45 mm 的平行等距狭缝，相邻两条狭缝中心距离为 13 mm. 若要使用 5 条等距、等宽光束，则可将中间 5 条遮板抽开．若要改变光路或做成像规律实验，可将带箭头的小棱镜（按需要选用不同角度）进行分光，即可把一条 3 mm 的光束分为宽 1.5 mm 的两条，其中一条平行于主光轴，一条和主光轴相交．用此原理和两只不同焦距的柱透镜，即可完成透镜的成像规律和显微镜等光路实验．

2. 圆形光盘

圆形光盘为直径 300 mm 的铝合金板，盘面上印有相互垂直的直径，将圆盘分为 4 个象限，每象限的刻度为 0°~90°，最小分格为 1°. 在圆盘中心处有一直径 7.5 mm 的铁柱，以便将其装在矩形光盘上．

3. 平行光源

如图 5-9 所示，在金属圆筒②的一端装有一个 $f=165$ mm、直径 144 mm 的透镜①，另一端装有灯泡③. 灯座④可以在圆筒内旋转进退，并可用止旋螺钉紧固．圆筒内增加了散热通风孔道，降低了平行光源的温升．

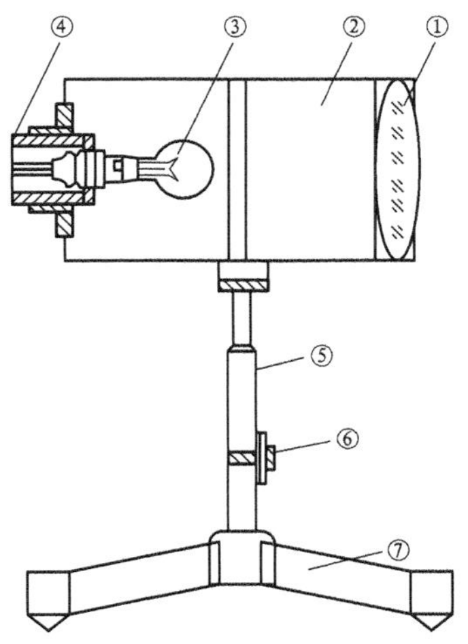

图 5-9　光具盘配套平行光源

金属筒用一个 U 形支架支撑，支架下有支杆⑤装配在三足底座⑦上，可以升降并可用螺丝⑥紧固．

4. 光学元件

（1）梯形玻璃砖，底长 85 mm，高 25 mm，厚 15 mm，底角为 60°和 45°.

（2）等腰直角棱镜，底长 75 mm，厚 15 mm.

（3）半圆柱透镜，半径 37 mm，厚 15 mm.

（4）大双凸柱透镜，长 110 mm，焦距为 150 mm.

（5）小双凸柱透镜，长 60 mm，焦距为 100 mm.

（6）小双凹柱透镜，长 60 mm，焦距为−100 mm.

（7）凹柱面镜和凸柱面镜，焦距为±100 mm.

（8）小平面镜，与漫反射镜合装于一个镜框，长度为 85 mm.

（9）滤色片一套，红、蓝两色装在金属架上.

（10）分光束带箭头小棱镜三只（11°、20°、30°）.

（11）色散与合成等边棱镜一对.

（12）直径 40 mm、f= 100 mm 的带框双凸透镜一只.

【仪器的安装和调整】

一、安装

1. 矩形光盘安装：如图 5−10 所示.

（1）在矩形光盘背面安好工字形托架.

（2）将大支杆插入大三角支架.

（3）将安在矩形光盘上的工字形托架插入大支杆孔.

（4）调整矩形光盘至水平位置，绞紧支杆螺丝.

（5）旋紧大三角支架指旋螺丝.

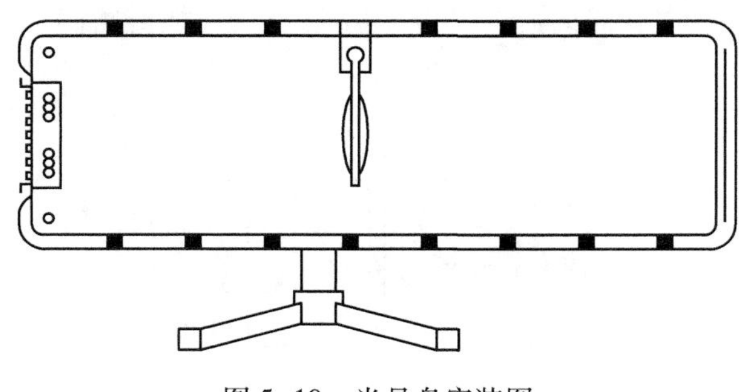

图 5−10　光具盘安装图

2. 将光源支杆插入小三角支架，旋紧止旋螺丝.

二、调整

仪器的光源筒在 U 形支架上可以灵活转动，改变射出光线的角度，调节支杆高度可改变光源的高度. 灯座筒可进退，调整灯泡的位置，可使灯丝正好位于透镜的焦点上；旋转灯座筒可将一字形灯丝调整至水平位置，以得到近似的点光源，仪器使用前调整步骤如下：

1. 将低压电源的输出电压调至 2 V，接通电路.

2. 在不断电的情况下，逐次调整低压电源的输出电压至 4 V、6 V、8 V、10 V、12 V. 此时灯泡即可正常发光. 目前使用的低压电源均有短路保护装置，使用时因灯泡的额定电流较大，会出现电源短路，灯泡不亮等现象，故应采用上述操作方法.

3. 将光源靠近矩形光盘的缝屏板，并将缝屏板上光阑插片的第 1 和第 7 条关闭，拉开第 2、第 3、第 4、第 5、第 6 条光阑，使光屏上出现 5 条光带.

4. 使光源筒稍稍向光盘倾斜，使光带照射到白色光盘上，并经光盘反射能在光盘上观察到一定亮度的光带，并铺满整个光盘. 倾斜角度大，光带亮度大，但光带短，不能铺满光盘.

倾斜角度小，则光带暗些．因此要仔细调整角度，使其既能铺满光盘，又使亮度最佳．

5. 调整灯丝位置，前后移动和转动，使光盘上得到窄而亮并且近似平行的 5 条光带．

6. 使矩形光盘与桌面平行，调整光源的投射角，使 5 条光带的中间一条正好投射到光盘右侧边缘中央的黑色标记上．

按上述步骤调整后，即可进行实验．电源供电用直流或交流均可．

【分光小棱镜的使用】

三只分光小棱镜角度分别为 11°、20°、30°，主要用来改变光的入镜角度．在做透镜成像光路、显微镜光路时，箭头和棱镜又被看作物体所在位置．

1. 跟主轴成夹角较小的光路

将红、蓝滤色片挂在光栅板外侧，拨开第 1、第 3 条遮光板，把 11°的小棱镜吸于第 1 狭缝处，折射光线交于主光轴一点．光路如图 5–11 所示．

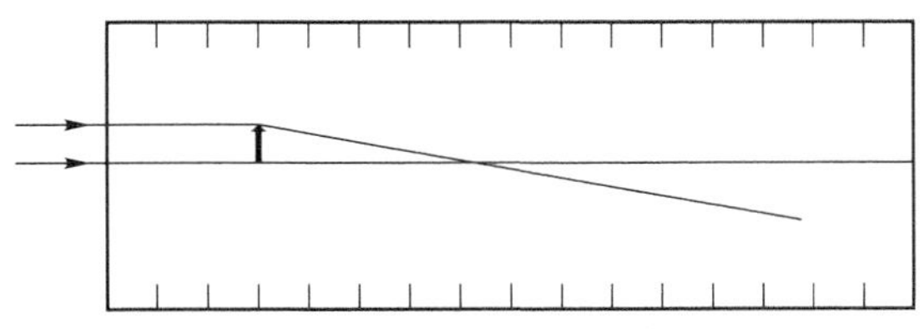

图 5–11　跟主轴成夹角较小的光路图

2. 跟主轴成夹角较大的光路

将红、蓝滤色片挂在光栅板外侧，拨开第 1、第 3 条遮光板，把 30°的小棱镜吸于第 1 狭缝处，折射光线交于主光轴一点．光路如图 5–12 所示．

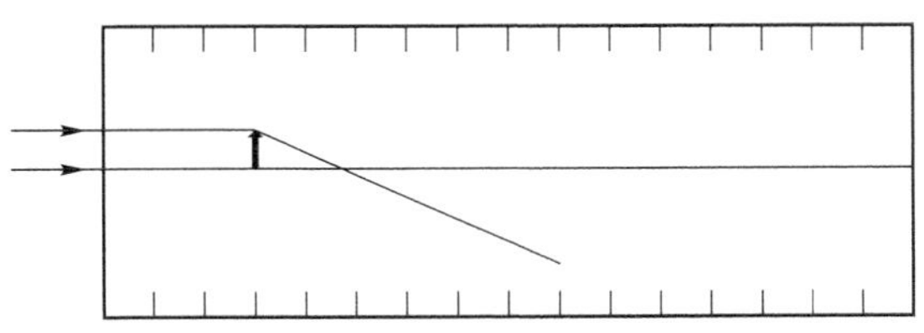

图 5–12　跟主轴成夹角较大的光路图

【实验研究】

一、学生实验

1. 透镜的光学性质

（1）通过光心的光线，按原方向传播，不发生偏折．

将大双凸柱透镜吸附在方盘上，使 3 条光线都通过光心，实验光路如图 5–13 所示．

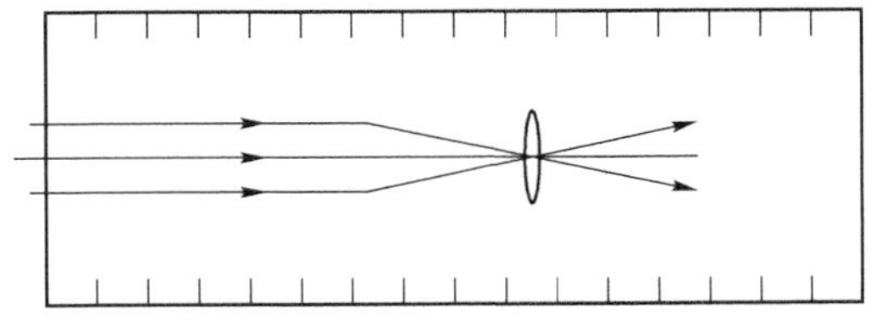

图 5–13　凸透镜成像特点光路图

(2) 通过主焦点的光线,经透镜折射后跟主光轴平行.

将焦距为 150 mm 的大双凸柱透镜吸附于光盘上,使其主光轴通过透镜光心,再使两反射光线于透镜前焦点(150 mm)处相交,则折射后平行主轴.光路如图 5-14 所示.

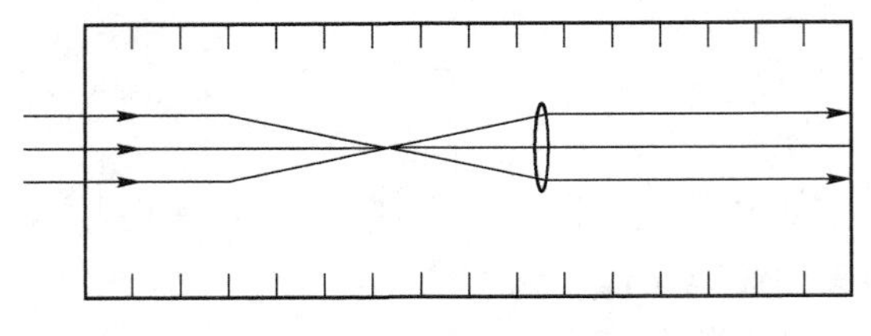

图 5-14 凸透镜成像特点光路图

(3) 平行主光轴的光线,经凸透镜折射后都会聚在焦点 F 上.光路如图 5-15 所示.

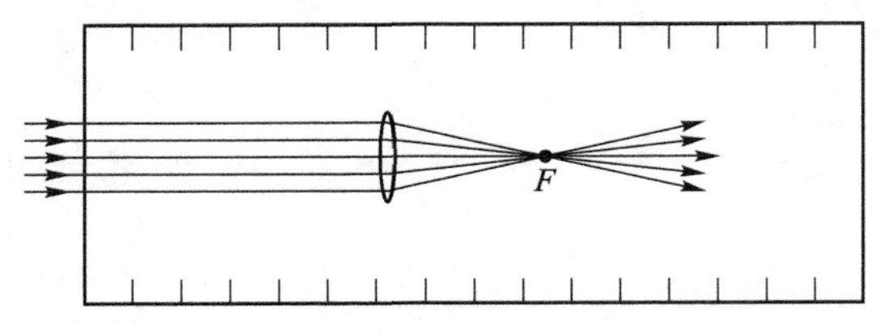

图 5-15 凸透镜成像特点光路图

(4) 从主光轴焦点外某一点发出的近轴光线,经透镜折射后会聚在主光轴上一点.将小双凸柱透镜吸附于光盘上,按图 5-16 所示光路实验.

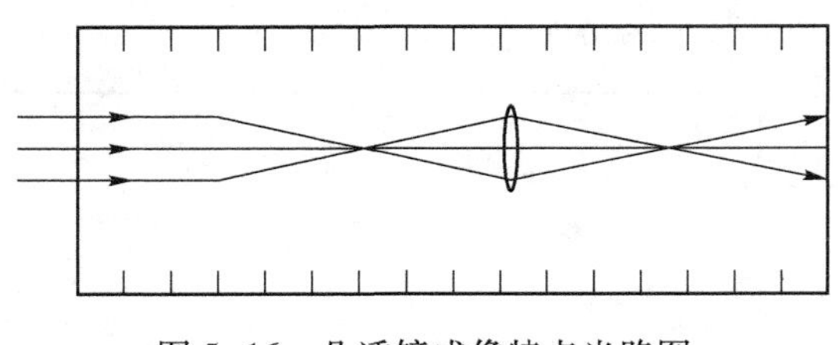

图 5-16 凸透镜成像特点光路图

(5) 平行主光轴的光线,经凹透镜折射后成发散光.光路如图 5-17 所示.

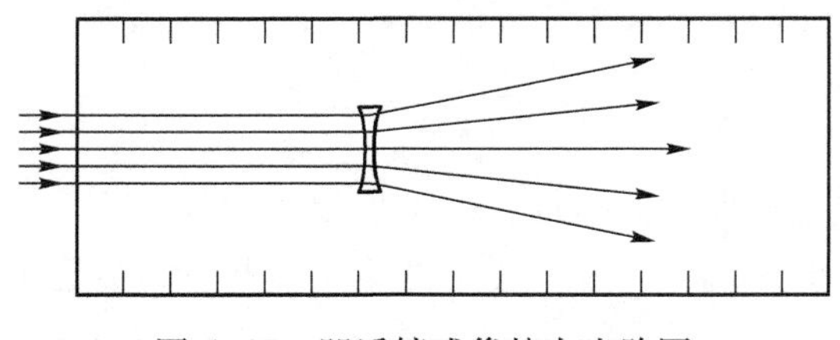

图 5-17 凹透镜成像特点光路图

2. 球面镜的光学性质

(1) 凹面镜

将凹面镜吸附于光盘上,使平行于主光轴的 5 条光线经凹面镜反射后都通过焦点 F. 光路如图 5-18 所示.

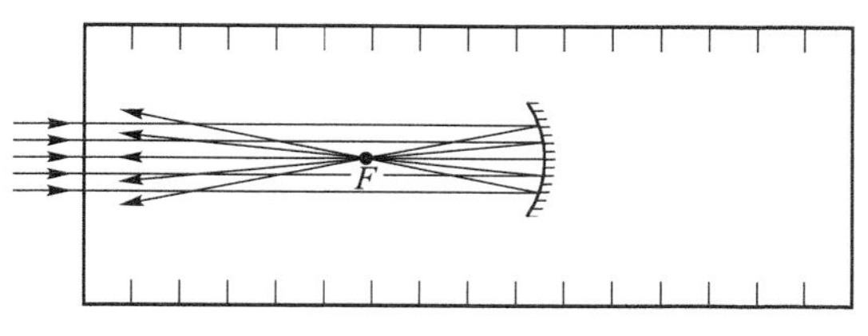

图 5-18　凹面镜成像特点光路图

（2）凸面镜

将凸面镜吸附于光盘上，使平行于主光轴的 5 条光线经凸面镜反射后成发散光，把反射光线反向延长后会聚于焦点 F. 光路如图 5-19 所示 .

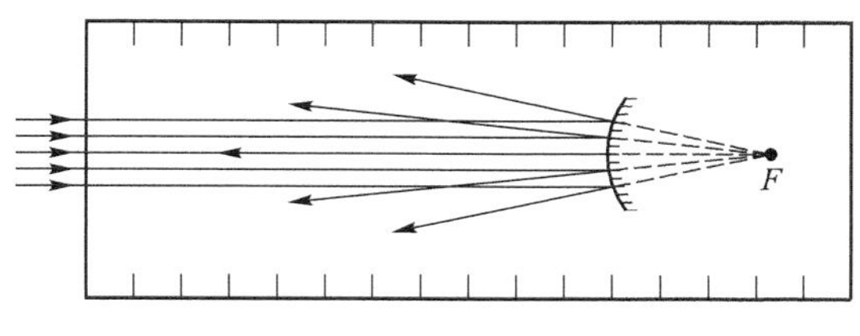

图 5-19　凸面镜成像特点光路图

（3）凸面镜成像 . 光路如图 5-20 所示 .

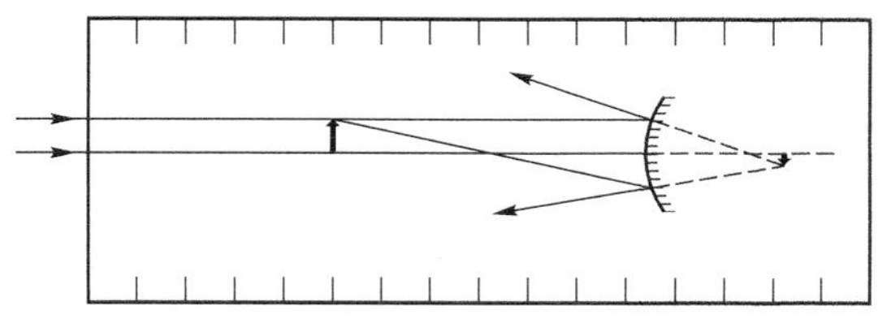

图 5-20　凸面镜成像特点光路图

（4）凹面镜成像 . 光路如图 5-21 所示 .

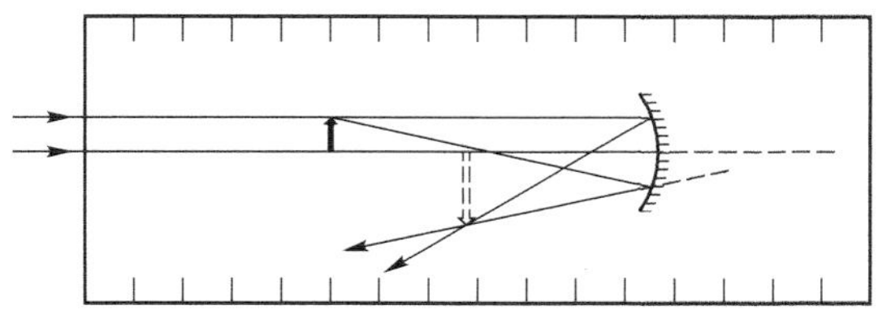

图 5-21　凹面镜成像特点光路图

3. 凸透镜成像

拨开第 1、第 3 条遮光板，分别选择不同角度的小箭头棱镜作为物体，适当转动一下三棱镜的角度，使折射光线射到主光轴交点处，并能相应远近变化 . 把凸透镜放在相应的交点上，即可演示各种成像光路 .

（1）物体位于 2 倍焦距以外

如图 5-22 所示，AB 为物，$A'B'$为物像，于 2 倍焦距以外，为缩小倒立的实像 .

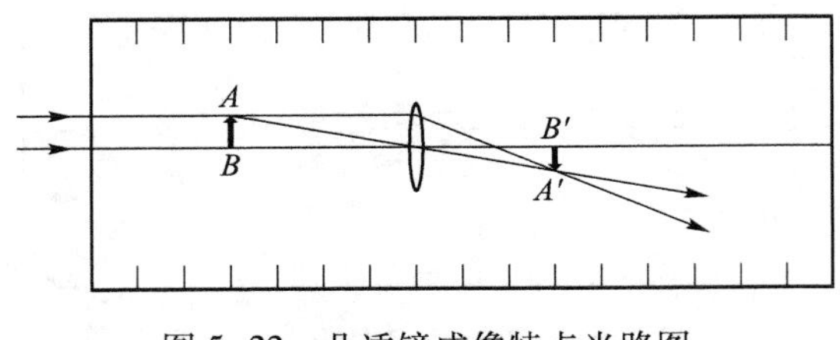

图 5-22 凸透镜成像特点光路图

(2) 物体在 2 倍焦距上

如图 5-23 所示，物像等大，为倒立的实像 .

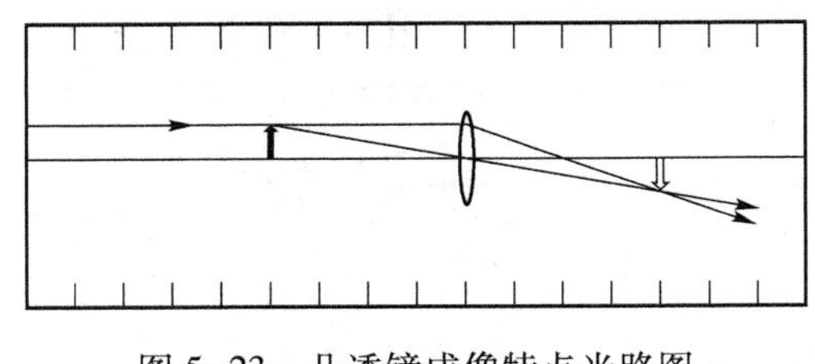
图 5-23 凸透镜成像特点光路图

(3) 物体在焦距和 2 倍焦距之间

如图 5-24 所示，物体在 2 倍焦距之外成倒立放大的实像 .

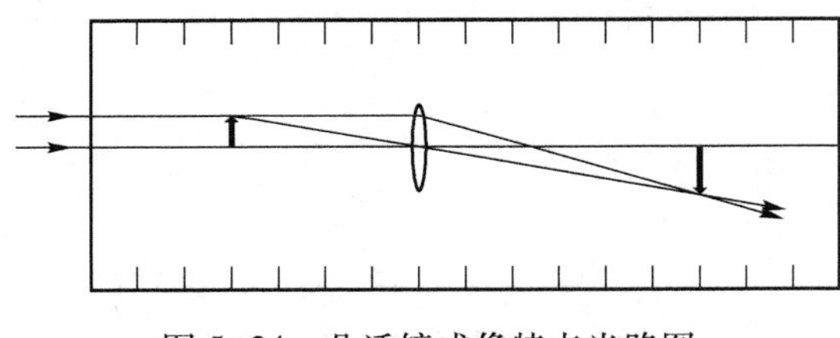
图 5-24 凸透镜成像特点光路图

(4) 物体在焦距上

如图 5-25 所示，物体在焦距上不成像，理论上讲像应成在无限远处 .

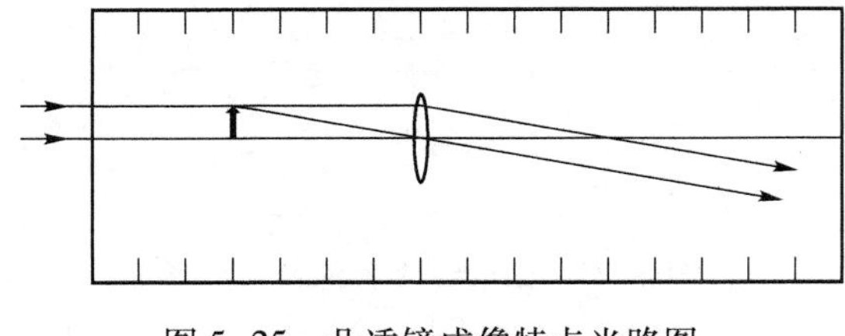
图 5-25 凸透镜成像特点光路图

(5) 物体在焦距以内

如图 5-26 所示，实际光线不能成像，只是折射光线的反向延长线相交于物体同侧，成正立放大虚像，即相应光路为放大镜光路 .

抽去遮光板，插入一字屏，把直径 40 mm、f= 100 mm 的透镜和白屏依次吸附于近光轴内，前后移动透镜可演示一字屏成像的几种情况 .

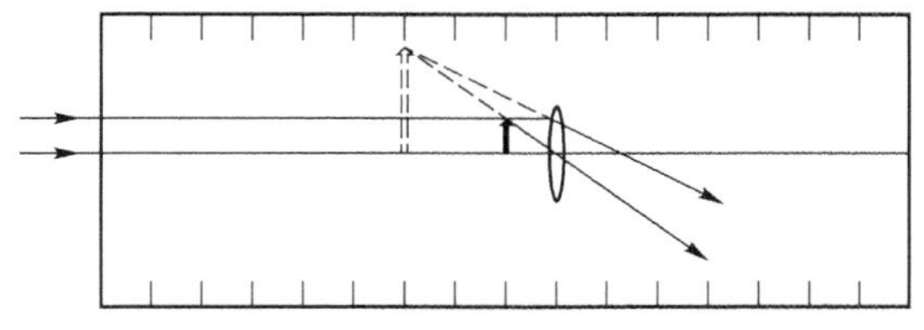

图 5-26　凸透镜成像特点光路图

注意调整光源的角度，使一字像都通过透镜中心，以矫正像的畸变 .

4. 光的反射

把圆盘装在矩形方盘上，中心的铁柱插入方盘孔中，用弹簧片卡好 .

（1）平面镜反射

如图 5-27 所示，把小平面镜吸附于圆盘上，使镜面边缘 90°～90°线重合 . 把 0°～0°线转到水平位置，使光源只有中间的一条光线和圆盘 0°～0°线重合 . 转动圆盘，可以看到入射光线、反射光线和法线（0°～0°线）的夹角总是相等，从而验证了光的反射定律 .

若使 3 条平行光线入射到镜面，3 条反射光线也是平行的 . 说明平面反射是规则反射 .

（2）漫反射

将图 5-27 中的圆盘转 180°，使平面镜背面的漫反射镜对着入射光线 . 可以看到入射光是平行的，反射光是无规则的 . 光路如图 5-28 所示 .

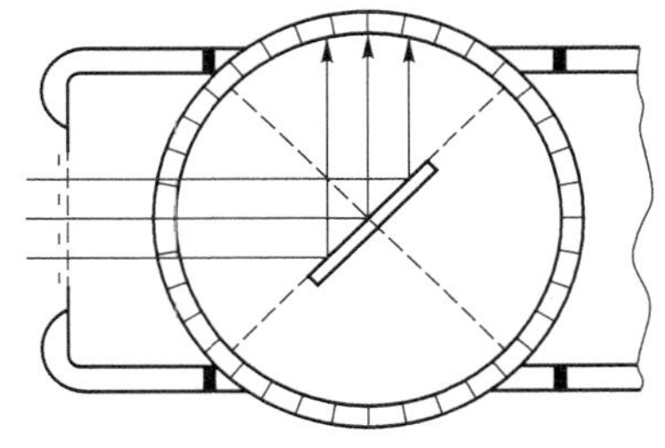

图 5-27　镜面反射光路图

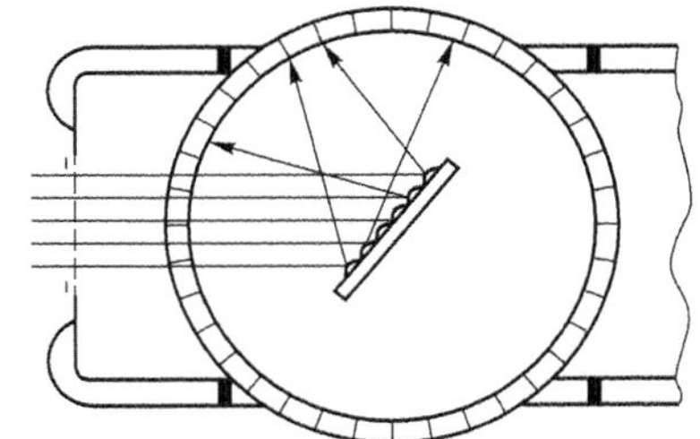

图 5-28　漫反射光路图

（3）平面镜成像

如图 5-29 所示，使两反射光线在平面镜左侧交于盘上一点 a，记下 a 点的位置，a 点可视为发光物体，过 a 点射向镜面的两入射光线交于镜面上两点 . 两反射光线的反向延长线，交于镜右侧（镜背面）a'点，即 a 点的成像位置 . 可见，a'点到镜面的距离等于 a 点到镜面的距离，并且 a 点与 a'点对称 .

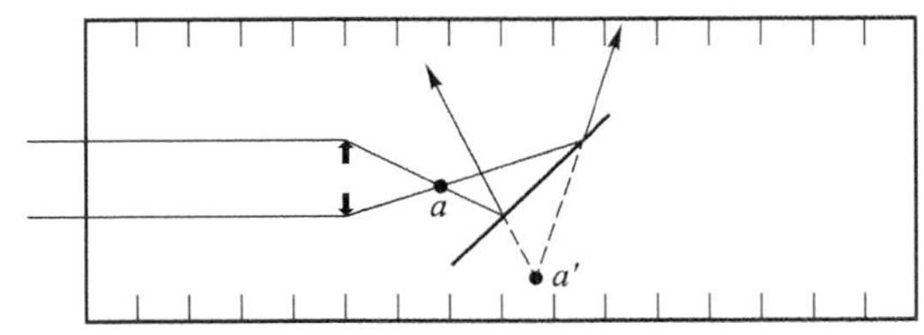

图 5-29　平面镜成像特点探究光路图

5. 光的折射

把半圆柱透镜吸附于圆盘中间，使底边跟 90°~90°线重合，0°~0°线通过半圆柱光心 .

（1）光线由光疏介质进入光密介质时的折射以及在界面的反射现象 .

留光栅板中间一条缝，使一条光线由空气进入半圆柱透镜 . 光路如图 5-30 所示 .

（2）光线由光密介质进入光疏介质时的折射以及在界面的反射现象 .

只需将圆盘转动 180°，使光线由半圆柱透镜进入，由空气折射出 . 光路如图 5-31 所示 .

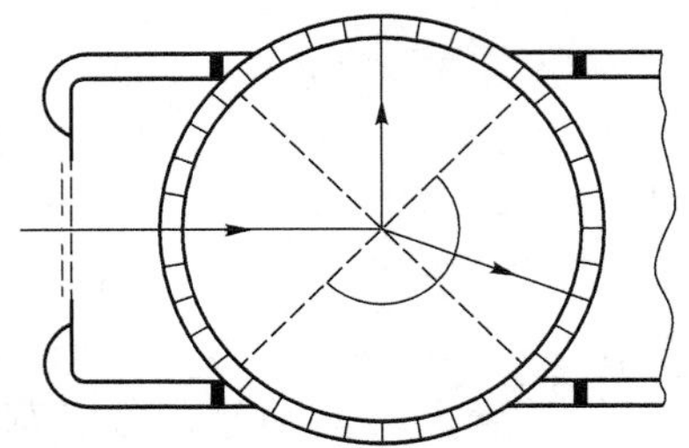

图 5-30 光的折射特点光路图

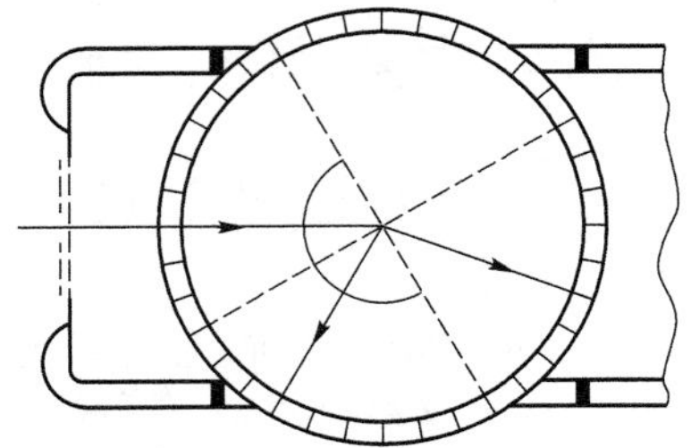

图 5-31 光的折射特点光路图

（3）光的全反射和临界角的演示 .

光线由光密介质进入光疏介质，折射角达到 90°时，只有反射光线，显示为全反射 . 当折射角变成 90°时的入射角叫做临界角，光路如图 5-32 所示 .

（4）光线通过直角棱镜发生全反射 .

将直角棱镜吸附在圆盘上，光线垂直于直角边入射时，发生全反射，方向改变 90°，光路如图 5-33 所示 .

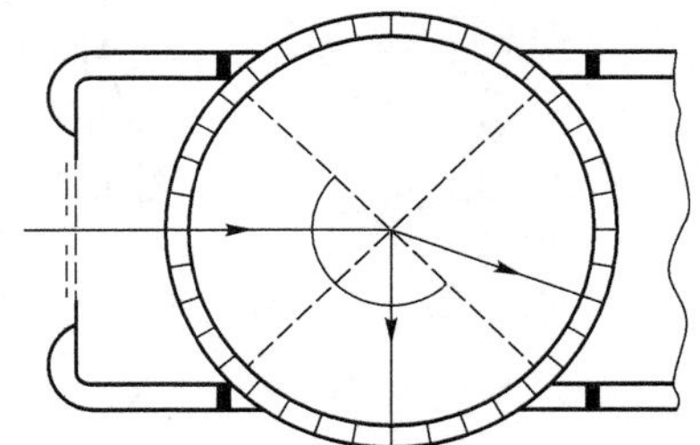

图 5-32 光的全反射特点探究光路图

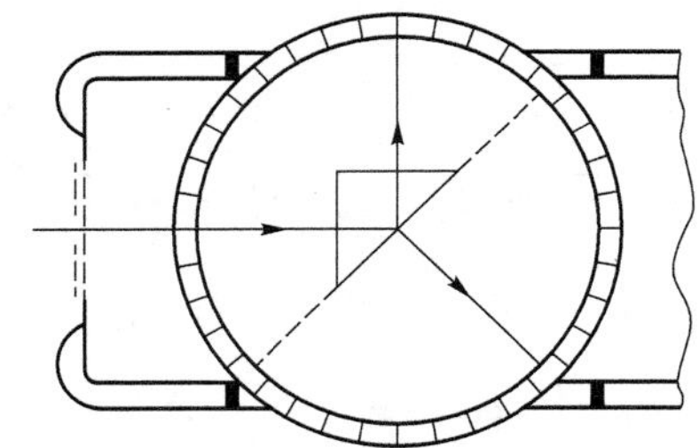

图 5-33 光线通过直棱镜发生全反射探究光路图

若从斜边入射时，在两个直角边上发生全反射，方向改变 180°，光路如图 5-34 所示 .

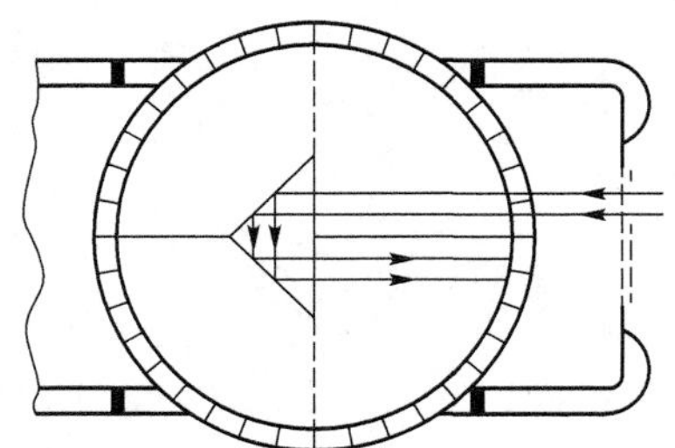

图 5-34 光线通过直棱镜发生全反射探究光路图

6. 平行透明板光路

光线通过两相互平行的玻璃面发生偏折：

将玻璃砖吸附在圆盘上，光路如图 5-35 所示．

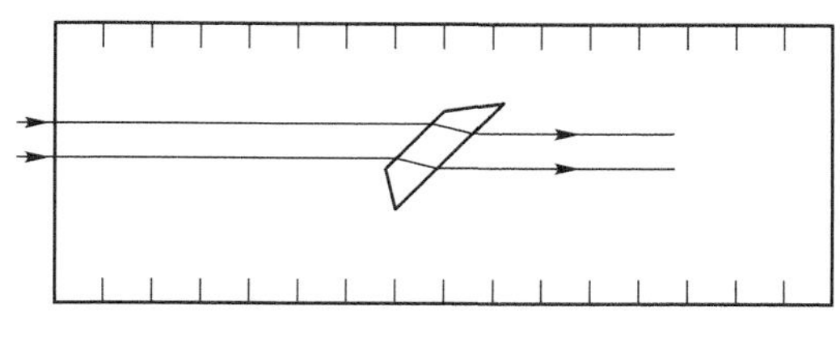

图 5-35　光的折射特点光路简图

7. 光通过三棱镜的色散与合成

（1）色散：将狭缝的一个遮光板拨开，射出宽 3 mm 的光束，把三棱镜毛面向上，吸附于方盘上，光束从三棱镜侧面入射，射出光线向上偏折形成色散现象，映在天花板或白屏上．光路如图 5-36 所示．

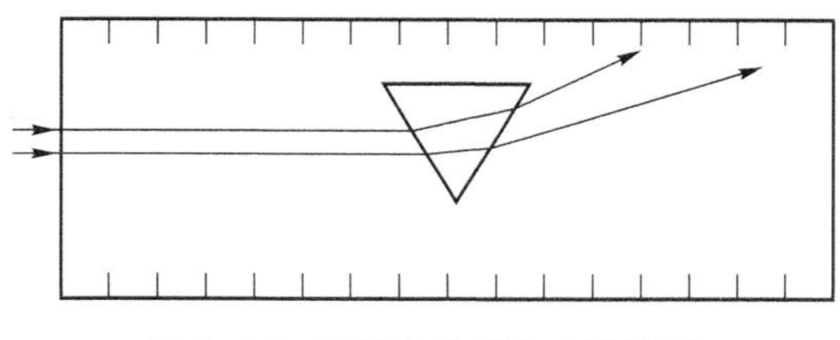

图 5-36　光的色散现象光路简图

（2）合成：把第 2 块三棱镜毛面向下，吸附于方盘色散光路中，如图 5-37 所示．色散光重新合成白光，从第 2 块三棱镜射出且与入射光平行．

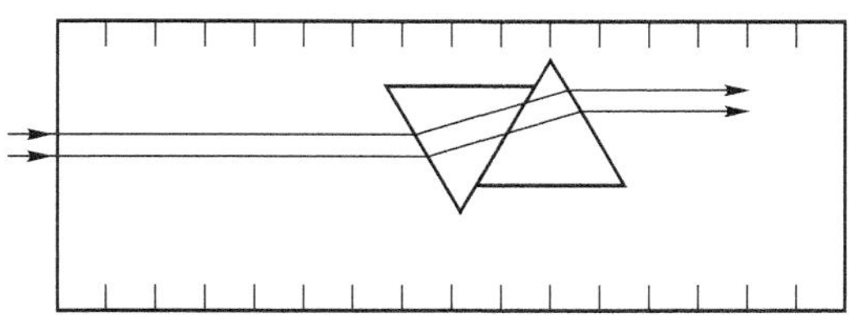

图 5-37　光的合成现象光路简图

8. 对近视眼和远视眼的矫正

（1）近视眼矫正实验

在方盘上吸附一块焦距等于 100 mm 的小双凸柱透镜，代表眼睛的水晶体，拨开光栅板中间的 3 条遮光板，使 3 条平行光入射凸柱透镜后标记焦点位置．用小双凹透镜靠近小双凸柱透镜代表眼睛，焦距较前增长，示意得到矫正，光路如图 5-38 所示．

（2）远视眼矫正实验

在方盘上吸附一只焦距等于 150 mm 的大双凸柱透镜，代表眼睛水晶体，使 3 条平行光入射透镜后标记焦点位置．用小双凸柱透镜靠近小双凸透镜代表眼睛，再靠近大双凸柱透镜，可以看到焦距较前缩短了，示意得到矫正．光路如图 5-39 所示．

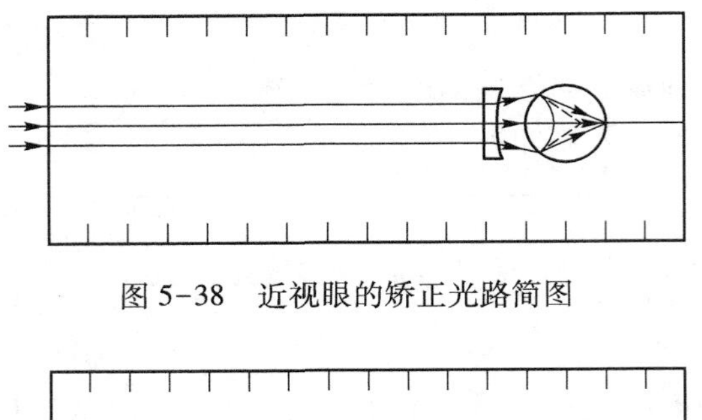

图 5-38　近视眼的矫正光路简图

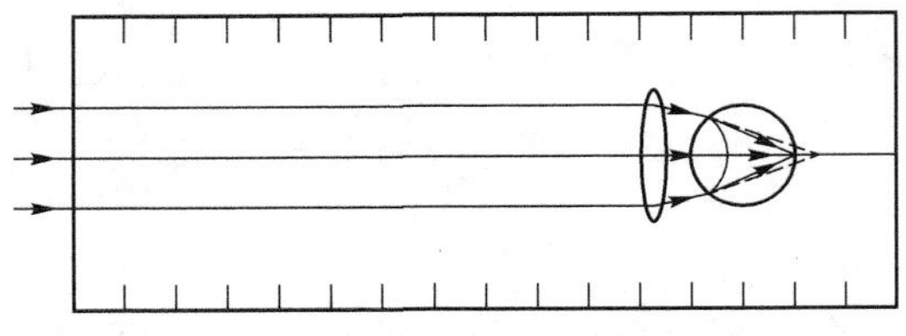

图 5-39　远视眼的矫正光路简图

9. 光学仪器光路的实验

（1）显微镜光路

把 20°的带箭头的小棱镜置于距狭缝 80 mm 处，吸附于方盘第 1 条光束上作为物 ab，调整棱镜位置将光分为平行于主轴和折向主轴的两束，交点在距物 150 mm 处；将 $f_1=100$ mm 的双凸柱透镜放在交点上，平行光经折射后成倒立缩小实像 $a'b'$，再把 $f_2=150$ mm 的大双凸柱透镜放在 $a'b'$ 像点后距小双凸透镜约 250 mm 处，则第 2 次成放大倒立虚像 $a''b''$. 光路如图 5-40 所示 .

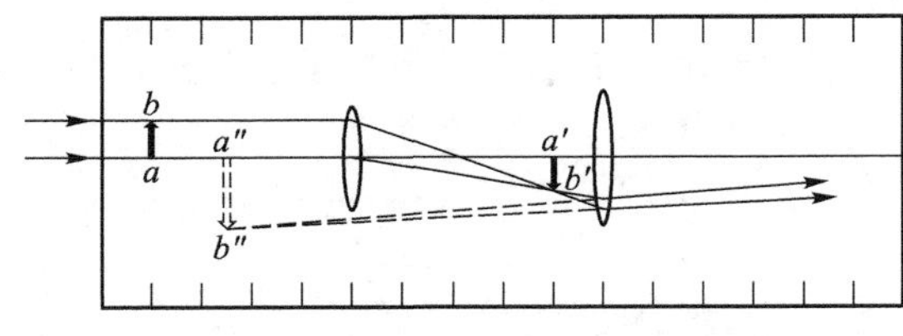

图 5-40　显微镜成像光路简图

（2）开普勒望远镜光路

使红、蓝折射线交于主轴上，将大双凸透镜置于交点处，在像点外放置小双凸透镜，光路如图 5-41 所示 .

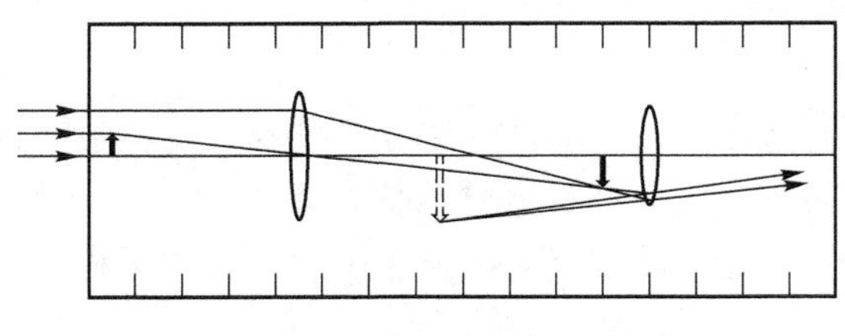

图 5-41　开普勒望远镜光路简图

（3）伽利略望远镜光路

将图 5-41 中的小双凸透镜换成小双凹透镜，两者距离稍调近几厘米，光路如图 5-42 所示．

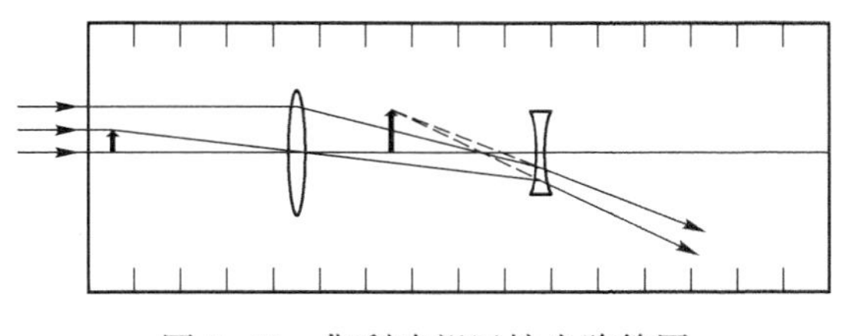

图 5-42　伽利略望远镜光路简图

二、探究实验

1. 探究光的反射规律

提出问题：光反射时遵循什么规律？也就是说，反射光沿着什么方向射出？

设计实验：如何显示光路；如何验证三线是否共面．

将平面镜放在水平桌面上，再将一张纸板 ENF 竖直地立在平面镜上，纸板上的直线 ON 垂直于镜面，如图 5-43 所示．

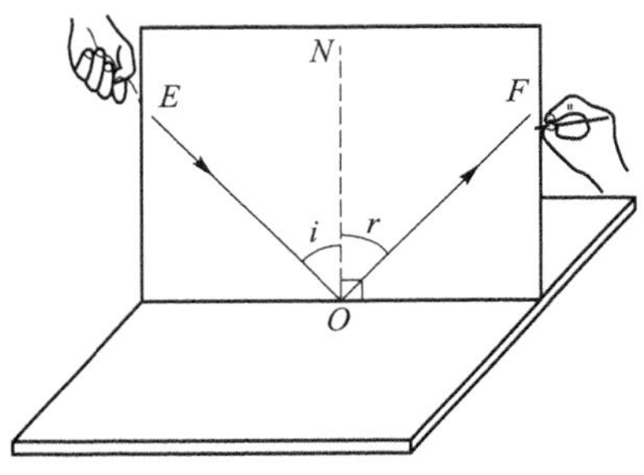

图 5-43　探究光的反射规律实验装置简图

实验步骤：

（1）将一束激光贴着纸板沿某一角度射到 O 点，经平面镜反射，沿另一个方向射出．用笔在纸板上描出入射光线 EO 和反射光线 OF 的径迹．改变光束入射的角度，重复几次实验过程，换不同颜色的笔记录每次光的径迹．

将纸板取下，用量角器分别测量每组入射角 i 和反射角 r，并将数据记录在表 5-1 中．

表 5-1　探究光的反射规律

次数	入射光线 EO 的位置	反射光线 OF 的位置	i/(°)	r/(°)
1				
2				
3				
⋮				

（2）纸板 ENF 中间是可以弯折的，把纸板 NOF 向前、向后弯折，记录观察到的实验现象，纸板上还能看到反射光线吗？

实验总结：

如图 5-44 所示，经过入射点 O 并垂直于反射面的直线 ON 叫做法线，入射光线与法线的夹角 i 叫做入射角，反射光线与法线的夹角 r 叫做反射角．得出结论：在反射现象中，反射光线、入射光线和法线都在同一平面内；反射光线、入射光线分别位于法线两侧；反射角等于入射角．这就是光的反射定律．

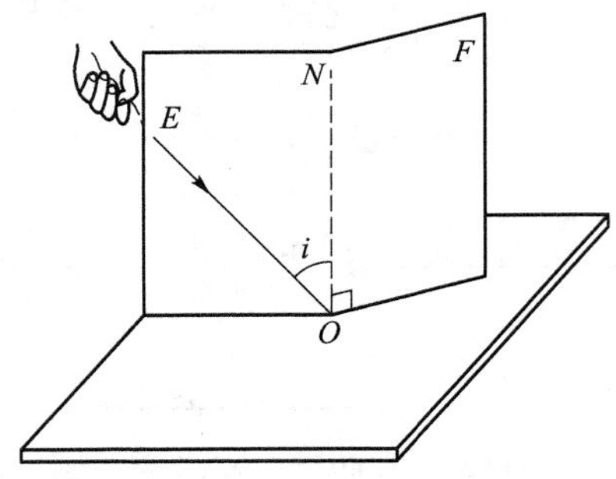

图 5-44　探究光的反射规律实验简图

2. 探究平面镜成像的特点

实验思考：

（1）探究时为什么用半透明的玻璃板代替生活中的镜子？

将蜡烛放在平面镜前，可以在平面镜里看到蜡烛的像，但在平面镜后是无法看到蜡烛，并知道它的位置、大小及是否与像重合的．

平面镜后面的蜡烛，无法知道它是否与像完全重合，所以不使用平面镜．当使用玻璃板成像时，可以看到后面的蜡烛是否与像完全重合，所以选用玻璃板．这种方法叫做等效替代法．

（2）实验中玻璃板应如何放置？

平面镜成像实验中玻璃板要竖直放置，即垂直于水平桌面．这样可以保证玻璃板后面的另一支完全相同的蜡烛与前面燃烧的蜡烛所成的像完全重合，才可以比较物像大小．如果玻璃板不竖直，无论怎样移动后面的蜡烛都不可能与前面燃烧的蜡烛的像完全重合，就无法比较像与物的大小．

如果玻璃板向前倾斜放置，成像会在玻璃板的上方，如果玻璃板向后倾斜放置，成像会在玻璃板的下方，玻璃板后的物体无法和像重合，所以玻璃板要垂直放置．

（3）如何确定像的位置，如何确定物和像大小相等？

把一支点燃的蜡烛放在玻璃板的前面，再拿另一支未点燃的蜡烛放在成像的位置，直到看上去与像完全重合，这个位置就是像的位置．

在玻璃板的前面左右移动眼睛的位置，直到从不同位置看起来后面的蜡烛都和像完全重合为止．

实验探究：

（1）问题：日常生活中，我们用的镜子是平面镜，平面镜成像的特点是什么呢？像的位置有什么特点呢？像的大小有什么特点呢？

（2）证据

猜想与假设：

① 平面镜所成的像可能在平面镜的后面．

② 平面镜所成的像可能与物的大小相等．

③ 像到平面镜的距离与物体到平面镜的距离可能相等．

（3）设计实验

设计如图 5-45 所示的实验装置图，将一张白纸铺在桌面上，纸上竖立一块玻璃板作为平面镜．沿着玻璃板在纸上画一条直线代表平面镜的位置．

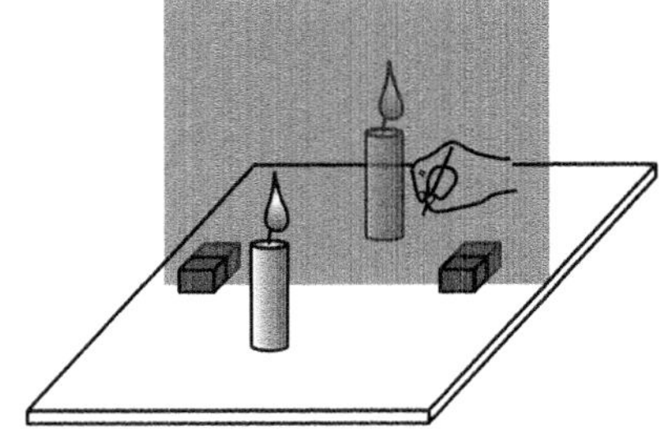

图 5-45　探究平面镜成像特点实验图

把一支蜡烛点燃，放在玻璃板前面，可以看到它在玻璃板后面的像．

再拿另一支外形相同但不点燃的蜡烛，竖立在玻璃板后面移动，当看到它与前面那支蜡烛的像完全重合时即停止移动．这个位置就是前面那支蜡烛所成像的位置．在纸上记录下这个位置．实验时，注意观察蜡烛的大小和蜡烛像的大小是否相同．

移动蜡烛，重复上述实验过程．

熄灭蜡烛，整理实验器材，将物品放回原处，结束实验．

（4）解释、交流

用刻度尺将每一次实验记录的蜡烛和蜡烛像的位置连起来，用刻度尺测出它们到平面镜的距离．把实验数据记录到表 5-2 里．

表 5-2　探究平面镜成像规律

次数	物到平面镜的距离/cm	像到平面镜的距离/cm	像与物大小比较 （“相等”“放大”或“缩小”）
1			
2			
3			

（5）得出结论

平面镜所成像的大小与物体的大小相等，像和物体到平面镜的距离相等，像和物体的连线与镜面垂直．

在实验过程中，平面镜后面并没有点燃的蜡烛，但是可以观察到平面镜后面好像有烛焰（图 5-46），这是由于光源 S 向四处发光，一部分光经过平面镜反射后进入了眼睛，引起视觉感应．由于有光沿直线传播的经验，人眼会感觉这些光好像是从进入人眼光线的反向延长线的焦点处 S′发出的．S′就是 S 在平面镜中的像，这个像是虚像．虚像由反射光线的延长线相交所成，人眼能够直接观看，但是不能够通过光屏承接．

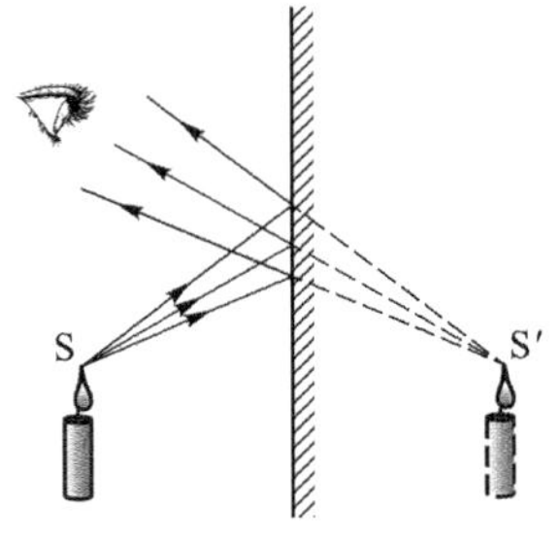

图 5-46　平面镜成像特点光路图

3. 探究凸透镜成像的规律

实验思考：

探究凸透镜的成像规律，需要有刻度尺测量物体与透镜、像与透镜之间的距离；需要有屏幕接收物体的像．将物体放在距凸透镜较远的地方，使其逐渐靠近透镜，观察成像的情况．由于凸透镜对光的偏折程度与焦距 f 有关，所以猜测物距 u 的变化应该可以将焦距 f 作为参照距离．比如，我们可以观察物距等于、大于或小于 1 倍焦距、2 倍焦距……时，物体的成像情况，如图 5-47 所示．

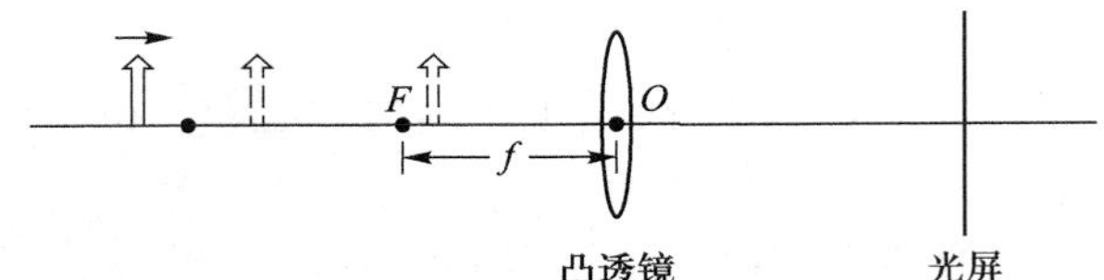

图 5-47　探究凸透镜成像规律光路图

实验探究：

（1）如图 5-48 所示，把蜡烛、凸透镜、光屏依次放在灯具座上．

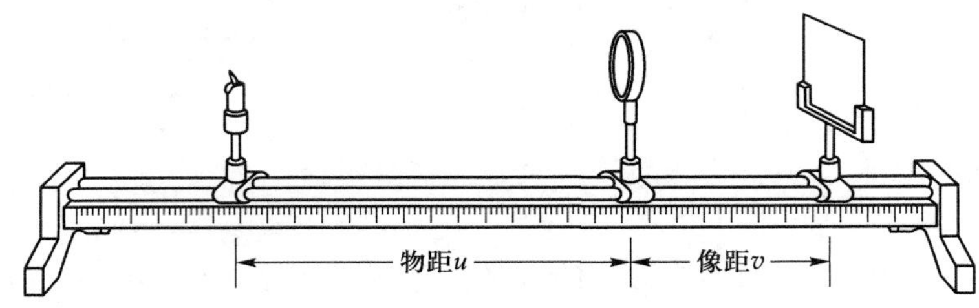

图 5-48　探究凸透镜成像规律实验实物简图

（2）共线调节：点燃蜡烛，调整蜡烛、凸透镜和光屏的高度，使烛焰和光屏的中心在凸透镜的主光轴上，目的是使烛焰的像在光屏的中央．

（3）首先将蜡烛放在距凸透镜较远的地方，使它们之间的距离大于透镜的 2 倍焦距（$u>2f$），保持透镜位置不变，然后缓慢向凸透镜方向移动蜡烛，同时调整光屏到透镜的距离，使烛焰在屏幕上成一个清晰的像．观察成像情况，并测量物体、像到透镜的距离，并做好记录．

（4）把蜡烛逐渐移近透镜，使物体与透镜的距离等于 2 倍焦距（$u=2f$），调整光屏的位置，使蜡烛在光屏上成一个清晰的像．观察像的特点，测量像到透镜的距离．

（5）继续缩短物距，使物体到透镜的距离处于 2 倍焦距到 1 倍焦距之间（$2f>u>f$），调整光屏的位置，使蜡烛在屏幕上成一个清晰的像，观察像的特点，测量像到凸透镜的距离．

（6）当物距等于透镜的焦距时（$u=f$），观察成像现象．

（7）再继续缩短物距（$u<f$），进行观察，怎样才能够看到烛焰的像？

将上述实验结果记录在表 5-3 中．

表 5-3　探究凸透镜成像规律

序号	物体到透镜的距离 u/cm	像到透镜的距离 v/cm	像的大小（放大或缩小）	像的正倒	像的虚实
1	$u>2f$				
2	$u=2f$				
3	$2f>u>f$				
4	$u=f$				
5	$u<f$				

分析与论证：

（1）像的虚实：凸透镜在什么条件下成实像，在什么条件下成虚像？

一倍焦距处分虚实：$u>f$ 时成实像；$u<f$ 时成虚像．

（2）像的大小：凸透镜在什么条件下成缩小的实像，在什么条件下成放大的实像？

两倍焦距处分大小：

① 物距大于两倍焦距时（$u>2f$），得到缩小的实像．

② 物距大于焦距而小于两倍焦距时（$2f>u>f$），得到放大的实像．

【拓展内容】

测量凸透镜焦距的方法：

1. 根据凸透镜的特性测量凸透镜的焦距：让一束平行光沿主光轴方向入射到凸透镜上，在透镜另一侧放置一个光屏，调节光屏位置，直到光屏上出现的光斑最小、最明亮，此时透镜与光屏间的距离为凸透镜的焦距．

2. 将蜡烛、透镜、光屏依次放在光具座上，移动透镜直到屏幕上出现最小、最清晰的蜡烛的像，此时焦距近似等于像距（即透镜到光屏的距离）．

3. 保持透镜位置不变，分别向两侧缓慢同时移动蜡烛和光屏，直到屏幕上出现等大、清晰的烛焰的像，此时物距等于像距且等于 2 倍焦距（即 $u=v=2f$）．

注意事项

一、学生实验

1. 不要用手接触光学元件抛光表面，只可接触棱边．

2. 使用平行光源时，灯泡的位置要装合适，灯丝要居中．

3. 使用电压要与灯泡电压相符，电源如有短路保护装置，应按光源使用说明逐级提高电压．

4. 实验后应将光学元件装入附件盒内，所有部件装入箱内．

5. 光源灯泡中电流较大，灯口耐热能力有限，其连续使用最好不超过 15 min. 如在暗室中进行实验，在保证可见度的情况下也可适当降低额定电压，以延长光源寿命．

二、探究实验

1. 在光的反射定律实验探究中，硬纸板必须与平面镜垂直．

2. 在光的反射定律实验探究中，使一束红光贴着纸板射向平面镜是为了便于观察入射光线的位置．

3. 在光的反射定律实验探究中，改变入射光线的方向重复进行实验，是为了避免实验的偶然性，得出普遍结论．

4. 在光的反射定律实验探究中，将纸板右侧一面进行弯折，是为了探究反射光线与入射光线、法线是否共面．

5. 在平面镜成像特点实验探究中，对玻璃板的选择是该实验的难点之一，若玻璃板过厚，有可能出现两个不重合的像，分别是玻璃板前、后两个面反射形成的，为消除这些影响，可以选用薄一些的玻璃板或在玻璃板表面上贴一层半反半透膜．

6. 在平面镜成像特点实验探究中，应把物体的位置进行更换，重复几次实验，以培养学生的科学态度，以免为了节约时间而忽略必要的实验环节.

7. 在凸透镜成像规律探究实验中，要保证光具座上所有实验器材共轴.

8. 在凸透镜成像规律探究实验中，所选透镜的焦距最好在 10~20 cm 之间.

思考题

1. 使用平面镜和透镜时为什么必须使中间的一条光带与它们的主轴重合?

2. 在演示折射和全反射时，如何保证光线只在一个界面发生折射现象?

3. 通过凸透镜的光线一定成实像吗? 通过凹透镜的光线一定成虚像吗? 若不是请提出反例来.

4. 画出凸透镜各种成像情况的光路图.

5. 通过你的实践，总结出应怎样为中学生演示好这个实验? 总结其中某一实验的步骤及应注意的问题.

6. 在凸透镜成像实验过程中，蜡烛越烧越短，则屏上蜡烛的像向哪个方向移动?

7. 凸透镜成像规律对于初中生来说较复杂，需要探究的内容也较多，应如何组织引导学生设置探究过程，并用从数据中寻找规律的分析方法总结凸透镜的成像规律?

8. 如何教会学生将演绎推理法应用于作图和计算并进行规律总结?

实验二 测量玻璃的折射率

【实验目的】

1. 理解折射率的意义，应用光的折射定律测定玻璃的折射率，学会用插针法确定光路的方法.

2. 学会通过学生实验促进学生对光的折射定律的理解，使其学会测量材料的折射率.

3. 学会引导学生通过玻璃折射率测量实验，进一步理解光线是一种模型.

【实验器材】

木板、白纸、玻璃砖、激光笔（或大头针）、图钉、量角器、三角板、铅笔.

【实验研究】

图 5-49 为光的折射示意图. 物理学中将光从真空射入某种介质并发生折射时，入射角 i 的正弦与折射角 r 的正弦之比 n，叫做这种介质的折射率，即 $n=\dfrac{\sin i}{\sin r}$.

如图 5-50 所示，当光线 AO 以一定的入射角 i 斜射入两面平行的玻璃砖时，从玻璃砖射出的光线与入射光线平行，只是产生了一定的侧移（在实验过程中学生可以通过自己观察进行证明）. 只要确定入射光线和出射光线的方向，就能测出入射角 i 和折射角 r，从而求出折射率 n.

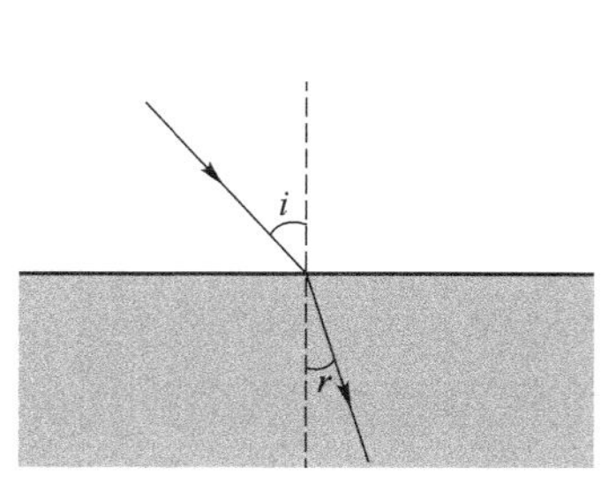

图 5-49 光的折射现象光路图

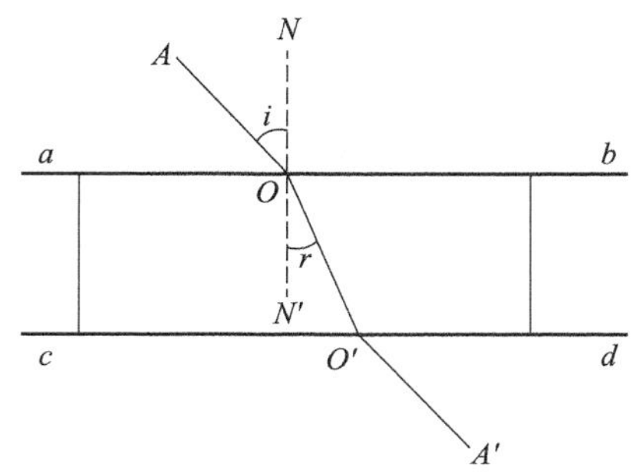

图 5-50 测量玻璃的折射率实验光路图

1. 用图钉将白纸固定在木板上 .

2. 在白纸上画一条直线 ab，并取 ab 上一点 O 作为光线的入射点，过 O 点做法线 NN'.

3. 画入射光线 AO. 将玻璃砖放在白纸上，使玻璃砖的一个透光面与 ab 对齐，用尺子靠住另一个光学面，移开玻璃砖，画出另一个界面 cd.

4. 使激光笔发出的光束沿 AO 射向玻璃砖，找出光束从玻璃砖射出的位置 O'，并在纸上画出出射光线 $O'A'$，移走玻璃砖，连接 OO'得到玻璃砖内的折射光线方向 .（方法 2：在入射光线 AO 上竖直插上两枚大头针 P_1、P_2，在玻璃砖的另一边调整视线的方向，使大头针 P_1的像被大头针 P_2的像挡住，然后插入大头针 P_3，使 P_1、P_2的像被挡住，最后插入大头针 P_4，使其挡住 P_1、P_2的像和 P_3. 取走玻璃砖和大头针，过 P_3、P_4画出射线 $O'A'$，连接 OO'得到玻璃砖内的折射光线方向 .）

5. 标出入射角 i 与折射角 r，用量角器测量出 i、r 的大小，并从三角函数表查出正弦值，记录在数据表 5-4 中 .

6. 改变入射角的角度，重复上述实验步骤，并把数据一一记录在表 5-4 中 .

7. 根据公式 $n=\dfrac{\sin i}{\sin r}$，计算出每组数据对应的折射率，填入表 5-4 中，并计算出平均值，即为玻璃的折射率 .

表 5-4 测量玻璃的折射率

序号	入射角 i/(°)	折射角 r/(°)	$n=\dfrac{\sin i}{\sin r}$
1			
2			
3			
4			
5			
6			

【数据处理方法】

1. 计算法：用量角器测得入射角 i 和折射角 r，并从三角函数表查出 $\sin i$ 和 $\sin r$ 的数值，算出不同入射角时的 $\sin i/\sin r$，并求平均值．

2. 图像法：改变不同的入射角 i，测出不同的折射角 r，作出 $\sin i$-$\sin r$ 图像，由 $n=\sin i/\sin r$ 可知图像应为直线，其斜率即为折射率 n（图 5-51）.

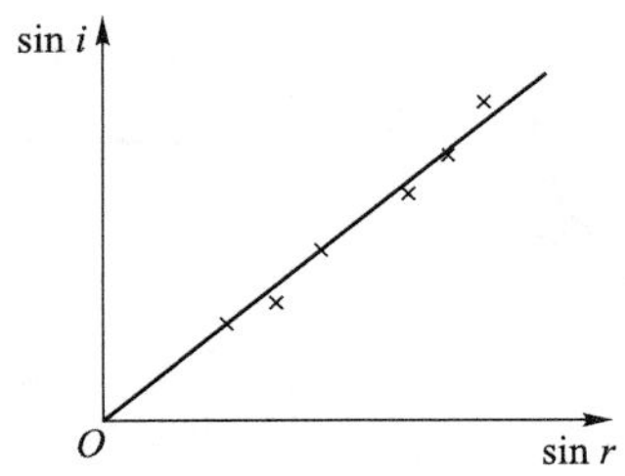

图 5-51　光的折射率测定数据处理示例图

3.“单位圆”法：用“单位圆”确定 $\sin i$ 和 $\sin r$，计算折射率 n.

以入射点 O 为圆心，以一定的长度 R 为半径画圆，圆交入射光线 OA 于 B 点，交折射光线 OO' 于 E 点，过 B 作 NN' 的垂线交 NN' 于 C 点，过 E 作 NN' 的垂线交 NN' 于 D 点．如图 5-52 所示，$\sin i=\dfrac{BC}{OB}$，$\sin r=\dfrac{DE}{OE}$，$OB=OE=R$，则 $n=\dfrac{\sin i}{\sin r}=\dfrac{BC}{DE}$. 用刻度尺测量出 BC、DE 的长度就可以求出 n.

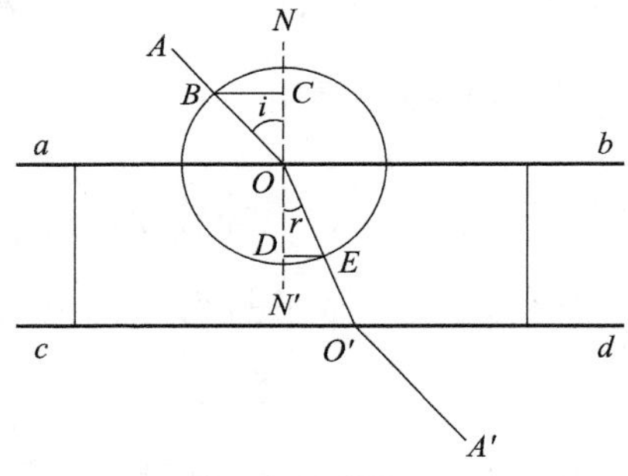

图 5-52　光的折射率数据处理“单位图”法示例图

注意事项

1. 用手拿玻璃砖时，只能用手接触玻璃砖的毛面或者棱，不能接触光洁的光学面，严禁把玻璃砖当尺子画玻璃砖的另一边 cd.

2. 实验过程中，玻璃砖在纸上的位置不可移动．

3. 若用大头针确定光线，大头针需竖直插在白纸上，且玻璃砖两侧的两枚大头针 P_1 和 P_2、P_3 和 P_4 间的距离应大一点，以减小确定光路方向时造成的误差．同时，实验时入射角不宜过小，否则会使测量误差过大，也不宜过大，否则在 cd 一侧将看不到 P_1、P_2 的像．

思考题

1. 插针法确定光路图的原理是什么？如何保证四枚大头针在同一光路中？

2. 入射角应选多大测量比较合适？

3. 如果稍微上下平移玻璃砖，对测量结果是否有影响？如果玻璃砖换成半圆形、圆形或三角形应该怎么测量？

实验三　光的双缝干涉实验研究

【实验目的】

1. 熟练掌握双缝干涉实验仪的使用；学会记录单色光通过双缝产生的图样，并能够测量单色光的波长；学会指导中学生做好光的双缝干涉实验的主要步骤 .

2. 通过实验加深学生对光的干涉现象的理解，了解干涉现象产生的条件，认识光的波动性，知道光是横波 .

3. 学会引导学生通过光的干涉实验证明光具有波动性，增强学生的证据意识，提升科学论证能力；能够对光学实验中产生的现象进行质疑 .

4. 学会引导学生通过实验或生活中的光的干涉现象，提出探究问题，形成科学猜想，设计实验方案，用合适的器材获取证据，并对证据进行解释与交流 .

【实验器材】

J2515 型双缝干涉实验仪、J2507 型光具座、学生电源等 .

【仪器介绍】

一、J2515 型双缝干涉实验仪

1. 光路见图 5-53 所示 .

整台仪器由光源及照明系统、双缝座、观察系统、测量系统（即测量头）以及遮光管等主要部件组装而成 .

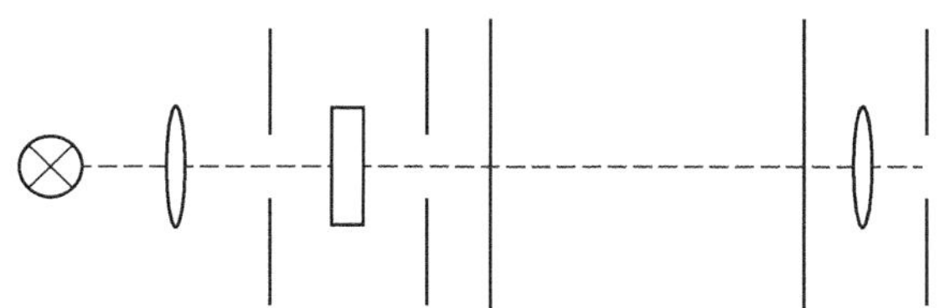

图 5-53　双缝干涉实验仪实验装置简图

双缝干涉仪外形如图 5-54 所示 .

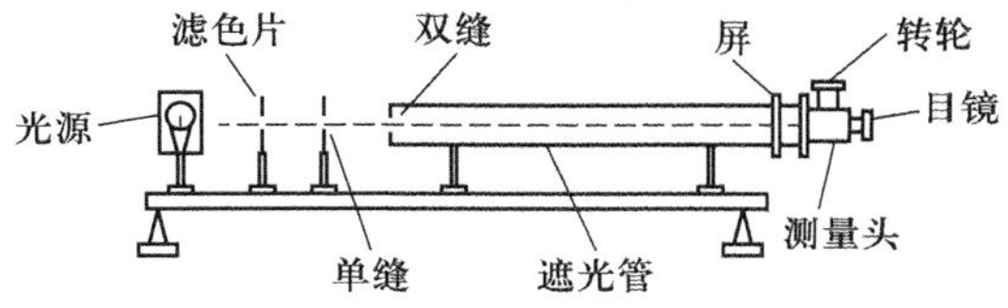

图 5-54　双缝干涉仪外形简图

2. 各部件的主要结构

（1） 光源及照明系统

包括灯泡、照明透镜、滤色片、单缝．灯泡为 12 V、15 W 的单丝灯泡，由学生电源供电；照明透镜用 $f=50$ mm 的双凸透镜；滤色片为光学玻璃片，厚度为 2 mm. 红色滤色片的峰值波长 $\lambda_{红}=6\,600\pm100$ Å，绿色滤色片的峰值波长为 $\lambda_{绿}=5\,300\pm100$ Å；单缝安装在单缝管的前端，单缝管上有拨杆调节机构，左右移动拨杆，单缝可以绕光轴转动以调节单缝与双缝平行．

（2） 双缝座

双缝座是一个圆形罩座．双缝嵌在罩座中心的长方形槽孔里，双缝中心位于罩座的轴线上．双缝采用真空镀铬工艺制在玻璃片上，双缝中心距 d：一块为(0. 250±0. 003)mm，另一块为(0. 200±0. 003)mm.

（3） 观察系统

由毛玻璃屏（即光屏）和目镜组成．在毛玻璃屏上的干涉条纹可以用眼睛直接观察或用目镜放大观察．

（4） 测量头

测量头包括目镜、游标尺、分划板、滑块、转轮等．目镜可以前后调焦，分划板上刻有分划线，分划线的形状如图 5-55 所示．目镜、游标尺中的游标、分划板都固定在滑块上，转动转轮，滑块在滑座内左右移动，同时带动目镜、游标、分划板移动，在视场中可以看到分划线与干涉条纹做相对移动，移动的距离可以从游标尺上读出．测量头滑块的移动范围为 0~20 mm，游标尺的最小读数为 0. 02 mm.

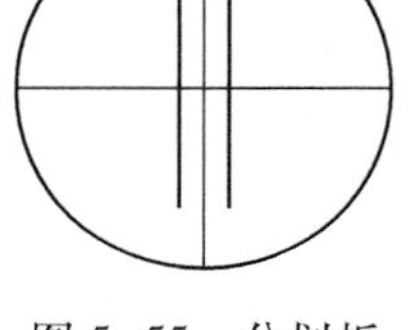

图 5-55 分划板示意图

（5） 遮光管

遮光管是一根钢管，另外附有一根胶木制成的接长管．单缝管、双缝座、测量头等都要装在遮光管上．遮光管的轴线为干涉仪的光轴．双缝至光屏（即分划板）之间的距离：当遮光管不加接长管时，$l_1=(600\pm2)$ mm，当遮光管加上接长管后，$l_2=(700\pm2)$ mm.

3. 仪器的安装与调节

双缝干涉仪是由各部件组装而成的，实验时，学生要自己安装调节好仪器，做好实验及测试前的准备工作．同时通过安装与调节，来熟悉仪器的结构、性能．安装调节步骤大致如下：

（1） 把两个半圆形支架环等高地固定在 J2507 型光具座的滑块上，把遮光管架在支架环上，并使遮光管的轴线与光具座的导轨基本平行．（并使遮光管的轴线与照明透镜的主光轴在一条直线上，可用手做屏，观察从遮光管出射的光是否在屏上形成一个完整的圆斑．）

（2） 在遮光管的一端装上双缝座，并转动双缝座，使双缝基本上与水平面垂直．再在双缝的外面套上单缝管，双缝座固定螺钉嵌在单缝管的定位槽孔里，这时，单、双缝基本上平行．

（3） 在单缝前端的光具座滑块上装上照明透镜及灯泡（灯泡灯丝与单缝之间的距离大约为 25 cm)．接好灯泡的电源，点亮灯泡，用两次成像法调节光源、透镜及单缝，使它们的中心共轴，然后把透镜固定在合适的位置．

（4） 在遮光管的另一端装上观察系统，慢慢地左右移动拨杆，调节单缝与双缝平行，直至看到最清晰的干涉条纹为止.

（5）测量单色光波长时，要卸下观察系统，换上测量头，在单缝前面加上滤色片. 先调节目镜，在视场中能同时清晰地看到分划线和干涉条纹，然后绕光轴转动测量头，使三根垂直方向的分划线与干涉条纹平行，固定好测量头后即可进行观察或测量.

二、双轨光具座

它包括支腿、刻度尺、滑块、双圆柱导轨，全长 960 mm，刻度尺的有效刻度为 0 ~ 900 mm.

组装好的仪器，如图 5-54 所示.

【实验研究】

实验之前，首先按图 5-54 所示的仪器外形图，结合实物各个部件熟悉其名称、结构、作用. 按前面所述的“仪器的安装与调节”安装调节好实验仪器. 在这一过程中结合你自己的实际操作，总结出在指导中学生做该实验时，安装调节仪器时的操作要领与应该注意的事项.

一、观察白光的干涉现象

用白炽灯泡做光源，仪器安装调节好后，接通电源，即可用光屏和目镜观察到白光干涉现象（若用测量头观察，游标读数调节在 10 mm 左右）：在视场中可以看到彩色的干涉条纹，其中央为一条白色亮条纹，称为零级亮条纹，其余各级亮条纹都是彩色的，以零级亮条纹为中心左右对称排列. 在第一级亮条纹中，红色在最外侧.

二、观察单色光干涉现象

看到白光干涉条纹后，在单缝前面加上红色或绿色滤色片，即可看到红黑相间或绿黑相间的干涉条纹. 观察中你会发现：在实验装置相同的条件下（即仅改变滤色片，其他条件均不改变），红色光的干涉条纹间距与绿色光的干涉条纹间距不同，哪个宽？为什么会出现这种现象？

三、测量单色光的波长

当仪器安装调节完毕，装好所要测定单色光（红光或绿光）的滤色片，即可开始测量.

首先，转动测量头上的手轮，将分划线对准靠近最左边的一条干涉亮条纹或暗条纹，记下它在游标尺上的读数 x_1. 然后转动手轮，把分划线移向右边，并对准第 n 条干涉亮条纹或暗条纹，一般 n 取 5 ~ 7，此时记下游标尺的读数 x_n，如图 5-56 所示.

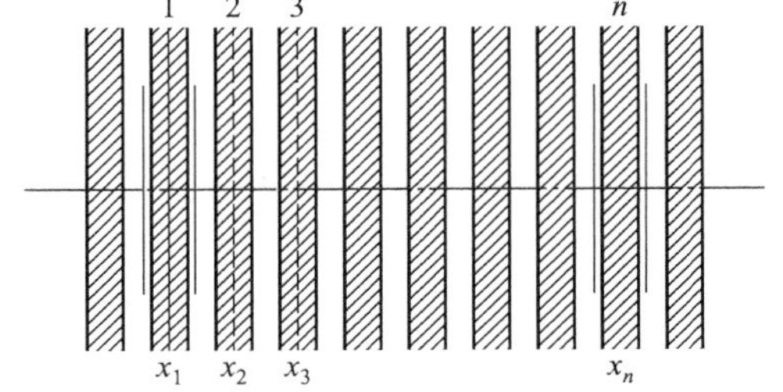

图 5-56　测量单色光的波长读数示意图

最后可推算出相邻两条亮条纹或暗条纹之间的距离为 $\Delta x=\frac{x_n-x_1}{n-1}$，所以待测单色光的光波波长为

$$\lambda=\frac{d\cdot\Delta x}{l}=\frac{d}{l}\cdot\frac{x_n-x_1}{n-1}$$

式中 d 为双缝中心的距离，其数值刻在双缝上，安装时注意记下 d 的数值. l 为双缝至光屏（即分划板）的距离，当遮光管未加接长管时，$l=600$ mm，当遮光管接上接长管时，$l=700$ mm.

为了减少误差，x_1、x_n 的读数应该重复测量 3 次以上，计算时取平均值．例如，表 5-5 中为某次实验时的测量结果．

表 5-5　测定单色光波长游标尺读数

游标尺读数	1	2	3	4	平均值
x_1/mm	3. 82	3. 80	3. 80	3. 80	3. 80
x_n/mm	14. 74	14. 76	14. 76	14. 76	14. 76

另外须注意，分划线对准干涉条纹时，应把干涉条纹嵌在其中两根分划线之间，若干涉条纹较宽时，可按图 5-57（a）的方法嵌入，如果干涉条纹比较窄，可按图 5-57（b）的方法嵌入．

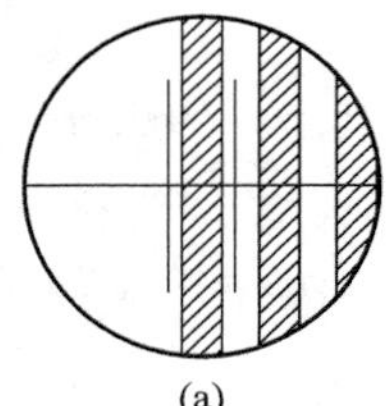
(a)

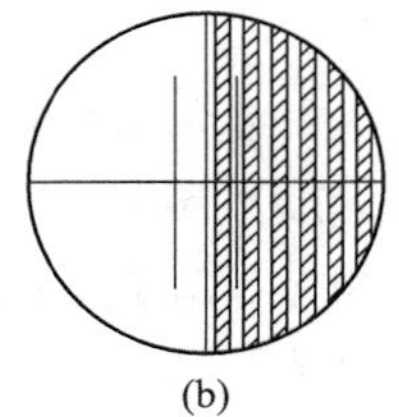
(b)

图 5-57　干涉条纹读数示意图

实验时，对同一单色光应依次改变双缝中心距 d（即改变双缝），改变双缝至光屏的距离 l，再分别进行测量，分别记录于表格 5-6 中，分别计算出所测单色光的波长，并与所给出的峰值波长进行比较，求出测量结果的误差，分析在各种条件下所产生的误差较小或较大的原因，研究在现有的条件下，怎样尽量减小测量误差．

表 5-6　测定单色光波长　d_1=________ mm，l_1=________ mm

x_1/mm		x_n/mm		$\Delta x\left(=\frac{x_n-x_1}{n-1}\right)$/mm	$\lambda\left(=\frac{d\cdot\Delta x}{l}\right)$/mm
1		1			
2		2			
3		3			
平均		平均			

$d_1=(0.200\pm0.3)$ mm，$d_2=(0.250\pm0.03)$ mm，$l_1=(600\pm2)$ mm，$l_2=(700\pm2)$ mm

然后，改换单色光（即改变滤色片），重复上述的测量和计算．

注意事项

1. 仪器中各部件不经过允许不得随意拆开．
2. 滤色片、双缝及单缝如落有灰尘及污点，应用擦镜纸或干净的软布轻轻擦拭．

3. 双缝座、测量头及接长管安装到遮光管上时，要装到底，即定位阶梯紧密接触，否则会使 l 变大，影响实验结果．

4. 接通电源之前，电源电压应放至最低挡，然后逐挡升高到额定电压，切不可一开始通电就放在额定电压挡，否则会把学生电源的次级保险丝烧断，这是由于灯泡灯丝冷电阻较低．

思考题

1. 双缝干涉仪中的单缝起什么作用？它的宽窄对实验有什么影响？

2. 双缝的作用是什么？其双缝的间距 d 对所观察到的干涉条纹有什么影响？

3. 接长管的作用是什么？对观察到的干涉条纹有什么影响？

4. 在相同的实验条件下，各种单色光干涉的条纹中相邻两条明条纹或暗条纹之间的距离是否相同？哪种单色光的干涉条纹中的相邻两条明条纹或暗条纹之间的距离最宽？为什么？

实验四　使用激光器的一组实验

【实验目的】

1. 了解激光器的构造和原理，熟练掌握氦氖激光器的使用方法；学会用激光器演示双缝干涉、单缝衍射和光的偏振等光学实验的技巧；学习用激光测定折射率的实验方法．

2. 通过演示实验，知晓光的干涉、衍射和偏振现象，了解这些现象产生的条件，知晓其在生产、生活中的应用；认识光的波动性，知道光是横波，拓展对物理世界的认识和理解，促进学生对激光的特性进行了解，使其能举例说明激光技术在生产、生活中的应用．

3. 通过光的干涉、衍射、偏振等现象论证光具有波动性，增强学生的证据意识，提升其科学论证能力；能够对光学实验中产生的现象，进行质疑．

4. 学会引导学生通过对实验中光的干涉、衍射和偏振现象等进行分析，提出探究问题，形成科学猜想，设计实验方案，并用合适的器材获取证据，并对证据进行解释论证．

【实验器材】

40-B 型氦氖激光器、光具座、可调狭缝、不可调双缝及支架光屏、偏振片两片、读数显微镜、卷尺、毫米尺、厚玻璃两片、薄玻璃一片、透明板光具组、量角器等．

【实验研究】

一、演示光的偏振现象

在氦氖激光器输出的激光束光路中，放一偏振片作为起偏器，使激光照射在起偏器后面的屏上，这时，屏上就出现一明亮的光斑．然后，在起偏器与屏之间放一偏振片作为检偏器．转动检偏器，改变它与起偏器的偏振方向之间的相对位置，观察屏上光斑亮度的变化．可以明显看出屏上光斑的亮度随着检偏器的转动而发生周期性的变化，转动一周，此亮斑两次最亮，两次最暗，说明激光束通过起偏器以后产生了偏振现象．

二、演示双缝现象

双缝干涉实验中所用的双缝，每缝的宽度约为 0.1 mm，两缝之间的距离约为 0.15 mm．实验可以用已做好的固定双缝，也可自制双缝．制作双缝的方法有以下几种．

1. 在一块备好的薄玻璃上，先用煤油灯的烟熏上不透光的烟黑层，再用直尺放在烟黑层上，用刀片竖直地沿直尺划一条线，再将刀片稍稍倾斜地沿直尺再划一条线，则这两条线就构成了一组双缝（也可用两片刀片叠在一起划，使两条缝隙一次划成）．用这种方法制作双缝时，烟黑层不宜太厚，以刚好遮光为宜，否则缝边毛茬太大．在划制时，要注意不要让直尺划破烟黑层．可在尺的两端适当垫上两块厚玻璃，将尺稍稍架空，使其不与烟黑层直接接触．

2. 在玻璃板上涂一层墨汁，在墨将干时，用刀片刻划两条平行的划线，方法与第一种方法相同．

3. 用照相法制作双缝．在明亮的背景上平行地放两条不透明的黑遮光条，用照相机对此实物拍照，经过冲洗后的照相底片就是双缝．

制好双缝后，用氦氖激光器发出的激光束垂直地照射到双缝上，在离缝约 1~4 m 远处放一光屏（或用白墙代替），则在屏上就会看到明显的明、暗相间的等宽、等距的干涉条纹．

测量屏与双缝的距离 L 及干涉条纹中相邻两明条纹中心之间的距离 Δx，并用读数显微镜测出双缝中心之间的距离 d，用公式 $\lambda=\dfrac{d\cdot\Delta x}{l}$ 计算一下激光束的光波波长 λ，并以 6 328 Å 的准确值估算结果的百分误差．

三、演示单缝衍射现象

单缝的制作，可以用制作双缝的方法来自制有固定宽度的单缝，也可用分光镜的平行光管前的可调狭缝作为单缝．

用氦氖激光器发出的激光束垂直地照射到单缝上，在单缝后面一定远的屏幕上就可以得到明显的单缝衍射条纹，可以看出衍射条纹的中央亮条纹的宽度和亮度与两侧的亮条纹相比较有明显的不同．调节狭缝宽度，观察衍射条纹的变化，并比较衍射和干涉的条纹有什么不同．

利用单缝衍射也可以测得激光的波长．

四、演示小孔衍射

圆孔衍射片的制作：用针在照相胶卷包装的黑纸或薄厚与之相当的两面涂黑的其他纸片上扎孔．因为对所扎孔径不好掌握，可以多扎几个孔，然后逐个在激光下试验，取效果最好的用红笔标记使用．

用氦氖激光器发出的激光束垂直地照射到小孔上，就可以在屏上获得清晰的明暗相间的光环．

五、自行设计实验

用水为材料，演示光的反射、折射、全反射现象，并用较简便的方法测出水的折射率 n．在水中，光束不明显，可采用什么方法使实验效果更好些？请同学们自己设计、选材，并能结合演示实验讲解有关几何光学的知识．

利用激光作为光源，可以演示几乎所有的几何光学实验，如光的反射、折射、全反射以及透镜对光的作用等．演示方法可参照反射实验——光具盘实验．同时激光器也可作为光具盘中的光源来演示几何光学实验．

注意事项

光学实验大部分用激光作为光源，容易造成视力损伤，教育学生不要把激光正对自己或其他同学的眼睛．实验过程中推荐使用佩戴护目镜．

思考题

1. 在双缝干涉实验中，测出激光的波长，产生误差的原因可能有哪些？

2. 用激光演示干涉和衍射现象，所得到的干涉条纹和衍射条纹的形状是怎样的？怎样结合教材使用这一演示实验进行讲解？

3. 本实验所测得的 n 是否是该材料对白光的折射率？

4. 设计一个不用激光作光源，而改用其他强光源演示光的偏振的实验，画出示意图．

实验五　稀薄气体的放电现象和气体光谱的观察

【实验目的】

1. 了解感应圈和分光镜的构造，学习使用方法；观察稀薄气体的放电现象，并掌握演示放电现象的实验方法和技巧；学会演示各种阴极射线管中电子束的运动，进而总结出阴极射线的性质；熟练操作分光镜观察钠的明线光谱和吸收光谱．

2. 学习通过演示实验，进一步增强学生学习和研究物理的好奇心与求知欲，使其能主动与他人合作，能基于证据和逻辑发表自己的见解．

3. 学习如何使学生通过演示实验的观察，加深其对光的本质的理解．

【实验器材】

J1206 型感应圈、低压电源、光谱管组、低气压放电管组、待抽空的低气压放电管一只、手摇抽气机、各种阴极射线管、伦琴射线管（附荧光屏）、分光镜、酒精灯、精盐、透镜（焦距约 16~20 cm）、三棱镜、导线若干、蹄形磁铁、光源等．

【实验研究】

一、演示感应圈的放电现象，判断其输出端的极性

二、演示稀薄气体中的放电现象

在一个大气压条件下，气体是不导电的．若要使气体导电，一是用电离源（如火焰、射线等）来激发气体，二是加大电压，以增大电场强度，使离子有足够大的速度去碰撞气体的中性分子，从而产生碰撞电离，使气体发生放电．此外，还可使气体放电管中的气压减小，离子在稀薄的情况下，速度增大，积累了足够的能量，也能撞开气体分子，产生碰撞电离．

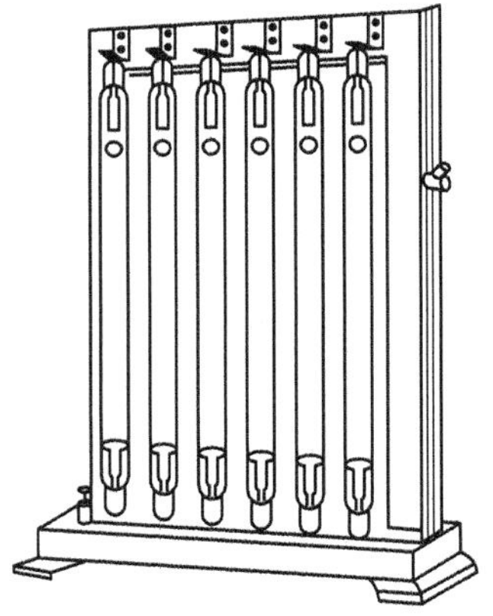

图 5-58　低气压放电管

如图 5-58 所示，低气压放电管组是由六支大小相同的玻璃管组成的，管中气压分别为 40 mmHg、10 mmHg、3 mmHg、1 mmHg、0. 1 mmHg、0. 02 mmHg（管壁附有标签说明），每支玻

璃管的两端各装有一个电极，其中一个做成圆片型，使用时接入电源阴极，另一个做成圆棒型，使用时接电源的阳极．全部放电管并排竖立在一个木框上，框的上下各装有一金属夹片把它们夹住．一个接线柱装在木框下边的金属片上，和放电管下边的一个极连接，另一个接线柱装在木框的旁边，由导线和一根金属导杆相连．金属导杆附有绝缘胶木柄，可以手持着与任何一支放电管上边的一极接触（使用时放电管一律阴极在上，阳极在下）．

一般演示在暗室中进行，演示时应将感应圈高压输出的两端分别接到放电管组的木框的两个接线柱上，要注意使感应圈输出“阴”极和放电管圆片的一极接好后，再用手持着金属导杆的绝缘手柄将导杆分别接至各放电管的顶端，该管即发生放电现象．由于各支放电管中气体的稀薄程度不同，所以放电现象也不同．若把导杆横放在各管的顶部，把各管并联起来，各管就能同时出现放电现象，便于进行比较．在不同气压下的放电现象见表 5-7.

表 5-7 不同气压下的放电现象

气体压强/mmHg	放电现象
760~50	不产生放电现象
40	出现紫色线形光纹
10	紫色光带变亮，几乎充满全管
3	阴极区蓝色的光辉更加鲜明，阳极出现鳞片状的光辉，并开始出现法拉第暗区
1	两极均出现淡蓝色略带紫色的辉光，由于法拉第暗区较窄，几乎全管发出断续波纹状光
0.1	法拉第暗区加长，由阳极发出的光鳞片状减少，管里出现灰白色棉球状的光辉，在阴极附近的玻璃壁上出现绿色荧光
0.02	发出阴极射线，在玻璃壁上发出明亮的荧光

如果要观察随着管内气压的变化，放电也跟着变化的现象，可用另配的开口放电管与抽气机相连，边抽气边进行放电，其效果与上述一致，只是由于各种抽气机质量的关系，实验结果不尽相同．实验时要注意电源不能接反，不要使金属杆碰到放电管的封嘴，以免在封嘴处放电而使封嘴击裂．放电时间不应过长，以防感应圈及放电管因过热而损坏．

三、演示阴极射线管的各种效应

1. 演示阴极射线沿直线传播的现象

在一个抽空的玻璃泡内封入两个电极，阴极做成圆片形，阳极做成圆棒形，在管内阴极射线的通道上装有一块五角形或十字形金属片，仪器放在胶木座上．

演示在暗室中进行，需要用高压感应圈作为电源，注意将感应圈输出的阴、阳极与射线管相应的阴、阳极相连接，如果接错了，则不发出明显的阴极射线，可转动感应圈的转换开关来调换它输出的极性．

接通电源，感应圈工作时就有阴极射线出现，这时在阴极对面的玻璃壁上便会出现一个和五角形或十字形金属片相同的、边界清晰的影子，影子周围的玻璃上则出现鲜明的荧光，由此可以说明阴极射线是沿直线传播的，也可以说明阴极射线穿透金属片的能力很差．

2. 演示阴极射线具有动能

在球形玻璃管中心偏离 10 mm 处支出两个小的水平玻璃管，各装一个铝制电极，两个电极的轴线正好通过叶轮面的中心，叶轮两面涂有荧光粉，仪器装在胶木座上，管内真空度在 $1\times10^{-3}\sim5\times10^{-4}$ mmHg，四个叶片的重心在交叉的十字中心上，如图 5-59（阴极射线管，演示具有动能）所示．阴、阳极接至高压感应圈，通电后叶片立即旋转，并发出不同颜色的明亮荧光．如果将两个电极调换，则叶轮转动的方向也跟着改变．这说明阴极射线具有一定的动能，并能把能量传递给受照射的物体．

3. 演示阴极射线在磁场作用下发生偏转

阴极射线管外形如图 5-60 所示．管中有一长方形荧光板，板面与两电极所在的轴线成一倾斜角度．板的一端折起，挡住阴极．折起部分的中央有一条狭缝，供阴极射线通过．阴极前端做成圆片形，阳极做成圆棒形．

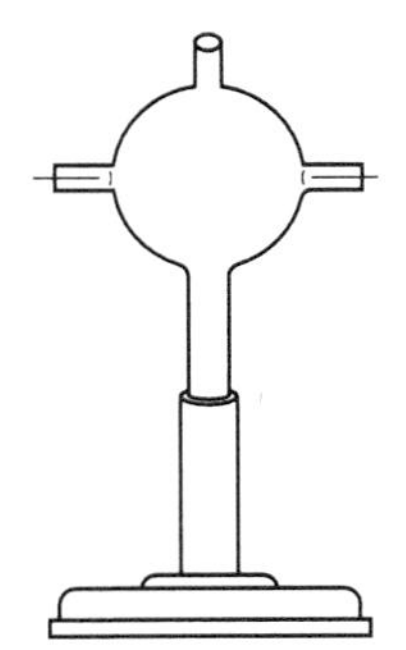

图 5-59　阴极射线管（演示具有动能）外形图

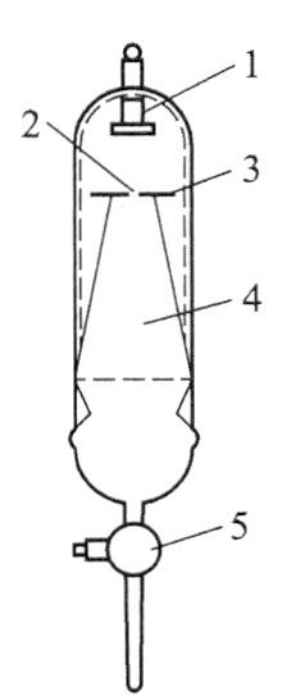

1—阴极；2—狭缝；3—挡板；4—荧光板；5—阳极

图 5-60　阴极射线管（演示磁场作用下发生偏转）外形图

加上高压电源后，阴极发射电子通过狭缝，在电场力作用下加速奔向阳极．这一电子流就是阴极射线．运动途中有部分电子与倾斜的荧光板碰撞，使荧光粉发光，在荧光板上出现一条光带，表明阴极射线是沿直线传播的．

用蹄形磁铁横卡在管的中部，在磁场力的作用下，阴极射线的径迹便发生偏转，使荧光板上的光带发生弯曲，如图 5-61 所示．在这里可应用左手定则判定电子运动方向．要注意阴极射线的方向是电子移动的方向，它和通常规定的电流方向是相反的．即在阴极射线管中，电流方向是从阳极到阴极的．

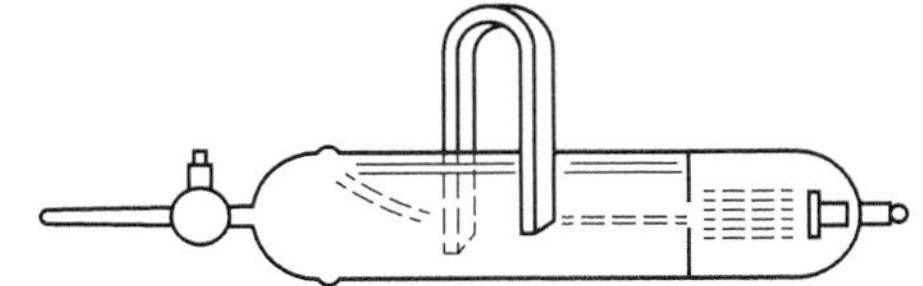

图 5-61　阴极射线在磁场作用下发生偏转实验示意图

本仪器还可以演示阴极射线在电场中的偏转．方法是：用两块长约 50 mm、宽约 20 mm 的金属板，平行地放在管子上下，对着荧光板的两边．将两板加上约 3 000 V 直流高压，形成偏转电场．当阴极射线从中通过时，就会发生偏转，使荧光板上的光带弯曲．

四、演示伦琴射线对不透明物质的穿透作用

1. 伦琴射线管的结构

伦琴射线管外形如图 5-62（X 射线管）所示．由阴极①、辅助阳极②、活性炭③、对阴极④组成．

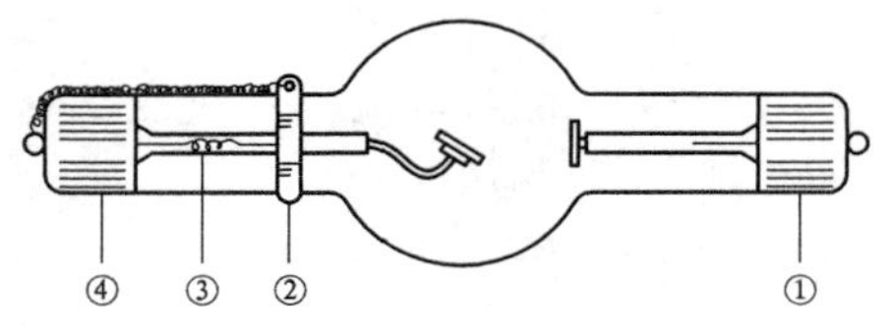

图 5-62　伦琴射线管

阴极——是产生电子流的源泉．用铝制成，向着对阴极的一端呈凹面，使从这里逸出的电子能够聚集于对阴极（阳极）上．

对阴极——与阴极相对的一面是接受阴极射线撞击的地方，用重金属铝制成．这是伦琴射线的发源地．

活性炭——当射线管工作时，管中的阴极“溅射”物会使管子变“硬”．这时，活性炭放出它自身吸附的气体，维持管内正常的真空度，以延长管子寿命．

辅助阳极——用来稳定伦琴射线，抑制、减少对阴极的损失，并对射线存在收集作用，可以增强射线强度．辅助阳极与对阴极是相连的．

2. 伦琴射线的产生和作用原理

在一般情况下，气体有很少一部分电离成为离子，当管内气压为 10^{-5} mmHg 时，在对阴极及阴极之间加上高压电，气体中的阳离子就会得到加速度而奔向阴极，与阴极碰撞后失去能量，结果使阴极得到能量而逸出电子，形成电子流．这个具有较大能量的电子流由于电场的作用，加速地飞向对阴极（阳极），在与对阴极碰撞后，把动能转化为辐射能而放出伦琴射线．从阴极飞出的电子，一部分又与管球内残存的气体分子碰撞，产生新的阳离子．这些阳离子又冲向阴极，使阴极放出电子．可见，伦琴射线管中残存的气体分子对伦琴射线的产生起着重要作用．

由于管球里残存的气体压强的变化，所产生的伦琴射线的性质，多少有些差异．一般把伦琴射线管分为软管和硬管两种．

所谓软管就是管球内真空度相对较低，工作时用较低的电压即可获得的伦琴射线．这种软管产生的伦琴射线的穿透力较弱，适宜于较薄物体（例如手掌）的透视和照相．

所谓硬管，就是管球里的真空度较高，而极间的电压也较高，这时所放出的伦琴射线具有较强的穿透能力，可对较厚的肌肉、骨骼等进行透视和照相，或者用来研究金属的内部结构．

3. 伦琴射线的用法

实验在暗室中进行．将伦琴射线管夹持在支架上，使其高度适中，调节其倾斜度，使对阴极的板面对向正前方．将伦琴射线管两接线端与感应圈放电柱相连，如图 5-63（伦琴射线管实验装置）所示．

通电后，如无透视现象，说明感应圈输出的极性不对，转换感应圈的极性开关即可．正常工作后，对阴极表面射出的射线直达管壁，其中一部分使管壁产生黄绿色荧光（玻璃材料

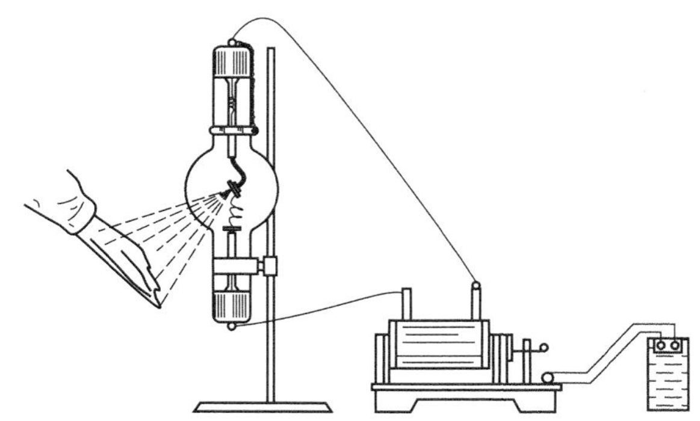

图 5-63　伦琴射线管实验装置图

不同，荧光颜色各异），另一部分穿透管壁射出来．用人手（或者用一本书夹着一把铁钥匙）紧贴在荧光屏前，让这些射线照射，就可看到屏上映出手的骨骼（或书中钥匙）产生的阴影．

实验时，荧光屏要放在射线管对阴极的前方．屏和球管的距离以能在屏上得到清晰的透视图像为准．荧光屏涂有荧光物质的面要向着观察者．

五、用分光镜观察气体的发射光谱

光谱管组包括六支直形玻璃管，管中分别充有氢气、氮气、氧气、二氧化碳、氖气和氩气，为了增强发光气体的亮度，特将管的中部制成窄的通道．

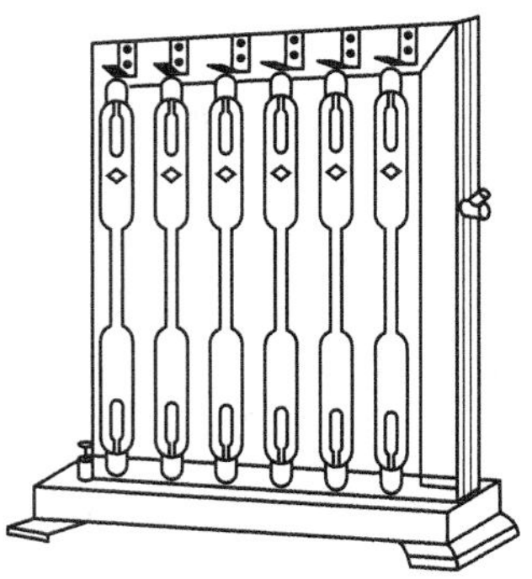

图 5-64　光谱管组

将这六支光谱管装在带金属夹的木框上，如图 5-64（光谱管组）所示．框及底座上分别装有接线柱，以便用导线将其与高压感应圈的放电柱相连接．并附带有绝缘柄的金属杆，实验时可任意与一支光谱管顶部金属夹相接触，平时即将金属导杆插入框上接线柱的孔中．

实验时用高压感应圈、光谱管组以及导线等组成电路，然后用分光镜的镜筒狭缝对准某一支光谱管的狭窄通道部分来观察该气体的明线光谱，之后依次观察，并进行对比．

通过实验可以看到某些元素，如氧气和氖气的光谱不是连续的而是线状的；另一些如氮气和二氧化碳的光谱是由许多靠得很近的细线所组成的．由于一般仪器的分辨本领不够强，因而在普通分光镜中所看到的这些光谱都呈带状，但是用普通分光镜仅能看到各种气体的几条主要光谱线，它们的排列位置和颜色都有所不同．

应该指出，观察氢气的光谱是很重要的，因为氢气的光谱最简单也最容易观察，此外氢气光谱还可以作为标准分光计的刻度尺使用，以及用来测定光谱线的光波波长等．它的谱线排列是 H_{α}（红）、H_{β}（浅蓝）、H_{γ}（蓝）和 H_{δ}（紫）．如果用带有刻度的分光镜来观测，可知其谱线的波长：$\lambda(H_{\alpha})=6\,500$ Å；$\lambda(H_{\beta})=4\,800$ Å；$\lambda(H_{\gamma})=4\,300$ Å；$\lambda(H_{\delta})=4\,100$ Å.

谱线的排列由左向右（波长是由大到小）颜色由红到紫，各色光的波长是：

红：6 300 ~ 7 000 Å

橙：5 900 ~ 6 300 Å

黄：5 500 ~ 5 900 Å

绿：4 900～5 500 Å

青：4 600～4 900 Å

蓝：4 300～4 600 Å

紫：4 000～4 300 Å

如果看到的光谱线呈淡灰色而看不到彩色，这可能是进入分光镜狭缝的光的强度不够所引起的．可以用附加凸透镜法，使光谱管的狭细部分在狭缝处成实像，以增加通过狭缝的光的强度．

六、用分光镜观察钠的发射光谱和吸收光谱

1. 获得钠光的简易方法

（1）在酒精灯中投入适量的食盐，使酒精成为食盐的饱和溶液，点燃酒精灯即可得到含有丰富钠光的黄色火焰．

（2）把食盐粉撒在酒精灯灯芯上，点燃酒精灯即可获得钠光．

（3）用在饱和食盐水中浸泡过并晾干的棉线做酒精灯灯芯亦可得到钠黄光．

本实验中采用前两种方法获得钠光．

2. 观察钠的明线光谱

点燃酒精灯，将酒精灯火焰靠近望远镜的狭缝，从望远镜中观察酒精灯发出的钠光谱，调整狭缝宽度和平行光管、望远镜目镜的位置，以使钠光谱像最清晰，在分辨本领较高的分光镜中可以看到钠光的谱线是两条．如分辨本领不够，可用两台分光镜和一个三棱镜来提高分辨本领．

3. 观察钠的吸收光谱

将白炽灯、透镜、酒精灯、分光镜放在一条直线上，并使白炽灯灯丝、酒精灯的火焰、透镜中心、分光镜平行光管（带狭缝）处在一条直线上．调节灯泡和透镜的位置，使灯丝的像成在狭缝上，以便使狭缝获得最大亮度．

打开白炽灯，电压调到灯泡额定电压之下，使灯不太亮，通过望远镜可以观察到一连续光谱．钠的谱线恰好在连续谱线的黄色区域（也是发射光谱）．

逐渐加高白炽灯的电压（但不能超过灯泡的额定电压），即加强连续光谱，观察钠的光谱由黄变黑，成为吸收光谱．

注意事项

1. 使用感应圈时，要注意电源不能接反，要注意不要使金属杆碰到放电管封嘴，以免在封嘴处放电而使封嘴击裂．放电时间不应过长，以防感应圈及放电管过热而被损坏．

2. 伦琴射线对人体组织有破坏作用，实验时应减少观察时间．荧光涂料（硫化锌）有毒，使用时应避免触及，实验结束后应立即洗手．

思考题

1. 感应圈的火花距离反映什么问题？为什么在用感应圈使各种管发光时，不要拿掉输出端的放电针？

2. 分光镜狭缝的宽窄对观察光谱有什么影响？
3. 在观察到连续谱上的明线后逐渐转为吸收线的做法有什么好处？
4. 本实验存在什么问题？如何改进？

参考文献

[1] 阎金铎，等．物理教学论［M］．南京：江苏教育出版社，1991.

[2] 曾贻伟，等．普通物理实验教程［M］．北京：北京师范大学出版社，1989.

[3] 彭前程．义务教育课程标准实验教科书《物理》系列教材［M］．北京：人民教育出版社，2012.

[4] 张大昌．普通高中课程标准实验教科书《物理》系列教材［M］．北京：人民教育出版社，2019.

[5] 阎金铎，王志军，等．中学物理教材教法［M］．北京：北京师范大学出版社，1998.

[6] 毛骏健，等．大学物理学（简明版）（下册）［M］．北京：高等教育出版社，2014.

[7] 倪光炯，王炎森．物理与文化［M］．北京：高等教育出版社，2017.

第六篇

基于信息技术的物理实验教学研究

信息技术（Information Technology），是指利用电子计算机和现代通信手段实现的获取信息、传递信息、储存信息、处理信息、显示信息、分配信息等相关技术，主要包括传感技术、计算机与智能技术、通信技术和控制技术．当今社会，信息技术越来越多地应用于生产、生活的各个方面．同样，信息技术和智能技术也正在深度融入教育全过程，推动着传统教学中内容呈现方式、教师教学方式、学生学习方式和师生互动方式的变革．

突出“科学探究”，强调“做科学”，突出实验在物理教学中的基础地位是《普通高中物理课程标准》（2017 版）的重要理念．实验作为物理学习的重要环节，是学生实践体验性最强的物理学习方式，是培养学生物理学科核心素养的重要途径和手段．近年来，我国物理实验教学方面致力于突破传统思想，丰富实验教学的设备和手段，从而提高实验教学效果．为适应新时代的要求，教育工作者们做了大量积极有效的探索，不断革新教学理念、更新教学设备，《普通高中物理课程标准》（2017 版）中也提出了：“积极探索信息技术与物理教学的深度融合，积极开发与利用数字媒体课程资源，拓宽物理学习的途径，促进物理教学方式变革；重视数字实验，创新实验方式”的建议．

在探索中学物理实验教学改革的环境下，学校要重视引导教师研究数字实验系统对传统实验的改进，研究数字实验系统的教学方式，促进教学手段与模式的现代化．教师应结合信息技术的特点设计各种学习活动，培养学生在精细、全面地观察和体验中提炼科学问题的能力，在理解器材和信息收集技术的基础上获取和处理信息的能力，在形式多样的背景下选取恰当的形式进行交流和反思的能力．教师应创设新环境中的实际动手能力，培养学生热爱科学、实事求是的态度和严谨的科学作风，落实增强学生物理学科核心素养的课程目标．

为满足上述要求，就必须推动教师更新观念、重塑角色、提升素养、增强能力；创新师范生培养方案，加强师范生信息素养培育和信息化教学能力培养．本书将通过 DIS 数字化教育资源、虚拟现实信息化学习环境的介绍和丰富的教学案例展示，提高物理教师对信息技术的应用能力．

第一章
信息技术实验的基本手段

技术的发展，为开展物理实验教学、提高实验教学效果等提供了软、硬件保障，本章简单介绍了一些常用的传感器和虚拟现实技术等．

第一节　传　感　器

传感器是把所感受到的非电学量（如位移、速度、压力、温度、流量、光强、声照度等）转换成便于测量、传输、处理的电学量（如电压、电流、电容等）的一种组件，将感受到的各种微弱信号放大、传输、存储、显示或进行必要的控制输出，它是实现自动检测和自动控制的首要环节．人们为了从外界获取信息必须借助于感觉器官．而仅仅依靠人们自身的感觉器官，在研究自然现象和规律时，以及在生产活动中，它们的功能就远远不够了．为适应这种情况，就需要传感器①．

一、中学物理实验传感器的基本操作

中学物理传感器系统一般由传感器、数据采集器和专用软件构成．传感器采用 4 路并行方式通信，最多并行 4 种信息采集；数据采集器与计算机以串行方式通信，将实验中采集到的物理量信息输入计算机；当数据采集器接入计算机后，数据处理软件将自动识别数据采集器及其状态，实时反映实验数据或曲线，提供多种对数据与图像的处理与分析工具，并将实验数据导出为表格或文本格式②．

二、传感器在中学物理实验中的优势

1. 传感器能够令抽象的物理过程和概念具体化

在中学物理教学中，有很多抽象的物理概念，其物理过程会涉及许多变速运动的过程．由于数学基础不够，学生无法通过科学推理得出相应过程的答案，同时相关物理量 x、v、a 等变化的时间都非常短暂，导致学生无法形成对抽象物理过程的感性认识，从而不可能形成相应的概念和对其正确的理性认识，这也是传统教学中无法突破的困境．比如简谐振动这一内

① 于斌．力传感器在初中物理（力学）中的应用［J］．物理教学，2011，33（09）：30-31.

② 袁佳慧．高中物理力学数字化实验研究［D］．天津师范大学，2016.

容，其振动过程也是一个较为抽象的概念，想要将这一过程具体化、可视化，只有通过实验的手段．而传统的实验器材无法让学生看到回复力、加速度、速度和位移四个物理量在振动过程中的大小和方向．但若利用力传感器和位移传感器，设计规范的实验方案（见第二章实验五），便可以把实验和实时图像对应起来，有利于学生建立简谐振动完整的物理图像，取得优化的教学效果．

2. 运用传感器可提高数据采集的正确性和数据处理的便捷性

传感器的原理是将非电学量转化为电学量进行数据呈现，其内部组件的灵敏度决定了其数据收集的精度．尽管非常微小的形变量也可以通过内部的信号放大器进行放大，大大提高了实验的精度．传感器的反应间隔分度通常为 ms、μs 量级，这与传统实验数据收集时人的反应时间相比有若干数量级的缩减，其能够反映数据的连续变化情况．这样的实验方法很大程度上减小了由于观测原因带来的偶然误差，提高了数据采集的正确性．另外，传感器将收集的数据输入计算机中，其系统内部提供了多种数据分析方式，对于机械性的数据处理工作，可以交给计算机自动完成，使数据处理工作简单化．并且还可以通过数据呈现的多种方式让学生体验到数据分析在实验中的作用．

传感器的应用确实在数据处理方面带来了便利，但在教学过程中这也是其弊端所在．传感器所采集的数据是被计算机进行一定加工处理后显示出来的，如果教师不加以强调，引导学生先关注原始数据，再形成实验表格，会使学生缺乏对实验数据处理的一般分析和实事求是的科学态度．传感器的应用还简化了实验数据处理的基本方法和基本思路，所以教师必须讲明实验中的基本规则，提高学生的科学素养．

3. 传感器可以打破传统实验带来的限制

利用传感器可以测量一些由于其瞬时性、微弱性而使用传统仪器无法测量的物理量．例如，在超重、失重实验中，学生看不清楚弹簧测力计的读数而无法对数据进行记录．这时可以利用力传感器；用微电流传感器可以测量电磁感应现象中导体切割磁感线所产生的微弱电流；用光电门测物体的瞬时速度，比用气垫导轨和数字计时器更容易操作且更加精确．

4. 灵活选用传感器进行实验，可以提高学生学习的拓展性

应用传感器进行实验的拓展性更强，学有余力的同学可利用各种传感器随机组合进行相应物理量的测量，使其拥有更广阔的研究和探索空间去进行更多实验设计．有利于中学生创新能力的培养和实践能力的提高，对提升中学生物理学科核心素养具有积极意义．

综上所述，传感器可以作为补充实验教学、辅助学生探究日常生活中物理问题的重要手段，也可对部分传统实验进行改进．例如，用力传感器测量摩擦力、测量斜面的机械效率、研究超重与失重、探究向心力与向心加速度的关系等；用温度传感器观察物态变化过程中的温度规律，探究气体等温、等容、等压变化时的各参量关系等；用电流传感器、电压传感器研究欧姆定律、测量小灯泡的电功率、测量电源的电动势和内阻、研究电源的输出功率和效率、绘制电源的输出功率和效率曲线等；用微电流传感器观察电容器充、放电时的电流变化过程等．

三、中学物理教学中常见的传感器

数据信息采集工具（主要是传感器）的应用非常广泛，主要用以测量一些过程短暂、难以观察、又十分重要的物理实验．随着科技的不断发展与传感器技术的广泛应用，国内外物理教育领域都开始重视传感器在物理实验（教学）中的应用．很多较为成功和著名的开发企业与大中小学联合，创造了多种应用于教学的传感器与传感器数据采集系统，而由于被测参量种类的繁多与传感器工作原理的各不相同，其种类和规格也就十分繁杂．中学物理实验教学，就其内容来讲主要是经典物理学中最基本、最简单、与实际联系最密切的部分，学生在进行实验时所能接触到的物理量主要为基本物理量与其简单的导出物理量．因此，这里将按照输入量（即测量对象）进行分类，以便能够较明确地说明传感器的用途，增强传感器在实验操作、实验设计、现象演示、规律探索等方面的实操性①．

1. 温度传感器

温度传感器指能感受温度并将其转换成可输出信号的传感器．温度传感器是温度测量仪表的核心部分，品种繁多．按测量方式可分为接触式和非接触式两大类，按照传感器材料及电子元件特性分为热电阻和热电偶两类．接触式温度传感器的检测部分与被测对象有良好的接触，例如温度计．非接触式温度传感器的敏感元件与被测对象互不接触，因此又称为非接触式测温仪表．这种仪表可用来测量运动物体、小目标和热容小或温度变化迅速（瞬变）的对象的表面温度，也可用于测量温度场的温度分布．

中学物理中的温度传感器为接触式传感器（图 6-1），通常具备不锈钢探头，可以浸入液体、暴露于空气、接触固体表面，测量以摄氏度、华氏度或开为单位的温度数据．测量范围在 −20~120 ℃之间，分辨力为 0.1 ℃，误差≤±0.5%FS+1 字；其余≤±1.5%FS+1.

图 6-1 温度传感器

使用时将不锈钢探头深入被测物体中，系统会根据传感器测得的实时数据进行处理和图像绘制，通常是温度随时间变化图像．此外，温度传感器还可与压强传感器并联，组成套件，用于探究气体压强与温度之间的关系等．

2. 光电门传感器

光电门传感器是测量瞬时速度的仪器，其敏感元件为光电管和发光管．如图 6-2 所示，A 孔中的发光管发射红外线，B 孔中的光电管接收红外线．当 A、B 之间无挡光物体（挡光片）时，传感器没有电信号输出；反之，有电信号输出，再通过传感器电路处理后即可转换成断续变化的数字信号．通常分度不大于 2 μs；用于测量挡光片（U 形、I 形）的挡光时间，支持与采集器的有线通信、无线通信工作方式；接口通常带自锁功能，防止传感器在使用过程中意外脱落．

光电门传感器通常可用于测量物体的加速度、探究牛顿运动定律、动量守恒定律等实验，且与气垫导轨相配合使用．气垫导轨用于模拟更加接近零摩擦的实验情境，对实验精确度要

① 刘茂军，张勇．中学物理实验与传感器整合研究述评［J］．物理教师，2015，36（11）：68-72.

求更高，在气垫导轨上固定两个（或两个以上）光电门感应器，就可以代替传统的停表计时方法，获得精确度更高的数据．当物体通过光电门时光被挡住，计时器开始计时，当物体离开时停止计时，这样就可以根据物体大小与运动时间计算物体运动的速度；数据处理器在设备使用随机配置的宽度一定的挡光片时，可以直接测量物体的瞬时速度（图 6-3）．

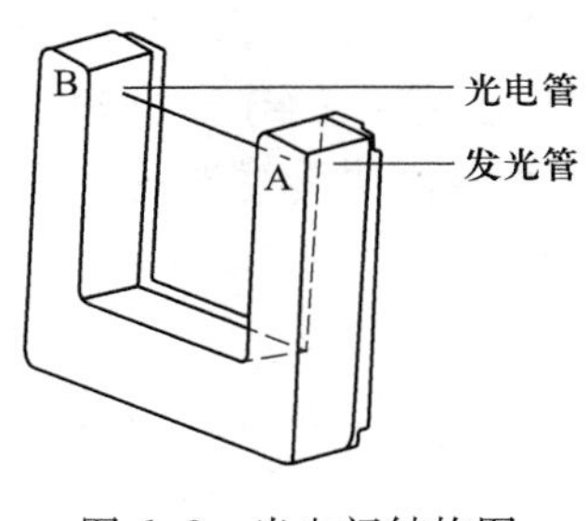

图 6-2　光电门结构图

图 6-3　光电门

3. 位移传感器

位移传感器又称为线性传感器，是一种属于金属感应的线性器件，传感器的作用是把各种被测物理量转换为电学量，位移的测量一般分为测量实物尺寸和机械位移两种．按被测变量变换的形式不同，位移传感器可分为模拟式和数字式两种．常用位移传感器以模拟式结构型居多，包括电位器式位移传感器、电感式位移传感器、电容式位移传感器、霍尔式位移传感器等．相较于模拟式，数字式位移传感器的一个重要优点是便于将信号直接送入计算机系统．

中学物理中常见的位移传感器又分为一体式和分体式两类．

（1）一体式位移传感器

一体式位移传感器采用收发一体式结构（图 6-4），需要被测物体具有较为规整的反射面，能够反射超声波．从传感器发射超声波信号开始计时，超声波遇到物体后反射，传感器接收到超声波信号时停止计时．声音传播时间乘以声速即可得到物体运动距离．其测量范围为 0.4~6 m，分辨力为 0.01 m，盲区≤0.1 m，误差≤±1.0%FS+1 字．

使用时，传感器会根据发射出的超声波和接收到的超声波回波实时绘制 $s-t$ 图像，根据波形图可以对物体位置进行实时观测（如图 6-5 所示）．每一个波段的波峰 x_1 和 x_2 为当时测得的物体与传感器之间的实时距离，两波段之间的时间间隔 Δt_0 为数据位移传感器的超声波发射间隔，如图 6-6 所示．

图 6-4　一体式位移传感器

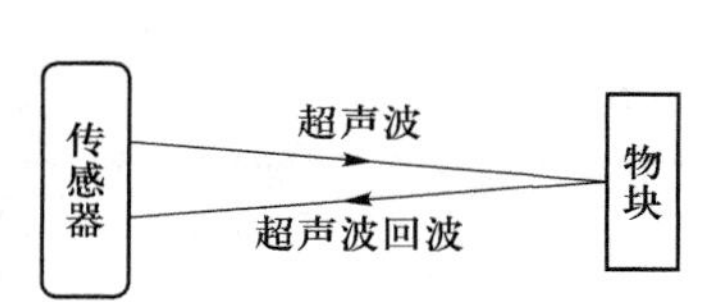

图 6-5　一体式位移传感器测定方法

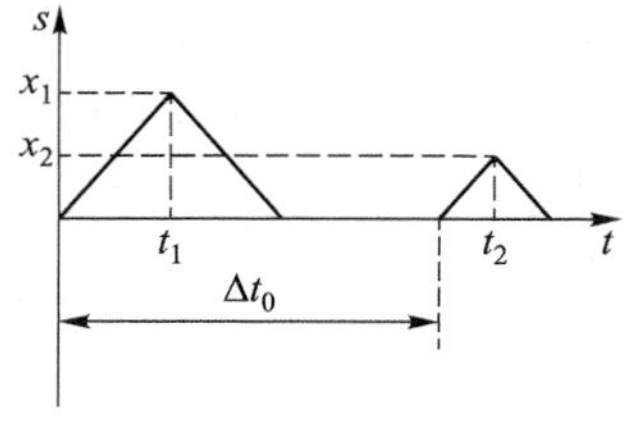

图 6-6　$s-t$ 图像

（2）分体式位移传感器

分体式位移传感器采用收发分体式结构（图 6-7）．发射器同时发射超声波和红外线，当接收器接收到红外线信号时开始计时，接收到超声波信号时停止计时．红外线传播速度忽略不计，声音传播时间乘以声速即可得到物体运动距离（图 6-8）．其测量范围为 0.01～1.5 m，分辨力为 0.01 m，误差≤±1.0%*FS*+1 字．使用原理与一体式位移传感器大致相同．

图 6-7　分体式位移传感器

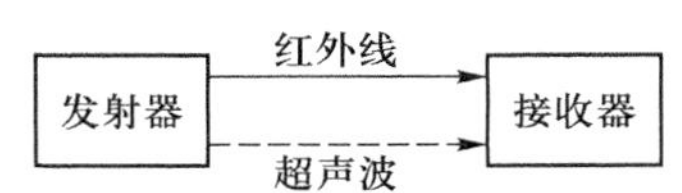

图 6-8　分体式位移传感器测定方法

4. 转动传感器

转动传感器通常同时具备转速传感器和扭矩传感器两种功能．转速传感器是将旋转物体的转速转换为电学量输出．转速传感器属于间接式测量装置，可用机械、电气、磁、光和混合式等方法制造．按信号形式的不同，转速传感器可分为模拟式和数字式两种．扭矩传感器则是对各种旋转或非旋转机械部件上的扭转力矩进行检测．扭矩传感器将扭力的物理变化转换成精确的电信号．扭矩传感器可以应用于制造黏度计、电动（气动，液力）扭力扳手，它具有精度高、频响快、可靠性好、寿命长等优点．

中学物理实验常用的转动传感器的敏感元件为发光管和光电管（图 6-9）．发光管发出的光透过透镜变为平行光到达转盘．转盘旋转时，由于转盘间隙的遮挡，光电管接收到的光线是不断变化的，通过传感器电路处理后即可转换为旋转方向及转速的变化．在测量直线运动时，其分辨率为 0.020 mm；在测量旋转运动时，其分辨率是 0.09 度．该传感器具有双向性，可测量运动的方向，其最大转速为 30 转/s. 通常转动传感器带有一根直径为 6.35 mm，带有双轴承的转轴．

使用时，转轴从传感器的两边伸出，是极好的旋转实验平台．杆夹（可连接在传感器的三个侧面）可以将传感器沿几乎所有方向进行固定（图 6-10）．在要求测量物体转动数据的实验中能够起到较大作用，在常规探究实验中也可以作为辅助传感器使用，为学生的探究提供了较大的拓展空间．

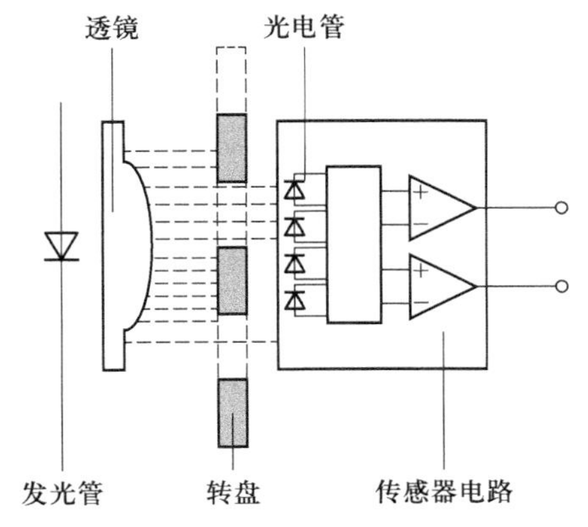

图 6-9　转动传感器结构图

图 6-10　转动传感器

5. 力传感器

力传感器的作用是将力的大小转换为相应大小的电信号．力是引起物体运动变化的直接原因．力传感器能检测张力、拉力、压力、重量、扭矩、内应力和应变等力学量．具体器件有金属应变片、压力传感器等，在动力设备、工程机械、各类工作母机和工业自动化系统中，其已成为不可缺少的核心部件．力传感器原理主要有以下几种类型：

（1）被测力使弹性体（如弹簧、梁、波纹管、膜片等）产生相应的位移，通过位移的测量获得力的信号．

（2）弹性构件和应变片共同构成传感器，应变片牢固黏贴在构件表面上．弹性构件受力时产生形变，使应变片电阻值发生变化（发生应变时，应变片几何形状和电阻率发生改变，导致电阻值变化），通过测量电阻获得力的信号．应变片可由金属箔制成，也可由半导体材料制成．

（3）利用压电效应测力．通过压电晶体把力直接转换为晶体两面电极上的电势差．

（4）力引起机械谐振系统的固有频率变化，通过测量频率获取力的相关信息．

（5）通过电磁力与待测力的平衡，由测量平衡时相关电磁参量获得力的信息．

中学物理阶段主要使用应变梁式力学传感器，其敏感元件是电阻式应变计，它由电阻应变片、悬臂梁和传感器电路构成（图 6-11）．悬臂梁受力后产生形变，应变片将悬臂梁的形变转换为电阻值的变化，通过传感器电路处理后即可转换为力的变化（图 6-12）．其测量范围不小于±10 N，分辨力为 0.01 N，误差≤±1.0%FS+1 字．

图 6-11 力传感器

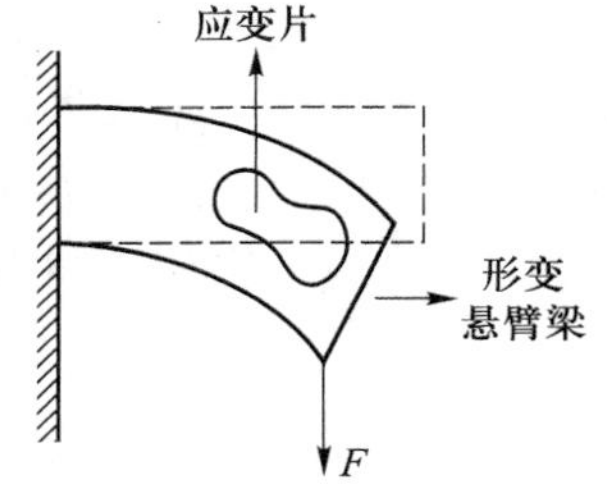

图 6-12 力传感器测定方法

6. 磁感应强度传感器

磁感应强度传感器是一种将磁信号转换为电信号的装置．利用磁学量与其他物理量的变换关系，以磁场作为媒介，将其他非电信号转换为电信号．磁感应传感器有两种驱动方式，一种是用永磁铁驱动，另一种是用电磁线圈驱动．前者多用于检测，如用磁铁做成运动部件，一旦接近磁感应传感器便可使它吸合发出信号．后者多用于控制，若电磁线圈通电，触点便可吸合．

中学物理实验中常用的为霍尔元件传感器，其内部的敏感元件为霍尔元件（图 6-13）．在霍尔元件薄片两端通以恒定电流 I，当垂直方向感受到磁场 B 时，则在垂直于电流和磁场的方向上，将产生电势差为 U 的霍尔电压，通过传感器电路处理后即可转换为磁感应强度的变化（图 6-14）．其量程-15～15 mT，基本误差≤±1.5%FS+1 字，分辨力为 0.1 mT.

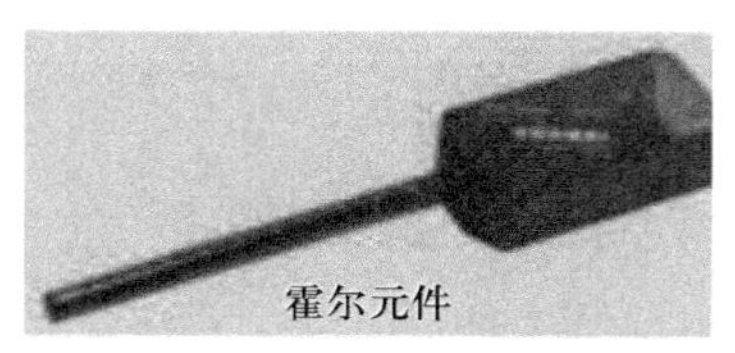

图 6-13　磁感应强度传感器

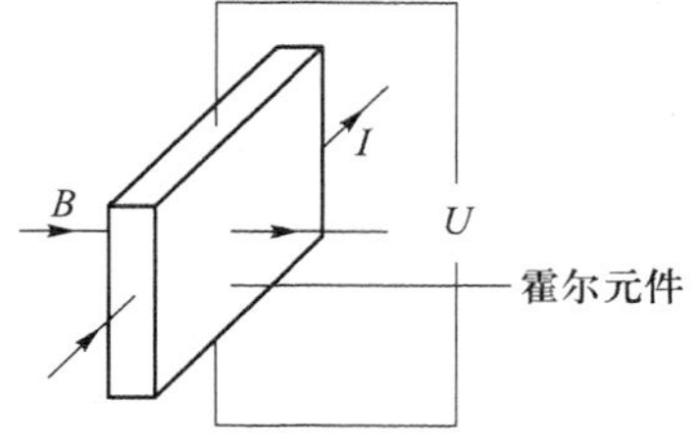

图 6-14　磁感应强度传感器结构图

7. 电流传感器（图 6-15）

电流传感器是一种检测装置，能感受到被测电流的信息，并能将其按一定规律变换为符合一定标准的电信号或其他所需形式的信息输出，以满足信息的传输、处理、存储、显示、记录和控制等要求．电流传感器依据测量原理不同，主要可分为：分流器、电磁式电流互感器、电子式电流互感器等．

中学物理实验中电流传感器主要为电磁式电流互感器，当输入电流 I 流过电阻 R，在 R 的两端产生电压 U，从而将电流转换为电压，经过后续电路的放大和转换，输出 0~2.5 V 之间与输入电流对应的电压（图 6-16）．测量范围不小于±2 A，10 mA.

图 6-15　电流传感器

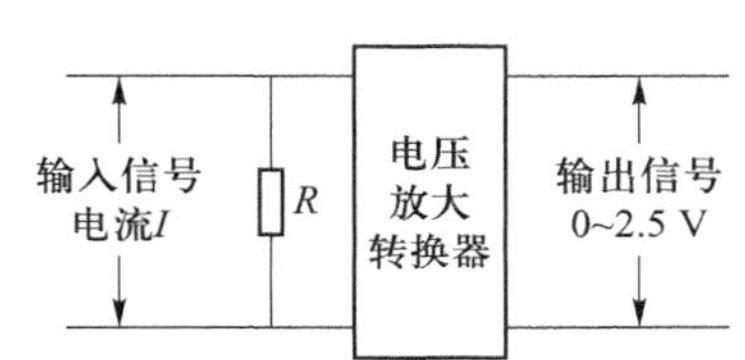

图 6-16　电流传感器结构图

使用时，电流传感器并不是简单地用于替代电流表进行电流大小的测量，因为电流传感器本身在运作时除精度更高外，也需要外接电源进行辅助，所以对实验条件有着更高的要求．

8. 电压传感器

电压传感器是指能感受被测电压并将其转换成可用输出信号的传感器．在各种自动检测、控制系统中，常需要对高速变化的交、直流电压信号做跟踪采集，对于比较复杂的电压波形做频谱分析．其原理是对于交流电压进行测量，可用电压互感器作为传感元件，即使用一台电压互感器将被测电压降至可利用的低电压，然后通过相关电路将其变换成与被测电压成线性关系的直流电压送入到数据采集系统和 A/D 转换器中．

中学物理实验中常用的电压传感器为直流电压，使用时可用分压电阻作为传感元件，并联在被测元件两端的电阻值应足够大（一般应控制在消耗功率小于被测电机额定功率的 1/1 000 以下），以尽可能地减小该回路电流产生的损耗给测量值造成的影响，对于低压电机，应在 10 kΩ 左右（图 6-17）．取该被测电压在电阻上的一部分电压降作为信号，直接送入到数据采集系统和 A/D 转换器中．

当输入电压为 U 时，经过电路的转换，输出 0~2.5 V 之间与输入电压对应的电压（图 6-18）．测量范围不小于±15 V，10 mV.

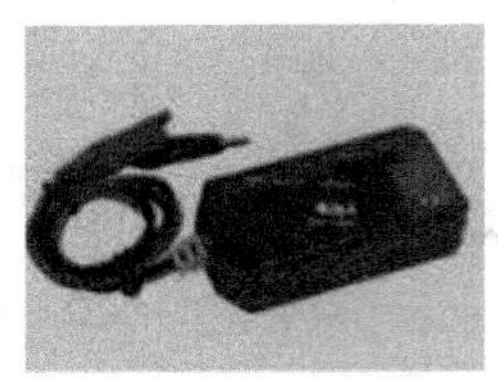

图 6-17　电压传感器

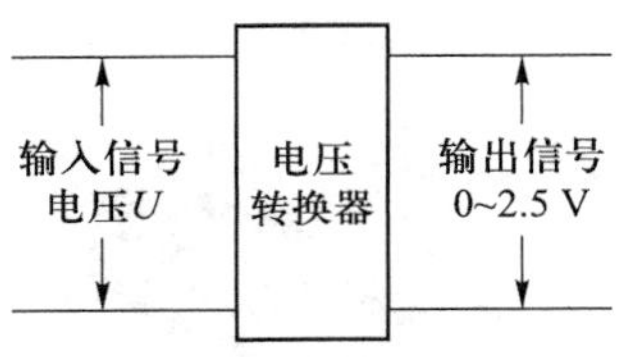

图 6-18　电压传感器结构图

9. 气体压强传感器

气体压强传感器主要用来测量气体的压强大小，其中一个大气压量程的气压传感器通常用来测量天气的变化，或利用气压和海拔高度的对应关系进行海拔高度的测量．该绝对压强传感器可用于测量容器和周围环境的气压，并带有一个注射器和快速连接管用于研究气体定律．通常，气压传感器量程很大，是理想的压强测量装置．中学物理实验中一般采用传感器的量程：0~700 kPa，精度：±2 kPa，分辨率：0. 1 kPa，最大采样频率：200 Hz，可重复性：1 kPa. 可用于验证理想气体定律、玻意耳定律等，也可用于研究蒸气压和温度的关系．

气体压强传感器主要的传感元件是一个对气压的强弱敏感的薄膜和一个顶针，电路方面它连接了一个柔性电阻器．当被测气体的压力降低或升高时，这个薄膜变形带动顶针，同时该电阻器的阻值将会改变．从而传感元件取得 0~5 V 的信号电压，经过 A/D 转换由数据采集器接受，然后数据采集器以适当的形式把结果传送给计算机．很多空气气压传感器的主要部件为变容式硅膜盒．当该变容硅膜盒外界大气压力发生变化时，顶针进行动作，随后单晶硅膜盒发生弹性形变，从而引起硅膜盒平行板电容器电容的变化，最终控制气压传感器．

第二节　虚拟现实 AR/VR 教学系统

物理学是一门以观察和实验为基础的学科，然而有些物理实验由于传统实验的限制，教师在课堂上不能进行演示和操作，只能通过语言或图片等进行教学，学生缺少亲身体验，例如：(1) 理想环境下才能实现的内容；(2) 不安全、不适合亲手操作但是意义重大的内容；(3) 过于微观或过于宏观的内容；(4) 现实中肉眼无法看见的内容．虚拟现实技术的发展，及其与传统教学实验的结合，为改善上述传统物理实验的不足提供了可能．使用虚拟现实技术是新课程改革对物理教师提出的新要求，而要达到这一要求的基础和前提，就是要掌握虚拟现实技术的基本知识、基本操作，进而制订合理有效的教学方案，让学生身临其境般地观察和实验，从而有效激发学生的学习兴趣，完善学生物理观念的建立，培养他们发现问题和解决问题的能力．

一、中学物理实验中的 Virtual Reality 技术

虚拟现实技术是利用计算机仿真技术创建一种逼真的课堂环境，让用户产生身临其境的感受，实现用户与该环境的直接交互．利用仿真技术和电子信息技术实现的对现实场景的模拟和增强，将一些人为或环境的因素排除在外，提高了物理教学的效果①．在利用传感器进行

① 朱和平．中学物理虚拟课堂的设计与实现［J］. 知识文库，2020（04）：178-179.

科学探究的基础上，仍然会有教师通过传统方式开展效果较为一般或不能开展的部分实验，学生则可以通过增强现实教学系统观察一些演示实验，体验真实环境中无法实现的实验和操作，对于大型试验（如双缝干涉实验）、危险性实验（如托里拆利实验）、仪器易损坏实验（如硝化棉爆燃实验）、理想化实验（如自由落体实验）都可以利用增强现实系统让学生在安全、简便的环境中进行．中学物理虚拟课堂的应用，开创了一种新的物理教学方式，打破了课堂时间、空间、仪器的限制，激发学生的学习兴趣，从而有效提高物理教学效果和教学质量．

二、中学物理实验中的增强现实技术

增强现实技术是一种将虚拟信息与真实世界巧妙融合的技术，它广泛运用了多媒体、三维建模、实时跟踪及注册、智能交互、传感等多种技术手段，将计算机生成的文字、图像、三维模型、音乐、视频等虚拟信息模拟仿真后，应用到真实世界中，两种信息互为补充，从而实现对真实世界的“增强”．增强现实技术不仅能够有效体现出真实世界的内容，也能够促使虚拟的信息内容显示出来，这些细腻内容相互补充和叠加．在视觉化的增强现实中，真实世界能够和电脑图形重合在一起，在重合之后可以看到真实的世界围绕四周．增强现实技术中主要有多媒体、三维建模以及场景融合等，增强现实所提供的信息内容和人类能够感知的信息内容之间存在着明显不同①．

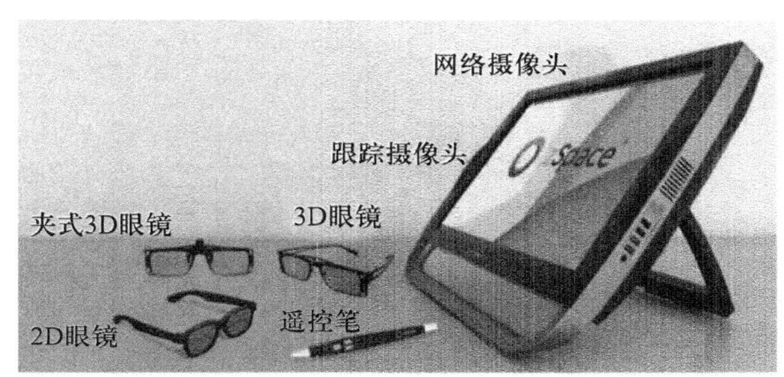

图 6-19　VR 交互式一体机显示器及配件

三、中学实验室对增强现实教学系统的设备要求

虚拟现实交互教学系统（图 6-19），其主机为交互式一体机、交互式笔记本终端；固态硬盘≥256 G；内存≥8 G；显示屏尺寸≥40 cm^2，3D 高清显示器分辨率为 1 920×1 080；无线连接支持 802. 11 a/b/g/n/ac 及蓝牙 4. 1；内置至少 2 个 USB 接口，支持音频输出、HDMI 输出．系统配备 3D 无源追踪眼镜，能实时跟踪眼镜的位置，根据眼镜视角的不同转换显示内容．系统配备触控笔，能对虚拟物体进行交互操作和 6 个自由度坐标轴移动，轴解析度≤2 mm；轴精度

① 孙佩雄，刘通．例谈 STEM 教育理念下虚拟现实技术 zSpace 在中学物理教学中的应用［J］．物理教师，2018，39（09）：68-70.

≤±3 mm；轴刷新率≥100 Hz；间距精度≤2 deg；摆动精度≤2 deg；偏转精度≤2 deg. 系统应具有适用于教学的虚拟现实及增强现实软件平台、符合课程标准要求的教学课件和有正版版权的虚拟现实教学模型．平台内置的软件可支持对模型进行操作以实现虚拟现实的三维浏览、拆分、标注、尺寸测量、内部探查、制作等功能．

全息交互教学系统（图 6-20），其主成像模组：物理分辨率≥1 920×1 920；成像比例 1∶1；成像对比度≥1 000∶1. 全息成像模组：全息成像区透光率≥65%、反光率≥30%；全息影像在正常日光照度下可见；全息成像四周均可同时观看，单面最大可视角度≥140°. 教学系统：全息成像区域体积≥500 mm×500 mm×250 mm；支持小组学习，各组触控屏应与教学系统一体化连接，每组参与交互学习的学生均可通过交互触控屏独立操作教学软件，互不冲突；系统还具有升级空间，可扩展远程集中控制或移动终端控制等网络操作能力．系统配置符合课程标准的内容以及和学习主题全息交互的教学资源包和教学课件．

使用时，为了实现人机之间充分交换信息，设计了特殊的输入和演示设备，以实现各种操作和指令，且提供反馈信息，达成真正生动的师生、生生交互效果．观察者使用数据手套通过手指的活动来实现与虚拟场景的交互，手套中装有光纤感受器，能够感知手指的弯曲等状态．如果观察者使用三维眼镜观看立体游戏场景、立体电影等，则可以通过头盔感受器体验视觉图像的临场感．

与这些硬件设施配套使用的还有实验教学与管理信息系统，用来提供资源和管理反馈，包括实验教学课程资源、实验教学管理、实验教务管理、实验操作及教学测评、实验室智能管理等模块，能感知和控制实验室的物理环境，实现对师生实验教与学行为的跟踪、记录、测评与分析，能实现数据的分级管理与共享．

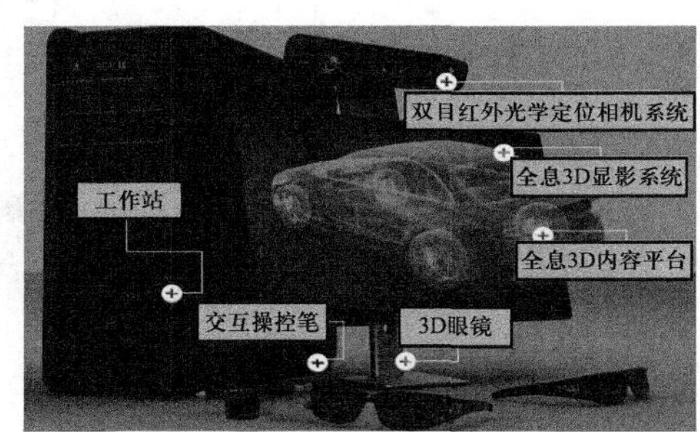

图 6-20　虚拟全息影像系统

第三节　电子设备仪器的保管和维护

电子设备仪器由于其精度较高、操作门槛较高、使用场景复杂等特点，在保存、运输和使用时，除了应达到普通常规仪器的要求外，还对防尘和保护有着更高的要求．应注意以下几项问题①：

① 中学理科实验员培训教材［M］，西安：陕西人民出版社，1987.

一、仪器的保管

1. 防尘：灰尘会导致电位器、开关、插接件、继电器接触不良，从而降低元件的绝缘性能．灰尘还能引起高压电源火花放电甚至短路，使信号产生杂散干扰．灰尘的覆盖会使发热元件散热不良．因此，仪器表面的灰尘应及时利用吹气球清除或用软布擦拭．能够装柜的仪器全部入柜，柜子全部要安装玻璃柜门或木制柜门，仪器架要安装悬帘，柜外仪器设备特别是精密仪器应配有防尘罩．

2. 防潮：湿度对仪器设备的影响很大．对于较长时间存放的电子仪器、电气设备要定期通电．精密电池仪器长期搁置不用时，要将电池拆卸下来分开存放，电池要装进专用的盒子或塑料袋里，并放上干燥剂．常用的干燥剂有氯化钙、硅胶等．如果仪器室为一层或地下室，需要进行防潮处理，仪器柜、仪器架应与墙壁保持距离．晴天要开窗通风保持室内干燥．

3. 防腐蚀：实验室、实验储存室中存放的化学试剂和化学用品，如二氧化硫、氯化氢等会散逸出多种有害气体，这些气体会造成金属腐蚀，影响仪器的使用寿命．因此，仪器应与化学药品分开保管，药品室应有排风扇等通风设施．

4. 防霉变：霉菌对于各种仪器均具有破坏作用，其中对于无线电设备的破坏尤其严重．为防止霉变，精密仪器可密封保管，并放入干燥剂，使其内部空气干燥清洁．常用防霉剂有硫柳汞、醋酸苯汞等．

5. 电子设备种类繁多，每种仪器的材料、结构、性能均不同，保管时还要注意仪器的特殊性．如磁传感器，保管时要远离磁场；虚拟现实一体机保管时要注意不要与重物叠放，保护其屏幕不受损坏．每种仪器的特殊注意事项在仪器单独介绍时都已进行说明．

二、使用中的管理

1. 不论教师还是实验员，都应了解仪器的用途、型号、规格、技术参量、使用方法等，电子仪器通常造价高昂，使用时应注意科学操作，发现问题应及时维护修理．对于支持 OTA 的仪器设备需要进行定期保养和在线升级，以获得更好的使用效果和更完整的信息资源库．

2. 严格执行仪器的领用、借用制度．损坏、丢失、报废仪器均须按规定办理．

3. 电子信息设备一般需要通电使用，应教育学生不要用湿手操作各种电器开关，实验室应对电路和电器设备进行定期保养和维护．

4. 积极创造拓展实验室和实践基地，为学生提供更多接触信息设备的机会，提升学生的信息技术能力和核心素养．

第二章
基于信息技术的物理实验教学研究

不同学校实验室仪器的配备情况不同，信息技术实验的开展程度也有所不同．部分学校开设的“中学物理实验技能训练”课程中传统实验仍然占用了大量课时，信息技术环境下的中学实验存在课时少、案例少和设备不足等情况．

在课程标准和新课标教材中，中学阶段共安排了21个必做实验，数百个探究实验或演示实验，数十个学生分组实验和数百个课外小实验、小制作．中学物理教师要在熟悉课程标准和教材中要求的实验的基础上，掌握信息技术手段的实验方法和实验关键，以案例的理念和方法对传统实验进行优化改进，融入信息技术手段设计演示实验、探究性实验和学生分组实验，并在平时有意识地加强对这类实验的操作训练和设计训练．在这里将以力、热、光、电磁四个模块为例，提供一些典型的DIS数字化实验和虚拟现实VR/AR系统的实验案例以供参考．

实验一　探究影响滑动摩擦力大小的因素

【实验目的】

1. 通过实验设计与操作，学会用控制变量法进行实验，测量滑动摩擦力．
2. 知道影响摩擦力大小的因素．
3. 通过对摩擦现象、因素猜想、方案设计的讨论，提升处理信息、分析证据、合作交流的意识．

【实验器材】

DISLab、计算机、力传感器、托盘天平，物块．

测量装置主要由力传感器和数据采集器组成．力传感器代替弹簧测力计，它将力信号转变为电信号，通过采集器收集信号，之后通过电脑软件分析处理数据．实验装置组装较为简单，可以让学生在教师的指导下进行组装，便于进行分组实验．

【实验研究】

1. 组装实验装置

用电动机拉动木板，木块在木板上相对运动；两个定滑轮，第一个改变力的方向，第二个保持直线运动；利用定速电动机，达到匀速直线运动效果；用力传感器代替弹簧测力计，能连续、多次地测出摩擦力，并以数字化、坐标图等形式显示（图6-21）．

图6-21　探究影响滑动摩擦力大小因素装置图

2. 设置参量

为了更好地取得数据，得到更加精确的数据图像，需要手动对软件进行参量更改．将“时长/采样率”设置为 1 min/1 000，这样的设定可以在测量时使 $F-t$ 曲线在 1 min 内成型，且速度适当，并且使版面在可视范围内更加便于观察；通过“传感器归零”设置，将选择的频道传感器测量值进行校正，可以使测量值误差减小；还可以将图像和数据进行进一步处理，转到“观览数码表”，以指针显示测量数据；使用软件中的“定点标记”功能，则会在起始点和终点进行标记①.

在整个过程中都可以对数据进行分析，不仅可以采集到摩擦力、距离等必要数据，还可以体现时间间隔、瞬时速度等延伸数据．可根据不同的实验设置不同的效果，根据分析的需要设置相应的参量，可以对实验进行进一步拓展研究．

3. 实验准备

学生在教师的引导下明确实验原理和实验方案，提出实验猜想，滑动摩擦力大小可能与以下因素有关．

（1）滑动摩擦力大小与压力大小有关．

（2）滑动摩擦力大小与接触面粗糙程度有关．

（3）滑动摩擦力大小与木板长度有关．

4. 进行实验

按上述参量设置，利用曲线图显示，操作如下：

（1）保持木块与长木板接触面的粗糙程度不变，接通电源，让电动机匀速拉动长木板，使小木块在长木板上滑动，读取采集器的示数，从而测出木块与长木板之间的滑动摩擦力．读数直接以数字显示，精确到 0.01 N.

（2）在木块上加放砝码，改变木块对长木板的压力，重复实验并观察力的变化，每增加一个砝码，传感器会传输相应的受力变化，曲线呈梯级图像．本组实验验证了摩擦力与压力有关的猜想（图 6-22—图 6-26）.

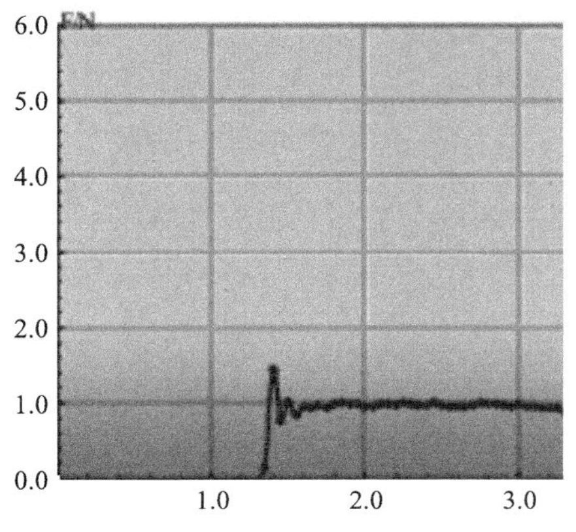

图 6-22　压力为 1 N 的摩擦力变化情况

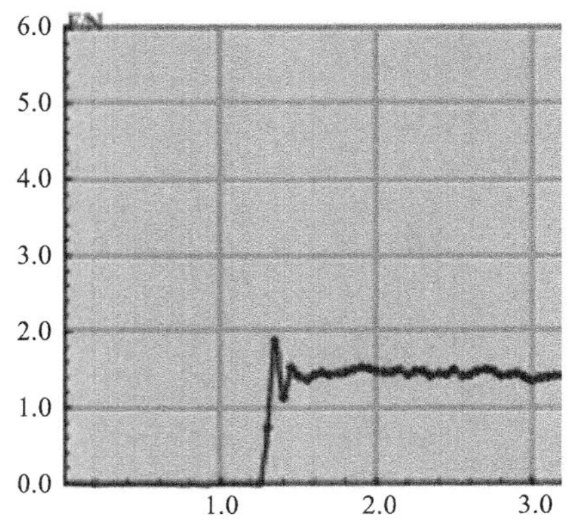

图 6-23　压力为 2 N 的摩擦力变化情况

① 马成海．中学物理数字化探究的实践与反思——以滑动摩擦力大小因素实验为例［J］. 教育信息技术，2015（06）：31-33.

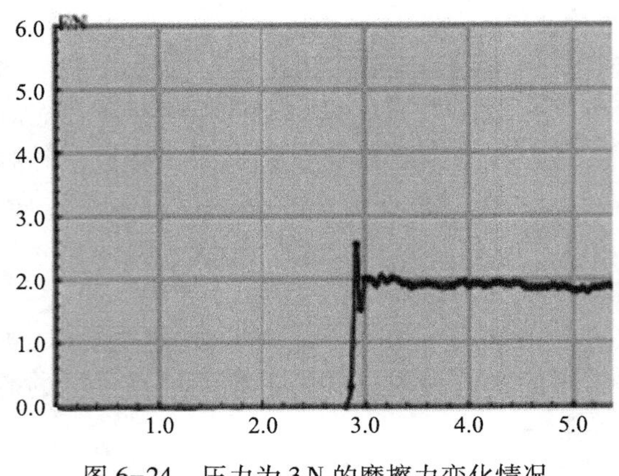

图 6-24　压力为 3 N 的摩擦力变化情况

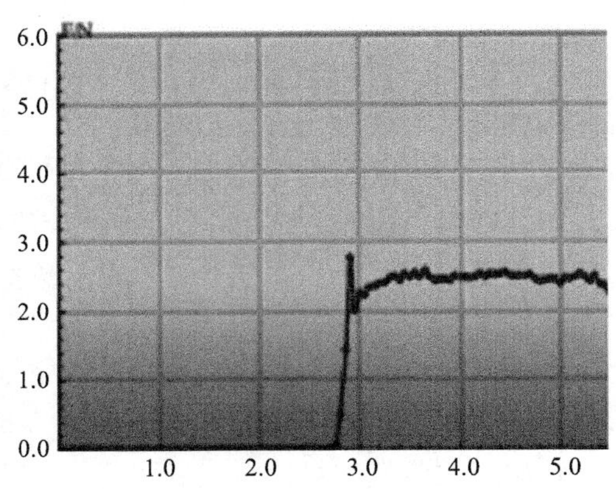

图 6-25　压力为 4 N 的摩擦力变化情况

（3）改变木块和长木板之间接触面的粗糙程度，重复上面的实验．得到在相同压力下，接触面越粗糙摩擦力越大的结果．木块在木板上做相对运动，并采用定速电动机带动，使物体匀速地做直线相对运动．用力传感器代替弹簧测力计，数字化读数更精确，图像显示更直观，对摩擦力前后的变化可进行直观对比（图 6-27—图 6-30）.

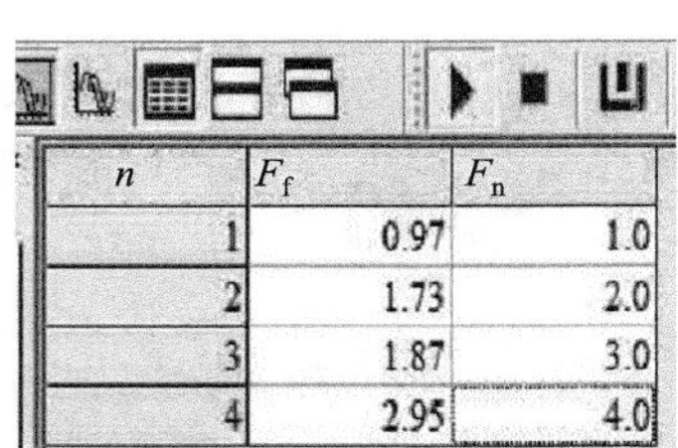

n	F_f	F_n
1	0.97	1.0
2	1.73	2.0
3	1.87	3.0
4	2.95	4.0

图 6-26　摩擦力-压力关系表格

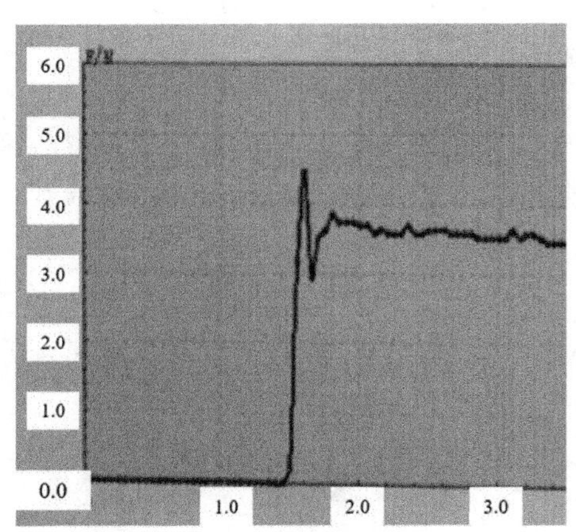

图 6-27　接触面动摩擦因数最大

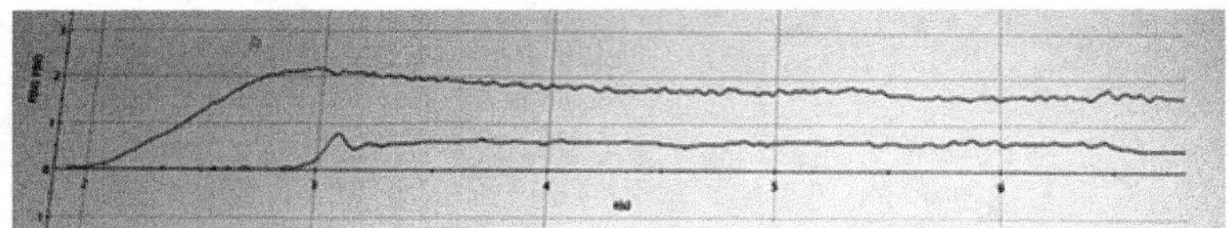

图 6-28　接触面动摩擦因数适中

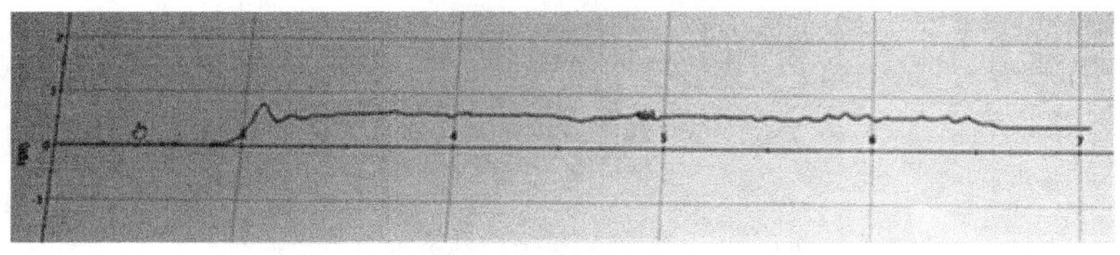

图 6-29　接触面动摩擦因数最小

【实验反思】

数字实验以电脑软件辅助，是智能化的应用．学生对电脑设备有亲近感，软件功能很快就能掌握．在教师的指导和辅助下，学生可以很快学会仪器的使用方法．传统测量仪器和数字传感器，最大的区别在于测量的原理不同，弹簧测力计是根据弹簧的伸长长度与拉力成正比，而力传感器主要是把力信号转换成电信号，不同测量原理可以反映同一属性，力传感器的精确度、分辨率等要高得多．

n	F_f	Fn	$k=F_f/Fn$
1	3.50	5.0	0.70
2	1.57	5.0	0.31
3	0.97	5.0	0.19

图 6-30　摩擦力与接触面粗糙程度的关系

在本实验中传感器的作用在于直接替代传统测量工具，而无须改变实验的整体设计和实验的探究方案．利用 DIS 实验装置，解决了匀速拉动及读数不便利的问题．通过数据采集器将数据通过计算机直接显示出来，准确直观．实验过程中充足的数据采集还可以激发学生进一步探索的动力，可以充分调动学生学习的主观能动性．教师在实验结束后还可以对相关数据进行延伸，以达到培养学生物理学科核心素养的目的①．

实验二　牛顿第三定律

【实验目的】

1. 验证牛顿第三定律．
2. 通过力传感器提高实验精确度，获得更准确的数据．

【实验器材】

DISLab、计算机等．

【实验研究】

1. 将两只力传感器接入数据采集器．
2. 启动“组合图线”功能，点击“增加”，增加图线“时间-力 1”与“时间-力 2”．
3. 两手各持一只力传感器（图 6-31），让两传感器的测钩互相钩住，两手用力拉或压，得到两条“力-时间”的组合显示图线．观察发现两条图线基本重合，表示两力大小相等（图 6-32）．

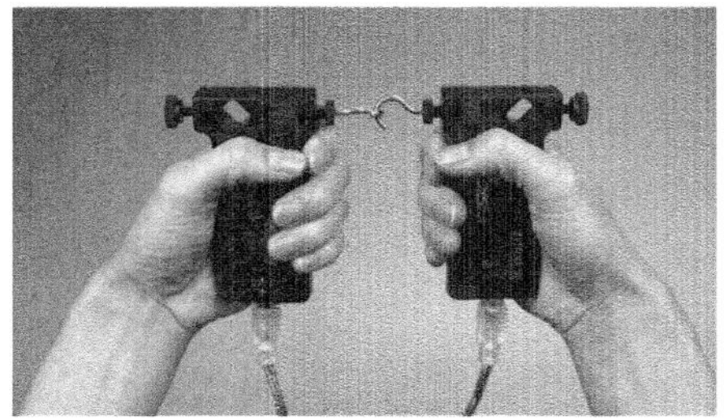

图 6-31　实验装置图

① 马成海．中学物理数字化探究的实践与反思——以滑动摩擦力大小因素实验为例［J］．教育信息技术，2015（06）：31-33.

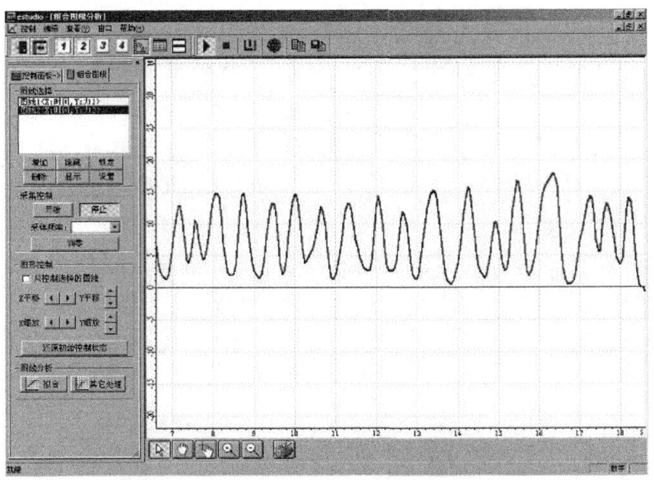

图 6-32　通常显示模式下的组合波形

4. 选中其中一条图线，点击“设置”，设为“镜像显示”，对两个力的方向加以区别（图 6-33）.

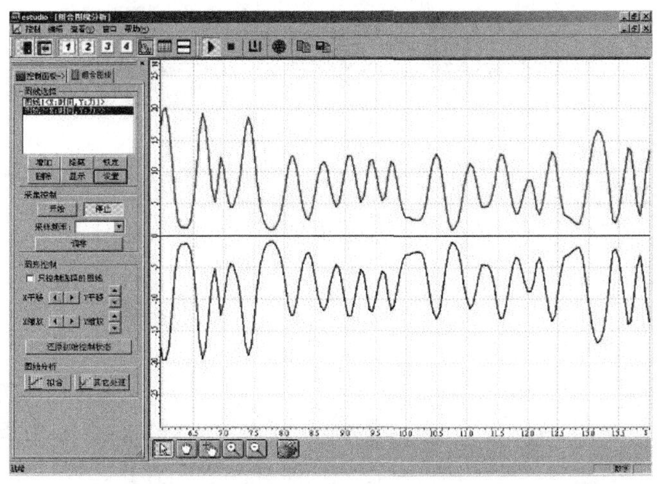

图 6-33　将一条图线设置为镜像模式

5. 返回实验界面，继续实验，可见两条图线对 x 轴对称，说明两力方向相反 .

6. 点击“停止”，将“采样频率”设置为“500”. 让两只力传感器的测钩正对，相互敲击，获得另外两条对 x 轴呈上下对称的图线（图 6-34）.

7. 结合实验结果，总结牛顿第三定律在实验中的体现 .

【实验反思】

在实验过程中应保持两传感器的手柄平行，注意测钩的角度，以免产生扭力影响数据的收集 . 数字化传感器实验的数据由传感器传输至计算机软件，省略了真实数据收集的过程，但读数环节的缺失将导致获取数据的能力不足，获取和处理信息又是科学探究的重要步骤之一 . 因此，教师可先安排学生学习传统实验仪器的使用方法，当其具备收集数据的能力后，再进行传感器实验操作①．数字化传感器在物理实验中的应用，为实验的开展和设计带来了更加多元的变化．它使教师可以在传统实验的基础上加以改造与创新，从而体现更多要素，培养学生更全面的能力．在本实验中可以改变实验次序，尝试另外一种思路：先观察镜像图像，得出两力方向相反；再取消镜像模式，借助两图线的重合现象，验证两力大小相同．这样的转变能够展现出科学探究中设计实验与制定方案这一重要步骤的魅力．尝试引导学生在原有基础上画出上下不对称的图线，对应此时的操作手法分析图线不对称的原因．强化交流，加深反思，从而形成对正确操作方法的理解和认识．通过自主绘制图像可增强学生对数据的敏感程度，而软件直接绘制图像可能影响学生理解物理量间的关系，此时图像解读就显得至关重要．应引导学生从硬件、软件两方面分析传感器实验的误差，找到图中与之对应的地方，训练其评估和反思的能力．

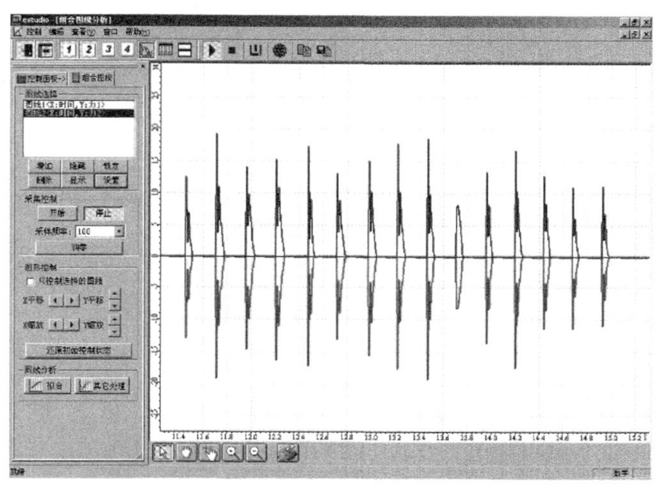

图 6-34　镜像模式下的组合波形

实验三　简谐振动过程中振子位移与弹簧受力关系研究

【实验目的】

1. 知晓弹簧振子在任意时刻位移与力的关系：弹簧振子在做简谐振动时，根据简谐振动方程可解出 x 与 F 的变化规律，其位移与所受的力呈现同周期性反相变化．

2. 通过实验观察，运用图像等方法，结合推理论证结果，养成从物理学理论解释事物内在规律的意识．

【实验器材】

DISLab（位移传感器与力传感器）、计算机、弹簧、铁架台、支架．

【实验研究】

1. 将位移传感器接收器和力传感器分别接入数据采集器的第一、第二通道．

---

① 胡华愉，杨晓梅．传感器在中学物理实验教学中的应用——以“牛顿第三定律”为例［J］．物理教学探讨，2021，39（06）：51-52+55.

2. 将力传感器固定在铁架台上，将弹簧挂在其测钩上，把位移传感器发射器挂在弹簧底部，让其发射口向下．

3. 在支架上固定好位移传感器的接收模块，让其接收口向上，放置在发射模块的正下方，实验装置如图 6-35 所示．

4. 对力传感器调零（作相对测量），打开“组合图线”窗口，点击“添加”，选择显示“位移-时间”和“力-时间”两条图线，点击“开始”，使两条图线同步．

5. 向下拉动位移传感器发射器，松手后该模块作为弹簧振子上下振动，同时得到两条简谐振动图线．

6. 上方图线是“位移-时间”，下方图线是“力-时间”（图 6-36）．观察分析可知：在位移最小时（发射模块最靠近接收模块），振子对弹簧的拉力最大；在位移最大时（发射模块最远离接收模块），振子对弹簧的拉力最小（示重已小于振子的重量），可见两图线反相．

图 6-35　简谐振动过程中位移与强簧受力关系研究的实验装置图

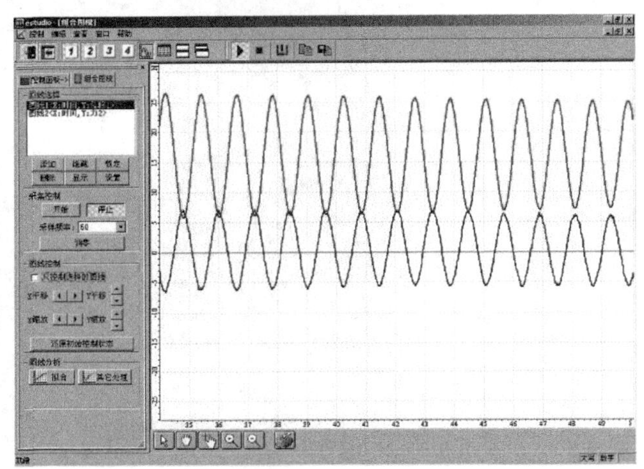

图 6-36　弹簧振子的位移与力图线

7. 利用“只控制选择的图线”功能，对“位移-时间”图线单独向下平移，实验效果更加明显（图 6-37）．也可当振子静止时，对两传感器同时调零，能得到同样的实验结果．

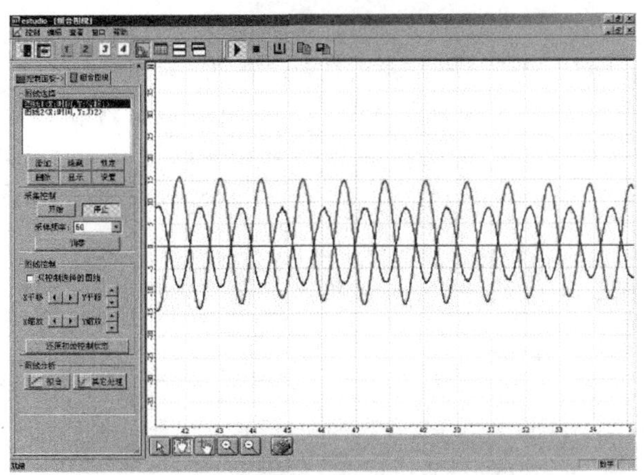

图 6-37　叠加显示弹簧振子的位移与力

实验四 研究等温条件下气体体积与压强的关系

【实验目的】

1. 探究气体体积与压强的关系 .

2. 理解 $p-V$ 图像的物理意义，能够运用图像解决物理问题 .

3. 认识建构理想气体等模型的必要性 .

4. 能在一定条件下应用理想气体模型分析和研究实际气体的问题，能用等温的理想过程正确认识和分析现实生活中的气体状态变化 .

【实验器材】

压强传感器、计算机、针筒 .

【实验研究】

1. 学生分组实验：学生观察实验装置并自行设计实验过程（图 6-38）.

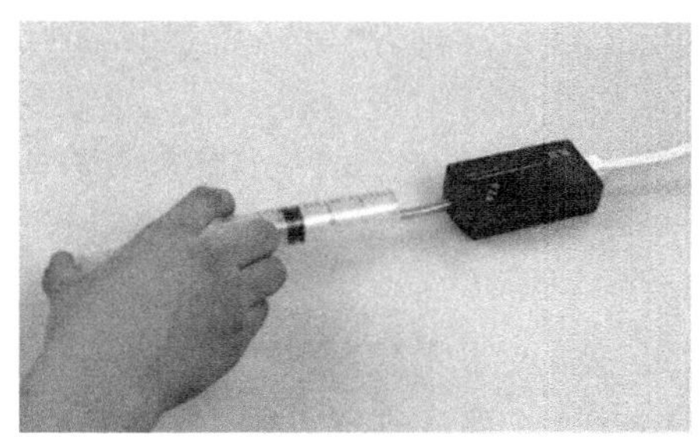

图 6-38 等温条件气体体积与压强关系的实验装置

2. 常温下缓慢改变气体的体积，每改变 1 mL 记录一次压强，并输入到实验表格中，同时记录该体积对应的压强值 .

3. 利用实验软件计算发现体积与压强的乘积基本为一常量；接着利用软件做出“$p-V$ 图像”和“$p-\frac{1}{V}$图像”，分别对两组图像进行反比例拟合和线性拟合（图 6-39），得到最终实验结论 .

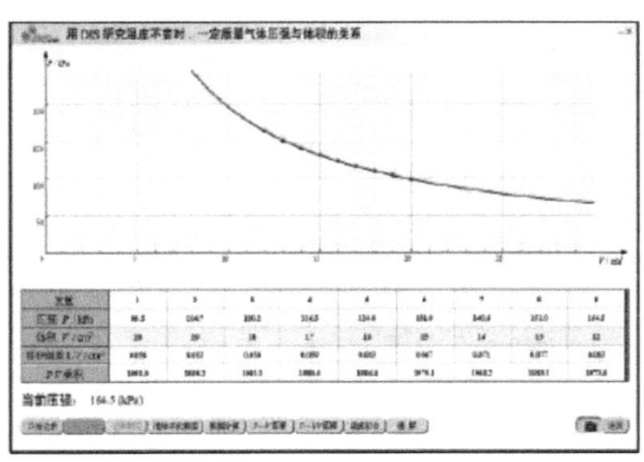

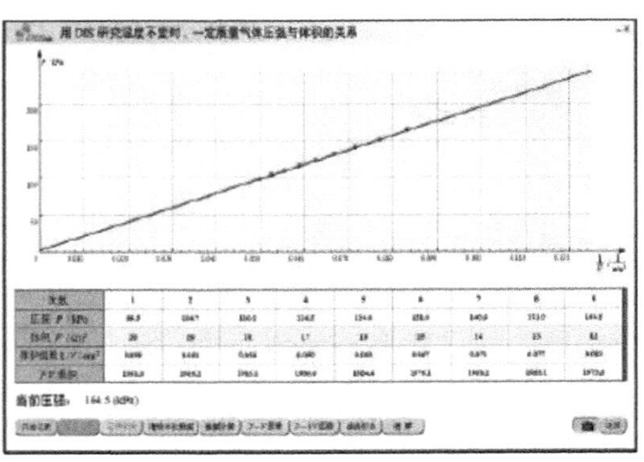

图 6-39 反比例拟合与线性拟合关系图像

【实验反思】

“研究等温条件下气体体积与压强的关系”是人教版高中物理教材选择性必修三的内容．气体的等温变化规律的得出依赖于实验的验证和支持，相比于在传统实验中用玻璃管做实验，本案例方法简明、操作简单、数据收集和分析较快．首先，通过压针筒，让学生亲自感受到气体压强的存在．其次，让学生通过实验数据发现，在等温的条件下气体的体积和压强并不成正比，而更像成反比．这时就需要利用计算机分析体积和压强倒数的关系，与传统学生自己分析数据相比，节约了大量的时间．但是学生发现体积和压强倒数并不是成正比的关系，而是一次函数．这时需要引导学生思考产生误差的原因，并使其思考如何改进实验来减小误差，培养学生独立思考和探究学习的能力．可以看到，在实验研究的某些方面，DIS 数字实验的效果是比传统实验更优质的．值得注意的是，本实验中，DIS 数字手段虽然节省了实验时间、提高了实验效率，使原本的演示实验变为学生分组探究实验，极大地提高了学生的实验兴趣．但对于实验的设计思路，也可能由于这种简化，令教师忽视了传统实验中具有价值的物理问题，忽视了物理观念和科学思维的提炼与养成．例如，（1）实验研究对象是哪部分气体？（2）如何描述气体体积？（3）如何描述气体压强？（4）如何改变并描述气体压强？（5）如何保证实验过程温度不变？这几个问题，在 DIS 数字实验中并不明确，貌似对实验的操作、数据的获得和结论的得出并没有太大的影响．可是只有明确这些问题，学生才能通过这一个实验了解如何描述气体的状态、如何选定研究对象、如何对新的研究对象（气体）进行物理学角度的分析，这些都是必不可少的．因此，在开展 DIS 数字实验的过程中，教师必须要用整合性的眼光看待传统实验和数字实验的优点与不足，结合学生在学习中的心理和能力，对实验教学进行全面系统的设计，促进物理教学方式的有效变革，落实培养物理核心素养的根本要求．

实验五　利用多量程电流传感器研究电容充、放电过程①

【实验目的】

1. 观察电容器的充、放电现象．了解电容器充、放电过程中的基本规律．
2. 通过综合分析电容器充、放电过程中电压和电流的变化情况，理解电容器充、放电的原理．

【实验器材】

不同规格的电解电容器（基本从废弃的打印机或电视机拆下，如图 6-40 所示），DISLab 多量程电流传感器（如图 6-41 所示）、DISLab 数据采集器，导线、干电池、电阻若干．

图 6-40　规格不同的电容器

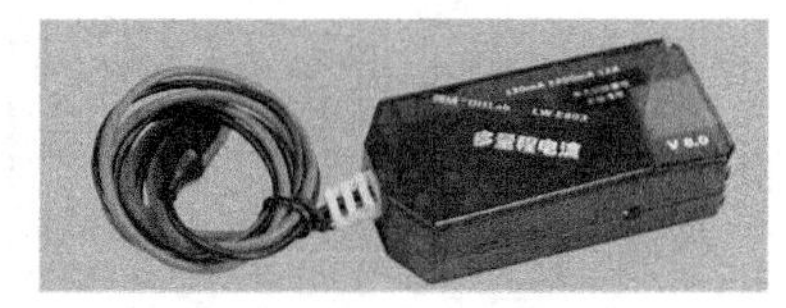

图 6-41　多量程电流传感器

① 谢俊．传感器技术应用于中学物理实验的案例研究［D］．杭州师范大学，2016.

【实验研究】

1. 首先，根据实验原理图（图 6-42）连接好简易实物图（图 6-43）. 再将多量程电流传感器、数据采集器与计算机通过 USB 接口连接好，并且确保数据采集器能正常工作.

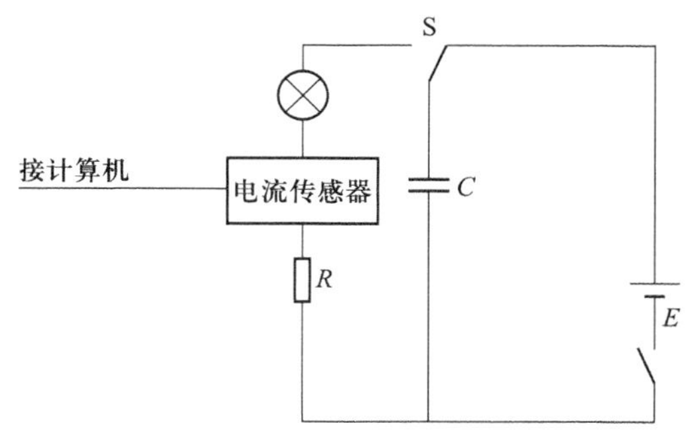

图 6-42 电容充、放电原理图

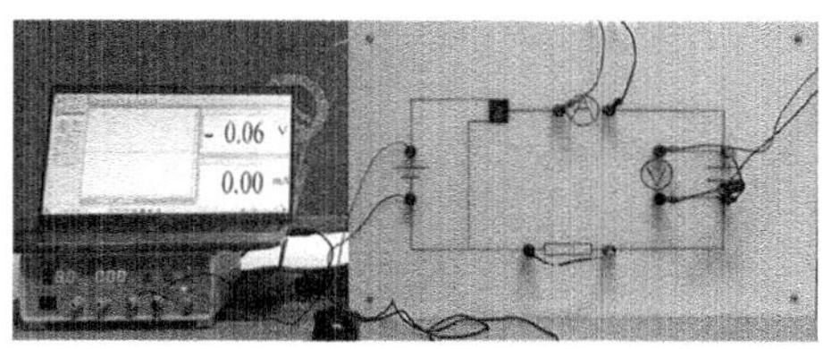

图 6-43 简易实物连接图

2. 电源选择由两节 1.5 V 干电池组成的电池组，电容选择规格为 35 V、470 μF. 闭合充电电路的所有开关，使电容器充电，等待几秒钟时间，这时基本充电完成.

3. 待电容器充电完成后，断开充电电路. 打开数字化信息实验平台的 DISLab 实验软件，点击【】新建一个组合图线，然后设置好参量. 将 x 轴正半轴定义为时间 t，y 轴正半轴定义为电流 I，然后将多量程电流传感器调零. 由于放电过程较快，而我们又希望得到一条较为平滑的曲线，因此把采集频率调至 200，再将电阻箱调至 80 Ω，以达到采样最大化并使曲线平滑（图 6-44）的目的.

4. 将多量程电流传感器调至 200 mA 量程段，点击“开始采样”（图 6-45）. 看到图像上有红线开始延伸了，就闭合放电电路的所有开关. 同时，看到小灯泡亮了又马上变暗最后熄灭，这时代表放电完成.

5. 按“采集停止”键，这时要通过【图线控制】功能放缩 x 轴和 y 轴以及平移 x 轴和 y 轴（图 6-46），来找到我们需要的那一段放电时的“电流-时间”图像（图 6-47）.

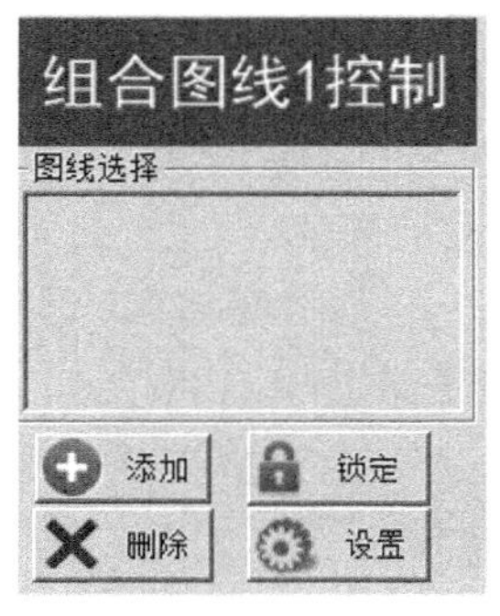

图 6-44 组合图线

图 6-45 采集控制设置

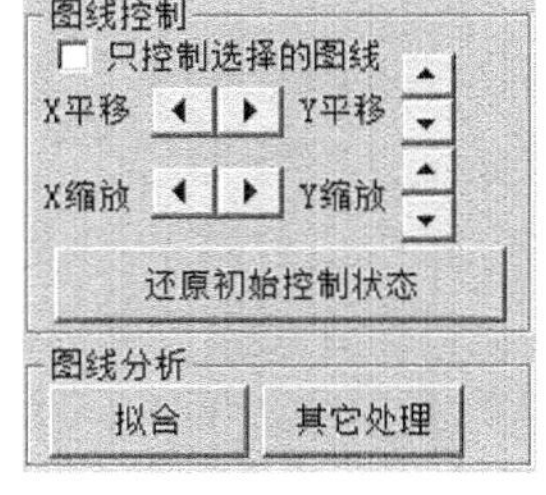

图 6-46 图线控制

6. 其他元件不动，在原来的两节干电池上再串联两节 1.5 V 的干电池，将电源电压增大到 6 V，按上述操作进行充、放电得到另一个对应的图线，将其保存待处理.

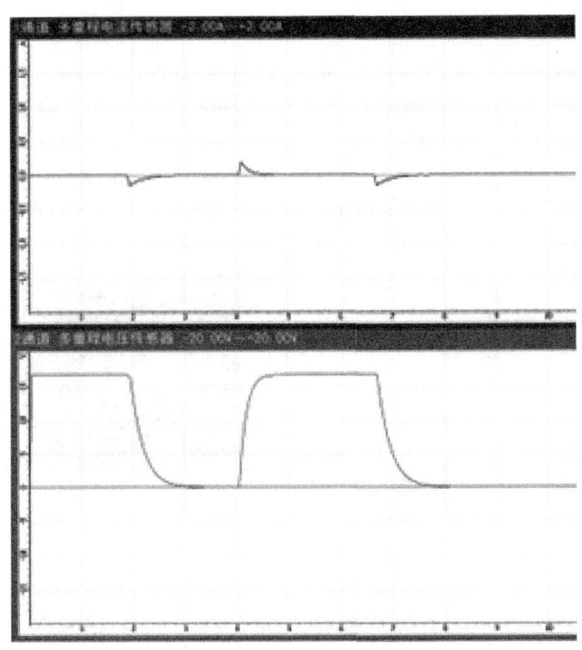

图 6-47 电容器放电时的函数图像（电流-时间）

7. 运用控制变量思想，将电源电压保持在 3 V，对两个不同规格的电容器（35 V、470 μF，10 V、220 μF）进行充、放电，得到图线并保存．

8. 拆卸电路，整理设备．

【实验反思】

在许多物理实验中，现象总是出现得非常快速，以至于人眼不能够准确地捕捉到我们想要的信息，或是相互作用效果非常之微小，人们不易察觉到变化．因此，出现了许多物理学家想要去攻克的问题．例如，卡文迪许扭秤实验．

正因为存在这些难以通过传统的实验来探究、验证的概念，所以人们才不断地利用新技术去研究新问题，包括教学与实验．而在实际教学中更多的是一些较为抽象的规律与概念，例如，电容的概念 $C=Q/U$（比值定义式）的建立，这是高中物理的一个重点和难点．同时，“电容器的电容”是“静电场”这一章的重难点．因此，概念之抽象、内容之重要就更加要求我们不能仅仅从理论推导去建立概念，同时还应该使用实验的方法去验证．

教材中在处理电容器这一节内容时，首先给出了电容器这样一个重要的电学元件，而后直接指出充电后电容器的两极板间有电势差，这个电势差与电容所带的电荷量 Q 有关．值得注意的是，对电容的充、放电过程并没有安排相应的演示实验，仅是在教材“做一做”中提到采用教学数据采集系统 HPCI-1 和传感器相配合观察电容器的充电与放电，但并没有具体的过程及做法．但对实验进行进一步分析是存在问题的，而且并不能达到一个良好的教学效果．

而在本实验案例的基础上通过电流传感器对这个实验进行改造后，把以前最难测量的电荷量 Q 精确地测量出来了．加之电源电压可以用学生电容控制，这就很容易让学生想到使用初中非常常用的控制变量法来进行研究．其次，也很容易让学生联想到电阻的定义式，正如用电压与电流的比值来表示导体对电流的阻值一样，可以通过知识点迁移将这个知识点与电容的概念结合起来，用电容器所携带电荷量 Q 与电容器极板的电势差 U 的比值表示电容器储存电荷的能力，这个比值越大说明电容器容纳电荷的能力越强，这个比值我们称为电容．于是，这个概念就很自然地建立起来了．

再通过相同电容器在不同电压下的放电，算出电容值 C 都相同；而对于不同电容，通过在相同电源电压下多次放电实验得知其电容值一般不同，它只由电容器本身的结构决定．这就用实验很好地说明了这个比值表征了电容器储存电荷的特性．

传感器实验不仅仅为教师们解决了教学上的难题，并使整个教学效率得到提高，教学效果也更加明显；更多的是帮助学生提升了相应的动手能力和研究精神．

实验六　探究通电螺线管的磁场

【实验目的】

1. 了解磁铁和通电螺线管周围的磁场方向．
2. 了解磁铁和通电螺线管的磁感应强度．
3. 基于归纳总结，建立各种不同形状的磁体周围产生的磁场的物理模型．

【实验原理】

磁体或电流在其周围的空间产生磁场，磁场对处于其中的磁极或电流有力的作用，物理学中用磁感应强度来表征磁场的强弱．

【实验器材】

多通道数据采集器（PS-2001）、磁场传感器（PS-2112）、转动传感器（PS-2120）、条形磁铁、蹄形磁铁、400 匝线圈、线性转换器（图 6-48）．

磁场传感器代替了小磁针，它将磁感应强度信号转变为电信号，采集数据信号并最终交由电脑软件进行分析处理．

磁场传感器

线圈

转动传感器

图 6-48　探究通电螺线管磁场的实验器材

【实验研究】

1. 按照图 6-49 组装实验仪器．将磁感应强度传感器敏感元件靠近磁体，并将其与转动传感器进行并联，使仪器转动．将多通道数据采集器串联于磁感应强度传感器与计算机之间．

2. 打开计算机，接入传感器组件，软件“Datastudio”自行启动，出现如图 6-50 所示界面．

3. 选择“启动 Datastudio”，软件启动后再选择“创建实验”项，界面如图 6-51 所示．

4. 点击“设置”按钮，将磁感应强度的单位改为“毫特斯拉”，将采样率设置为“20 Hz”．如图 6-52 所示．

图 6-49　实验装置图

图 6-50　传感器启动界面

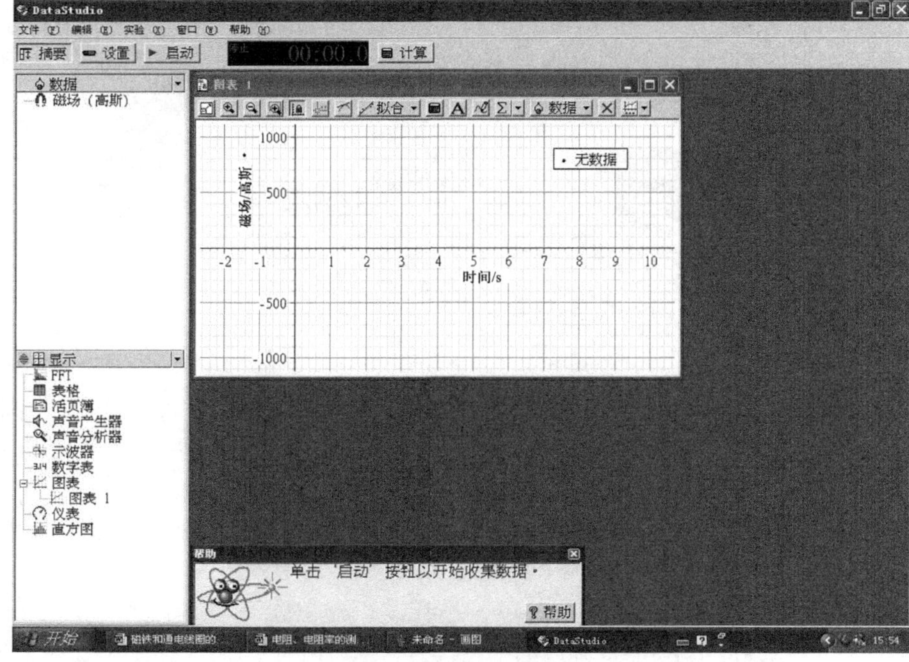

图 6-51　数据收集界面

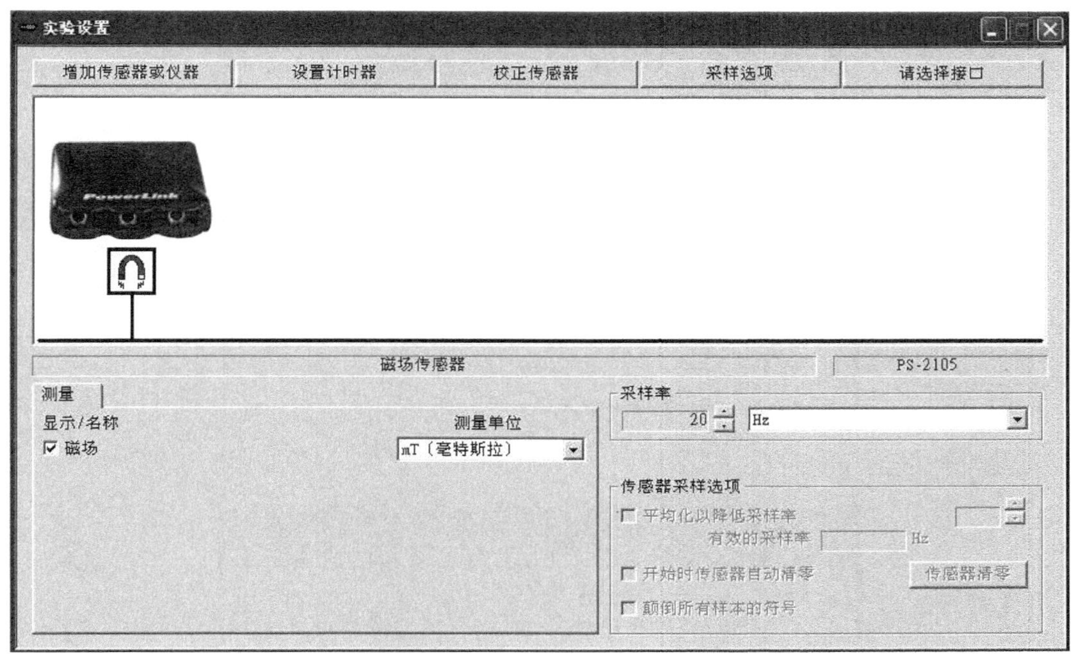

图 6-52 实验数据设置界面

5. 创建“磁场-时间”图表，如图 6-53 所示 .

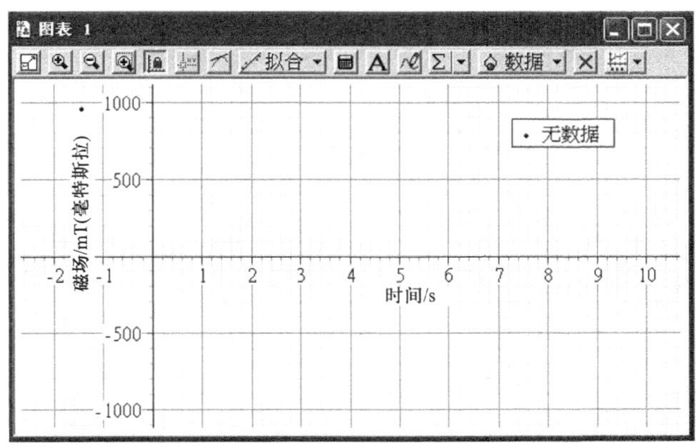

图 6-53 “磁场-时间”图表

6. 将磁场传感器探头分别沿条形磁铁、蹄形磁铁的两极向另一极移动，得到图 6-54、图 6-55 所示图线 .

按照实验图，组装好实验装置，并使磁场传感器的探头通过线圈的中空部分，测量通电线圈的磁感应强度，得到图 6-56 所示的图线 .

7. 数据分析

（1）从条形磁铁、蹄形磁铁的磁感应强度图 6-54、图 6-55 中可以看出，永磁铁的两极磁感应强度最强，中间部分磁感应强度最弱 .

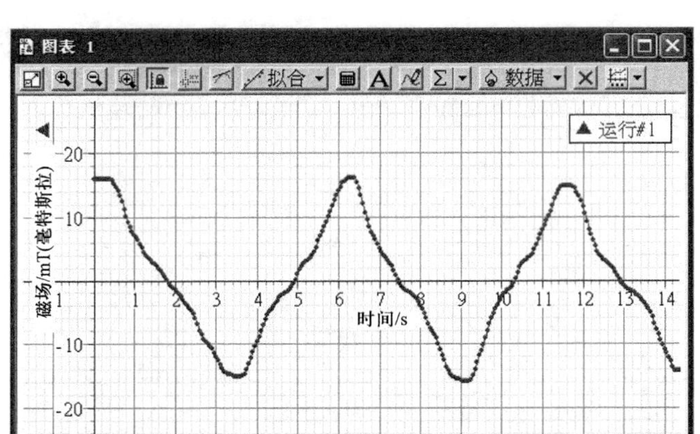

图 6-54　条性磁铁磁感应强度图

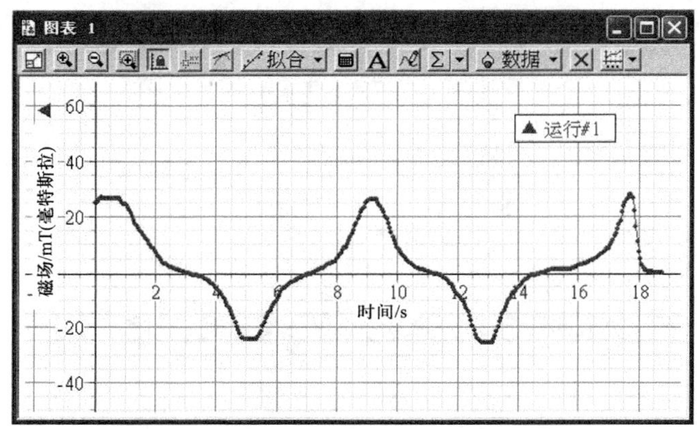

图 6-55　蹄形磁铁磁感应强度图

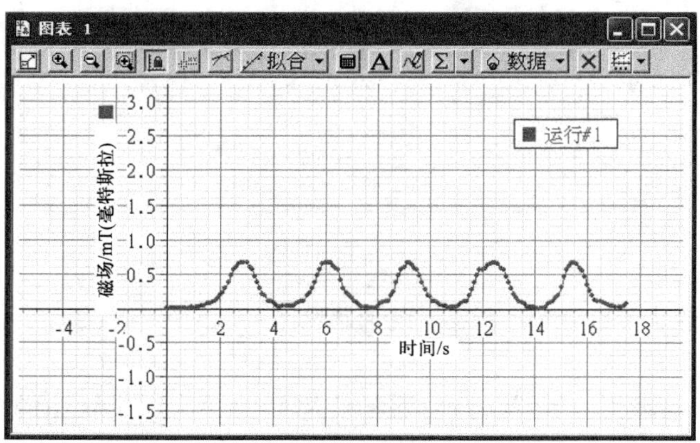

图 6-56　通电线圈磁感应强度图

（2）通电线圈的磁感应强度与永磁铁的磁场强度分布接近，越靠近线圈两端，磁感应强度越大．

【思考探究】

1. 自己动手测量永磁铁和通电线圈周围的磁感应强度变化，观察磁感应强度的变化与传感器探头到磁铁的距离有什么关系．

2. 测量马蹄形磁铁两磁极之间的磁感应强度，观察磁感应强度有什么变化．

实验七　阻力对物体运动的影响

【实验目的】

"阻力对物体运动的影响"节选自2013年版人教版《物理》（八年级下册）的第八章"运动和力"中第一节"牛顿第一定律"，除此以外，本节也可以改进为学生在高中学习的第四章第一节"牛顿第一定律"的重点内容——"理想斜面实验"，可在初中的基础上更加富有逻辑地认识伽利略的系统工作．学生需要通过本实验的学习，认识到阻力对物体运动的影响，然后经历完整的牛顿第一定律的推理过程，认识牛顿第一定律和物体的惯性．最终达到能够使用牛顿第一定律和物体惯性解释生活中的现象的目标．

【实验器材】

桌面式增强现实教学系统：主要包括一台集成了3D显示技术屏幕的一体主机，一副能被主机追踪定位的偏振式3D观察眼镜和一个内置六轴陀螺仪交互笔（图6-57）．为培养学生的多人协作能力和交流能力，还可以将实验变为小组形式，只需要多配备3~4副不带有定位追踪传感器的偏振式3D眼镜即可．

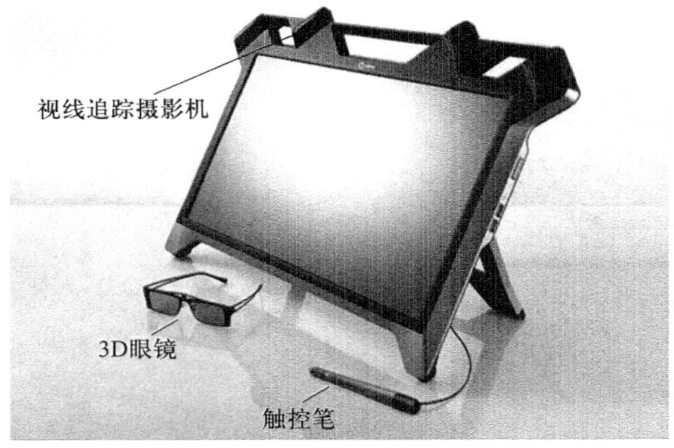

图6-57　VR交互式一体机显示器及配件

【实验研究】

1. 组装实验仪器

按实验室设备规范和设备使用说明书组装增强现实系统．实现在可视范围内系统对主眼镜的视角可以进行连续追踪，使学生可以对理想实验场景进行自由搭建，设计自己想要的实验方案和实验场景．

2. 搭建实验情境

实验中我们选用zSpace增强现实一体机进行分组实验．在zSpace增强现实资源库中调取"Newton'sPark"进行观察，在Newton'sPark中，师生面对的是一个开放性的平台，师生可以利用这个平台进行自由实验（图6-58）．在平台中有三个关键模块，分别为环境参量、实验道具和数据显示．环境参量可以改变环境的重力加速度、摩擦因数、高度等；实验道具中有不同材质的小球、物块、斜面、曲面、平台等；数据显示可以将实验数据进行实时展示，并且可无限次的回放．

3. 实验准备

由于实验需要用到增强现实一体机，需要用到220 V交流电源和较为专业的仪器，所以需要教师和学生进行以下几方面的准备工作：① 教师检查实验室内电路安全性和实验设备是否正常工作；② 学生在教师的引导下熟悉增强现实一体机的操作方法和操作规范；③ 教师引导学生阅读教材，进行实验方案的设计．

4. 进行实验

师生可以根据自己的意愿搭建多个斜面（图6-59），任意改变斜面的角度和材料可达到控制变量的目的；同时也可以使用不同的小球、物块等，进行多项变量的拓展实验．在实验进行中，虚拟现实平台可以实时展现物块质量、所受重力、物体速度、运动轨迹、滑动距离和运行时间六大重要参量，方便师生对物体运动情况做具体分析．在实验进行后，还可以通过回放系统进行多次重复播放，供学生对实验进行反复细致的研究（图6-60）．例如，在本实验的教学活动中，首先还是遵循一般过程进行“阻力对物体运动影响”的探究实验，让学生充分认识阻力对物体运动的影响．而在将阻力进一步推到零摩擦或无阻力状态下，使学生学习内容与前概念发生矛盾，导致认知冲突的时候，可以引入虚拟现实技术．利用平台搭建有摩擦和无摩擦的对比模型，观察在不同情况下物体的运动状态．让学生将抽象的推理结论转化为可视的具体结论，以达到加深理解的目的．

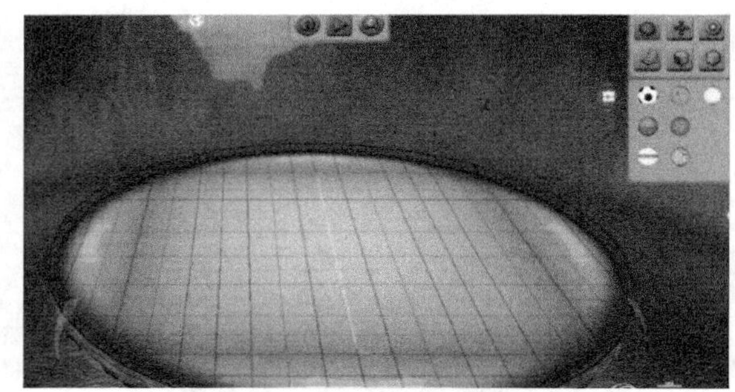

图6-58　Newton’s Park 实验台

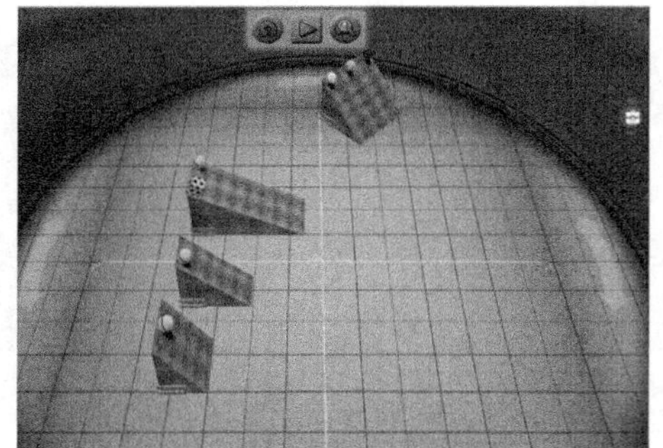

图6-59　阻力对物体运动的影响

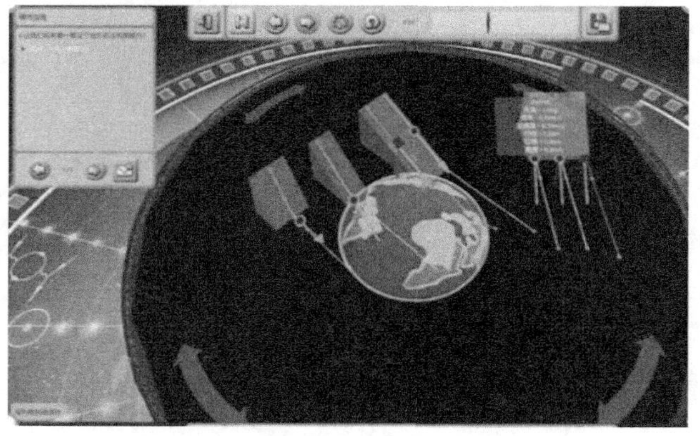

图6-60　实验回放界面

【实验反思】

本节课内容是初中物理力学和运动学的唯一结合部分，也是后期学习二力平衡、浮力和压强等具体问题的理论基础．在前期学习过程中学生已经掌握了力的三要素，具备了初步的受力分析能力，对力的作用效果也有了一定的认识，但是对于力与运动的具体关系尚不明确，通常是通过生活中的现象和实际经验做出判断，这种判断往往具有主观性和误导性．

在传统教学过程中，教师通常也是以生活中的实际现象为切入点．比如推动静止的木块，让木块由静止状态改变为运动状态，然后撤去对木块施加的力，木块又重新变为静止状态．由教师引领学生通过现象进行自主地分析，进而引出亚里士多德的观点，即“力是维持物体运动的原因”．在学生认可亚里士多德的观点后，再继续抛出伽利略的观点，即“物体的运动不需要力来维持，运动的物体之所以会停下来是因为受到了阻力的影响”．通过两种矛盾观点制造认知冲突，引发学生的思考，进而通过实验来进行验证，这个实验就是“阻力对物体运动的影响”实验．

在这部分教学活动中，传统教学方法以教师演示实验为主，教师需要事先准备三种材质的斜面（通常为木板、棉布和毛巾）、小木块（或小车）、直尺等器材，让小木块从三种材质的斜面依次滑下，然后测量下滑距离．在此期间教师还需要引导学生进行变量控制，即每次下滑的受力应该相同．并提出解决办法，即小木块每次从同一高度开始下滑．学生需要通过接触面粗糙程度、摩擦阻力的大小和运动距离的远近三个方面进行对比分析，最终得到“表面越光滑，摩擦阻力越小，小木块速度减小得越慢，运动的距离也就越远”的结论．最后由教师引导学生进行“理论推理”，得出“如果摩擦阻力为零，那么小车将永远运动不会停止”．传统教学为使实验现象更加明显，还会引入气垫导轨进一步减小摩擦力．

这部分教学活动几乎完全按照伽利略当时的实验进行复刻，推理过程非常的科学和严谨．但是由于结论和学生的认知产生了强烈冲突，很多学生并不能完全认同这个结论．而由于牛顿第一定律的特殊性，现实条件下无法对它进行直接验证．若使用普通的3D视频进行演示，则会让学生产生更加不真实的感觉．难以从内省产生认同感．另一方面，本实验过程简单但是器材较大，教师的课前准备工作量较大，对于人数较多的班级，其实验现象也难以让所有学生观察到，对实验的效果容易造成负面影响．

通过虚拟现实技术的引入，本部分教学活动完成了从教师演示实验到学生分组实验的转变，将实验类型从观察类实验转变为探究类实验．学生可以通过虚拟现实平台实现自主探究，不用担心因现实条件复杂而对多次实验造成困难．教师也将传统的“讲授”式教学转变为“视听”一体式教学．这样的转变不但并不违背本节课所要达成的，通过实验与推理相结合的方法体会牛顿第一定律建立完整过程的教学目标．还让学生亲身经历了完整的过程后，还能将自己推导出的结论进行直观的演示．从而形成对牛顿第一定律更加深刻的理解．这样不仅能够锻炼学生的探究能力，还能进一步激发学生对于科学探索的兴趣，同时也不会影响通过物理学史培养学生严谨科学态度和科学精神的目的．

物理学史对学生形成物理观念有着重要的作用，通常来说，学生只有了解了物理规律的真正发展过程才能认识到它们的本质．在核心素养体系下，物理学史的教学更是承担了培养学生科学思维的重要任务．本案例以物理学史教学为切入点，旨在通过虚拟现实技术让学生经历更加完整和生动的探究过程．

实验八 探究平抛运动的特点

【实验目的】

1. 通过实验，探究并认识平抛运动的规律．

2. 经历并体会研究问题要从特殊到一般、由定性到定量的过程，理解平抛运动可以分解为水平方向上的匀速直线运动与竖直方向上的自由落体运动．

3. 尝试将数学几何原理应用于物理研究，获得结论并做出解释．

【实验器材】

zSpace 3D 虚拟现实交互式学习一体机，如图 6-61 所示．

图 6-61 zSpace 3D 虚拟现实交互式学习一体机

【实验研究】

1. 打开 zSpace 虚拟现实交互式学习一体机，进入软件“Newton's Park”，进入沙盘开始实验．虚拟现实交互式学习一体机，可提供真实、理想的实验环境，将小球从斜面滑落全过程的轨迹和速度可视化，通过转换多种视角引导学生仔细观察、记录小球的运动轨迹和各个实验参量．组织学生进行实验设计并检查学生设计实验的可行性，适当指出存在问题．

2. 以小组为单位，根据所学知识进行猜想，利用“控制变量法”“对比观察法”等基本实验方法，结合实际问题独立提出合理的实验方案，并验证猜想是否成立．根据实验方案及所需数据设计数据记录表格．

3. 验证一：让学生在教师的引导下设计实验．设计另外一个做自由落体运动的小球，使其与做平抛运动的小球从同一高度开始同时落下，若它们能够同时落地，则可以说明平抛运动在竖直方向上是自由落体运动．通过三个视角的转化（图 6-62—图 6-64），培养学生观察实验现象的能力，验证平抛运动在竖直方向上的分运动为自由落体运动．

4. 验证二：进一步引导学生猜想，设计另一个在水平方向上做匀速直线运动的小球，如果其初速度与做平抛运动的小球相同，那么它们在水平方向上的位移也应当相同．然后教师向学生展示，利用虚拟现实技术设计的对比试验（图 6-65，图 6-66）．

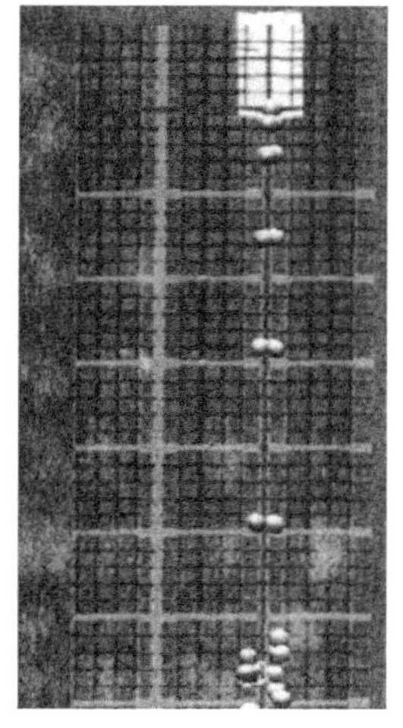

图 6-62 前方视图

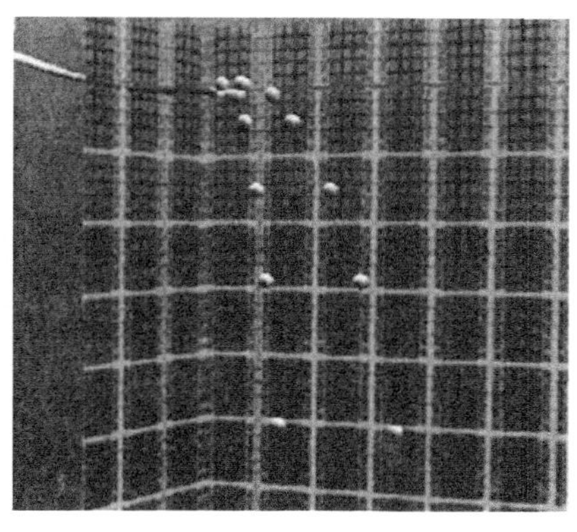

图 6-63 俯视图

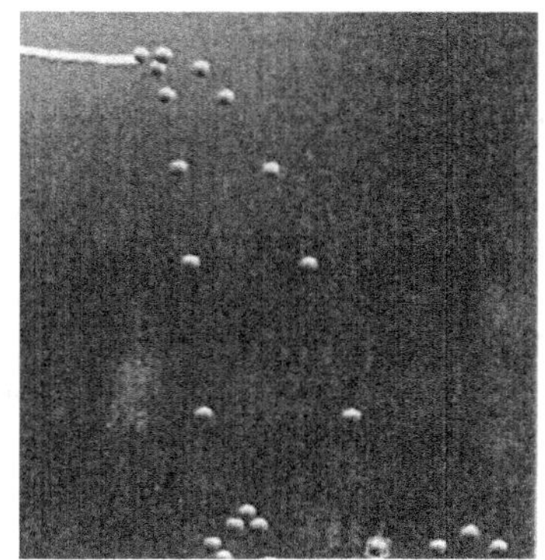

图 6-64 侧面视图

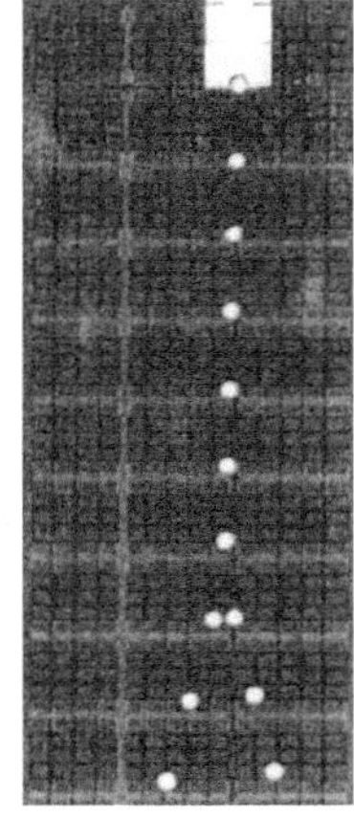

图 6-65 俯视图

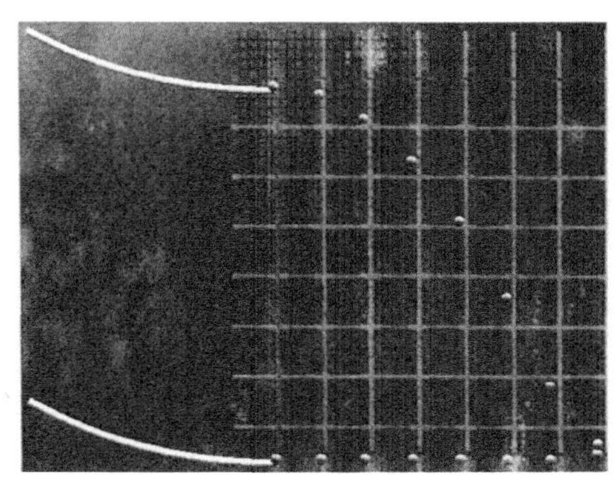

图 6-66 侧面视图

5. 得出结论：通过如图所示的虚拟实验，学生很容易在观察中得到小球在水平方向上和竖直方向上的运动规律，通过这样的对照试验明确平抛运动的运动特点 .

【实验反思】

本次教学的探究选自人教版普通高中《物理》教材（必修二）第五章曲线运动的第三节“实验：研究平抛运动”，相较于上一版发行的教材，本版将“研究平抛运动的特点”作为单独一节内容 . 可以看出，教材着重体现了《普通高中物理课程标准（2017 版）》中培养学生科学探究、自主发现问题、解决问题的能力的理念 .

本实验充分利用了探究式实验教学和虚拟实验教学，这两种教学方式的结合增强了本实验的教学深度和广度，并给学生营造了积极的学习环境和丰富的物理情境 . zSpace 虚拟现实交互式学习一体机的使用，突破了传统实验器材难以改变条件的局限，实现了现实中难以达到的理想实验环境，甚至可以暂停时间返回到某一时刻的状态并且查看相应实验参量 . 在操作也比较简便的同时，可以多次回放实验过程，清晰地观察小球从斜面顶端下落至平面这一完整过程的轨迹，这使得实验现象能更加生动、明显地呈现在学生面前 . 由此使学生发现问题、分析问题、解决问题的能力得到锻炼和提高，充分激发了学生的学习、探索兴趣，提高了学生参与的积极性．将学生分组，学生与组内的同学一起讨论、研究、设计和进行实验，培养了学生优势互补、合作共赢的团队意识，提高其交流沟通能力，更有利于学生的共同进步．但是，教师在教学中要正确处理虚拟实验同传统物理实验的关系．传统实验在教学中的作用更加基础，能为学生提供更多的操作体验，也能在培养学生动手操作能力、思维能力上起更大的作用．一般来说，虚拟实验的主要作用是配合传统物理实验，切勿盲目用虚拟实验完全取代真实的物理实验．

实验九　凸透镜成像规律的探究

【实验目的】

1. 探究并知晓凸透镜成像的规律．

2. 了解凸透镜在生活中的应用，能够从光学理论的视角解释现实生活中的实际问题．

【实验器材】

凸透镜、光具座、光源（蜡烛）、光屏、刻度尺、多媒体、VR/AR+教育实验系统．

【实验研究】

1. 打开电脑并开启摄像头，使摄像机捕获凸透镜识别图，将凸透镜的三维模型与用于标记焦距和 2 倍焦距的光轴线显示在屏幕上．此时将蜡烛识别图和光屏识别图分别置于凸透镜识别图两侧，软件通过识别蜡烛与凸透镜之间的距离在光屏上呈现相关的图像（图 6-67）．

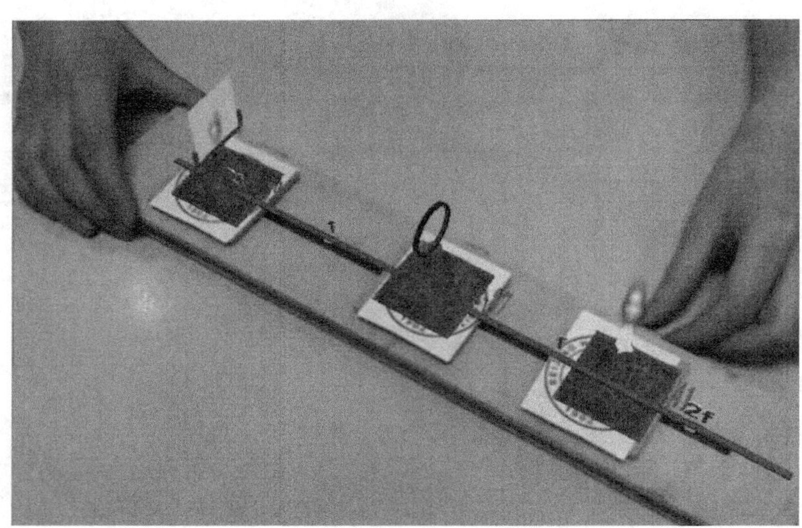

图 6-67　凸透镜成像规律探究实验操作图

2. 指导学生移动凸透镜和光屏并提供位置参照，通过 AR 系统在实验中显示一倍和二倍焦距点，呈现虚拟实验环境中的像距、物距和屏距．根据显示数值记录像距、物距和屏距变化的实验数据．

3. 引导学生根据实验数据，总结实验规律：像距为 v，物距为 u，焦距为 f. 根据凸透镜成像公式：$1/v+1/u=1/f$，当 $u>2f$ 时，光屏会呈现缩小倒立的实像；当 $u=2f$ 时，光屏会呈现等大倒立的实像；当 $f<u<2f$ 时，光屏会呈现放大倒立的实像；当 $u=f$ 时，光屏不呈像；当 $u<f$ 时，在蜡烛一侧呈放大正立的虚像（见表 6-1）.

表 6-1　凸透镜成像规律

成像特点	物　距	像　距	像与物位置关系
倒立、缩小、实像	$u>2f$	$2f>v>f$	异侧
倒立、等大、实像	$u=2f$	$v=2f$	异侧
倒立、放大、实像	$2f>u>f$	$v>2f$	异侧
不成像	$u=f$		
正立、放大、虚像	$u<f$		同侧

【实验反思】

传统实验的实物装置需占据较大空间，且蜡烛是明火，具有一定的安全隐患．另外学生往往只能在实验教室（真实空间）体验一次，某些学生如果在一节课中没有完全掌握相关知识，却再没有机会重做了．信息技术引入后，被用于辅助这一实验的开展，相当于把实验室搬到了教室，使课堂教学更具趣味性，为学生提供了更为理想的实验环境．

对于凸透镜成像规律实验，共经过几次变革．最早 Flash 被广泛用于教学演示动画的制作．使用 Flash 制作的凸透镜成像教学课件，支持学生使用鼠标随意拖动蜡烛以及改变凸透镜的焦距，而像的移动方向、移动快慢、虚实状态随之连续变化的动态并未显示．而且，这类课件呈现的是完全虚拟的场景，界面素材简单，是完全应用公式的拟合，学生得不到真实的体验，交互效果不好，学生往往还会质疑现实中是否会有这样的现象发生．相较之下，AR 技术的引入为使用信息技术模拟凸透镜成像等物理实验提供了更真实自然、交互性强的选择．同时，通过 AR 技术还可以与学生在学习和做习题过程中遇到的各种物理情境相关联，较为简便地实施改变凸透镜焦距、自动显示光路、自动对焦、改变光源形态、遮挡一半凸透镜、上下左右移动实验仪器等操作，实验过程实时动态生成，操作方便有效，实验效果明显，让学生获得在传统实验情况下不能获得的大量感性认知．虚拟实验注重以学生为主体，创设丰富的学习体验环境，使学生能够积极主动地参与到课堂活动中来，同时降低实验成本，缩短演示实验花费的时间．通过教学也发现在学习态度方面，大多数学生对于使用 AR 进行物理学习持积极态度．

实验十　虚拟实验辅助学生探究学习案例——探究“电路短路问题”①

【实验目的】

1. 通过实验观察，了解电路短路问题给生活带来的危害．

2. 经历交流讨论的过程，在制定方案时，掌握基本的排除电路短路安全隐患的方法，养成用所学物理知识保护环境的意识．

【实验器材】

电源、电压表、电流表、开关、保险丝等虚拟器件．

---

① 王玉琼．虚拟实验在中学物理教学中的应用研究［D］．四川师范大学，2008.

【实验研究】

1. 任务 1：认识电源短路现象

虚拟实验系统中的电学实验室提供了电源、电压表、电流表、开关、保险丝等虚拟器件．利用鼠标拖动虚拟实验仪器组装一个电源短路的电路，如图 6-68 所示，直接用导线连接电源两极或者直接用导线将电源和开关连接起来．

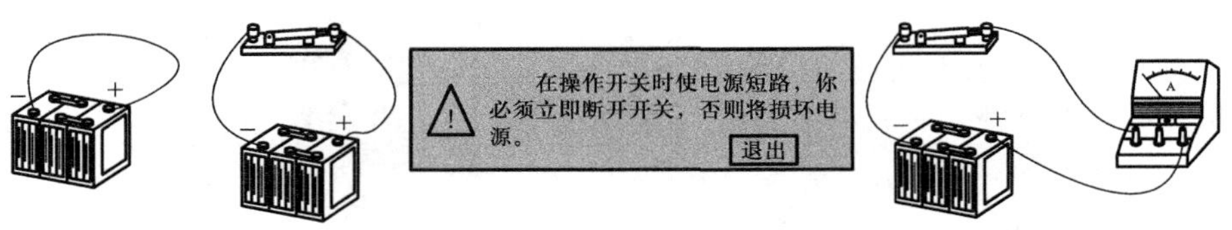

图 6-68 电路短路的情境创设

（1）操作指导语：把电源两极直接与开关两端相连，合上开关，观察有什么现象．把电流表接入电路后，再观察实验现象．

（2）实验现象：合上开关后，出现警示图标及警告语："在操作开关时电源短路，你必须立即断开开关，否则将损坏电源"．增加电流表后，合上开关，电流表变黑了（表明电流表已被损坏），并显示出现警示图标及警告语．

（3）探究目的：通过这个虚拟实验，使学生亲身体验什么是电源短路情况，电源短路后会产生什么后果，并分析其原因．例如，电源短路会引起电流增大，因此烧毁电源，严重时会引起火灾等．

2. 任务 2：发生电源短路后的保护措施

（1）操作指导语：如图 6-69 所示，在上面电路的基础上串联一个保险丝，合上开关，观察实验现象．

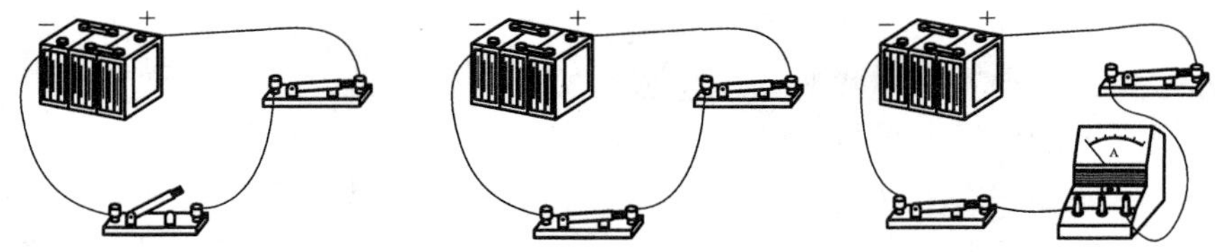

图 6-69 加保险丝对电路的保护

（2）实验现象：串联一个保险丝的电路，合上开关后，只听"啪"的一声，保险丝就烧断了．当在电路中接入电流表后，合上开关，只听"啪"的一声，保险丝被烧断，同时电流表示数为零（电流表指针不偏转）．

（3）探究目的：通过这个虚拟实验，使学生认识到串联保险丝是防止电源短路危害的一种有效方式．教师可以再展示其他防止电源短路危害的器件，比如闸刀开关等，使学生了解在实际生活中防止短路危害的方法．

3. 任务 3：认识用电器短路现象

（1）操作指导语：组装如图 6-70 所示电路，先合上开关，再合上另一只与灯泡并联的开关，观察实验现象．

（2）实验现象：合上与电源串联的开关 S_1 后，两只灯泡 L_1、L_2 都发光，电流表示数为

0.30 A；当合上与灯泡 L_2 并联的开关 S_2 后，灯泡 L_2 熄灭，另一只灯泡 L_1 亮度比原来增强，电流表示数为 0.59 A.

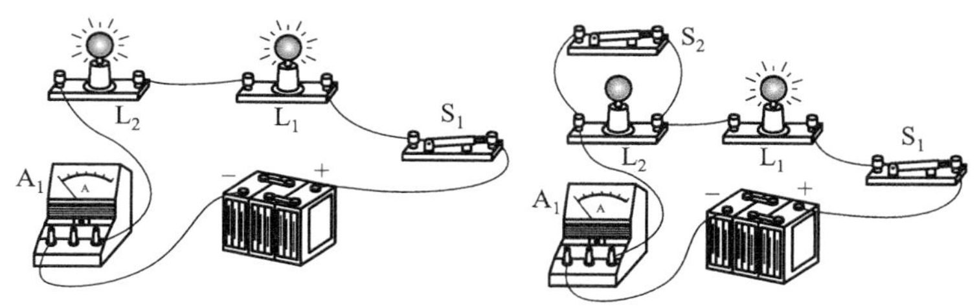

图 6-70 用电器短路情况

（3）探究目的：根据实验现象，启发学生提出下列问题：为什么一只灯泡熄灭了而另一只却变得更亮？熄灭的灯泡被烧毁了吗？为什么电流表的示数变大了？如果将保险丝串联接入电路中，保险丝会烧断吗？这种操作是否安全？通过这些问题的讨论，使学生认识用电器短路及其产生的影响.

4. 任务 4：研究用电器短路的危害

（1）操作指导语：组装如图 6-71 所示电路，选择额定电流为 0.7 A 的两只灯泡，再分别合上两只开关；组装如图 6-72 所示电路，选择额定电流为 0.8 A 的两只灯泡和额定电流为 0.7 A 的保险丝，分别合上两只开关.

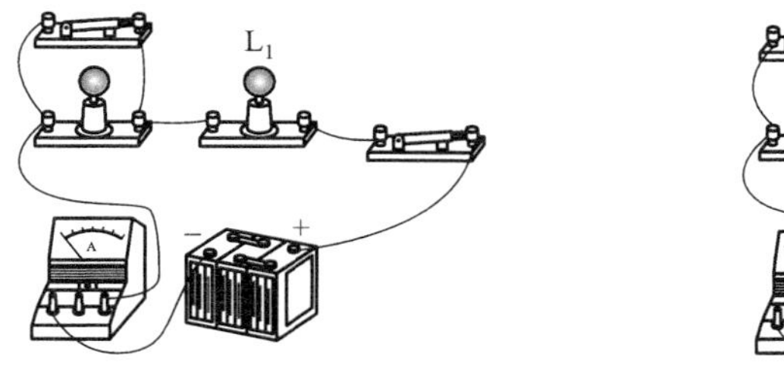

图 6-71 灯泡 L_1 烧坏

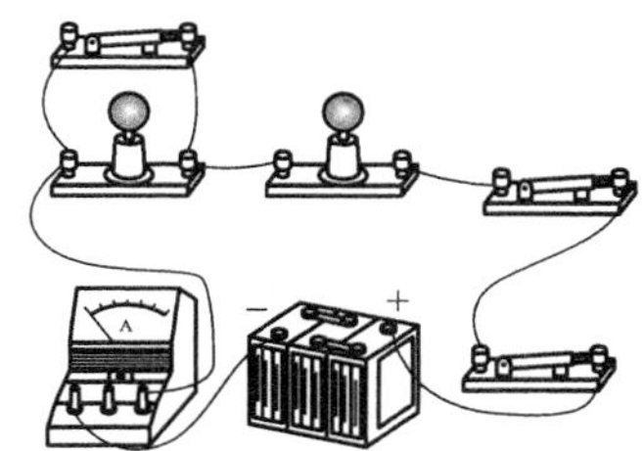

图 6-72 保险丝被熔断

（2）实验现象：在图 6-71 操作中，灯泡 L_1 烧毁，电流表示数为零；在图 6-72 操作中，保险丝烧断，两只灯泡完好. 通过任务 3 和任务 4 的操作探究，启发学生得到下列结论：

① 把用电器的两端用导线直接连接起来，则该用电器被短路.

② 几个用电器串联使用，当其中一个用电器被短路时，会引起下列结果：

a. 电路中电流变大；

b. 电路中其他电器工作可能不正常（超过额定功率）；

c. 电路中其他电器可能被烧坏.

③ 为了防止用电器短路的危害，应当在电路中串联额定电流较小的保险丝.

5. 任务 5：研究并联电路中的短路现象

（1）操作指导语：组装电路，两只灯泡并联，当其中一只灯泡被短路时，会发生什么现象？如果是另一只灯泡短路呢？如果是多盏灯并联呢？

（2）实验现象：如果一只灯泡被短路，其他灯都熄灭，保险丝被烧断. 引导学生讨论，得到几个用电器并联使用的结论：

① 任何一个用电器被短路，全部用电器都不工作（但电器本身不会损害）；

② 任何一个用电器被短路的同时，电源也被短路；

③ 家用电器一般是并联使用，要避免电器短路，并安装保险丝．

【实验反思】

本节主要介绍学生利用虚拟实验系统探究“电路短路问题”，让学生通过体验了解传统教学中无法实际操作而展现的实验现象．利用虚拟实验系统中的电学实验室模块，对电路短路从不同的方面设计不同的主题，采用任务驱动的方法，将它分解为 5 个子主题和 5 个任务，进行电路短路教学的自主探究学习设计，引导学生进行自主探究学习，有效地改变学习方式，发展学生科学探究的核心素养．

一方面，在初中电学教学过程中，由于电路短路实验具有一定的危险性，一般采用教师做演示的方式向学生展示，学生缺少亲身体验．利用作者开发的虚拟实验系统，学生不但可以亲自体验生动的实验现场，而且还可以开展物理探究学习，从而优化实验教学组织形式，提高实验教学效率．

另一方面，理解短路现象是初中物理电学教学中的难点．由于缺少体验，学生对短路问题的认识仍处于一种模糊状态，面临真实情景时往往一筹莫展．而在该自主探究学习设计中采用了 5 个分解任务，给予学生必要的指导，使学生通过虚拟实验操作，体验电源短路和用电器短路的发生和危害，自主进行知识的建构．此外，教学实践表明，采用这种学习方式，更加调动了学生的学习积极性，使学生体验到了成功的喜悦．

实验十一　通电线圈不能在磁场中连续转动

【实验目的】

1. 运用左手螺旋定则进行通电导线在磁场中受力的原理分析，知晓通电线圈在磁场中的扭转过程，能够分析出通电线圈在磁场中不能连续转动的原因．

2. 了解直流电动机的改进方式及其在生活中的应用，认识科学与技术的关系．

【实验器材】

桌面式增强现实教学系统：主要包括一台集成了 3D 显示技术屏幕的一体主机，一副能被主机追踪定位的偏振式 3D 观察眼镜和一个内置六轴陀螺仪的交互笔（图 6-73）．为培养学生的多人协作能力和交流能力，还可以将实验变为小组形式，只需要多配备 3~4 副不带有定位追踪传感器的偏振式 3D 眼镜即可．

【实验研究】

1. 组装实验仪器

按实验室设备规范和设备使用说明书组装增强现实系统．实现在可视范围内系统对主眼镜的视角可以进行连续追踪，让学生可以通过 3D 眼镜对电动机模型进行立体观察，便于学生观察电动机的工作过程．

2. 搭建实验情境

实验中我们选用 zSpace 增强现实一体机进行分组实验．在 zSpace 增强现实资源库中调取稳压直流电机模型进行观察（图 6-74）．除了可以观察直流电动机的整体外形之外，还可以对其中每一个零部件直接显示和拆分．在此过程中学生可以将其中的零件和教材中提到的直流电机零件进行对照，对它们的形状、结构、材料和工作原理进行更加直观和具体的学习．

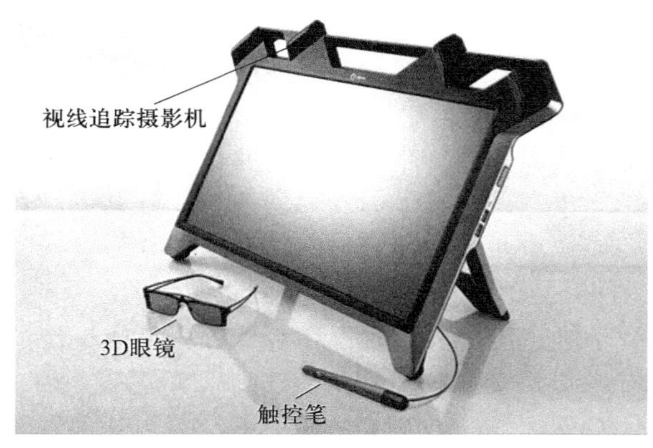

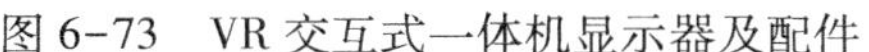

图 6-73　VR 交互式一体机显示器及配件

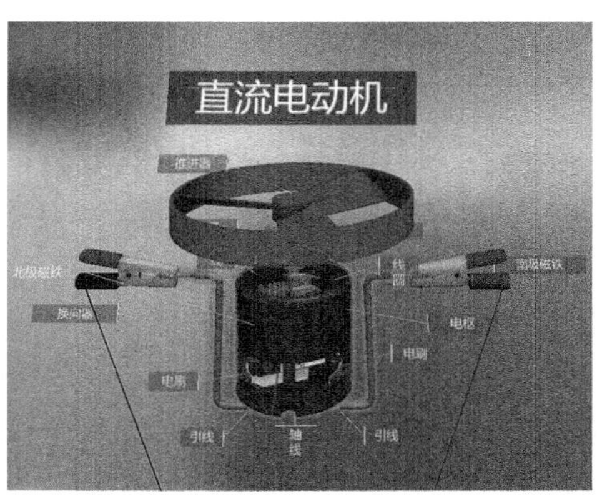

图 6-74　直流电动机结构图

3. 实验准备

由于实验需要用到增强现实一体机，需使用 220 V 交流电源和较为专业的仪器，所以需要教师和学生进行以下几方面的准备工作：① 教师检查实验室内电路安全性和实验设备是否正常工作；② 学生在教师的引导下熟悉增强现实一体机的操作方法和操作规范；③ 教师引导学生阅读教材，复习通电线圈在磁场中不能连续转动的原因；④ 学生对教材中提到的直流电动机的原理进行分析，并进行组内讨论．学生自主提出困扰自己理解直流电机工作原理的核心问题．

4. 进行实验

学生对直流电机模型进行整体和深入观察，以小组为单位进行分析和讨论，并与教材中直流电机进行对比．随后进一步将电动机放入电路中，使其变成动态模型．观察直流电机的工作状态和运转状态．利用资源库中的“Franklin's Lab”平台将电动机放入四轴平衡无人机的模拟电路图中，对无人机进行模拟搭建，将磁现象中电动机部分与电学中电路部分进行有机结合．拓展探究电动机转动方向与电流方向的关系，提升学生的技术应用能力．

【实验反思】

“通电线圈在磁场中不能连续转动”的实验选自 2013 年人教版九年级《物理》第二十章电与磁中第四节“电动机”．本实验的原理是把矩形线圈放在磁场中，开始时使线圈平面和磁感线平行，接通电路后，由于通电线圈两条对边中的电流方向相反，它们所受到磁场的作用力的方向也相反，且不在一条直线上．通电线圈在这两个力的作用下便发生转动．当线圈转到线圈平面与磁感线垂直的位置时，线圈两条对边所受到的力恰好在同一直线上，且大小相等，方向相反．线圈此时受到平衡力，处于平衡状态，此时线圈所处的位置叫做平衡位置，线圈靠惯性越过平衡位置后，所受的磁场力又迫使线圈回到平衡位置．所以线圈只能在平衡位置附近来回摆动，不能沿一个方向持续转动．

稳压直流电动机的转动是连续的，学生对于通电线圈在直流电动机中连续转动的原理难以理解．可以通过观察直流电动机模型及其工作状态来认识电动机的原理和结构．进而从技术应用的角度对所学的知识与生活中接触到的实际现象产生联系，以达到提升学生核心素养的目的．

电动机作为初中物理电生磁现象的重要应用，其结构和原理对于学生理解本节内容有非常重要的意义．而电动机本身结构又较为复杂，绝不是仅靠几幅图片就能解释清楚的．虚拟现实技术的引入不仅解决了教师对本实验内容只能纸上谈兵的困扰，同时可以培养学生的核心素养．从线圈在连续转动时受力不连续的物理现象入手，引导学生观察并分析线圈的受力，进而寻求解决办法．尝试通过改变电流方向来使线圈获得持续的力，培养了学生的物理观念和科学思维．学生尝试使用科学的方法改进换向机制，由教师引入换向器并阐述其原理，学生通过虚拟现实对电动机进行细致的观察并完成一系列的探究活动，既提升了其科学探究能力又能将电生磁和电动机技术进行拓展应用，使其与学生身边的实际生活联系起来．

本案例选择初中物理电磁学中电动机的教学难点为切入点，以新版课程标准中提出的物理学核心素养为基本理论依据．将虚拟现实技术引入实验教学，便于教师改善教学方法、提升教学效果．通过创设情境和适当引导的方式激发学生的创新能力和思考能力，让学生通过自主探究的方法进行学习，通过交流讨论的方式加强理解，最终将科学、技术、应用进行融合，从而达到有效培养学生物理核心素养的目的．

第七篇

基于自制教具的实验研究

自制教具是教师和学生，利用简便易行的方法，就地取材，自己动手制作的教具．自制教具在教具中具有十分重要的地位，它比一般教具更有使用价值．

自制教具是古往今来历代科学家的优良传统．物理学的许多重大成就在很多情况下就是伴随着仪器的成功设计而诞生的．国际上通常把自制教具称为“无价”（non-cost）或“廉价”（low-cost）教具．这种称呼只是指花钱少，不是指教具本身的使用价值．国外教育界的人士，非但不小看廉价教具，相反，还非常推崇它，广为提倡．自制教具贴近生活，主要利用学生熟悉的易得物品、材料、器具、人体或人体局部以及儿童玩具等进行开发，它是一类体现自创性、体验性、趣味性、简易性的物理实验教学活动．可以毫不夸张地说“自制教具是教学过程中永恒的话题”．

自制教具从设计、制作、试用、改进到定型，整个过程是一项创造性的劳动．不仅需要制做者有丰富的科学知识和多种技能，而且需要其具备足够的勇气、决心和战胜困难的毅力．自制教具既可以培养学生必备的物理素养，也可以使学生深切地体会到物理学科的重要性．学生在进行自制教具的设计和制作过程中，能够获得更多的参与感和成就感．让学生自己动手制作教学用具，真正实现了以学生为主体的教学模式，同时也激发了学生学习物理的兴趣，使物理课堂更加多维、教学形式更为丰富．

第一章

自制教具的概念及意义

自制教具，是广泛用于我国教育界的一个词汇，泛指自己动手加工、制作教学用具的行为和制作成果．通常说“提倡自制教具”，实际包含了提倡“自己动手制作教具”（动词特性）和“使用自制的教具”（名词特性）两层含义．

今天所倡导的“自制教具”，鼓励的是“创造实验条件”与“培养创新精神”．因为开展物理实验教学与改革，总是离不开特定物质条件的支撑，而现有的厂制实验器材永远无法满足教学的个性化要求，所以，“创造实验条件”就成为永无止境的工作．

自制教具的研制开发不仅仅是为了解决教学中的一些难点、重点和不易展示的部分，也不仅仅是为了演示和验证，更重要的是要发展出一套有利于培养学生创新精神、探索精神、实践能力的教具．当然，教具不仅是为了教，更重要的是为了让学生更主动、更积极地去学，同时，教师也需注意用新的教学观念指导教学教具的开发．

第二章

自制教具的发展历史

纵观新中国成立以来我国物理教育发展的历史，实验教学及改革对实验器材的需求与国家对学校实验器材的供给始终存在着矛盾，自制教具在解决这个矛盾的过程中一直发挥着重要作用．通过自制教具开展物理实验始终促进着物理教育在各个历史阶段的发展，人们对利用自制教具开展物理实验的意义与作用的认识也在发生着变化．

第一节　我国自制教具的发展历史

一、起步阶段

1952 年，我国教育处于大调整和发展起步阶段，由于当时的经济极度落后，教学仪器严重匮乏，利用环境资源及开展自制教具成为解决实验教学条件不足的主要途径．20 世纪 70 年代初，是所谓“三机一泵”时代，实验器材仍然极度缺乏，自制教具一度成为群众性的教学活动在全国开展．一些学校利用废旧物品制作教具，成套地装备实验室；有的在全县、全地区范围内组织教师和学生大量制作教具，河北省衡水地区在当时处于领先地位．为了总结和推广自制教具的成果，当时出版了一些关于自制教具的书籍，比较有影响的有：人民出版社出版、河北省衡水地区文教局编著的多分册《自制教具》，河南省教学仪器供应站编著的《自制教具选编》，苏州师范学院朱正元教授编著的《物理演示实验与自制教具》等．

建国初期的 20 余年内，尽管教学仪器产业开始起步和发展，但其供需矛盾始终存在．所以，当时开展自制教具的唯一目的就是解决实验器材短缺的困难，创造条件开展实验教学．在这个历史阶段，利用自制教具或生活环境资源开展物理实验教学几乎成为教师分内的工作，学生也成为自制教具的主力军．通过自制教具，使得实验器材装备达到或基本达到物理实验教学的要求，解决或缓解了部分地区教学仪器的供需矛盾．

二、恢复发展阶段

1978 年以后，为了迅速恢复学校的正常教学，许多省、市、自治区通过召开自制教具工作会、现场会、评比会、选优鉴定会等形式，大力表彰自制教具先进单位和个人．由于我国幅员辽阔，经济发展存在严重的不平衡，仅靠政府部门供应是满足不了物理实验教学发展需要的，自制教具还是解决实验条件不足的重要途径和手段．期间，自制教具成为“自力更生、勤俭办学”的重要标志或办学原则．自制教具成本低，少花钱或不花钱就能解决器材问题．为学校节省了经费，同时也培养了学生动手实践能力．这种状况一直持续到20世纪80年代初．

20世纪80年代，我国实行改革开放，经济迅速发展，教学仪器产业也随之快速发展起来，这个阶段自制教具的目的开始发生变化．人们开始认识到以自制教具为代表的物理实验，其作用已经不完全是克服实验器材短缺，它还可以促进学生对疑难知识的理解、激发学生学习物理的兴趣、培养学生的动手能力和创新能力．因此，很多教师将自制教具与教学改革以及教学研究结合起来，旨在提高物理教学的质量和效果，他们不断改进原有教学仪器的不足，不断研制出新的实验器材．另外，一些优秀的自制教具成果转化为产品进行大范围推广，由此获得经济效益．所以，自制教具、改进教学仪器成为这个阶段物理教学研究领域的一个热点．

三、课程改革阶段

以2001年6月8日教育部印发《基础教育课程改革纲要（试行）》为标志，我国基础教育新一轮课程改革正式启动．本次基础教育课程改革力度之大、动员之广、内容之全、程度之深，是新中国成立以来历次基础教育改革所未有的．《纲要》指出：“改变课程过于注重知识传授的倾向，强调形成积极主动的学习态度，使获得基础知识与基本技能的过程同时成为学会学习和形成正确价值观的过程．”根据《纲要》制订的《全日制义务教育物理课程标准（实验稿）》进一步明确物理教育目标是培养全体学生的科学素养，使学生在科学知识与技能、过程与方法、情感态度与价值观等方面得到全面发展；同时确立了“从生活走向物理，从物理走向社会”的理念．

自2009年以来对自制教具的研究呈逐年上升趋势，人们越来越意识到自制教具在教学中的重要性和必要性．针对自制教具对学生的各方面能力尤其是创造力的提升作用，以及其对核心素养的提升作用的研究更加广泛和深入．

第二节　国外自制教具的研究现状

联合国教科文组织以及国际物理教育委员会都在积极倡导“自制教具（Handmade-Experiments）”“低成本实验（Low-cost Experiments）”以及“动手实验（Hands-on Experiments）”等．在各级、各类的物理教育与科学教育中，各类自制教具的开发和运用始终是一个热门研究课题．

一、日本相关研究状况

日本物理教育学会每年召开多种形式的物理教学经验交流会，自制教具的制作和低成本实验则是交流的重要内容之一．日本在小学各学科教学活动中经常大量地让学生自己动手做教具，有些器材是学生自己找的，有些由工厂提供．值得注意的是，日本的中学老师自发组成了一些低成本实验或创新实验方面的开发研究组织，“伽利略工作室”就是其中之一．在日本，还有一个由一些迷恋物理实验的教师组成的民间组织——“山猫”学会．同世界各国类似，日本也存在着自然科学中的教育危机，大多数学生厌学物理．为此，“山猫”学会的宗旨是培养学生学习物理的兴趣，他们致力于开发大量的实验，引导学生深入探索现象的本质，增加学生对物理的亲近感．学生可以不受时间、空间限制，亲自动手去做实验，并在实验的过程中进一步发现和解决问题．”

二、美国、德国相关研究状况

美国物理教学委员会每年召开大、中学物理教学经验交流会，物理实验教学、简易实验、教具制作等都是重要的交流内容．《物理教师》和《美国物理杂志》经常刊登这方面的文章．例如“低成本探空气球实验”“利用台秤演示物理实验”“用保龄球做的一个实验”，等等．文献中物理实验所涉及的生活材料、物品和器具有：易拉罐、瓶子、绳子、水箱、管子、肥皂泡、报纸、木条、铅笔芯、稻草、罐头盒、乒乓球、煤气、硬币、厨具、爆米花、眼镜、铜管乐器、台秤、玩具汽车、过山车玩具、保龄球、发光棒、钕铁硼磁铁、红外发光二极管，等等．这些东西绝大多数是生活中很容易得到、且学生熟悉的．同时涉及新材料或新科技产品，如发光棒、钕铁硼磁铁、红外发光二极管等．美国大、中学教师都很重视利用随手可得的用具做生动有趣的实验，一些教师还致力于用儿童玩具开发物理实验．

20 世纪 90 年代，在日常生活以及在孩子们手中出现许多新材料和新技术产品，如 CD 机、手机、遥控器等．鉴于这种情况，德国凯撒斯劳滕工业大学物理系的 Bodo Eckert 先生提出“低成本-高技术动手实验”概念并开发了许多实验方案．他认为，“在今天的德国以及其他国家，物理是中学生不太喜欢的学科．其原因正像学生所讲的那样：物理课的数学内容太多，与日常生活的联系不明显，很少做实验（即使做实验也是老师做，不是由学生做），而且用太多的板书来替代实践操作．”

Bodo Eckert 认为“低成本-高技术实验”不仅可以满足现在，而且可以满足将来的需要．它不仅为教师提供了一个良好的实验资源库，而且会不断更新传统的教学方法；传统引入课题的方法是以“学院式”的方法呈现物理现象（例如电磁感应教学，常常使用线圈、磁铁和检流计），然后根据实验结果得出结论；他主张物理教学应该与日常生活紧密联系，通过日常生活中易得、学生熟悉的物品和器具呈现物理现象和问题（例如自行车速度计是如何工作的?），以此可以激发学生高度的学习热情．

三、印度、泰国等国相关研究状况

联合国教科文组织亚太地区局 1988 年专门召开了低成本教具开发工作会议，教育部教学仪器研究所金毅研究员作为中国代表参加了这次会议，他提供了印度、泰国和越南等亚洲国家开展廉价自制教具的情况．

印度为会议特约提供了资料，他们用火柴做了很多实验，用火柴盒去测量长度、面积、体积以及质量；用火柴盒作车身、纽扣作轮子做成力学小车；将两个圆纽扣的一面黏在一起做成滑轮，用曲别针作挂钩，火柴盒充当重物，做滑轮组实验；将一张条形硬纸折叠成三片，每片中央做三个圆孔，再把红、黄、蓝三种颜色的玻璃纸分别贴在三个圆孔上，黏成空心三棱柱体，可以完成色光的合成实验；用胶卷盒和硬纸，巧用单向阀门，做成简单的泵．从这些例子可以看出，印度是很重视简易教具制作的．

泰国在 1972 年成立了“促进科技教学研究所（IPST）”，其性质与我国教育部教学仪器研究所相似．他们研制了许多具有本国特色的教具，如自动下楼梯的木偶，巧妙地利用了物体重心进行摆动；车间里用泡沫塑料和其他廉价材料制作教具．他们利用自己的优越条件培训教师制作和使用自制教具，并编印辅导材料．他们认为，要系统地发展自制廉价教具，就要改革教材和教学方法．

越南的自制教具比较多，其水平与我国地区性自制教具差不多，他们的教学仪器产品也是依靠校办工厂生产．

第三章

自制教具的设计与制作

提倡自制教具，不仅仅是教学条件困难才自制教具，即使办学条件好的中学也该重视自制教具．教师使用自己制作的教具与使用厂家生产的教具来讲课，教学效果是不一样的．使用厂家制造的仪器，固然比较规范、精致、美观，但是，使用自制的仪器教具，却可以让学生更清楚地看到仪器的内部构造，了解仪器的工作原理．更重要的是，当学生看到用生活物品与身边常见材料来做实验时，会觉得物理离自己更近，则更容易激发学生热爱物理、热爱科学的情感．

第一节　自制教具的基本要求

设计自制教具时需要注意以下基本要求．

一、启发性

制作的教具应该包含丰富的物理学思想，能启迪学生思维，有利于培养学生的创造能力．要让学生能够看懂它所演示的物理道理，避免学生看了实验却一无所知、一无所获．

二、经济性

自制的教具要少花钱或不花钱，只要能达到演示效果就行．正所谓“坛坛罐罐当仪器，拼拼凑凑做实验”．

三、可靠性

自制的教具应坚固耐用、不易损坏；安全可靠、工作稳定．自制教具并不是为了单次实验而定制的，也不是只求偶然成功一次，应该具有较好的重复性．

四、可观性

教具是演示物理现象给全班同学观察的，不是一个人拿在手里的袖珍玩具，尺寸应该尽可能大一点，力争“尺寸够大，简单明了”．

第二节 自制教具的程序与方法

研制物理演示教具的一般程序如图 7-1 所示 .

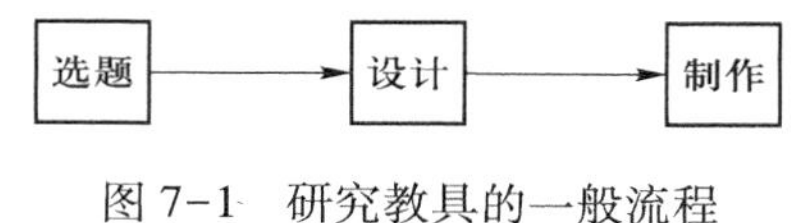

图 7-1 研究教具的一般流程

一、选题

自制教具的研制过程实际上是一种教育科学研究过程，因此，能否选择、确定合适的课题至关重要 . 具体到物理演示教具研制课题，主要来源于以下几个方面 .

1. 物理教学与教改的需要

物理演示教具在改善课堂结构、创设物理情境等方面的功能和作用逐渐被人们认识之后，为了达成某些教学目标，或为了某项教改方案的实施，自然会出现对某些专项自制教具的需求 . 物理教学与教改的需要，为我们提供了选题来源 .

2. 寻找差距和空白

在教学实践中，我们会发现现有的厂制教具并非尽善尽美 . 有的可见度小，有的原理复杂，有的操作不方便，有的可靠性差，有的存在不安全因素等 . 另外，因设施条件限制，实验器材缺乏，甚至国家按一定配备标准为学校装备的实验器材中仍然存在许多空白，无法满足个性化教学要求 . 这些情况均为我们研制自制教具提供了选题来源 .

3. 用生活中廉价旧材料作替代物

无论是仪器短缺，还是仪器充足，用生活中能够廉价买到的或者废旧物品来替代相关的厂制器材，研制出贴近学生生活的自制教具，也是选题的重要途径 .

4. 充分利用现代科技和现代教学手段

随着现代科学技术的迅猛发展以及现代教学手段在教学领域的广泛运用，物理自制教具也需要引入现代科技成果，同时与现代化教学手段相结合 . 例如，激光器、硅光电池、压电陶瓷片、发光二极管等器件的开发运用；在教学投影仪及视频展示台上开发小型自制教具；计算机辅助演示实验以及计算机模拟实验等 . 这些能为物理教学带来现代气息和浓厚感染力的物理演示教具，均可以成为我们的选题 .

二、设计

研制物理自制教具的选题一旦确定，下一步就是设计 . 设计过程是一个创造的过程，需要设计者有丰富的知识、技能和经验，并掌握一定的创造技法 .

1. 具体设计原则

在针对具体的演示教具进行设计时，应遵循以下原则 .

（1）可行性原则

即研制者一定要根据自己的主客观条件进行方案设计，否则，如果超越自身的条件，即使设计方案意义重大、创造性强，也只能是纸上谈兵．因为主客观条件不具备，方案实施过程中遇到的难关就难以克服，研制工作就不得不中止，由此造成人力、物力和时间的浪费．

（2）经济合理性原则

即设计的自制教具性能、成本比一定要合理．一项设计方案即使构思很新颖、很巧妙，如果成本远远超过同类厂制教具，那么它就没有或降低了使用和推广的价值．

（3）创新性原则

指自制教具方案设计一定要在设计思想、实验原理、方法结构、选材、造型等方面体现新颖性、独特性，这是自制教具研制的本质特点，应体现在研制过程的每一阶段．但要注意的是，追求创新，不能理解为“赶时髦”“挤热门”，要坚持实事求是的原则．

2. 设计步骤

尽管设计过程是一个复杂的创造过程，但设计的步骤还是有规律可循的．归纳起来，自制教具的设计步骤如下：

（1）构思方案；

（2）初步试验；

（3）整体设计；

（4）零部件设计；

（5）准备材料和加工工具．

三、制作

自制教具的设计工作完成之后，开始进入制作过程．制作包括自加工和外加工．自加工即研制者自己动手进行制作，需要具备的条件是：要有一个加工场所，要具备一定的工具，要备好相关的材料，还需要加工者有一定的加工技能、技巧．外加工指设计者针对要求较高或较精致的部件，自己无能力或无条件完成加工时，可到专业厂家进行加工．此时，需要研制者具备机械制图的基础知识和技能，同时也需要具有一定的美学修养等．

总之，研制物理自制教具并非一件简单的事情，它是一种艰苦的创造性工作，需要研制者具备较高的知识及能力．对于研制自制教具的新手来说，必须不断学习，在实践中增长才干，积累经验，逐步提高研制能力．

四、教具设计文案

最后，要形成自制教具设计文案，主要包括以下九个部分内容．

1. 教具名称：教具的具体名称；
2. 选题来源：教具的选题源自于什么教学内容或教学课题；
3. 教具功能：教具的主要用途或作用；
4. 设计思路：实现教具功能的基本思路；

5. 结构设计：将教学内容变为“直观形象、生动有趣”地呈现的技术途径，即示意图；
6. 外观设计：教具的外部结构、形态样式、色彩搭配等，成品样式草图；
7. 拟用材料、工具等；
8. 制作步骤计划；
9. 备注.

设计文案也可以转换为表格形式，分项目来表达.

第三节 物理自制教具创新思路研究

对物理自制教具研制创新思路进行研究，对启迪广大研制者们的思维、缩短研制周期、提高研制效率、促进物理教学改革的意义重大. 本节以创造技法为主线，以国内研制成果为实例，对物理演示教具的创新思路进行初步探讨、分析.

一、创造技法简介

创造技法是创造学领域中“创造工程学”的主体部分，它为常人进行创造活动提供了易于掌握与操作的技法和技能. 自 1941 年美国创造工程学家奥斯本发明第一种创造技法——“智力激励法”以来，现已有三百余种创造技法诞生并应用于世界各国. 其中很多都为我们的实验设计和演示实验教具研制提供了创新的思路和成功的途径. 现介绍几种最常用、最著名的创新技法.

1. 智力激励法

这种方法是通过智力激励会议的形式，与会者畅所欲言，相互启发，相互激励，填补知识空隙，从而引起创造性设想的连锁反应或思维共振，产生众多的创造性设想，最后找出最优的设想方案.

2. 缺点列举法

该方法的具体做法是召开缺点列举会议，与会者围绕一个需要革新的主题列举各种缺点和不完善之处，然后在众多的缺点中确定出其主要缺点，最后围绕这些缺点制定出切实可行的革新方案. 此方法是一种简便有效的创造发明方法，被称为创造发明的捷径.

3. 希望点列举法

该方法是集中人们对某种东西所期望的功能，然后沿着这种愿望的设想去创造. 它所采取的形式灵活多样，一种形式是召开小型会议，与会者围绕一个主题提出种种希望，即希望点，然后沿着希望点去设想；还有一种形式是深入用户征求意见、收集整理用户提出的希望，然后制定改进方案；对于民用产品，也可以从网络调研中了解群众对商品的愿望和要求，然后进行改革创新.

4. 检核表法（或称检查提问法、设想提问法）

在创造活动中，经常需要把现有事物的要素进行分离，然后，再按新的要求和目的加以重新组合或调换；对事物进行反思或采用不同视角进行审视；增加一些或缩小一点；等等. 按照这样灵活的思路去深入思考和展开，就能得到许多思维方案. 有研究表明，经由事物要素的分散切割与再组合而产生创造发明的，具体可循的途径有 75 条之多. 例如，还有别的用途吗？能否借鉴别的方案？有什么可以代替吗？调换一下怎样？减少一点如何？放大一些如何？反过来怎样？结合起来怎样？把形状改变一下怎样？等等．检核表法就是从给定的几个思考方向来突破现状，开拓创造思路．它可以克服那种漫无边际的、没有目标的乱想，引导我们进行多路思维．这是一种能够开发创造性思维的创造技法，它几乎适用于任何类型与场合的创造活动，因此享有“创造技法之母”之称．

5. 特性列举法

该法是通过把发明对象的特性一一列出，然后进行分析、综合，找出实现改革的办法．这种技法也称为“分析创造技法”．一般事物的特性包括以下三个部分：

（1）名词特性——全体、部分、材料、结构、原理、制造方法等．

（2）形容词特性——性质、状态．

（3）动词特性——功能．

特性列举法就是从各个特性出发，通过提问的方式，诱发出创造性的设想．该方法特别适用于具体事物的革新创造．运用时，解决的问题越小、越简单，就越易获得成功；对于大的问题，采取分散的办法，化大为小来处理．将此法与上述四种方法结合起来运用效果最佳．

关于创造技法，我们仅简单介绍以上五种．在物理演示实验教具改进研制过程中，如能学好、用好这几种创造技法，就足以使我们开阔思路，产生大量的设想和方案了．

二、物理演示教具创新实例分析

近十几年来，国内涌现出一大批优秀的物理演示实验教具．其中一些已转化为产品走向市场，还有一些取材容易、制作简便的教具也得到广泛推广．它们以巧妙的构思、优良的性能、独特的形式受到广大物理教师的喜爱，为物理课堂增添了创造的气息．

下面，结合创新实例，对物理演示实验教具的创新思路进行一下归纳、分析与探讨．

1. “转化”思路

即寻求现有演示实验教具的其他用途，或改变、转化和扩展用途．

例 7.1 用弹簧秤演示超重、失重现象．

弹簧秤的原本用途是称量物体重量，当手提挂有砝码的弹簧秤沿竖直方向向上或向下做加速运动时，弹簧秤示数将出现增大或减小的现象，由此说明超重或失重的物理原理．由于现象稍纵即逝，不便观察，因此，可用薄金属皮剪制两个“记忆”指针装置，嵌插在旧式弹簧秤的侧缝之中，如图 7-2 所示．这种稍加改变的弹簧秤在演示效果上大大改进，它可以将瞬间超重或失重的作用效果记录下来．

例 7.2 用扬声器作为振源，演示弦驻波．

扬声器是一种发声器件，但稍加改变可将其转化为一个机械振源．具体做法是：选一功率稍大的气扬声器，在其中心黏有一振动柱，如图 7-3 所示．将扬声器与大功率超低频信号发生器连接，接通电源，扬声器鼓盆振动，振动柱随之振动，此时与振动柱连接的弦线在一定张力下发生驻波现象．该实验装置的特点是振源频率可调，现象明显．

例 7.3 用注射器演示大气压的存在；用激光器作光源，利用光杠杆原理演示坚硬物体的微小形变；用电磁打点计时器作为振源，演示弦驻波；将数字式秒表作技术处理后，与光电门配合，可以作气垫导轨实验中的计数器使用；等等．可见，“转化”是挖掘实验器材潜力、充分提高其使用率的重要创新思路．

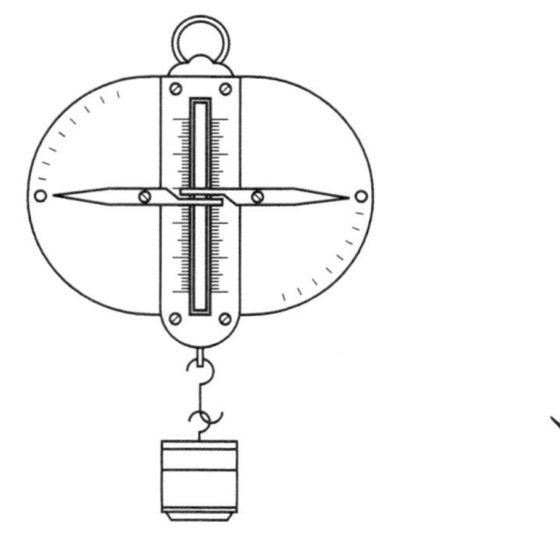

图 7-2　弹簧秤演示超、失重现象

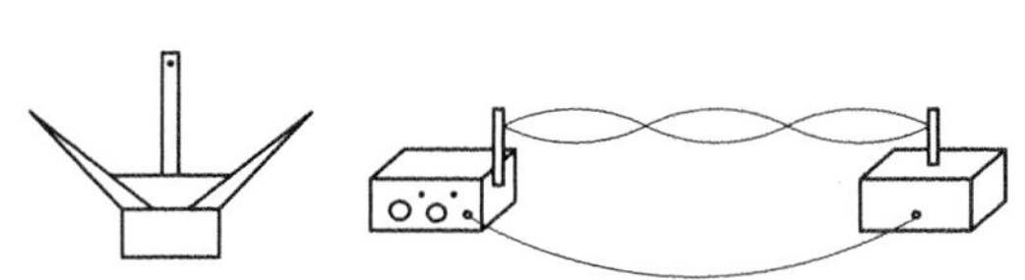

图 7-3　扬声器演示弦驻波

2. “模拟”思路

即借用其他器材、方案、相似的东西或类似的发明成果，模拟一些物理现象．

例 7.4　用一定数量的小钢珠来模仿气体分子，通过机械手段使众多钢珠做混乱运动模仿气体分子的无规则运动．在一透明的密闭容器内放一轻小物块，在大量钢珠的碰撞下物块将做随机运动，由此可以模拟演示布朗运动．如果在容器中设置一活塞，并提供与活塞等重量的砝码若干，则可以模拟演示压强的微观机理和理想气体实验定律．

例 7.5　两个点电极与一个平面型导电材料连接，当电极与直流电源相连时，在平面型导电材料中将出现恒定电流场，该恒定电流场与具有相似边界条件的静电场具有相同的电势分布．因此，用恒定电流场模拟静电场，便可研制出各具特色的“静电场等势线描绘演示器”．

另外，微机模拟实验、微机辅助实验等均属于这一类设想．

3. “改变”思路

即考虑改变现有演示实验教具的形状、演示方法、颜色、音质等，来提升演示效果．

例 7.6　在演示通电导线在磁场中运动现象时，常采用图 7-4 所示的实验装置．但该装置的主要缺点是可滚动的直导体不易动，且现象的可见度小．为了使导体“易动”且“动得明显”，可以考虑改变导体的形状及演示的方法．因此，人们设计的方案及装置至少有下列几种．

（1）摆动，其实验装置大致如图 7-5 所示．

（2）转动，其实验装置大致如图 7-6 所示．

（3）变形，其实验装置大致如图 7-7 所示．

（4）竖直平面内运动，其实验装置大致如图 7-8 所示．

例 7.7　演示平行载流导线相互作用的常用装置如图 7-9 所示，由于该装置使用的直导线很细且形变较小，从而使现象不够明显．对此，国内的研制者们从改变导线形状及演示方法的思路出发，设计出的新装置至少有以下几种．

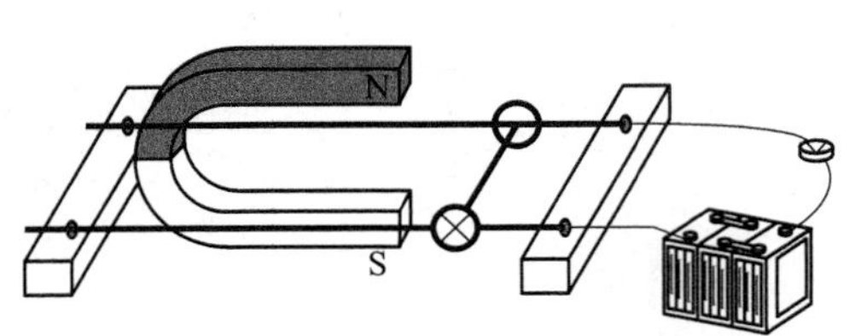

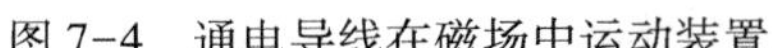

图 7-4　通电导线在磁场中运动装置

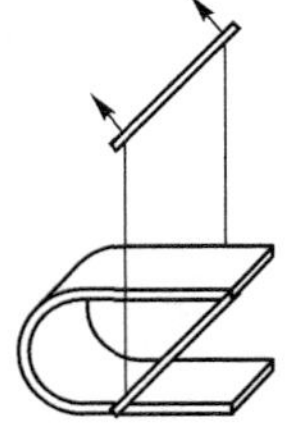

图 7-5　演示装置改进之摆动

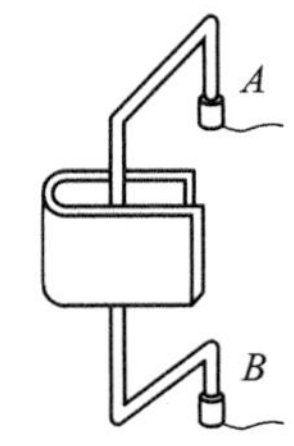

图 7-6　演示装置改进之转动

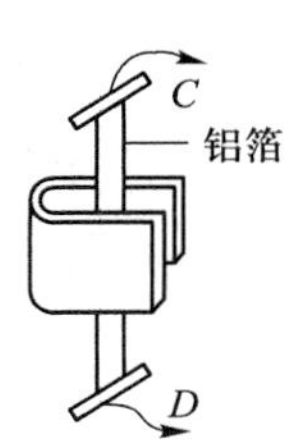

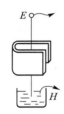

图 7-7　演示装置改进之变形

图 7-8　演示装置改进之竖直平面

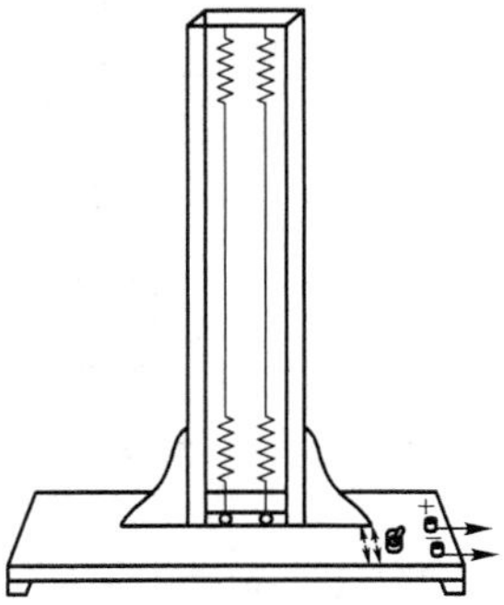

图 7-9　平行载流导线相互作用装置

（1）将直导线变粗并改变其形状，使两直导线可自由转动．实验装置大致如图 7-10 所示．

（2）用导电液体柱（如 $CuSO_4$溶液柱）作为载流直导线，提高受力变形的可见度，如图 7-11 所示．

（3）用多匝矩形线圈的一边作为载流直导线，加大磁力，提高可见度．实验装置大致如图 7-12 所示．

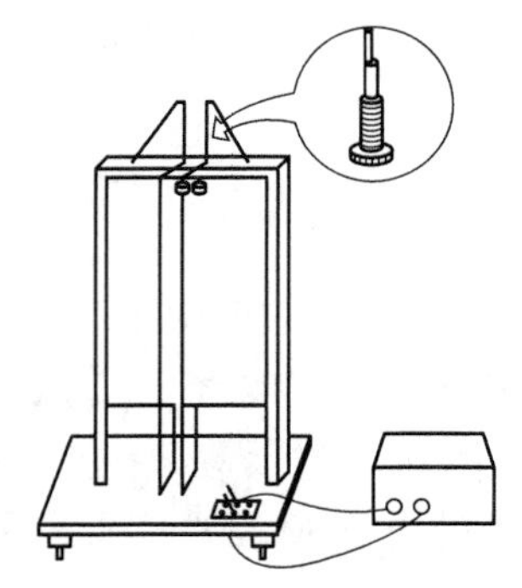

图 7-10　演示装置改进之粗直导线自由转动

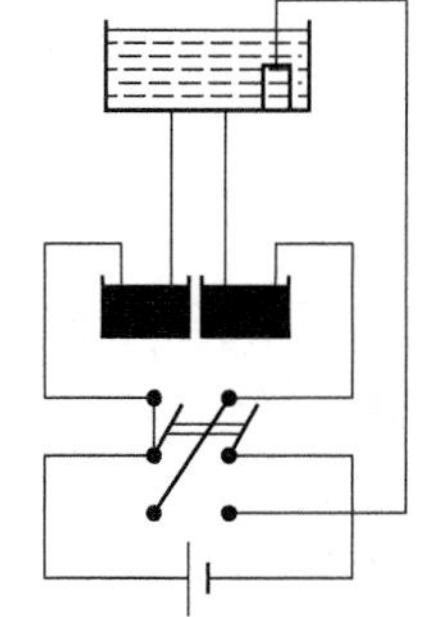

图 7-11　演示装置改进之导线液体柱型载流直导线

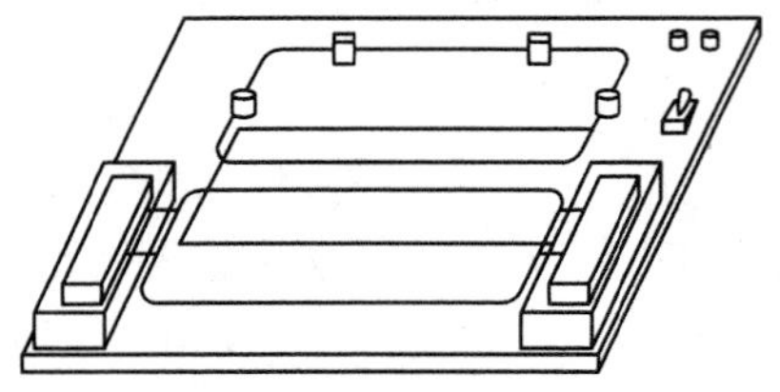

图 7-12　演示装置改进之多匝矩形线圈的一边作为载流直导线

4．“放大”思路

即考虑现有演示实验教具能否增大或增加一些东西，提高现象的可见度或增强其感染力或扩大其使用范围（具体考虑可否加强一点、高一些、长一些、厚一些、大一些等）．

例 7.8　如图 7-12 所示的用两矩形线圈的边作为长直导线演示其相互作用的实验装置．也可以认为是采用了“放大”思路改进的．该装置不需要使用专门的电流源，一般的学生电源或干电池即可满足实验要求．由于线圈是由 n 匝导线绕制的，通入线圈的电流 I 不一定很大，但对于矩形线圈的一条边来说，电流却倍增为 nI，进而增大了线圈边与边的安培力，使演示效果大大增强．

例 7.9　演示液体表面张力及薄膜干涉现象的常用器材是各种形状金属框和肥皂水（或洗衣粉、洗衣膏等加水）．由于液体的流动性，金属框不能太大，否则形成的肥皂膜持续时间短，演示效果不佳．南京大学物理学院吴志贤老师，在高泡沫洗衣粉制成的液体中加入适量甘油或白糖之后，极大地改善了液膜的持久性，同时可将金属框做得很大．这样，不仅使液体表面张力及薄膜干涉实验现象的可见度增大，同时还开发出一系列新的演示内容，如静电实验等．

演示实验的特点是群体同时观察，只要不过分影响灵敏度且易于搬动，“放大”将成为改进和研制物理演示实验教具的一个重要思路．“放大”的目的一方面是为了提高现象的可见度，另一方面是为了提高现象的感染力．“放大”不单单指体积的增大，更应考虑利用现代声光电技术，使呈现的物理现象倍增．对于微小物体运动、微小形变、微弱电信号等物理现象的演示，需采用相应的放大技术，这方面的具体问题将在后面专题讨论．

5.“缩小”思路

即在现有演示实验教具现象的可见度不受影响或影响甚小或通过其他技术手段反而使现象可见度大为提高的前提下，将演示实验教具缩小或减少一些部件，使之变小、变薄、袖珍化、变低、变短、变轻、被简化、收缩等．

例 7.10　等势线描绘实验常用的器材是导电纸及直流电源，另加示教电表、电极组等．为了提高课堂演示的可见度，不得不扩大导电纸及衬托板的面积．但在操作演示时，教师的身体常常挡住部分学生的视线，观察效果不佳．图 7-13 所示的“投影式静电场等势线描绘演示器”，就是利用“缩小”及投影放大思路，采用新型透明导电材料研制而成的．它将电源（干电池）及投影式毫伏表等“集成”为一体，便于操作和携带，克服了原演示装置的不足之处．

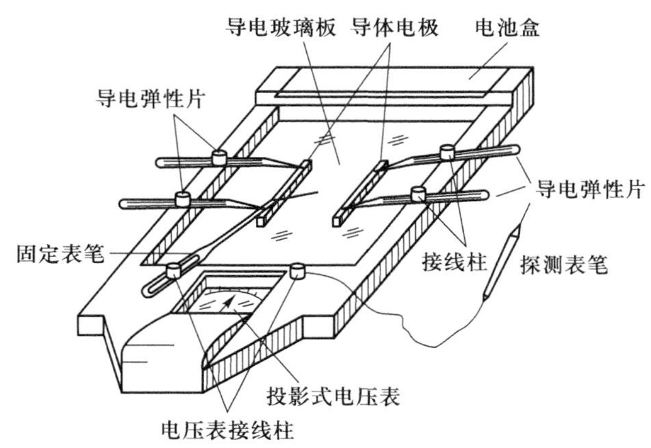

图 7-13　投影式静电场等势线描绘演示器

例 7.11　物理投影实验器材的大力开发，是“缩小”后再投影“放大”思路的体现．国内生产的投影气桌是将原来的大型气桌缩小后用透明材料研制而成的．尽管运动体的体积及运动范围缩小了，但经过投影后，实验现象的可见度却有了大幅度的增强．

随着教学投影仪的普及，投影实验器材必将得到大力推广．目前，视频平台与液晶大屏幕投影机正向课堂渗透，因此，演示实验教具的小型化也将成为研制趋势．

需要指出的是，“缩小”的含义不仅指体积、外形尺寸的减小，还包括减少、被简化、变轻、收缩等．例如各种可拆装拼合的演示实验教具箱（盒），均属于“缩小”思路的产物．

6. “代替”思路

即根据现有物理演示实验教具的特性，考虑能否用其他材料、元件、动力、方法、结构、原理、能源等代替，达到降低成本、改善演示效果的目的．

例 7.12　关于投影式静电场等势线描绘演示器，人们通常采用含离子的水（如氯化钠溶液等）作为面形透明导电材料．这种材料虽然低廉易得，但其主要缺点是：首先，实验所用金属电极及探测表笔均在液体中，长时间使用其表面易产生高阻氧化层，影响实验效果；其次，实验过程中，由于触动液面产生水波，使所投屏银幕上不断有波纹暗影出现，易分散学生的注意力；另外，在液体中做等势点标记、画等势线时，要求使用特种铅笔，给操作带来麻烦．图 7-13 所示的改进型仪器，是用一种新型透明导电玻璃代替了含离子水，用干电池代替了学生型低压电源，用投影式检流计代替了笨重的示教电表，从而克服了上述投影实验器材的不足，使演示效果得以改善．

例 7.13　演示弦驻波需要的振源，通常采用电动音叉．这种振源的不足是振动频率不能连续改变．因此，人们用扬声器（或压电陶瓷片）代替电动音叉（参见图 7-3），将其改进成在一定范围内频率可调的振源．

“代替”是自制实验教具和改进教学仪器时最常用、最基本的创新思路．因为用“低廉”代替“昂贵”、用“简单”代替“复杂”、用“高性能”代替“低性能”是创新追求的目标．近几十年来，国内教育工作者们运用这一思路，研制出大量优秀的自制实验教具，其中巧妙地运用生活易得材料、廉价器材及废旧材料作为替代品的例子不胜枚举．

7. “颠倒”思路

即考虑现有的实验教具可否颠倒过来使用．这一思路属于逆向思维．

例 7.14　扬声器一般是用来发声的器件，但必要时也可以将其反过来用，把它当作麦克风或声音传感器．

例 7.15　压电陶瓷片的一般用途是将压力信号变为电信号，比如可将音叉的振动信号转变为电信号，通过功放及扬声器将音叉的音量放大．但反过来，若将音频信号源通入压电陶瓷片，它将成为发声器；将大功率超低频信号通入压电陶瓷片，它又可成为弦振动的机械振源．

“颠倒”思路尽管在物理演示实验教具研制中不如其他思路运用得多，但它能有效地克服人们的思维定式．比如，在人们的一般观念中，保温瓶常用来保温，但反过其冷藏功能常被忽视．

8. “组合”思路

即考虑将现有的研制成果组合在一起．

例 7.16　1988 年，全国优秀自制实验教具评选获一等奖的“能的互换装置”，就是采用“组合”思路研制成功的（如图 7-14 所示）．该装置通过在配件插座（Ⅰ槽、Ⅱ槽）

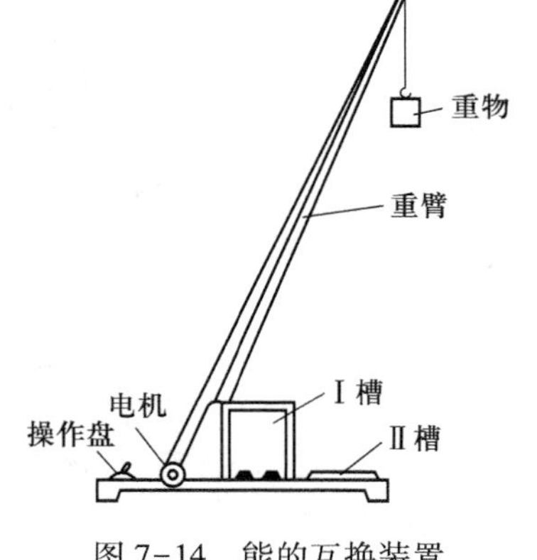

图 7-14　能的互换装置

组配电池盒、灯泡、风扇盒、磁针盒等，可以演示：① 能的转化，即机械能、电能、化学能、光能、热能、声能、磁能、风能之间的转化；② 定性推导电功公式 $W=UIt$；③ 定性推导电功率的公式 $P=UI$；④ 测定机械效率；⑤ 电流做功；⑥ 起重机的起落过程；⑦ 直流电动机和发电机的可逆性等．

例 7.17　四川省教学仪器厂研制的“电磁学组合教具箱”以及教育部联合设计组研制的“J2466 型无线电组合教具”，通过各零部件组合，分别可以演示 15 项和 40 项相关实验．两项教具均获 1986 年全国普教理科教学仪器优秀成果四等奖．

组合教具箱（盒），由于具有一机多用、便于携带和便于存放等特点，比较适合我国中学教学实际，深受广大物理教师欢迎．因此，“组合”成为当今物理演示实验教具研制创新的重要思路．

综上所述，我们结合典型实例对物理演示实验教具研制创新思路做了初步归纳总结．八个方面的思路相互联系，互相渗透，在实践中往往需要综合运用．但其核心是一个“变”字．谁变得好、变得巧、变得合理，且符合物理原理和教学论思想的要求，谁的创新方案就越有价值．

第四节　自制教具案例研究

例 7.18　生活中摩擦起电的例子很多也较易捕捉观察．而接触带电和感应带电的实例较少，且在观察过程中容易被忽略．通过实验，可借助一些由易拉罐自制的简易仪器对上述两种现象进行探究．

自制仪器一：将空易拉罐瓶瓶壁剪下一段卷成圆筒状．根据所卷圆筒的大小剪一片铝箔片（宽度约为所卷圆筒周长的四分之一，长度略短于圆筒的高度），用透明胶带固定在圆筒侧壁．最后将圆筒固定在泡沫块上（如图 7-15 所示）．

探究过程：将摩擦过的橡胶棒靠近圆筒，观察到铝箔片逐渐张开与圆筒形成一定的角度．

当带电的橡胶棒靠近圆筒时，由于静电感应现象，圆筒和铝箔片感应出了相同电性的电荷，产生了排斥力，铝箔片张开．

自制仪器二：将空易拉罐的瓶壁剪下，折成如图 7-16 所示的形状，在其上表面前端相距约 5 mm 处剪两个长约 1 cm 的开口．剪两片同样大小长方形铝箔片（宽度大约 2~3 mm 即可）待用．截一段长度适宜的铜丝，将其两端折成圆弧状（圆弧的大小刚好固定铝箔片），用胶带将铝箔片分别固定在两圆弧上．将铜丝对折后固定在支架表面的开口处．制作完毕后将其固定在泡沫块上，以待探究．

探究过程：用摩擦过的橡胶棒轻轻接触支架的上表面，可观察到铝箔片慢慢张开．反复用摩擦过的橡胶棒接触支架上表面，铝箔片张角逐渐变大．

说明：当摩擦过的橡胶棒接触支架的上表面时支架通过接触带了电，与此同时两片铝箔片感应到了支架上所带的电荷，产生了静电感应现象，两片铝箔片所带电荷电性相同，同种电荷相互排斥，铝箔片张开．随着接触的次数增多，支架所带电荷量增多，铝箔片感应到的电荷也随之增多，铝箔片的张角就随之增大．

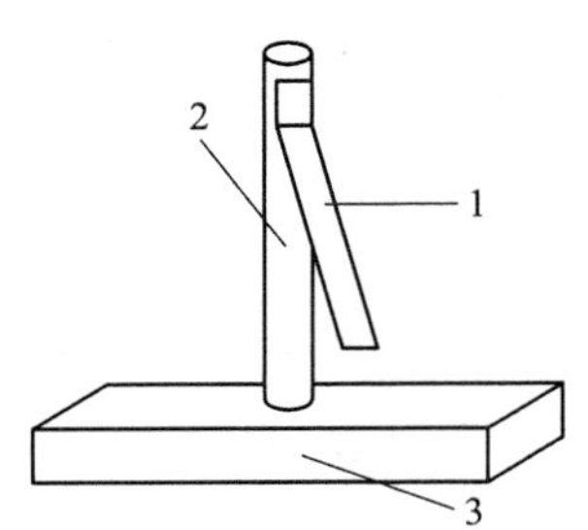

1—锡箔纸；2—圆筒；3—泡沫块
图 7-15 感应起电演示仪

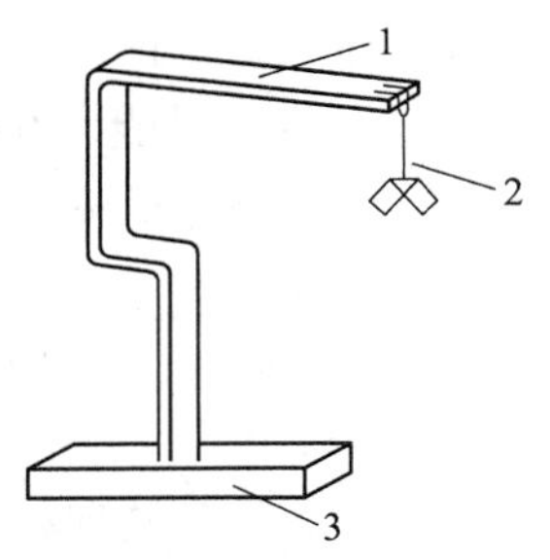

1—支架；2—铝箔片；3—泡沫
图 7-16 接触带电、感应带电演示仪

自制仪器三：将上述演示仪的支架打一个圆孔（直径约 1 cm）. 再剪下一段易拉罐壁，从中间对折将两端剪成如图 7-17 中 4 所示的形状（此形状用以保证指针自然放置时可以处于竖直状态），并在中间打两个孔将铜丝穿入，铜丝的长度略长于 1 cm. 将其放在支架的圆孔上就是指针验电器的指针．最后将制作好的验电器固定在泡沫块上．

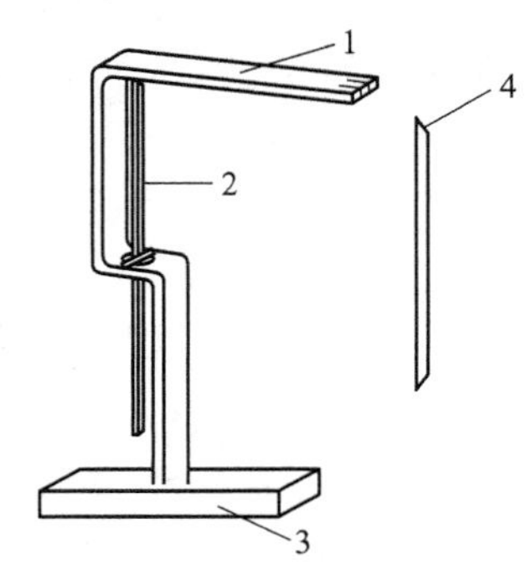

1—支架；2—指针；3—泡沫；4—指针
图 7-17 接触带电、感应带电演示

探究过程：用摩擦过的橡胶棒接触支架的上端，观察到指针会偏转一定的角度．反复摩擦橡胶棒靠近支架的上端，指针的偏角逐渐加大．

说明：当摩擦过的橡胶棒与支架接触时，由于静电感应现象，支架产生了感应电荷，与此同时指针上也有感应电荷，并与其带同种电荷．同种电荷相互排斥，则指针偏转．

第五节 自制物理实验教具训练

训练一 自制简易滑轮

【实验目的】

1. 自制简易滑轮．
2. 培养实验动手能力、实验教学能力和创新能力．

【实验器材】

易拉罐 2 个．废塑料油笔芯 1 支．铁丝 20 cm、剪刀、电钻、电烙铁、钳子、铁砂纸．

【制作方法】

取易拉罐 2 只，废塑料油笔芯一支．用剪刀截取两个易拉罐的顶部，将其边缘修整规则且无刺，把两个易拉罐的上底背靠背取齐后，用电钻在圆心处打一孔，同时在圆面靠近边缘处以等间隔打三个孔，孔的粗细与油笔芯的粗细相同，如图 7-18 所示．在圆心以外的三个孔中分别插入一段油笔芯，长度以笔芯在两侧各露出 2 mm 为宜，然后用电烙铁烫软笔芯的露出部分，使之成钉帽状，待冷却后，两圆面便被铆在一起．在圆心孔插一

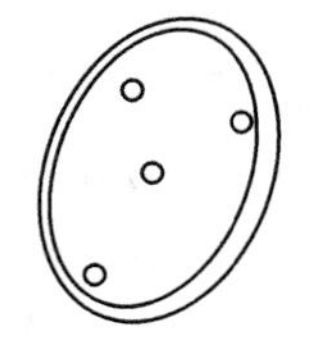

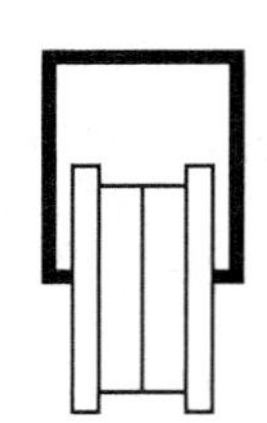

图 7-18 自制简易滑轮

支油笔芯，再在笔芯内穿入一根比其内径略细的铁丝（或铝丝），然后将铁丝弯曲成一挂钩，如图所示，一个简易的滑轮就制成了．该滑轮具有轻巧、转动灵活、精致美观等特点．

注意事项

两个易拉罐顶部的三个孔的位置要对称，如此才能便易组装．

思考题

1. 自制简易滑轮与厂制滑轮相比较，哪个更有优势，体现在哪些方面？
2. 利用身边的物品还能设计制作哪些物理实验教具？

训练二　自制直流电动机

【实验目的】

1. 学会自制直流电动机．
2. 培养动手能力及创造性．

【实验器材】

小磁铁、漆包线、泡沫板、胶带纸、曲别针、火柴盒、干电池、泡沫板、尖嘴钳、小刀．

【制作方法】

1. 以一长约 16 cm、宽约 10 cm 的长方形泡沫板为底座，在底座上放置小磁铁，找两枚曲别针分别弯成 L 形，使弯好的曲别针紧贴磁铁两侧固定在泡沫板上，使其做一线圈支架并兼作线圈与电源间的连线．

2. 将直径约 0. 2 mm、长约 100 cm 的漆包线在火柴盒上绕 10～12 圈，两端各留 2 cm 作为引出线，2 根引出线从线圈的正中引出，且两引出线的连线基本通过线圈的重心，使两引出线作转轴时能保证线圈平稳转动，用胶带纸将线圈扎紧（线圈也可以做成六角形或其他形状）．

3. 把线圈平放在桌面上，用锋利的小刀将线圈一端引出线（兼作转轴）上的绝缘漆全部刮去，另一端引出线的绝缘漆只刮去上半圈（注意：贴近桌面的下半圈上的绝缘漆要保留着），即制成一“自动通断电装置”．

4. 把线圈的两引出线分别装在曲别针支架上方的圆环中，使其可以灵活转动．如发现线圈两侧不平衡，可略微移动轴的位置，或在轻的一侧黏贴胶带纸作为配重．调整线圈与磁铁间的距离，找到一个最佳位置，使线圈不仅能转动，而且能转得较快．

5. 接通电源，稍稍拨动线圈，观察现象．

发现线圈能连续转动．改变电池极性，线圈转动方向随之改变；改变磁铁极性（上下倒置），线圈转动方向亦随之改变，如图 7-19 所示．

图 7-19　自制直流电动机

注意事项

1. 在调整线圈与磁铁间距离的过程中，如果发现线圈和磁铁处在某一相对位置时，经拨动转起来的线圈很快停止，则可反向拨动线圈，再行调整，也可以把磁铁的两极交换位置，仍按原方向拨动线圈，进行调整．

2. 由于线圈的一端引出线有半圈绝缘漆未刮去，当这一半与支架接触时，便没有电流进入线圈．因此，当线圈静止在这一半周位置时通电是不能起动的，线圈只有在另外的半周才受到转动力矩，且线圈平面处于竖直平面中时所受转动力矩最大，这时静止线圈最易起动．线圈能连续转动主要靠惯性．

思考题

1. 对于书中给出的直流电动机的制作方式，有没有其他的改进方案？试着做一做．
2. 在教学过程中直流电动机在教学的哪个环节进行展示效果会更好？

参考文献

[1] 张伟．中学物理实验教学研究 [M]．西安：陕西师范大学出版社，2010.

[2] 李春密．中学物理实验教学研究 [M]．北京：北京师范大学出版社，2018.

[3] 杜晓娟，李春密．基于学生自制教具的物理教学实践研究 [J]．物理通报，2020 (01).

[4] 侯丹，李春密．用易拉罐瓶自制的简易仪器探究静电现象 [J]．教学仪器与实验，2008 (10).

[5] 钟启泉，等．《基础教育课程改革纲要（试行）》解读 [M]．上海：华东师范大学出版社，2001.

[6] 中华人民共和国教育部．义务教育物理课程标准（2022 年版）[M]．北京：北京师范大学出版社，2022.

[7] Se-yuen M. Flying lantern sheds a brighter light on Archimedes' principle [J]. PHYSICS EDUCATION. ptember 2004.

[8] 周才扬．物理教育的美好——未来国际会议有感 [J]．国际物理教育通讯，1999 (24).

[9] 牟洁．自制教具设计与制作 [M]．成都：四川科技出版社，2012.

[10] 张伟．用弹簧秤演示超、失重现象的简单记忆装置 [J]，物理教师，1992 (5).

[11] 张伟，张治国．投影式静电场等势线描绘演示器 [J]，基础物理教育改革新动向 (ICPE 会议论文集)．南京：东南大学出版社，1995.

[12] 色生阿，张伟．投影式气体分子运动论模拟演示仪 [C]，中国物理学会全国高校物理演示实验教学研讨会．1988.

[13] 1986—1988 年全国优秀自制实验器具选编 [M]．北京：人民教育出版社，1992.

[14] Eckert B, Jodl H J. LOW COST-HIGH TECH HANDS-ON EXPERIMENTS [J]. Gernot Born, Horst Harreis, Herbert Litschke, Norbert Treitz. HANDS ON-EXPERIMENTS IN PHYSICS EDUCATION-PROCEEDINGS. Printed in Germany. First published 1999.

第八篇

中学物理常用演示实验仪器

物理学是一门以实验为基础的科学，实验也是研究和学习物理学最基本的方法．在中学物理教学中，对于同一教学内容可以找到适切性不同的物理实验教学形式．其中演示实验通过表演示范把要研究的物理现象展现在学生面前，引导学生观察思考，并配合讲授或穿插讨论等把知识传授给学生，发展学生科学探究能力中的观察能力，在引入新课、巩固新知、阐述概念和导出规律时，具有很重要的作用．

根据科学仪器、设备的使用情况，可以将演示实验分为应用常规物理器材或应用生活中器物进行演示和利用科研人员研发的演示实验仪器进行演示两类，其目的都是为学习创造一个基本环境．对于第一类演示实验本书在之前的部分篇章中已有涉及．演示实验仪器一般具有安装方便、结构简单、设计理念巧妙、便于教师讲解等特点．这里将依照中学物理内容中力学、热学、电磁学、光学和原子物理学等模块，对教学演示实验仪器加以介绍．

第一章

力学常用演示实验仪器

第一节　液压机模型

液压机模型是用于说明水压机和油压机构造和原理的仪器．

1. 性能：小活塞直径 1.4 cm，面积 1.54 cm^2，大活塞直径 4.8 cm，面积 18.1 cm^2，大小活塞横截面积之比为 11.8∶1，容许最大压强 180 N/cm^2，最大压强时，大活塞的压力为 3 240 N，油箱存油量为 250 mL，工作时压力稳定半小时以上．

2. 构造：如图 8-1 所示，液压机由小缸体、大缸体和角式截止阀组成．大小缸体用导管连通．小缸体下部有一根进油管与油箱底座相通，进油管进入缸体处有一钢球，称吸油阀．其上方有拦珠片，以限制钢球向上运动，吸油阀旁边有孔道和侧壁油缸连接管相通．大缸体底座外壁有一个放气螺丝，在演示液体传递压强实验时，用它放掉缸内空气，底座内部有两个孔，一孔内有钢珠一颗，称压油阀，使从小缸体进入的油不再流回，阀上方有拦珠片，用以限制阀向上运动．下部直通侧壁油缸连接管，另一孔和侧壁角式截止阀相通，角式截止阀由阀体和阀杆组成，阀体上部有安全阀，下部有出油管．

图 8-1　液压机模型

3. 原理：根据帕斯卡定律："加在密闭液体上的压强，能够大小不变地被液体向各个方向传递"．设小活塞上的压强为 p_1，大活塞上的压强为 p_2，则 $p_1=p_2$（即：$F_1/S_1=F_2/S_2$）．可见大活塞的截面积是小活塞的几倍，在大活塞上得到的压力就是加在小活塞上的压力的几倍，在小活塞上加较小的力，就可在大活塞上得到较大的力.

4. 用法：

（1）在油箱中灌入约 250 mL 洁净的锭子油.

（2）旋紧截止阀开关螺丝，使截止阀关闭.

（3）打开大油缸上盖的放气螺丝，使油缸内部与大气相通.

（4）抬起手柄，小活塞上升，压油阀关闭，进油阀打开，油箱中的油经油阀进入小油缸，压下手柄，小活塞下降，进油阀关闭，压油阀打开，小油缸中的油通过油缸连接管和压油阀进入大油缸，如此反复.

（5）随大油缸内油面不断上升，缸内空气从放气孔排出. 当油从放气孔中溢出时，旋紧放气螺丝，关闭放气孔.

（6）大活塞慢慢上升，在大活塞与顶板之间放上一个压力弹簧，压力弹簧平时直接用手很难压动，而在本模型上弹簧很容易被压缩. 从而演示出在小活塞上加一个不大的力，在大活塞上可获得较大的力.

（7）用毕打开截止阀，大油缸中的油在弹簧压力下，经截止阀流回油箱.

5. 注意事项：

（1）使用的油中不得含汽油等有机溶剂，以防溶蚀有机玻璃缸筒.

（2）安全阀调好后不要随意调节，尤其是不能将调节螺丝旋得太紧，以免放油压过大，压裂缸筒.

第二节 离心式水泵

1. 结构：单级离心抽水机及带动抽水机的手摇皮带轮两部分共同装在一个铸铁底座上，如图 8-2 所示.

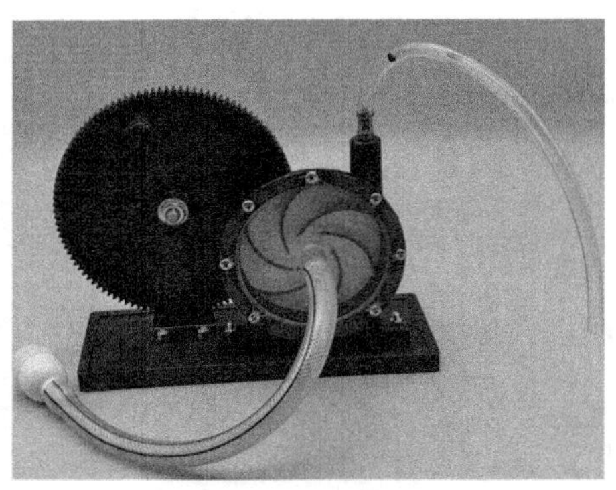

图 8-2 离心式水泵模型

抽水机内有一叶轮，叶轮固定在机轴上，可随轴转动，机壳分别有一个进水口和一个出水口. 机壳顶部有一个灌水口，并附有螺旋塞.

进水口一端，装有一过滤器，以防止杂物进入机内. 过滤器里装有单向活阀，防止水倒流. 演示时，叶轮转速达到 200 r/min 时，抽水机扬程为 1.2 m.

2. 原理：泵体内盛满水，过滤器放在水源中，当转轮带动叶轮旋转时，叶轮则带动它周围的水做相同方向的圆周运动，这时，水就会做离心运动，沿叶轮切线方向飞出，汇集在水泵的出水口，以一定速度冲出水管．当泵内的水被甩出后，泵轴附近就形成了低压区，这里的压强比大气压低很多，可以说是真空区．水源里的水在大气压的作用下，冲开单向活阀，由进水管进入泵内，又沿出水管喷出，叶轮不停转动，水就源源不断地从低处被抽到高处．

3. 用法：用胶管把过滤器连接到进水管上，并把过滤器浸没在水里．旋开机壳顶部灌水孔的螺旋塞，用漏斗给机壳内注满水，再旋紧螺旋塞．摇动皮带轮，使水泵叶轮正向转动，水即从出水口排出．

4. 注意：

（1）调整转台固定螺丝，使皮带的松紧适当．

（2）使用前要检查透明端盖密封性能是否良好．

（3）使用前要将抽水管、机壳内的空气全部排出．

第三节 作用力与反作用力演示器

1. 结构：如图 8-3 所示，装置于导轨上的两个作用体，质量一大一小，以便说明作用力、反作用力相等与物体的质量大小无关．每个作用体上装有一弹簧测力计，用停留指标示出力的大小和方向，可在静作用、对撞、追撞和对拉等状况下演示作用力与反作用力的关系．

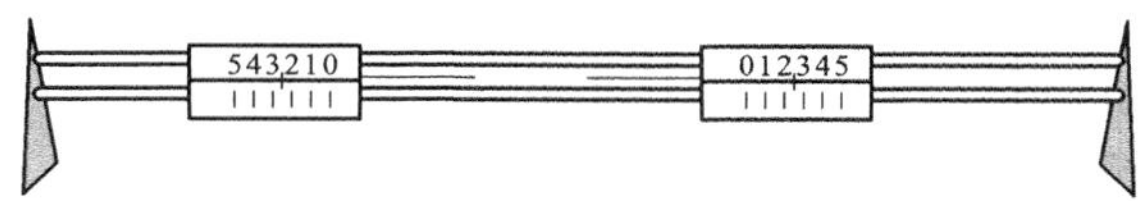

图 8-3 作用力与反作用力演示器

2. 操作：

（1）两手各推一作用体缓慢靠拢，使触杆相压，指标即示出力的大小和方向，将指标拨回起始位置，可继续进行．

（2）一作用体静止，迅速拨动另一作用体撞击静止者．

（3）同时拨动两作用体使它们相互对撞．

（4）用一只手将支架的一端托起让前面的作用体缓慢下滑，然后推动后面的作用体追撞前面的作用体．

（5）打开小作用体上的卡板，将其装置在大作用体的另一边，用尼龙绳穿过触杆尾部的小孔将两作用体连起来，可作相拉状态下的演示．

第四节 向心力演示器

向心力演示器通过“转速比”“向心力比”“质量比”及“半径比”，直接从演示归纳出向心力公式，也可验证向心力公式．

1. 结构及原理：仪器结构由底座、传动轮、变速盘、旋臂、弹簧、标尺及横臂等部分组成，如图 8-4 所示．

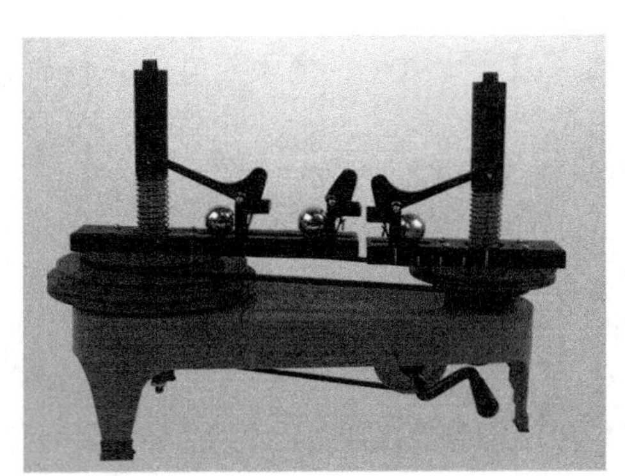

图 8-4　向心力演示器

手摇传动轮使两只变速盘转动，固定在变速盘上的旋臂和左右两只金属球也随之做圆周运动．金属球作用在横臂上，使横臂压缩变速盘的中心转轴弹簧，弹簧被压缩的格数可从标尺中读出，格数比便显示两金属球向心力大小之比．

2. 演示内容与方法

（1）分析向心力方向

拿一铁质球放入短旋臂的横臂挡板内侧，先不转动变速盘，用手推小球使横臂压下弹簧，而挡板对小球的作用力，指向圆心即向心力，此向心力使小球不断改变运动方向，做圆周运动．然后转动传动轮，使变速盘转动，用实际操作说明，转速越快，向心力越大，小球对挡板的作用力也越大，标尺显示的格数越多．一旦圆周运动停止，向心力立刻消失．

（2）演示向心力大小仅与质量、半径、角速度有关．

调整标尺，使两标尺起点和套管上口处于同一水平上，皮带放在第一挡，转速比为 1∶1 的皮带盘处，让学生清晰地看出转速比为 1∶1 时，左盘转一圈，右盘也转一圈．质量相同的铁球分别放在两个旋臂半径相等的横臂挡板内侧，然后摇动手柄，此时，两标尺读数始终相等，即

$$F_A/F_B=1,\quad F_A=F_B$$

F_A为长旋臂转盘中心转轴标尺读数，F_B为短旋臂转盘中心转轴标尺读数，得

$$F=F(m,r,w)=F'(m,r,v)$$

上式说明向心力仅和做圆周运动物体的质量、半径及角速度（或线速度）有关．

（3）演示半径一定，质量一定，向心力与角速度平方成正比．

当 m、r 不变时，把皮带放在第二挡，转速比为 1∶2，让学生清晰地观察到转速比，大盘转一圈，小盘转两圈，然后摇动手柄，此时标尺读数之比为 1∶4，即

$$\frac{F_A}{F_B}=\frac{1}{4}=\left(\frac{\omega_A}{2\omega_A}\right)^2$$

当其他条件不变时，把皮带放在第三挡，转速比为 1∶3，让学生清晰地观察转速比，即大盘转一圈，小盘转三圈，然后摇动手柄，此时标尺读数之比为 1∶9，即

$$\frac{F_A}{F_B}=\frac{1}{9}=\left(\frac{\omega_A}{3\omega_A}\right)^3$$

注意：为减少误差，先使左标尺达到 9 格，再观察右标尺的格数 .

通过以上演示说明，在半径、质量一定的条件下，向心力与角速度平方成正比（或与线速度平方成正比），即

$$F\propto\omega^2(\text{或 } v^2)$$

（4）演示角速度、半径一定时，向心力和质量成正比 .

同上，把皮带放在第一挡，转速比 1∶1 处，r 一定，长旋臂上铁球换为质量为 $m/2$ 的铝球，此时，向心力与质量成正比，即

$$\frac{F_B}{F_A}=\frac{m}{\frac{m}{2}}=\frac{2}{1}$$

即，$F\propto m$.

（5）演示角速度一定，质量一定，向心力与半径成正比 .

皮带仍然放在第一挡，转速比为 1∶1 处，将长旋臂上铁球由第一挡的横臂挡板内侧移至第二挡的横臂挡板内侧 . 此时，两个质量相同的铁球，相对转动轴半径之比为 2∶1（注意两变速盘转速仍为 1∶1），摇动手柄，此时，标尺格数之比为

$$\frac{F_A}{F_B}=\frac{2}{1}=\frac{2r}{r}$$

即，$F\propto r$.

综合以上演示结果得：$F\propto m,r,\omega^2$.

如果 m、r、ω 用国际单位制单位，则 $F=mr\omega^2$.

（6）保持线速度及质量一定，演示向心力和半径成反比 .

将皮带放在第二挡，此时转速比为 1∶2，恰好两个球线速度一样，即

$$v=rw$$

$$r_A\omega_A=2r_B\frac{\omega_B}{2}=r_B\omega_B$$

即，$v_A=v_B$.

此时摇动手柄，标尺读数之比为

$$\frac{F_A}{F_B}=\frac{2}{4}=\frac{r}{2r}$$

由上式得

$$F\propto\frac{1}{r}$$

综合以上结果得

$$F=m\frac{v^2}{r}$$

第五节 离心转台

一、离心节速器

离心转台的结构如图 8-5 所示．演示离心节速器自动调节发动机转速的原理．离心节速器的结构如图 8-6 所示．

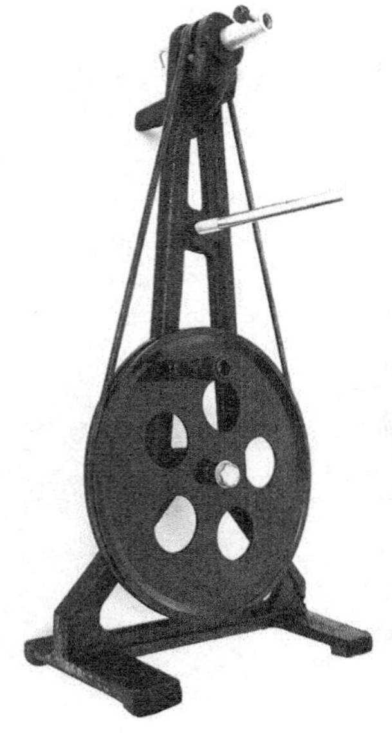

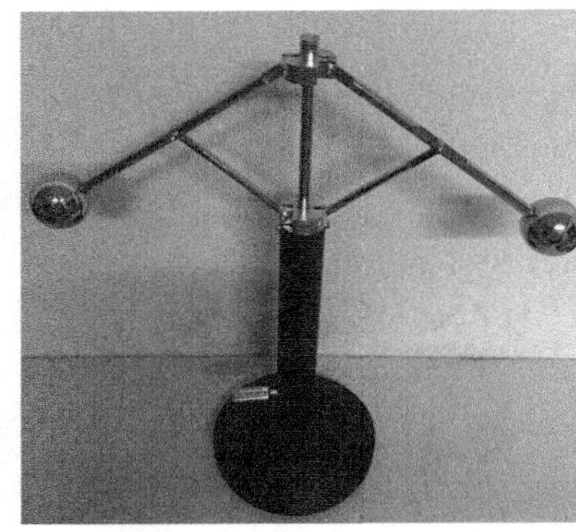

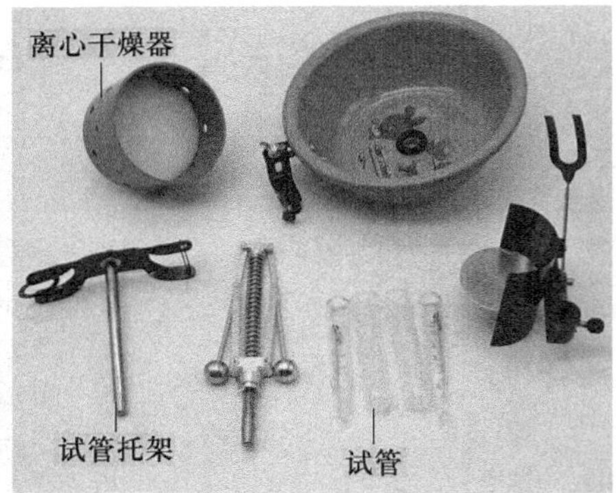

图 8-5 离心转台

图 8-6 离心节速器

操作：转动仪器，当转速增大或减小时，重球做离心运动，使滑套升高或降低，通过叉子和杠杆的作用，牵动节流阀转动，从而控制进入气缸的蒸汽．

二、离心干燥器

离心干燥器的结构如图 8-7 所示．

操作：将离心干燥器固定在转台上．把浸过水的棉花、纱布等物放进干燥器的金属网状容器中，加上盖子．转动转台，使其急速旋转，则水脱离织物通过网罩而落到玻璃容器中，棉花、纱布渐渐干燥．

三、离心分离器

离心分离器的结构如图 8-8 所示．

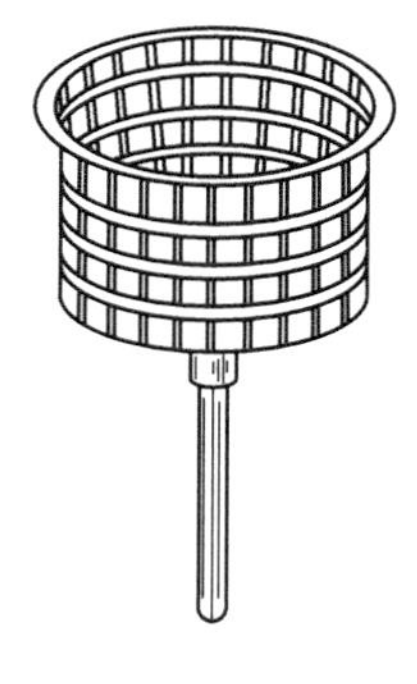

图 8-7 离心干燥器

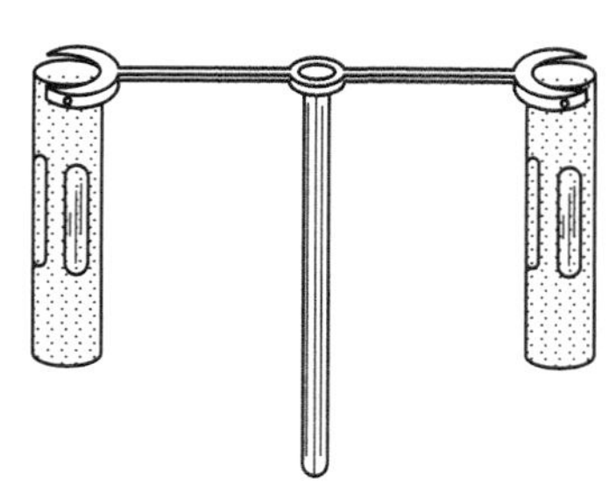

图 8-8 离心分离器

操作：在分离器的两试管内放些水，并撒入一些细小黏土（或粉笔灰），使之成混浊液，然后尽可能地快速旋转．经过 2~3 min，停止转动，则试管里黏土微粒已经沉底，上部水清澈透明．

四、发音齿轮

图 8-9 发音齿轮

发音齿轮演示音调高低与声源振动频率的关系，其结构如图 8-9 所示．三片齿轮，齿数分别为 40、60、80，其外径相同，厚度也相同．

操作：匀速转动齿轮，用一硬纸片分别跟齿数不同的齿轮接触，齿数越多，发出的音调越高；若只与一齿轮接触，改变转速，则转速越快，发出的音调越高．

实验说明，声音的音调由声源的振动频率所决定．频率越高，音调越高，频率越低，音调也越低．

第六节 麦克斯韦滚摆

1. 用途：用于演示动能和势能的相互转化及机械能的守恒．

2. 构造：如图 8-10 所示．由轮子、滚摆轴、吊摆绳、横梁等组成．

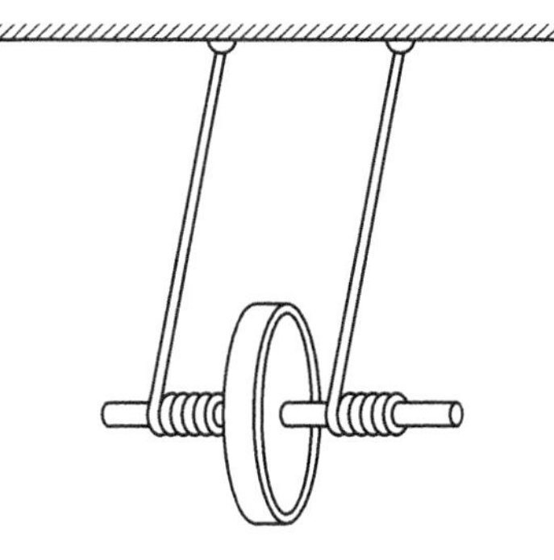

图 8-10 滚摆

3. 操作：滚摆轴的两端小孔内穿上吊摆绳并固定牢，悬挂于支架上，使之水平．然后，手动将吊摆绳缠绕在滚摆轴上，使滚摆同时上升，如图 8-10 所示．当滚摆升到接近顶点的时候放手，滚摆便在重力作用下，旋转下降，而且越转越快，滚摆下降到最低点，即不再下降的时候，由于惯性作用，继续转动，它又开始沿着吊摆绳上升．上升到与上一次高度差不多时（略低于上一次高度），停止上升，在重力作用下又下降．如此上升、下降反复多次，往复不已．

第七节　弹性碰撞演示器

1. 用途：演示物体相互作用时动量的传递．

2. 结构：如图 8-11 所示．六个质量和大小都相同的钢球，每个钢球都用两根线悬挂在金属框架上，并装有微调螺丝，用来调节钢球高低．

3. 操作：把钢球都用等长的线并排悬挂，用微调螺丝使它们的球心在同一直线上．先用相邻接触的两个球进行演示：把其余的球拨开，拉开左边一个球约 5 cm，再放开，它跟右边的球碰撞后就停下来，而右边的球却摆起来，而且摆动的距离与左边的球拉开的距离大致相同．这说明在碰撞的时候，左边的球把动量传给了右边的球．当右边的球摆回来和左边的球碰撞时，又会把动量传给左边的球．

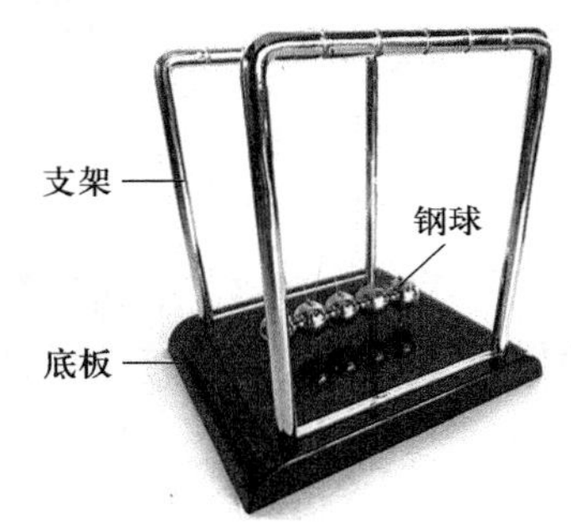

图 8-11　弹性碰撞演示器

再取挨在一起的几个球进行演示：先把最左边一个球拉开，然后放开，经碰撞后这个球就停下来，而最右边的一个球却摆动起来．如果把左边的两个球拉开，那么经碰撞后这两个球也停止下来，而右边又有两个球摆动起来．

第八节　马德堡半球演示器

1. 用途：与旋片式真空泵搭配使用，用来演示大气压强的存在．

2. 结构：如图 8-12 所示，主要由两个有拉环的铸铁半球组成，两半球互相对合起来，成为一个密封容器，其中一个半球有导气阀，用抽气设备通过导气阀可将密封半球中的空气抽出．密封球内与外界大气压的压强差将两半球压紧，致使在一定的拉力内不能使两半球分离．

3. 操作：将两半球接触面擦拭干净，用凡士林等油脂涂抹，并相对转动两半球，然后用力紧压，使对口密合．将导气阀打开，用抽气设备进行抽气，抽完气后，将阀门关闭．然后可在仪器拉环上悬挂重物或由学生相对用力拉，两半球不能分离．打开阀门，空气进入球内，此时内外气压平衡，两半球即刻分离．

图 8-12　马德堡半球

抽气设备常采用旋片式真空泵，旋片式真空泵在使用前一定要按要求加注润滑油，保存时注意在干燥通风处保存．马德堡半球在保存时不要相互撞击与跌落，以防半球合口破损导致密封不好．不要与腐蚀性强的物品及气体接触．

第九节　伽利略理想斜面演示器

1. 用途：用来演示伽利略力与运动关系实验的仪器．伽利略通过科学推理，认为：如果一切接触面都是光滑的，一个钢珠从斜面的某一高度静止滚下，由于只受重力，没有阻力产生能量损耗，那么它必定到达另一斜面的同一高度，如果把斜面放平缓一些，也会出现同样的情况．如果斜面变成水平面，则钢珠找不到同样的高度则会一直保持一种运动状态，永远运动下去．

2. 结构：如图 8-13 所示，本仪器由金属面板、1 200 mm 不锈钢平滑轨道、高度调节器和钢球等组成．

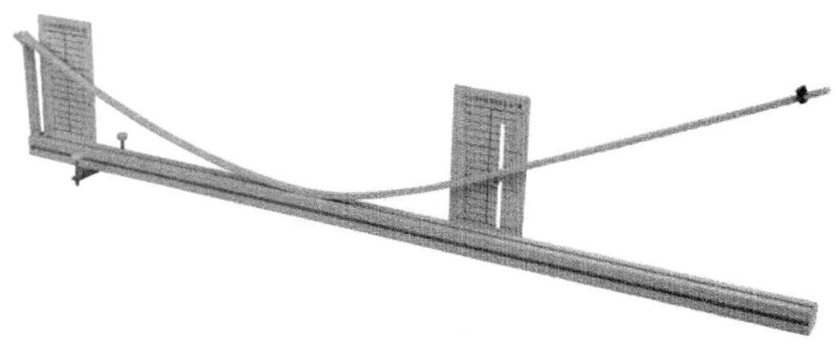

图 8-13　理想斜面

3. 操作：让小球沿一个斜面从静止状态开始滚下，小球将滚上另一斜面，如果没有摩擦，小球将上升到原来的高度．调节高度调节器减小后一斜面的倾角，小球在这个斜面上仍达到同一高度，但这时它要滚动得远一些．继续减小第二斜面的倾角，小球达到同一高度时就会离得更远．若将斜面放平，小球将永远滚动下去．这就是说，力不是维持物体速度的原因，而恰恰是改变物体运动状态，即改变物体速度的原因．因此，一旦物体具有某一速度，如果它不受力，就将以这一速度匀速直线运动下去．

第十节　物体浮沉条件演示器

1. 用途：用来演示物体浮沉条件和浮沉状态．

2. 结构：如图 8-14 所示，由吸排气筒、导管、潜水艇模型、气囊组成．

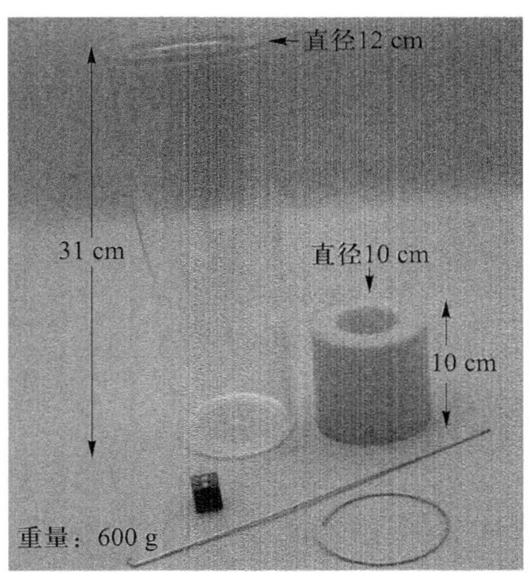

图 8-14　物体浮沉条件演示器

3. 操作：使用前将吸排气筒、导管和潜水艇模型进行连接，检查实验器材的密封性，要求能够通过吸排气筒对潜水艇模型内的气囊进行充气放水、放气充水的操作．使用时通过给潜水艇模型内气囊充放气来改变模型自身重力．浸没在液体中的物体，受到两个力：竖直向下的重力和竖直向上的浮力，这两个力的大小决定了物体在液体中的运动状态．通过实验可以得到以下结论：

下沉：$\rho_{物}>\rho_{液}$，$G_{物}>F_{浮}$，$m_{物}>m_{排}$；

悬浮：$\rho_{物}=\rho_{液}$，$G_{物}=F_{浮}$，$m_{物}=m_{排}$；

上浮：$\rho_{物}<\rho_{液}$，$G_{物}<F_{浮}$，$m_{物}<m_{排}$；

漂浮：$\rho_{物}<\rho_{液}$，$G_{物}=F_{浮}$，$m_{物}=m_{排}$；

沉底：$\rho_{物}>\rho_{液}$，$G_{物}=F_{浮}+F_{杯底对物的支持力}$，$G_{物}>F_{浮}$．

最后进行应用拓展，中学阶段常见的浮沉条件应用有：

（1）轮船

① 工作原理：将钢铁制成空心轮船，可以排开更多的水，漂浮在水面上．

② 排水量（$m_{排}$）：轮船满载时排开水的质量．

$$F_{浮}=m_{排}g,\quad F_{浮}=G,\quad m_{船}+m_{货}=m_{排}$$

（2）潜水艇

工作原理：靠改变自身重力上浮和下潜．

（3）气球和飞艇

工作原理：内部充有密度小于空气密度的气体实现漂浮．孔明灯与热气球相似，火焰使气球内空气受热体积膨胀，密度变小，实现升空．

（4）密度计

密度计是测量液体密度的仪器，刻度上小下大，上稀下密，并不均匀．

工作原理：物体漂浮在液面上的条件为 $F_{浮}=G$，密度计浸入液体中越深说明液体的密度越小．

第二章

波动学常用演示实验仪器

第一节　弹簧振子

1. 用途：演示简谐振动实验及单摆实验．

2. 结构：如图 8-15 所示．

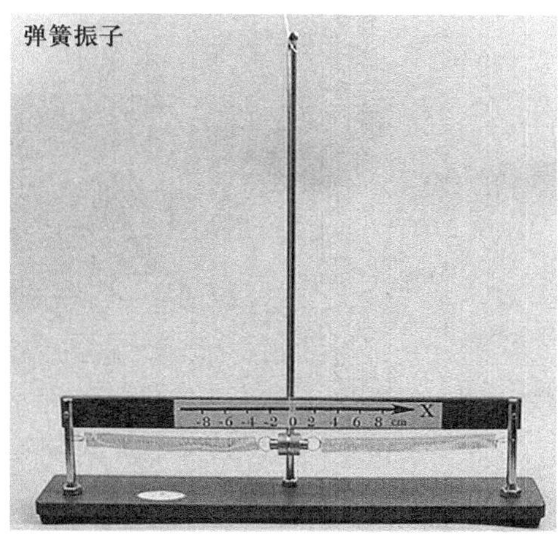

图 8-15　弹簧振子

3. 操作：用细线作摆线，振子 m 两边挂上密绕螺旋弹簧，用手将振子从平衡点移向某端，然后放手，振子就做往复运动．可以发现：在与位移成正比而方向相反的往复力作用下的振动，即 $F=-kx$，将牛顿第二定律 $F=ma$ 代入，便可得简谐振动的动力学方程，即

$$a=-\frac{k}{m}x$$

用上述实验方法可得知振子在任意一点 x 处时的弹性势能和动能之和都保持不变，都等于最大位移处的弹性势能．得到简谐振动的能量为：$E=\frac{1}{2}kx^2+\frac{1}{2}mv^2=\frac{1}{2}kA^2$，其中 E、k、m、A 分别为总能量、劲度系数、振子质量、振幅，v 表示振子 m 在位移 x 处的速率．

第二节　简谐振动合成仪

1. 用途：使学生了解在同一方向上的两个简谐振动的合成；在互相垂直方向上的两个简谐振动的合成．

2. 原理：简谐振动发生器是利用旋转矢量在轴上的投影能表示简谐振动的方法制成的．如图 8-16 所示，B 为第一振动部分，产生 x 方向分运动．C 为第二振动部分，产生 y 方向分运动．第一和第二部分分别为第Ⅰ个和第Ⅱ个简谐振动发生器．两个简谐振动发生器是由第一个简谐振动发生器的滑板同时也作为第二个简谐振动发生器的基板结合起来的．第二个简谐振动发生器的振动方向能取水平或竖直方向．第三部分 D 是记录部分，它能使振动在时间轴上展开．A 为控制部分，其中有调速器可改变 C 部分电机的转速来达到与 B 部分电机的转速同步．

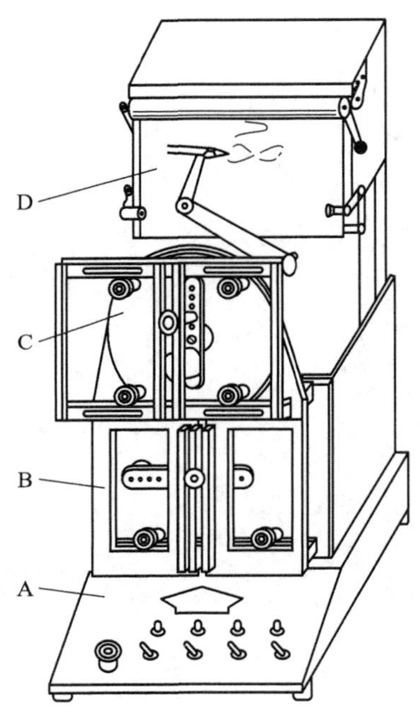

图 8-16　简谐振动合成仪

3. 操作：

（1）在同一方向上的两个简谐振动的合成实验．

① 旋松第二振动方向的定向螺丝，转动第二振动方向并与第一振动方向一致（先可参考两个振动方向一致的对齐线）．调节配重，使第二振动的旋转扁条能处处静止，然后使第一振动在记录纸上画出一条直线，再使第二振动在记录纸上画出另一条直线，如两者重合或构成一条更长的直线，则达到要求，紧固第二振动定向螺丝．

② 调节第一振动变速齿轮齿数比为 1∶1，第一振动和第二振动电机开关打开，然后开启电源总开关．让合成仪在记录纸上画出水平直线．调节第二振动调速旋钮，使振动在记录纸上的幅度不变，则第一振动和第二振动的振动频率相等．然后把第一振动、第二振动、走纸

机的电源开关打开，最后打开电源总开关，就可作 $\omega_1=\omega_2$ 的各种给定振幅和初相位的振动合成．振动图线由记录纸记录．

③ 调节第一振动的齿轮齿数比为 1∶2，给定振幅和初相位，把第一振动、第二振动、走纸机的电源开关打开，然后打开电源总开关，走纸机就能把 $\omega_1:\omega_2=1:2$ 的各种图纸记录下来．

（2）在互相垂直方向上的两个简谐振动的合成．

① 旋松第二振动定向螺丝，转动第二振动方向并与第一振动方向垂直（先可参考两个振动方向垂直的对齐线）．调节配重，使第二振动的旋转扁条能处处静止，然后使第一振动在记录纸上画出一条水平直线，再使第二振动在记录纸上画出一条垂直线，如两条线的交角成 90°，则达到要求，紧固第二振动定向螺丝．

② 先打开第一振动、第二振动的电机开关，然后打开电源总开关．则在固定不动的记录纸上画出某种图形．如图形不闭合，则调节第二振动调速旋钮直到图形闭合稳定为止．然后就可以描绘不同振幅和初相位的振动合成图线了．

③ 令第一振动变速齿轮齿数比为 1∶1 或 1∶2 或 3∶2，则能在记录纸上得到各种不同初相位的图形．如斜直线、椭圆、圆和各种形状的李萨茹图形．在描绘时如发现图形不闭合，则可稍微调节第二振动调速旋钮，图线就能闭合．

第三节　共　振　摆

1. 用途：演示受迫振动和共振现象．

2. 结构：框架上装有一根能绕轴线转动的横梁，横梁上悬挂着一个较重的摆和六个长度不等的较轻的摆，其中两个较轻的摆的摆长与较重的摆摆长相等，如图 8-17 所示．

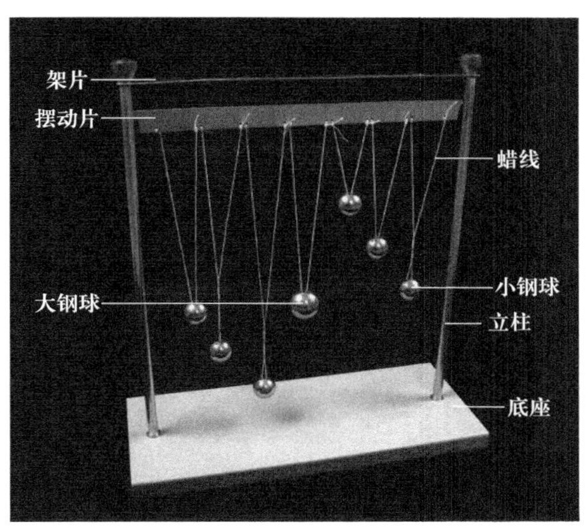

图 8-17　共振摆

3. 操作：使较重的摆振动起来，横梁在它的作用下发生受迫振动，并且把振动传给其他各个摆．但只有摆长与较重的摆相等的那两个摆，发生共振现象．至于其余四个摆，只能做振幅很小的受迫振动，不会发生共振．

第三章 热学常用演示实验仪器

第一节 固体导热性演示器

1. 目的：说明不同的金属导热性能不同.

2. 结构：仪器为直径相同的长约 95 mm 的铜棒和铁棒各一支，一端固定在金属连接块上，在对称位置分别有三个凹坑用于黏火柴杆，固定在一个三足支架上.

3. 操作：首先用凡士林（或蜡）将铜棒和铁棒上的凹坑填满，然后选择六根长短、粗细相当的火柴杆插入凹坑使其直立于凹坑中，再用酒精灯在金属连接块上的另一根短铜棒上加热，注意勿使火焰直接触及导热铜棒和铁棒. 由于热量自导热杆根部逐渐向顶部传导，温度升高使凡士林（或蜡）熔化，约 1 min 后即可见铜棒上离金属块最近的一根火柴杆开始倒落，大约铜棒上的第二根火柴杆倒落时，铁棒上才倒落第一根火柴杆，由此可知铜较铁的导热性能好，且说明了金属都为热的良导体.

第二节 固体缩力演示器

1. 目的：演示固体因温度变化产生热胀冷缩现象.

2. 结构：本仪器是由一个铸铁座和一根带有螺母的圆铁棍组成，另附有生铁梗.

3. 操作：首先取下圆铁棍放在火焰上加热，然后把生铁梗插入铁棍的圆孔中，随后把圆铁棍放在铸铁座上，用螺母拧紧，放置 10 min 左右，就会看到圆铁棍因冷缩而把生铁梗拉断. 如果要很快地看到这种现象，可用潮湿的布蒙在圆铁棍上，使之急速冷缩. 为了实验安全，以防折断的生铁梗弹出伤人，必须在旁边用东西挡一下. 此外须注意，用于实验的生铁梗不可以用其他如铁钉之类的非脆性材料代替，非脆性材料只能产生弯曲，不会断裂，影响演示效果. 如果没有生铁梗可用玻璃棒代替.

第三节 量 热 器

1. 构造原理：将内筒放入附有泡沫的外筒里，并加上胶木盖，内筒和外筒之间便造成一个传热性较低的空气层，以保持筒内的热量，固定在另一胶木盖上的金属棒，上端有接线柱，下端接有 2 Ω 的电阻丝，用于测量电热当量. 盖上有大小两孔，供插温度计及搅拌器用，如图 8-18 所示.

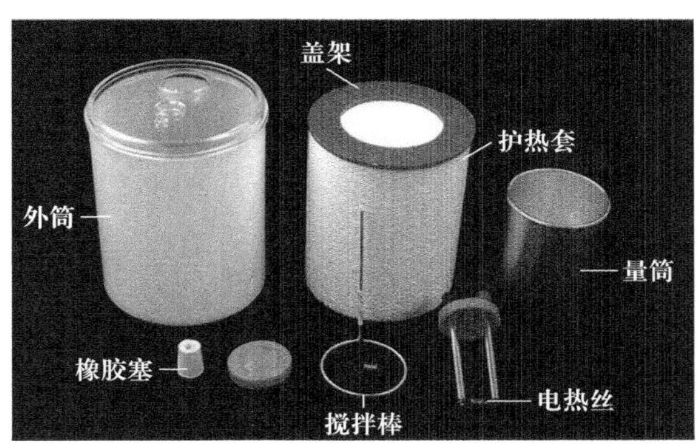

图 8-18　量热器

2. 操作:

(1) 测定物质的比热容

① 卸下电丝及连杆，取出量热器的内筒，称其质量（m_1）后，向筒内灌水．加入的水量以能浸没金属圆柱体又不过多为好．

② 称量内筒和水的质量，并计算出水的质量（m_2）．将内筒放入外筒里（放在绝热底托上）．测量水的温度（t_1）．

③ 称量金属圆柱体的质量（m_3），然后将其用棉线拴住．手提棉线，将金属圆柱体全部浸入盛水的烧杯中．给烧杯加热，在水沸腾 1 min 后，测水温（t_2）．这时，圆柱体的温度也是 t_2．

④ 手提棉线，迅速将圆柱体提出放入量热器的内筒中，立即加盖搅拌．同时，将温度计插入上盖的孔中，待温度不再上升时，记下此刻的温度（t_3）．

⑤ 将测得的数据代入热平衡方程：$Q_{放}=Q_{吸}$，即

$$(c_1m_1+c_2m_2)(t_3-t_1)=c_3m_3(t_2-t_1)$$

式中 c_1 为内筒的比热容，c_2 为水的比热容，c_3 为金属圆柱体的比热容．解方程即可求出金属圆柱体的比热容：

$$c_3=\frac{(c_1m_1+c_2m_2)(t_3-t_1)}{m_3(t_2-t_1)}$$

(2) 测热功当量

实验如图 8-19 所示．步骤如下：

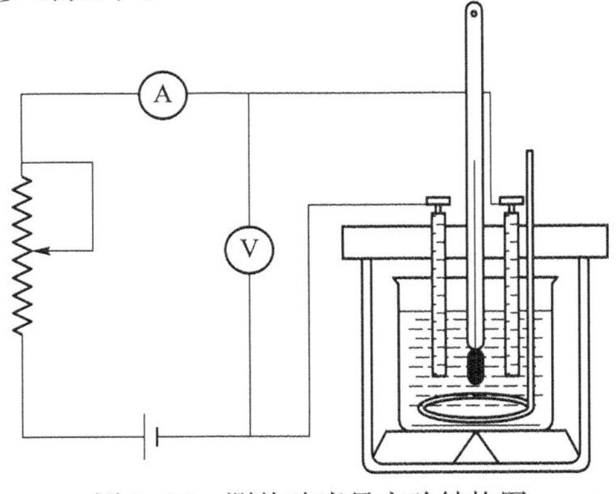

图 8-19　测热功当量实验结构图

① 称量内筒的质量（m_1）. 往内筒中倒入煤油（不宜太多），称量内筒和煤油的质量并计算出煤油的质量（m_2）.

② 将上盖装上，将电热丝浸入煤油中，并测量煤油的温度（t_1）.

③ 接通电源，记录加热时间（T）及电流表和电压表的读数（I 和 U）. 当煤油达到一定温度后，切断电源并立即测量煤油温度（t_2）.

④ 由公式 $W=IUT$(J)计算出由电能转化的热量.

由公式 $Q=(c_1m_1+c_2m_2)(t_2-t_1)$(cal)计算出煤油及内筒吸收的热量（即增加的热能）.

⑤ 根据公式 $J=Q/W$，计算出热功当量（单位用 J 表示）.

第四节　内聚力演示器

1. 目的：内聚力演示器用于演示固体分子间的引力.
2. 结构：如图 8-20 所示，由两个涂有不同颜色的铅圆柱体组成.

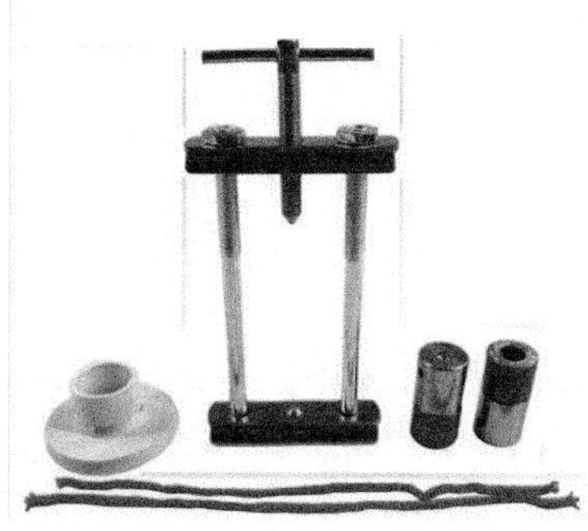

图 8-20　内聚力演示器

3. 操作：演示前，先将两个涂有不同颜色的铅圆柱体的圆形截面用刀子沿同一方向刮削，使圆柱截面光亮平整. 然后，将两平整截面顺刀纹推压，当两圆柱体的紧密结合面较大时，由于分子间的引力，两块圆柱体就会结合在一起.

将一端用挂钩固定，在另一端加一定数量的钩码，不能将两圆柱体拉开. 说明分子间有引力存在.

第五节　空气压缩引火仪

1. 目的：本仪器用于演示密闭容器里的气体受到急剧压缩后引起易燃物质燃烧的现象，说明柴油机点火的原理.
2. 结构：如图 8-21 所示.
3. 操作：

（1）将一团绿豆大小的硝化纤维放入玻璃筒底部，亦可用浸过乙醚的棉球代替硝化纤维（硝化纤维不可多放，以防气筒炸裂）.

（2）把涂有凡士林的活塞推入筒内，并将圆玻璃筒垂直放在桌面上.

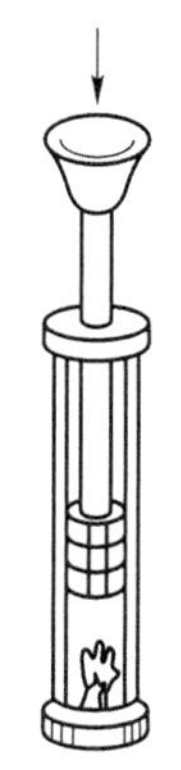

图 8-21　空气压缩引火仪

（3）用手掌将活塞急剧向下压，使活塞迅速推入玻璃筒底部，筒内由于空气压缩，气温急剧上升，引起硝化纤维燃烧．

4. 注意：

（1）不可将易燃物质弄脏或黏上不易燃的油脂（如凡士林），不可将乙醚直接倒入筒内，否则实验会失败．硝化纤维应避免振动和高温，以防爆炸．

（2）如实验失败，应检查玻璃筒是否漏气．方法是：将仪器放入水中，然后推压活塞，看是否有气泡从筒内跑出．如底座漏气，可用黄油涂抹漏气的地方，如活塞与筒内壁接触不紧密，则可更换活塞上的橡皮圈，同时涂上薄薄的一层凡士林．

（3）实验完后，应用软布将仪器仔细擦净，放在常温干燥的地方．活塞要抽出，切勿放入筒内，否则时间太长，不易抽出来．

5. 硝化纤维制法：

（1）在烧杯里小心地混合 10 mL 浓硫酸和 5 mL 浓硝酸．

（2）待溶液冷却到室温以后，加入脱脂棉一小团约 0.1 mg，用玻璃棒搅拌，浸 8～10 min.

（3）取出棉花，用自来水冲洗，洗到用石蕊试纸检验不呈酸性为止，用废纸吸干棉花或放在风口吹干即可．

第六节　机械能与热能互变演示器

1. 目的：本仪器用于演示克服摩擦力所做的功可以产生热，以使液体汽化，气体膨胀，从而产生压力将塞子顶开．说明机械能、热能可以相互转化．

2. 结构：如图 8-22 所示．

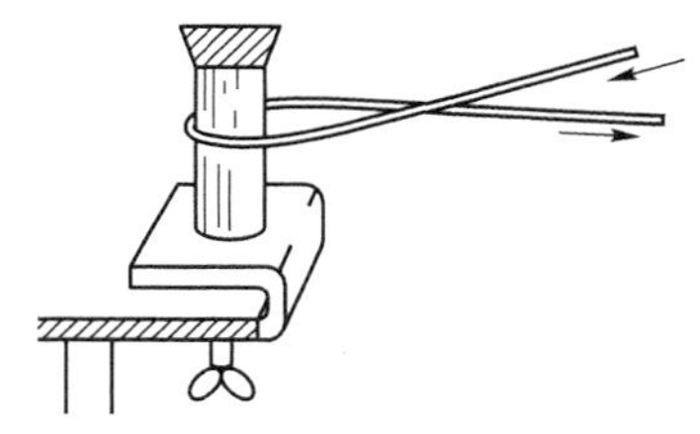

图 8-22　机械能与热能互变演示器

3. 操作：

（1）把弓形桌央卡紧在桌边．向管内倒入 1/4～1/5 的乙醚，用塞子塞严，防止漏气，但不宜过紧．

（2）用拉带在铜管上缠绕一周，手执带两端往复拉动 1～2 min 后，就可看到塞子从管口飞出．证明机械能、热能是可以相互转化的．

如没有乙醚，亦可用酒精代替，只是做功时间要长些．

4. 注意：

（1）如摩擦很久还不能把塞子冲开，可将塞子稍微拔松，但切勿把头伸过去看，以防塞子跳出时乙醚液滴溅入眼中受伤．

（2）乙醚是有毒易燃物品，使用时注意安全．

第七节　汽油机模型

1. 用途：演示四冲程单缸汽油机的工作过程．

2. 结构原理：转动手柄齿轮，通过介轮带动齿轮凸轮总承转动．总承的凸轮在转动过程中会使杠杆起落，并通过杠杆使气阀开关．

介轮上装有分线器，当介轮转动至不同位置时，可使表示火花塞的指示灯泡点燃或熄灭，如图 8-23 所示．

图 8-23　汽油机模型

3. 操作：接上电源，按箭头方向缓缓转动手柄．

（1）吸气冲程：进气阀打开，排气阀关闭，活塞由上死点运动至下死点．燃料混合物则从进气管进入气缸．

（2）压缩冲程：进气阀、排气阀均关闭，活塞由下向上运动，燃料混合物在气缸内被压缩，此时温度迅速升高．

（3）做功冲程：活塞到达上死点时，火花塞点火（由火花塞处灯泡发亮来表示），燃料混合物即被点爆（灯泡熄灭表示点火完成）. 气缸内气体由于被点燃迅速膨胀，推动活塞使其开始向下运动至下死点．此时，曲轴输出动力．

（4）排气冲程：由于转动装置的惯性，曲轴通过下死点，活塞向上运动．同时排气阀打开，废气从排气管排出．

排气冲程完毕，排气阀关闭，进气阀打开，活塞向下运动，开始新的吸气冲程，如此循环．

第八节　柴油机的结构和工作原理

1. 用途：演示四冲程单缸柴油机工作过程．

2. 结构原理：转动手柄上齿轮，通过介轮带动齿轮凸轮总承转动．总承上的凸轮在转动过程中，可使挺杆起落，并通过杠杆传动使气阀开关．介轮上的凸轮在转动过程中，使油针开启、封闭，如图 8-24 所示．

图 8-24　柴油机模型

3. 操作：

（1）吸气冲程：进气阀打开，排气阀关闭．同时，活塞从上死点向下运动至下死点，空气由进气管进入气缸内．

（2）压缩冲程：进气阀和排气阀均关闭，活塞由下向上运动，气缸内空气被压缩到原来体积的 1/12～1/20，同时，温度迅速升高．

（3）工作冲程：油针开启，喷油嘴向缸内喷射雾状柴油，遇到远远超过其燃点（350 ℃）的热空气，立即燃爆，随即把活塞推到下死点，曲轴输出动力．

（4）排气冲程：排气阀打开，同时活塞向上运动，废气从排气管排出．排气冲程完毕，排气阀关闭，进气阀打开，活塞向下运动，开始新的吸气冲程，如此循环．

第四章

电磁学常用演示实验仪器

第一节　电阻定律演示器

1. 目的：本仪器用于研究导体的电阻与其长度的关系以及电阻与横截面面积的关系．

2. 构造：如图 8-25 所示．两根镍铬线，横截面面积及长度分别为（S，L）、（$2S$，L）铜线和铁线各一根，横截面面积均为 S，长度皆为 L，用接线柱并排装在长板上．

3. 操作：实验电路如图 8-26 所示．E 为电源（铅蓄电池或输出电流大于 2 A 的稳压电源），S 为开关，A 为量程 0~1 A 的直流电流表，V 为量程 0~10 V 的直流电压表，R 是 20 Ω、2 A 的滑动变阻器，CD 为演示器中一条电阻线，B 为滑动接头．

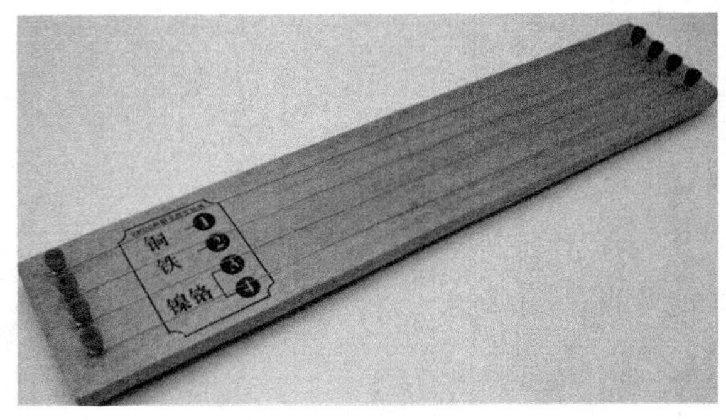

图 8-25　电阻定律演示器

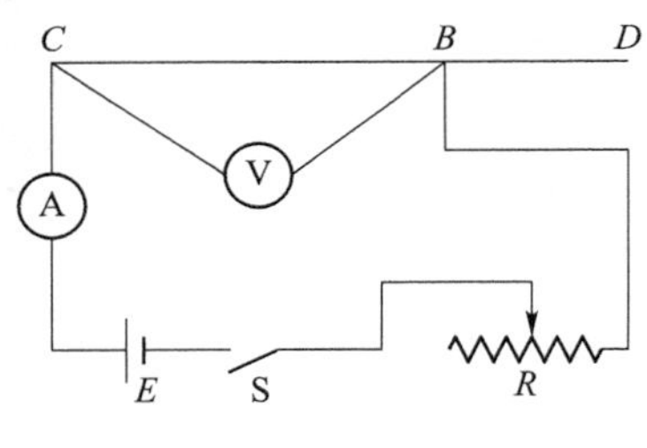

图 8-26

（1）演示导体的电阻与长度的关系：把第一根电阻线接入电路（CD）．将滑动接头 B 分别接触 CD 的三个不同位置，量出相应的 CB 长度为 L_1、L_2、L_3．接通电路，分别记录电流表和电压表的读数（可用滑动变阻器把电流、电压调成整数值以便计算）为 I_1、U_1、I_2、U_2、I_3、U_3．利用公式 $R=\dfrac{U}{I}$，计算出电阻值为 R_1、R_2、R_3．可得到 $R_1:R_2=L_1:L_2$，$R_1:R_3=L_1:L_3$，$R_2:R_3=L_2:L_3$．

结论：在材料截面积相同时，导体的电阻跟导体的长度成正比，即 $R\propto L$.

（2）导体的电阻与横截面面积的关系：把两条镍铬线分别接入电路，并记下每次电流表和电压表的读数．利用公式 $R=U/I$，计算出两条线的电阻分别为 R_1、R_2．两电阻的横截面面积分别为 $S_1=S$，$S_2=2S$.

可得

$$R_1 : R_2 = S_2 : S_1$$

结论：在材料相同时，导体的电阻与它的横截面面积成反比，即 $R \propto 1/S$.

综上所述得

$$R \propto L/S$$

（3）电阻率的测定

用上述方法分别测出五条电阻线的阻值（对同一电阻线可取不同的长度）. 应用公式 $\rho = \frac{RS}{L}$ 可计算出相应的电阻率 ρ 值 .

实验结果表明：三条镍铬线的 ρ 值相同，镍铬、铜、铁三种材料的 ρ 值不同 . 由此也说明：电阻率是由材料本身决定的，与长度无关 .

4. 注意：

（1）通过电阻丝的电流不得超过 1 A，且持续时间要短 . 以免因电阻丝升温，阻值增大，加大实验误差 .

（2）使用与存放时，都应避免硬物砸碰，勿用砂纸打磨电阻丝，以保持电阻丝阻值分布的均匀性 .

第二节　洛伦兹力实验仪

1. 用途：洛伦兹力实验仪用于观察电子在匀强磁场中受洛伦兹力作用而做圆周运动的轨迹 . 并通过计算定量的测定电子的荷质比，装置如图 8-27 所示 .

图 8-27　洛伦兹力实验仪

2. 工作原理：电子束管内装着一个电子枪 . 从阴极发射出来的电子，被阳极上的高压加速，从阳极小孔里射出一束电子，这束电子被两只大线圈产生的磁场偏转 . 由于管内充有微量的氦气，电子与它碰撞电离发光 . 所以我们可以看到绿色的电子束轨迹 .

3. 使用方法：

（1）将电子束管插入中央的管座内 .

（2）将面板上的所有旋钮，逆时针旋转到底，并把开关拨到 e/m 位置．此时在标有电偏转的接线柱上不要连接任何东西．

（3）接通电源，很快就看到从电子枪中发射出一束电子，亮度逐渐达到最大．

（4）缓慢转动电流调节旋钮，加大电流时，电子束受到线圈匀强磁场的作用开始偏转，最后形成一圆形轨迹．如果要形成螺旋轨迹，则可转动电子束管，使电子束的末端伸到电子枪左边灯丝的两个导线之间．

（5）为了得到细而轮廓分明的电子束，要调节面板上的聚焦旋钮．

（6）为了更好地观察电子束，实验应当在暗室或用遮光罩在较暗的教室中进行．

（7）演示电场偏转时，将中央的开关置于电偏转挡，此时在线圈内不应当有电流．偏转电压可以从阳极插孔到电偏转的插孔之间并联两根高压引线进行测量．

（8）实验结束后将各旋钮左旋到底，关闭电源．

第三节 指针验电器

1. 用途：用于静电实验，可测定两带电体间的电势差；检验物体是否带电；检验物体带的电是正或负；检验物体的绝缘性以及做感应起电的实验等．

2. 结构：装置如图 8-28 所示，由两只灵敏度相同的指针验电器组成．指针验电器由外壳、圆球或圆盘、导电杆、绝缘子、指针、指针架、接地线柱等构成．在圆底座上装着一个金属圆筒，圆筒的前面装有透明玻璃，后面装有附标线的毛玻璃，上壁装有绝缘套筒，一根金属杆穿过套筒，插入圆筒内，金属杆下部装有竖直的指针架，一根指针装在指针架的水平轴上，并可绕轴灵活转动．圆筒下壁一侧，装有一个接线柱，用来外壳接地．

图 8-28 指针验电器

3. 操作：使用前最好先用柔软的干布擦拭绝缘套筒部分，因为时常有尘埃或潮湿影响，破坏绝缘性能．在仪器受潮湿影响较严重的情况下，最好烘干后使用．测定两带电体间的电势差时，把验电器金属外壳跟一个带电体相连，把金属杆与另一个带电体相连，一般将外壳接地．如果取地球电势为零，用验电器就可测出各带电体的电势．检验物体带电时，可用验电球先与被检物体接触，然后将获得的电荷传递给验电器金属杆，或将金属杆直接与物体接触．检验物体绝缘性的最简便的方法，只要使该物体接地（用手接触就可），物体的另一点与已带电的验电器金属杆接触，观察验电器指针，若指针很快回到零点，则被验物体是导体，否则是绝缘体．

4．注意事项：由于运输等原因，可能指针铝片会弯曲或发生其他情况．可脱开验电器的玻璃套圈，取下玻璃进行校正．仪器用毕后，应妥善放置，安放处应保持干燥，防止在搬运时因剧烈震动而损坏仪器（特别是指针）．

第四节　演示电磁继电器

1．用途：电磁继电器是一种电子控制器件，它具有控制系统和被控制系统，通常应用于自动控制电路中．它实际上是用较小的电流、较低的电压去控制较大电流、较高电压的一种“自动开关”．故在电路中起着自动调节、安全保护、转换电路等作用．在中学物理中，演示电磁继电器用于为学生演示其工作原理和操作方式．

2．结构：如图 8-29 所示，电磁继电器的主要部件是电磁铁 A、衔铁 B、弹簧 C 和动触点 D、静触点 E.

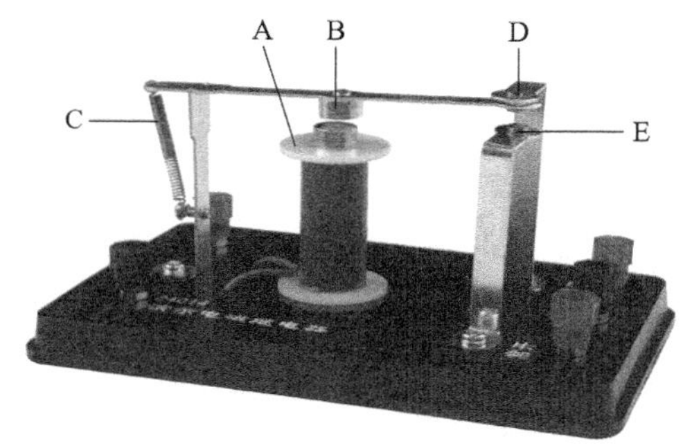

图 8-29　电磁继电器

3．操作：闭合低压控制电路中的开关，电流通过电磁铁 A 的线圈产生磁场，从而对衔铁 B 产生吸引力，使动、静触点 D 与 E 接触，工作电路闭合，电动机工作；当断开低压控制电路中的开关时，线圈中的电流消失，衔铁 B 在弹簧 C 的作用下，使动、静触点 D、E 脱开，工作电路断开，电动机停止工作．只要在线圈两端加上一定的电压，线圈中就会流过一定的电流，从而产生电磁效应，衔铁就会在电磁力吸引的作用下克服弹簧的拉力吸向铁芯，从而带动衔铁的动触点与静触点（常开触点）吸合．当线圈断电后，电磁力也随之消失，衔铁就会在弹簧的反作用力下返回原来的位置，使动触点与原来的静触点（常闭触点）脱开．这样吸合、脱开，从而达到了在电路中的导通、切断的目的．对于继电器的“常开、常闭”触点，可以这样来区分：继电器线圈未通电时处于断开状态的静触点，称为“常开触点”；处于接通状态的静触点，称为“常闭触点”．

第五章

光学与原子物理常用演示实验仪器

第一节　光的反射演示器

1. 用途：演示和验证光的反射定律．

2. 结构：如图 8-30 所示，白色光屏由两块铁板以转轴连接组成．两块板中，一块与底座固定，另一块能以它们的接缝为轴前后转动．

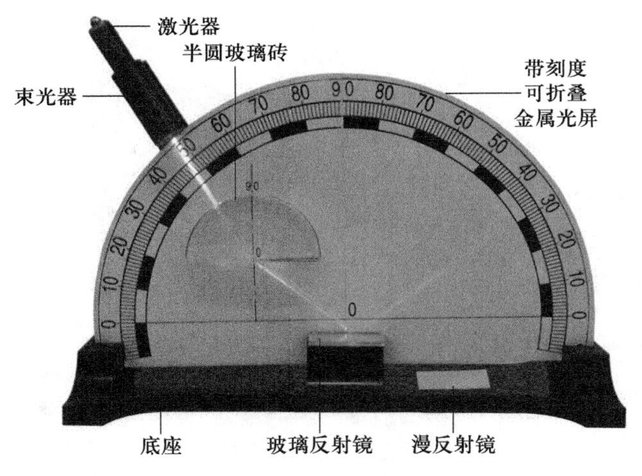

图 8-30　光的反射演示器

光屏上的刻度是以两块板的接缝为零度，两边各分 90°．平面镜安装在零度线下方零点位置．由于接缝与小平面镜相互垂直，因此，接缝上的零线就是法线．

3. 操作：

（1）放好仪器，使直立的两块屏板在同一平面上，让一束光线紧靠固定的屏面射到镜面上，并把入射点调整到零点．这时，在屏上就会看到有光线从平面镜反射并沿屏面射出．如果把可转动的半扇屏向前或向后折，就看不到反射出去的光线了．

上面的实验表明：光在反射的时候，反射光线是在入射光线和法线所决定的平面内，入射光线和反射光线位于法线两侧．

（2）同上述装置，让入射光线沿光屏面以不同的角度射向小平面镜的零点．从光屏刻度上可以看到，不管光线如何变化，反射角总是等于入射角．

(3) 将入射光线调到某一入射角 α，标在分度盘上，并标记下反射光线所示的反射角 β，让光线逆反射光的光路以 β 角入射，可以看到反射光线沿着原来入射光线的方向以 α 角射出．这就证明了光在反射时，光路是可逆的．

4. 注意：演示上述实验时，可利用光具盘的平行光源，也可以用聚光较好的手电筒，但都需要在光路前方装一狭缝，使光形成一光线射出．

第二节 光电效应演示器

1. 用途：用于演示光电效应的几个基本定律．

2. 结构和原理：

本演示器由电源、光源、光电管、电压表、电流表等组成．其原理图如图 8-31 所示．

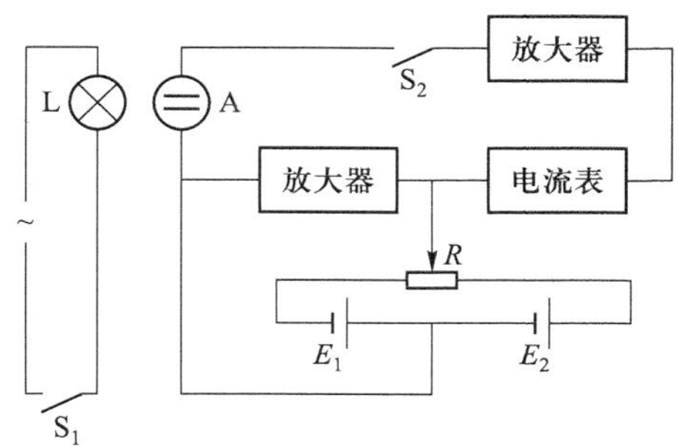

图 8-31 光电效应演示器

3. 使用方法：

(1) 演示前的准备：取下罩壳，插上灯泡．调节光源罩、光电管罩，使两罩上的孔对齐．

(2) 光电效应的演示：接通电源，光源发光，调节电位器，使电压为正电压，这时电流表指针发生偏转，说明有电流通过，即有光电流．

用不透光的物体遮住光源，电流表指针立即回到原位，说明已没有光电流．

(3) 光电流的饱和值、大小与光照强度的关系的演示：

缓慢地调节电位器，使正向电压逐渐增大，这时光电流也逐渐增大；当正向电压增大到一定值时，光电流就达到最大值——饱和值．这时，尽管电压继续增大，电流也不会增大．如需增大电流，必须增加光的强度．

(4) 光的频率与光电流关系的演示：

在光源和光电管之间插入不同颜色的滤色片，就可测出在不同光的频率照射下所产生的光电流也不同．如选用能通过 7 000 Å 的红色滤色片，就能测得光的极限频率．

第三节 光导纤维演示器

1. 目的：光导纤维演示器是以光导纤维制成的传光束作为传声、传像元件，并结合电子、光电效应等技术进行演示的装置．本演示器能演示弯曲玻璃管传光和光导纤维传像的基本原理．

2. 结构：图 8-32 是其面板分布图.

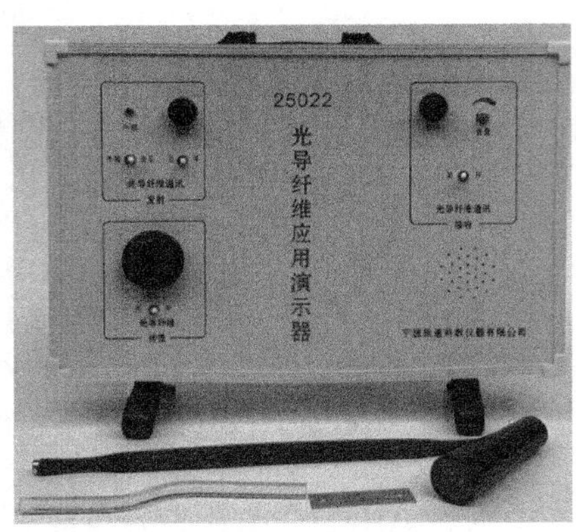

图 8-32　光导纤维应用演示器

3. 使用方法：

（1）传声演示：插上电源插头，打开开关，电源指示灯亮，打开音乐门铃，使其发出音乐声. 用输入线连接门铃输出口及仪器面板上的输入口，门铃声即停，说明音乐已被送入调制器. 再用传声的光导纤维束两端插头分别插入仪器面板上的 LED 孔和 PD 孔，这时扬声器发出音乐声，证明音乐已通过光纤传送，如拔出任一端，音乐声即停止.

（2）传像演示：将光导纤维传像束（端面为方形）的一端插入光源图像端，另一端插入反光镜旁边的方形孔中，并使镜面正好反射传像束的端面，这时移动字母卡，在另一端即反射镜面上就可见到字母显示图像.

（3）其他演示：利用仪器面板上弯曲的玻璃棒及喇叭形的光纤束演示全反射原理及传像原理.

第四节　高温扩散云雾室

1. 目的：本扩散云室不需要干冰寒剂和动态操作，可以随时连续观察高速带电粒子的径迹，如：α 粒子、β 粒子和宇宙射线等.

2. 构造和原理：

本仪器由电离室、照明光源、温度调节器和直流高压电源四部分组成，如图 8-33 所示.

电离室的上盖绕以电热丝使上盖达到较高的温度，与底座的温度之间形成较大的温度差. 当乙二醇蒸气分子由上部高温处向下部低温处扩散时，在底层附近形成一过饱和蒸气层. 这时的蒸气是不稳定状态，当带电粒子在云室中通过时沿轨迹产生离子，室中的过饱和蒸气就以离子为凝结核发生凝结，形成飞过的粒子的径迹.

3. 操作：

（1）打开上盖加入乙二醇 10 cc，浸润圆筒内网中的绒布.

（2）把放射源插在电离室的橡皮塞上，方向水平向前.

（3）打开电源开关，把预热开关扳向观察挡，如果照明灯泡亮则表明上部电热丝已通电，此时温度调节旋钮可扳到中挡开始给蒸气源加热，预热开关可扳到预热挡.

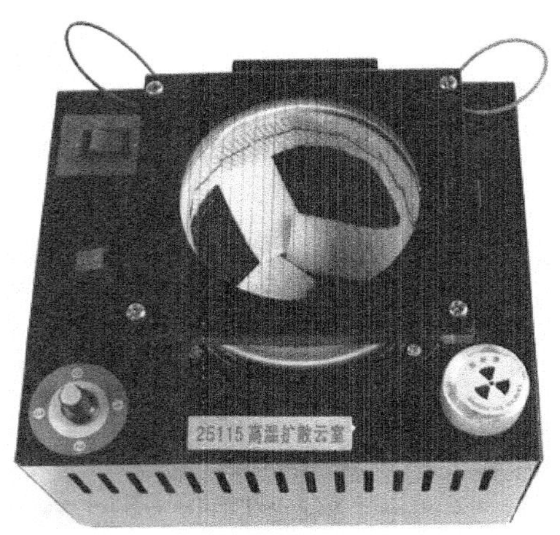

图 8-33　高温扩散云雾室

（4）大约 10 min，把预热开关扳向观察挡，稍等片刻，α 粒子的径迹开始出现．本实验在暗室或稍暗的教室中进行观察效果更好．

（5）电离室内的蒸气浓度太低或高压电源短路，则看不到雾迹．此时要检查圆筒上的电热丝是否烫手，上盖电热丝与底座之间，用电压表检查是否有直流高压．

（6）电离室内的工作物质是自动循环的，在使用中不需追加，是半永久性的．

（7）由于变化温度差，可以改变过饱和蒸气层的厚度，如调整适当，除 α 粒子外也能观察到 β 粒子，这需用三倍的放大镜来观察．

4. 注意：连续使用时间最好不要超过 30 min，以免电离室的温升过高，影响使用寿命．

读者意见反馈

为收集对教材的意见建议，进一步完善教材编写并做好服务工作，读者可将对本教材的意见建议通过如下渠道反馈至我社。

咨询电话　400-810-0598

反馈邮箱　hepsci@pub.hep.cn

通信地址　北京市朝阳区惠新东街4号富盛大厦1座
高等教育出版社理科事业部

邮政编码　100029